PEARL S. BUCK

A Selection of Research Papers
on Pearl S. Buck

赛珍珠研究论文选萃

主编　芮月英　顾正彤

镇　江

图书在版编目(CIP)数据

赛珍珠研究论文选萃 / 芮月英，顾正彤主编. —镇江：江苏大学出版社，2013.4
ISBN 978-7-81130-456-5

Ⅰ.①赛… Ⅱ.①芮… ②顾… Ⅲ.①赛珍珠(1892～1973)—人物研究—文集②赛珍珠(1892～1973)—文学研究—文集 Ⅳ.①K837.125.6—53②I712.065—53

中国版本图书馆 CIP 数据核字(2013)第 065313 号

赛珍珠研究论文选萃

Saizhenzhu Yanjun Lunwen Xuancui

主　　编/芮月英　顾正彤
责任编辑/吴小娟
出版发行/江苏大学出版社
地　　址/江苏省镇江市梦溪园巷 30 号(邮编：212003)
电　　话/0511-84446464(传真)
网　　址/http://press.ujs.edu.cn
排　　版/镇江文苑制版印刷有限责任公司
印　　刷/句容市排印厂
经　　销/江苏省新华书店
开　　本/718 mm×1 000 mm　1/16
印　　张/24
字　　数/437 千字
版　　次/2013 年 5 月第 1 版　2013 年 5 月第 1 次印刷
书　　号/ISBN 978-7-81130-456-5
定　　价/48.00 元

如有印装质量问题请与本社营销部联系(电话：0511-84440882)

目录

姚君伟……

序

上个月，接到江苏大学出版社芮月英总编的电话，才知道她和编辑室主任顾正彤已经编好《赛珍珠研究论文选萃》这部选自《江苏大学学报（社会科学版）》“赛珍珠专题研究”栏目的集子了。动作真快，因为虽然她们的这个想法在去年镇江纪念赛珍珠诞辰120周年暨国际学术研讨会期间就跟我提及过，但我知道，要从该栏目自1996年正式开设迄今发表的论文中选出部分论文来，工作量是非常大的，况且她们两位目前在出版社又担任领导职务，工作想必十分忙碌，所以，看到她们这么快就编定这个集子，我还是感到非常地惊讶，同时也很感佩。

关注中国赛珍珠研究的学者大都知道赛珍珠与镇江的因缘，也了解赛珍珠研究与镇江的渊源。现在，学术界基本上认同将中国的赛珍珠研究分为4个阶段，即20世纪三四十年代、五六十年代、改革开放至20世纪末以及新世纪开始至今。平心而论，尽管有一定的历史合理性，但中国对赛珍珠是有些不公的，而促成并见证了中国新时期对赛珍珠进行重新评价的是赛珍珠生活了18年的镇江，其中具有里程碑意义的大事是1991年元月镇江成功举办的“赛珍珠文学创作研讨会”，自此，“历史终于消除了误解”。会后不久，原《镇江师专学报（社会科学版）》（2002年并入《江苏大学学报（社会科学版）》）当年第1期就发表了该刊首篇赛珍珠研究论文。在校方的大力支持下，原镇江师范专科学校“赛珍珠研究小组”旋即成立，其成员集结了校内外语、中文、历史等学科和学报的骨干力量。我们开始定期研讨赛珍珠的作品，并陆续发表成果。1991—1995年间，学报共推出7辑。到了1996年，为进一步开发利用地方资源，也为了整合国内赛珍珠研究力量、集中推出成果,学报适时开辟了“赛珍珠专题研究”专栏,并邀请我参与主持。自“赛珍珠专题研究”专栏正式开设到2009年底,14年间,该专栏共推出37辑,发表论文83篇,译文7篇;加上2010年到2013年刊发的18篇论文和2篇译文,“赛珍珠专题研究”专栏共推出51辑,发表论文和译文总计110篇;再加上1991—1995年《镇江师专学报(社会科学版)》刊发的7篇赛珍珠研究论文,共计117篇。这些文章发表后,有许多被中国人民大学报刊复印资料和多部论文集转载,成为国内赛珍珠研究的重要参考文献。事实上,单从以上这些数字,就不难看出该专栏的坚持、赛珍珠研究学者的坚守,以及它对中国重新认识赛珍珠这个特殊的美国作家的价值所作出的历史贡献。难怪有新闻出版专家认为,该专栏“推动了异质文化交融的研究,产生了极大的社会影响,提高了学报的效益”。毫不夸张地说,该专栏早已成为国内赛珍珠研究的一个必读栏目,经常翻阅其中的论文,也就能够对中国乃至美国的赛珍珠研究有一个大致的了解。

现在,摆在我们读者面前的这部《赛珍珠研究论文选萃》正是该专栏所发表的成果的一次集中展示,它主要从1996—2009年间专栏发表的文章中,选出42篇(含4篇译文),一次性推出。这些文章大致可分为4个板块,即研究史和方法论、赛珍珠与中国文化关系研究、赛珍珠的中国小说论、赛珍珠小说文本等的研究。

众所周知,从事科学研究,了解相关课题的学术史当属一个基本的路径。中国的赛珍珠翻译和研究始于20世纪30年代,迄今已经走过了90多年的历程。如何在此基础上将赛珍珠研究推进一步,一个必要的前提是了解赛珍珠在中国的研究历史和现状。我本人曾多次对赛珍珠研究做过阶段性总结,郭英剑先生则对新中国的赛珍珠研究及其特征做了比较全面而客观的分析。第一板块还收录了我关于赛珍珠研究的若干思考的论文,内容包括研究的当下意义、研究对象和研究方法等,代表了我当时的观点。后来多位青年学者对我说,这些带有方法论意义的文章对他们研究赛珍珠起到了一种导引作用。编者此番将它们选入该书,也许是认为其中的想法尚未完全过时。

第二板块是对赛珍珠与中国文化关系的宏观研究,这些论文提供了赛珍珠与中国文化关系的研究资料,讨论了她与中国文化多重层面的渊源和关系,分析了中国传统文化对赛珍珠的深刻影响。如刘海平先生的《赛珍珠与中国文化关系的研究资料小识》,周锡山先生的《论赛珍珠创作和论说中的辩证思想》,郭永江、姚锡佩伉俪的《赛珍珠比较中美文明的独特视角》,青年学者叶旭军的《赛珍珠中西文化和合思想探究》,等等,都是资料详实、

分析深入、研究扎实的成果。

第三板块收录了朱刚先生和我本人的论文，还收录了赛珍珠本人的中国小说研究文章，多涉及赛珍珠对中国小说的研究。这些文章如果和我去年编选的《赛珍珠论中国小说》放在一起考察，当不难看出我近年强调的赛珍珠作为作家型（比较）小说学者的文化身份。概括地说，无论是赛珍珠的跨文化小说创作，还是她所从事的中国小说研究，抑或是她成为诺贝尔文学奖得主后所从事的社会活动，其宗旨均在于倡导尊重文化差异，追求异质文化之间的和谐相处。

第四板块的论文则是中国学者的赛珍珠小说研究成果。当时发表这些成果，一方面是希望通过学者对赛珍珠创作的具体文本的研读，更为全面而深入地把握她的写作成就，它们所关注的中国题材、所刻画和塑造的有着人类成员正常情感和行为的中国人形象；另一方面，也是旨在提倡一种以文本为依据来说话的朴素文风，避免空发议论。在这个篇幅多、分量重的板块，作者们从具体作品切入，对赛珍珠的多种作品，包括《大地三部曲》《同胞》《龙子》，赛珍珠为她父母写的两部传记《放逐》和《战斗的天使》，以及她翻译的《水浒传》等做了细致深入的探讨。

从《赛珍珠研究论文选萃》所收论文的作者队伍看，其阵容是强大的，反映出我们的专栏已经汇聚了一大批专家学者，他们当中既包括资深专家姚锡佩、刘海平、王守仁、朱刚、周锡山等，又有郭英剑、杨金才、顾钧、徐清、吴庆宏等中青年学者。这些作者功底深、视野宽、理论素养高，他们面对赛珍珠这样一位阅历丰富、思想复杂、身份多样的作家时，合理地运用了不同的研究方法，如比较文学、比较文化方法、社会学研究方法，形式主义的、传记的、文体学的、语言学和翻译学的研究方法，多角度、全方位地阐释赛珍珠其人其作，为我们整体观察赛珍珠、客观评价她所取得的成就，从而深入其文学世界、把握其中所倡导和体现的跨文化精神，提供了丰富而切实的可能性。

最近十几天，翻出专栏各辑，重新浏览“赛珍珠专题研究”51 辑的百余篇论文和译文，作为主持人，我感到十分欣喜。记得专栏刚开设的时候，除了自己和赛珍珠研究小组同仁一道研究赛珍珠并推出研究成果外，我平时只要在报刊上看到有关赛珍珠的研究论文，不管作者是否认识，也不管是否冒昧，都会主动和他们联系，宣传我们的栏目，并向他们约稿。回想起这些，我在感到欣喜的同时，也向为栏目赐稿、和我们一同走过的众多作者充满了感激之情。

当然，即使现在看来，“赛珍珠专题研究”这个开设了将近 20 年的专栏仍有许多重要选题未及涉足，对赛珍珠中后期创作成果的观照还很不够，对她所接受的中国思想特别是哲学思想的研究尚需深入探究，对作为一个社会活动家的赛珍珠的研究可以说尚未真正展开；再则，虽然专栏已经开始发表外国学者的论文，但中外赛珍珠研究界之间的交流无疑亟需加强。就此而言，我们的专栏还有许多事情要做。尽管如此，我们依然有充分的理由为专栏所取得的成绩而感到自豪。现在，《赛珍珠研究论文选萃》又要出版了。相信它的出版将推动中国的赛珍珠研究事业不断向前发展，并结出更加丰硕的果实。

是为序。

2013 年 3 月 4 日

于南京仙林

姚君伟……

我们今天为什么研究赛珍珠

当今时代是一个全球化潮流迅猛发展的时代。处在这一潮流中的人们尤其是学术界知识分子普遍谈论的一个话题是所谓的全球化现象,可以说,他们关心和思考的是人类在新世纪应当建设一个怎样的新世界,处于不同文化中的人们如何自处,又如何与异文化中的人们相处的问题。试举近年国内外举行的几次重要会议以为说明:

1999 年,意大利著名思想家恩贝托·埃柯在纪念波洛那大学成立 900 周年的大会主题演讲中提出,欧洲第三个千年的目标是"差别共存与相互尊重"。

2000 年,在南非召开的国际比较文学学会第 16 届年会的主题是多元文化主义时代的转型和跨界;2001 年 4 月,国内外百余名比较文学及比较文化学者聚首北京大学,参加"多元之美"比较文学国际学术研讨会,表达了他们对当下人类文化处境的关注,并希冀在文学与文化研究领域张扬和促进文化的多元化。

2001 年 12 月,早在 1988 年就已开始筹划的"第一届世界公民大会"终于在法国北部城市里尔隆重举行,来自世界各国、各地区的 400 多名各界人士就"新世纪的人类责任"等问题展开了积极有效的讨论,并在此基础上通过了《人类责任宪章(草案)》,号召大家行动起来,为建设一个协力、尽责、多元的世界而奋斗。

2002 年 8 月,中国比较文学学会第 7 届年会暨国际学术研讨会在南京召开,代表们讨论了"全球化的现实与本土化、国际化的文学""东西方文化对话语境中的中国文论建设""中外文化—文学交流与相互影响"等诸多议题。

从这些会议及其讨论的主题看,全球化与本土化、普遍主义与相对主义、文化差异与多元共存、交流与融合、文化多样性与文化同一性、同质性与异质性、协商与宽容,和而不同等,可谓是这些会议讨论中的关键词。参加这些会议或者了解会议的情况,分明能感觉到国内外有识之士对人类当下文化处境的关怀和他们为建设一个更美好的世界、为人类能够更好地生活而努力的激情,也能听到他们就新世纪世人如何提升自己的精神境界、开拓自己的视野以及加强不同文化之间的交流、对话所提出的许多建设性意见和应对策略。

生活在全球化时代,信息资讯非常发达,地球表面的空间距离已经大大地缩短了,东西方再也不像以前那样被分开,人们甚至已经超越了东西方二元对立的思维模式而渐渐拥有一种全球性视野,不同文化的交往已经成为不可避免的日常事情,因此,如上所述,解决不同国家之间、不同文化之间如何相处的问题变得越发重要。正是在这样的文化语境下,我们想到了毕生致力于中美文化交流事业的美国女作家、应该被我们承认为朋友的赛珍珠并对她进行认真的研究。

赛珍珠由于她的跨国经历以及她所接受的双语和双重文化教育,成功地摆脱了文化上的绝对主义,她高举反文化霸权主义的旗帜,避开东西方文化孰优孰劣的无谓争论,追求异质文化之间的和谐相处以及它们之间的互补和最后可能的融合。赛珍珠所作出的这些思考很有价值,并在她的小说和非小说创作中得到了非常充分的体现,对于我们必须面对的异质文化交流也极富启发性,更能帮助那些心怀种种中心主义情结的文化霸权主义者认真反思。

我们都知道,赛珍珠是一位非常特殊的美国作家。她生于美国,长在中国,还在襁褓之中就由身为传教士的父母带到后来被她称为“父国”的中国。虽然此后她也曾几度返回美国,可她终究还是把自己的前半生留在了中国大地上。赛珍珠后来在自传里回忆道:“我在一个双重世界长大——一个是父母的美国人长老会世界、一个小而干净的白人世界;另一个是忠实可爱的中国人世界——两者之间隔着一堵墙。在中国人世界里,我说话、做事、吃饭都和中国人一样,思想感情也与其息息相通;身处美国人世界时,我就关上了通往另一世界的门。”①赛珍珠的父母是比较开明的美国传教士,为了与中国人有较多的接触,他们没有住进条件舒适的租界。于是,赛珍珠小时

① [美]赛珍珠:《我的中国世界》,尚营林,等译,湖南文艺出版社,1991年,第9页。

候就得以和中国人“混在一起”，交朋友，讲中文。进一步说，赛珍珠成功地与中国人朝夕相处，与底层百姓广泛接触，了解当地人的实际生活情状，熟悉中国社会的风土人情。与此同时，赛珍珠的父母还为她请了孔先生做家教，为她讲授中国文化知识，辅导她阅读中国典籍，而她母亲则按照美国学校的课程设置对她进行启蒙教育，让她学习欧美以及古希腊、古罗马方面的文史课程，双重教育使赛珍珠获益匪浅。正是早期启蒙教育的多重结构和横跨中美文化的丰富阅历，使得赛珍珠逐渐了解到异质文化各有其美的特质，并产生了对待各个民族都要一视同仁的正确认识，更得出了“中国文化比任何一个欧洲国家都更源远流长”的结论。

从赛珍珠的传记中，我们可以发现，她从小就有一种要与人交流的渴望。在中国，每到一处新地方，她首先要做的事情就是扎下根来，与当地的人民打成一片，决不因为自己是金发碧眼雪肤就与外界隔离开。她小时候和中国小孩一样，爱听周游四方的说书人讲故事，很早就熟悉了中国历史以及中国历史上的英雄豪杰。这对她日后继承中国说书人的传统来创作中国题材的小说大有裨益。赛珍珠后来回美国求学时，一开始与美国同学格格不入，处于边缘地带，但她很快就融入了他们的生活圈子，成为他们中的一员。1917年和美国农学家洛辛·布克结婚后，她与丈夫同去安徽“南徐州”（今宿县），又和那里的农民特别是妇女聚在一起，所到之处越多，结交的朋友越多。她“走进白人不曾到过的家庭，访问千百年来一直住在僻远城镇的名门望族。坐在女人堆中，从她们的聊天中熟悉她们的生活”。① 如果赛珍珠没有参与异文化交流的愿望，她也许不可能写出那些文学作品来；即使写出来，恐怕也难脱歪曲、丑化中国人形象的窠臼。正是由于抱着种族平等、文化平等的心态，她才成功地以自己的文学创作，以自己积极倡导和参与的社会活动，在东西方文化交流方面作出了成绩，起到了双重媒介的作用。如果说赛珍珠在东西方文化交流方面有什么优势的话，那就是她有过在双重文化氛围中生活的实际经历，而这种经历使得她能够设身处地地去理解他人的思想和感情。了解、沟通是理解之基础。长年累月在中国生活，通过直接或间接的途径，赛珍珠对中国文化和社会生活有了较为深入的了解，所以，她“厌恶所有把中国人写成为古怪和粗野的人的作品”②，她平生最大的愿望就是尽其所能地把中国如实地写进她的书里。

赛珍珠所具有的双重视域的优势使她能够平等看待不同的文化。在对

① ［美］赛珍珠：《我的中国世界》，第155页。

② ［美］赛珍珠：《自传随笔》，刘龙《赛珍珠研究》，云南人民出版社，1992年，第6页。

待异文化方面,她能够表现出今天我们所熟悉的"主体间性"(拉康语),做到主客观互相介入,也即中国人俗语所说的"将心比心"。赛珍珠在文学创作中,首先把中国人"不是放在与西方人,而是放在与中国人的相互关系中加以描述"。[①] 也就是说,"她在创作这些小说时,站在中国人的立场,从中国人的视角观察中国和世界,反映了中国人民的心理、愿望、喜恶、情感和意绪"。[②] 当然,赛珍珠在她的小说中也描写了中美文化的碰撞、冲突和融合。

试以《东风·西风》为例。《东风·西风》是赛珍珠创作的长篇小说处女作,但她一动笔就已经清楚地传达出自己关于中西文化思考的信息。中美文化之间的矛盾、冲突和融合是她希望借助于这部作品来探讨和表现的主题。赛珍珠从婚姻家庭的角度切入,来体现她的文化思考,并探讨中美文化的差异以及如何有效沟通。在小说中,赛珍珠既写了从小接受封建思想灌输的桂兰在新与旧的冲突面前告别旧的思想观念、接受丈夫的民主思想的历程,又从桂兰的视角出发,写到了女主人公按照自己的文化标准和思维方式来解读异质文化细节时所出现的误读情况,如西方人把有痰的手帕放进口袋,她认为这是一种脏习惯,而对美国人看不惯的随地吐痰的习惯,她却并不反感。不过,总体上看,桂兰对美国文化持宽容态度,她能和丈夫一样,认识到外国人也有自己的历史和文化,外国绝非就是野蛮的国度。与桂兰迥异的是,她的父母把外国人一概视为异端分子、不开化的野蛮人。赛珍珠这样写的意图很清楚,她是想说明,造成东西方文化之间的偏见和误解的根本原因是缺乏了解和沟通,如果在缺乏沟通的情况下愿意去沟通,那么,误解或偏见终究是不难消除的。

《东风·西风》后半部描写异族通婚。桂兰的哥哥与美国姑娘玛丽由相爱而结婚,却遭到他父母的坚决反对。出于爱情的缘故,他们顶住阻力,断绝与以父母为代表的家族的关系,自食其力。可以看出,赛珍珠在这里是希望借助于异族通婚来表达她的东西文化融合的理想。小说结尾处新生儿的呱呱落地,显然象征着中美文化或东西文化的融合。这虽然充满了说教的意味,却也展示了一片十分美好的前景。

在赛珍珠的文学创作历程中,《东风·西风》应该说是一部重要作品,因为它的写作及主题探讨标志着赛珍珠在东西方文化交流方面努力迈出的第一步。在她看来,东西方文化之间有差异、矛盾和冲突,但融合是主流。小

---

① 张子清:《赛珍珠的跨文化创作与跨文化比较》,[美]赛珍珠《群芳亭》,刘海平,等译,漓江出版社,1998 年,第 44 页。

② 同①。

说以象征东西文化融合的婴儿的出生为结尾，赛珍珠在小说中又极力表现桂兰和洋嫂嫂之间所存在的共同点，这在相当大的程度上支持了赛珍珠所标举的“一个世界”的论点，即全世界的人民若抛开民族不提，其基本情感和心绪是十分相像的。[①] 这是赛珍珠美好愿望的反映，也是她早年接受孔先生教诲的结果。孔先生对她说过“普天下人是一家”。这一教诲使她从小懂得应该把地球上的各个民族，不论她知道与否，都看成是一个大家庭里的不同成员。赛珍珠本人也说过：“如果普通美国人能够把自己看成是人类大家庭中的一员，就能引发自己对其他民族的好奇心，进而产生兴趣，直至产生理解。”[②]她在小说中，也借桂兰丈夫之口，分析了异文化之间产生误读的原因，探讨了消除误解和偏见的有效途径——沟通。赛珍珠说过，如果东西方之间不加深理解，总有一天会发生可怕的冲突。我们以为，只有通过了解、沟通，才能解决矛盾、消除冲突，在保留各自文化个性的前提下，多元共存，追求中国传统文化“万物并育而不相害，道并行而不相悖”的最高理想，尤其要注重东西方文化的互识、互证与互补，互相汲取养分，创造出更为丰富多样的文化。东西方文化的融合当然不应该以泯灭各自的文化个性为代价，文化融合的理想固然是美好的，而要实现这一理想，走向沟通、消除隔阂则是首先要做的事情。

赛珍珠不仅是文学家，也是一位非常活跃的社会活动家。她不仅在文学创作中探讨东西方文化的相处问题，还通过其他途径为东西方文化之间的相互了解、消除隔阂而奔走呐喊。她早年在中国生活期间就发现，“在中国居住的许多白人，实际上是大多数白人，远远地把自己同中国社会隔离开来，既不了解中国文化，也不了解中国的风俗习惯，甚至不会中国话”。[③] 这在赛珍珠看来实在是一大不幸。多年后，为了让她的美国同胞对他们不可避免地要与之打交道的亚洲人的生活和思想有所了解，她成为出版家丈夫创办的《亚洲》杂志的经常撰稿人。1941 年，赛珍珠本人创办“东西方交流协会”并亲自担任主席。协会组织亚洲人，让他们就各自的文化、历史在美国作巡回演讲，“不带任何政治意图，一切所作所为皆是为了文化上的交流”。[④] 1950 年，由于意识到在当时危机四伏的时世已不可能增进任何人类间的相互理解，赛珍珠就停止了该协会的工作。尽管如此，赛珍珠为东西方

① [美]保罗·A·多伊尔：《赛珍珠》，张晓胜，等译，春风文艺出版社，1991 年，第 18 页。

② [美]赛珍珠：《我的中国世界》，第 424 页。

③ 同②，第 303 页。

④ 同②，第 425 页。

文化的交流所作出的积极努力即使对于今天的异质文化相处等重大而迫切的问题仍然具有很大的借鉴作用和启发意义。她最讨厌东西双方在互不了解的情况下却相互鄙视,视对方为劣等人,她发自心底的呼喊是"两个世界!两个世界!彼此都不能成为对方,然而又各有千秋"。[①] 她要圣母玛丽亚和观音菩萨做姊妹,她愿孔先生和她祖父彼此相见、促膝谈心,相信一切问题都能迎刃而解。她知道东西方文化间存在着巨大的差异,她要指出来,但指出差异,绝非为了离间东西方,而是要东西方互相尊重,多加沟通,多作交流,以至走向融合,达到天下归一的境界。她经过一生的努力终于消除了东西方相互间长期怀有的傲慢与偏见,彻底改变了中国在西方人心目中的形象。

不同文化间相互理解绝非一件轻易能够做到的事情,其最大的障碍是种族中心主义看待问题的方式。与种族中心主义者相反,我们应该像赛珍珠所主张的那样,把陌生文化当做一面镜子,来观照出本国、本民族文化的短长,以便发挥我们的长处,克服自己的缺点,而不是以本位文化作为文化沟通的起点和归宿。其实,不同国家之间、不同文化之间的相处,贵在彼此了解、相互尊重,正如钱锺书先生所认为的那样,"中西交往,人我关系,如鸟之双翼,剪之双刃,缺一不可"。[②] 我们阅读和研究赛珍珠的作品可以发现,她是明白个中道理的。她教会我们注意对异文化作历史的考察,认识对方的传统,寻找价值观上的共同点,培养对不同文化的开放性和提倡虚心学习的精神。这些正是当今跨文化对话理应涉及和思考的几大方面。[③] 因此我们认为赛珍珠及其创作是一个足资参考的文化资源,值得我们去做深入研究,并好好加以利用。

(本文原载于《江苏大学学报(社会科学版)》,2002 年第 4 期)

---

① [美]赛珍珠:《我的中国世界》,第 59 页。

② 赵一凡:《欧美新学赏析》,中央编译出版社,1996 年,第 230 页。

③ 卜松山:《与中国作跨文化对话》,中华书局,2000 年,第 95 - 122 页。

我们今天研究赛珍珠什么

姚君伟……

中国赛珍珠研究在改革开放以来，通过学术界的努力，已取得了不少令人瞩目的成果，可以说，目前已经进入一个非常有利的发展阶段。记得吕同六先生在为刘龙先生主编的《赛珍珠研究》作序时曾语重心长地说："赛珍珠同中国的关系实在太密切。中国理所应当研究赛珍珠，而且要研究出名堂来。"回顾在过去十余年的时间里，中国学术界在赛珍珠研究方面所取得的成果，可以自豪地说，我们在这一研究领域已经研究出了名堂。试举几例如下：

1. 杨仁敬先生的《20 世纪美国文学史》(2000 年)列出专节来讨论赛珍珠及其与中国的关系，见该书第三章第八节：赛珍珠与她的中国恋情。杨先生的这部著作是国家哲学社会科学基金"八五"规划项目"20 世纪外国国别文学史丛书"之一种。

2. 刘海平、王守仁先生主编的《新编美国文学史》(2002 年)详细论述了赛珍珠与中国文化的关系和赛珍珠对重塑中国人在西方的形象的贡献，见第三卷第二章第六节：赛珍珠的小说以及赛珍珠与中国。《新编美国文学史》是国家哲学社会科学基金"九五"规划重点项目。

3. 郭英剑先生编的《赛珍珠评论集》(1999 年)是原国家教委人文社会科学"九五"规划青年基金项目"赛珍珠研究"的一个主要成果，具有较高的学术价值。中国学者在将近 70 年的时间里所撰写的有关赛珍珠及其作品评论绝大多数都收录在内，凡 91 篇。

4. 李岫、秦林芳先生主编的《20 世纪中外文学交流史》(2001 年)第三编第二章第五节讨论了"诺贝尔文学奖得主赛珍珠笔下的中国"。该书是教育部博士点人文社会科学"九五"研究基金项目成果。

5. 笔者在博士论文(*Cultural Relativism:Pearl S. Buck and Her Presentation of Chinese and Western Cultures*, 2000)基础上完成的专著《文化相对主义:赛珍珠的中西文化观》(2001 年)则从赛珍珠跨文化的文学创作、学术研究和社会活动等层面出发,滤出其文化相对主义精神。该书是江苏省哲学社会科学研究"十五"规划项目的阶段性成果。目前,笔者正在撰写《赛珍珠在中国》一书,这是教育部"十五"规划研究项目成果之一。

此外,刘海平、王守仁、张子清三位先生主持翻译的250 万字的《赛珍珠作品选集》业已出版;原《镇江师专学报(社会科学版)》以及《江苏大学学报(社会科学版)》的"赛珍珠专题研究"栏目坚持至今;我们还有多篇以赛珍珠研究为选题的博士、硕士学位论文;2003 年,我们还成立了自己的学术组织——镇江市赛珍珠研究会。以上列举的还只是中国赛珍珠研究近年来所取得的部分成果,却已经足以表明这一研究正越来越走向深入,研究势头正旺,研究阵容强大,令人颇感欣喜。

然而,正如笔者多次提及的那样,赛珍珠是一位非常复杂的历史人物,赛珍珠研究是一项非常复杂的系统工程。① 况且,赛珍珠又是一位勤奋的、因而也是多产的美国作家,一生创作并发表了 100 多部作品,涉及长篇小说、短篇小说、诗歌、散文、剧本(包括舞台剧本和电视剧本)、传记、演讲等不同文类。此外,还有译作(汉译英,主要是《水浒传》的英译)。今天,回眸近年中国赛珍珠研究,我们可以发现,尽管目前已经有许多中美学者在进行各自的赛珍珠研究,而且已取得了不少骄人的成绩,但相对于赛珍珠作品的数量和质量,这些已有的研究依然显得很不相称。我们在肯定成绩的同时,为使这一研究在21 世纪取得更大的进展,就不能对研究中存在的问题视而不见,而陶醉在成绩之中。客观地讲,当前的赛珍珠研究虽处于一种十分有利的氛围之中,但仍可说是任重而道远。这里,笔者拟就新世纪中国赛珍珠研究可能拓展的一些层面提出一些自己的想法,供有关学者讨论。

那么,我们目前还可以在怎样的意义上开拓研究视野呢? 换言之,我们在赛珍珠研究的哪些方面还能有所作为呢?

我们认为,目前中国的赛珍珠研究可以围绕美国著名文学批评家 M·H·艾布拉姆斯在《镜与灯》中所确立的文学批评的四要素,即作品、作

---

① 1994 年,镇江师范专科学校赛珍珠研究课题组成立时,正是考虑到这一点,才提出课题组成员应具有互补型知识结构的优势,课题组吸收的第一批成员当时已经在较长的时间里,从事包括中国古代文学、近现代文学、文学理论、美国史、英美文学和比较文学的教学和科研工作,并发表了许多学术成果。

者、世界和读者来进行下去。艾布拉姆斯总结说，文学研究的第一个要素是作品，即艺术产品本身。他把这四个要素排列成一个三角形，把作品摆在中间，因为他认为文学批评的主要对象是作品本身。① 他的这一总结可以用来指导我们的赛珍珠研究，因为受中国小说传统的影响，赛珍珠也希望人们关注的不是她本人，而是她的作品。

迄今为止，可以说，中国学术界对赛珍珠作品的译介和研究仍旧是不够的，我们已经做的翻译和研究相对还是局限在她的几部代表作上，主要包括长篇小说《东风·西风》《大地》三部曲、《群芳亭》《母亲》《同胞》《我的中国世界》等。关于她为父母撰写的传记《战斗的天使》和《放逐》也开始有学者发表评论。出现这样的局面，原因不难找到。首先，这些均是赛珍珠的代表作，又是赛珍珠本人所喜爱的作品，尤其是《大地》三部曲和两部传记。从根本上讲，赛珍珠描写中国和中国人，是希望消除西方人对中国的误解，从而更好地了解中国和中国人，《大地》三部曲是这方面的代表作，成为她的辛勤努力和巨大成功的一部分，也是一个证明。正是这些代表作帮助她确立了她在国际文坛上的地位，并获得了诺贝尔文学奖。其次，这些作品在中国较早有中译本，《大地》等甚至有多个译本。这些译本的推出，使不谙原文的中国评论家得以从事赛珍珠研究。中国的外国文学研究史表明，随着外国文学作品译成中文，往往会掀起相关研究的一个热潮。中国新时期以后赛珍珠研究重新勃兴，恐怕是与漓江出版社1988年推出的《大地》三部曲中译本密切相关的；1998年，《赛珍珠作品选集》的推出则促成了赛珍珠研究一个新的热潮的到来。不过，总的说来，研究者大都也还只是把目光集中在选集收入的几部作品上。

显然，这样的研究是不完整的。曾经对赛珍珠作品提出过批评的鲁迅先生就正确地指出过，研究一位作家，要顾及"全人"，这样才能客观地认识和评价该作家及其作品。因此，在继续更加深入地研究上述赛珍珠作品的同时，研究赛珍珠的学者在新世纪理应将研究的触角延伸到赛珍珠的其他作品上去。研究这些作品，从而力争全面完整地把握它们的精神。研究的范围应当涵盖赛珍珠的全部作品，包括小说和非小说。就小说部分，有争议的小说应该纳入我们的研究视野，赛珍珠返回美国后创作的小说也同样应该成为我们的研究对象。我们曾经尝试过对赛珍珠的非小说作品（含演讲）作出研究，因为它们在精神上与她的小说创作是吻合的，也是她在帮助处于不同文化的人们加强文化交流、增进相互了解，提倡文化上的宽容等方面所作出的毕生努力的一个重要组成部分。可以毫不夸张地说，赛珍珠为了增

① M·H·艾布拉姆斯：《镜与灯：浪漫主义文论及批评传统》，北京大学出版社，1989年，第5-6页。

进人类不同成员之间的互相了解和宽容而作出的杰出贡献，在相当的程度上，体现在她的非小说创作之中①，她本人也认为自己的非小说创作或许能够更直接、也更有效地为其异质文化和睦相处的宗旨服务，因此，值得我们作出认真细致的研究。而要研究赛珍珠的非小说作品，首先还要做一些艰苦的发掘工作，如她关于中国小说的研究，因为这些作品散见于当年的各类报刊之中，虽有结集出版的（如 *China As I See It*，即《我所知道的中国》），但毕竟数量有限，无法完整地反映出她在这方面的实绩和全貌。

前面说到，赛珍珠的作品横跨了许多文类。就她的小说创作而言，长篇以外，她还发表了 136 篇短篇小说，结成多部集子，数量是可观的，同时，它们在艺术上也大多取得了较高的成就。这批短篇小说也是赛珍珠作品的有机组成部分，而且由于短篇小说自身的特点，艺术上表现得更紧凑、更凝练，它们往往以小见大，更为集中地体现出她所倡导的文化精神，值得作出深入的研究。但是，目前，国内外在赛珍珠长篇小说研究方面相对已经取得了不少进展，而对她的短篇小说的研究，仍基本付之阙如，仅见的专题研究还是保罗·A·多伊尔于 1966 年发表的《赛珍珠短篇小说总论》。笔者曾讨论过她最重要的短篇小说集《结发妻及其他故事》的上部《旧与新》，通过研究，发现这组短篇小说以现实主义的手法，描写了新与旧之间的冲突以及旧在冲突中的迅速败退。② 这些初步的探讨重点考察了赛珍珠当年如何借助于短篇小说这一短小精悍的艺术形式对中西文化之间所产生的冲突和融合进行的思考，因为赛珍珠的这一思考对于我们今天的跨文化对话仍然具有很大的启发性，值得我们认真参考。

笔者以为，赛珍珠的《结发妻及其他故事》值得做进一步的研究，她的其他短篇小说集也同样非常值得我们去做一番细致的研究。这些短篇小说集主要包括《今天及永远：中国的故事》（*Today and Forever: Stories of China*, 1941），《二十七个故事》（*Twenty-seven Stories*, 1943），《远与近：日本、中国和美国的故事》（*Far and Near: Stories of Japan, China, and America*, 1947），即 1949 年英国版《远与近：东方与西方的故事》（*Far and Near: Stories of East and West*），《十四个故事》（*Fourteen Stories*, 1961），即 1962 年英国版《带有一种微妙空气及其他故事》（*With a Delicate Air, and Other Stories*），《午夜逃亡及其他故事》（*Escape at Midnight, and Other Stories*, 1964），以及《善行及亚洲古今其他故事》（*The Good Deed and Other Stories of Asia, Past and Present*, 1969）

---

① 姚君伟：《论赛珍珠非小说作品中的文化精神》，《江苏大学学报（社会科学版）》，2002 年第 1 期。

② 姚君伟：《论〈旧与新〉中的中西文化冲突》，《镇江师专学报（社会科学版）》，2000 年第 4 期。

等。全面而深入地了解赛珍珠一生的创作成就，离不开对其短篇小说的研讨，而目前中美学术界对赛珍珠的短篇小说（集）可以说基本上忽略了，即使提到，充其量也只是一笔带过，如彼得·康在《赛珍珠传》中所做的那样。因此，我们希望21世纪的赛珍珠研究在这一方面能有所突破。

在赛珍珠研究方面，我们在新世纪同样应当并能够有所作为的层面包括对赛珍珠创作的舞台剧本、电视剧本的研究，前者重要的有《孙逸仙》（*Sun Yat-sen: A Play*）。这个剧本1944年由环球发行公司（Universal Distributors）出版，胡适博士作序。胡适对赛珍珠的创作是予以关注的，他对《大地》有过自己的评价；[①]赛珍珠在《我的中国世界》中有不少篇幅谈及新文化运动，对胡适博士及其著作（如《中国哲学史大纲》）给予肯定。通过对《孙逸仙》这个舞台剧本的分析，既可以让人们了解赛珍珠对孙中山先生的崇敬之情，又能对考察赛珍珠与胡适博士之间的交往有所裨益。目前，对《孙逸仙》等剧本仍仅有零星研究，而且也还算不得深入，因此，更需要从事赛珍珠研究的学者付出努力。

关于赛珍珠作品，还有一大块似乎已经几乎为人遗忘了，这就是她的翻译。关于她翻译的《水浒传》，学术界要么鲜有提及，要么主要是为了分析诸如《龙子》这样的抗战小说，以说明其中的农民战士酷似《水浒传》中的梁山好汉。特别是《龙子》中的主人公林郯，身子轻轻一跃，人已在房梁上了。其实《水浒传》的翻译，其目标在相当的程度上与她小说创作所传达出的精神相仿佛，均在于追求平等、正义和交流，笔者认为这是赛珍珠思想的内核部分。只要看看她的标题——《四海之内皆兄弟》（*All Men Are Brothers*）及在译序中的交代，就明白了赛珍珠所追寻的理想，而这一理想中又可以见出中国文化（尤其是儒家思想）对赛珍珠的深刻影响。当然，这部译作上下两卷，篇幅长达一千余页，粗看一遍，就需要耐心，而要研究它（不仅仅是看她译得对还是错），则完全是一桩耗时费力的艰辛工作。但赛珍珠所做的翻译值得研究，除了其跨文化对话方面的意义外，研究她的译作还能帮助我们考察她的创作与译作之间的互动关系，从而更好地了解她的创作。

特别需要提及的是，赛珍珠小说创作中也有翻译——汉译英。她有时故意避开地道的英文表达法，而使用中国（式）英文，比如“早饭”“中饭”她不说“breakfast”“lunch”，而说“morning rice”“noon meal”；她的小说中有许多表达法，一看就知道是中国人的表达，读的是英文，思维却是中文的，我们把这些表达翻译成汉语就清楚了，如，“my sons' father”（孩子他爹），“long noodles”（长

① 谢泳：《教授当年》，百花文艺出版社，1998年，第76－77页。

寿面),“the electric shadow”(电影)。赛珍珠不说“Excuse me”(借光,对不起),而讲“Borrow me some light”,这样的英语是否属于中国英语呢?这些创作中的汉译英值得研究,它能帮助我们分析和理解赛珍珠在介绍和宣传中国文化、描写中国人生活情形的过程中所采取的一些语言上的策略。另一方面,这一策略完全是为了在小说中塑造中国人的形象吗?赛珍珠从小接受双语教育,长期受到双重文化的熏陶,在她的英文表达上,客观上是否有汉语思维的干扰呢?赛珍珠本人承认,由于在汉语的熏陶下长大,她一辈子都适应不了纯正的英语。研究赛珍珠的小说的语言特点、文体特色,恐怕是研究其创作的一个很好的切入点。20世纪30年代有人做过这方面的研究①,现在也有学者从这个角度来分析赛珍珠的创作,但她的译作理应包括在内。顺带一提的是,赛珍珠的非小说作品有相当一部分涉及中国文化,包括中国小说。从她的这部分作品中,可以见出她的钻研程度之深、研究水准之高,这暂且不说。希望指出的是,由于她对中国文化和中国小说有过不少深入的研究,她使用英文发表研究成果时,不可避免地做了一些汉译英,如她有名的《中国小说》中关于《儒林外史》的介绍就借鉴了鲁迅先生在《中国小说史略》中所作的研究,并翻译成英文。研究她在翻译上的成就,理应包括她以英文发表的有关中国文化和中国小说的成果中的翻译,也即学术论著(文)的翻译。

研究赛珍珠的作品,当然离不开对它们所再现的内容的分析。目前,国内学术界似已形成了一个共识,即赛珍珠的作品在很大程度上是中国文化的产物。这样,我们需要进一步研究的一个方面就是其作品究竟反映了中国文化的哪些方面的内容,反映得如何。拙著《文化相对主义:赛珍珠的中西文化观》以两章的篇幅较为细致地对此做过分析,滤出了这些作品里的中国文化成分,并指出了赛珍珠在作品中再现中国文化的一些有效手段。②但是,中国文化研究本身就是一个大课题,什么是中国文化的精髓,需要深入研究。这需要有关专家学者的共同参与,只有这样,也许才能对赛珍珠创作中的再现中国文化的内容作出更全面、更到位的分析,实事求是地评价她在宣传中国文化方面所作出的积极努力。

回答目前我们能研究赛珍珠什么的问题,笔者还有另外一些思考,以上所说的基本上侧重于赛珍珠作品的研究。如前所述,作品研究是研究一个作家的主体所在,作家,尤其是像赛珍珠这样一位在中国文化环境下长大,因而更看重作品而非作者本人的作家,是希望凭作品说话的。当然,按照

---

① 雨初:《〈大地〉作者勃克夫人》,《女青年月刊》,1934年第3期。

② 姚君伟:《文化相对主义:赛珍珠的中西文化观》,东南大学出版社,2001年,第69–136页。

M·H·艾布拉姆斯的理论,作家也是文学研究的一个重要环节,读者同样是,他们与作品之间的关系不能视而不见。关于赛珍珠,情况太过复杂。彼得·康等学者在有关著作中,曾作过很好的归纳。他们指出,赛珍珠在中国的30多年间,正是苦难的中国动荡不安的多事之秋:封建王朝摇摇欲坠、帝国主义瓜分中国、义和团运动兴起,辛亥革命爆发、共和制建立、袁世凯称帝,张勋复辟、军阀割据、国共合作、北伐战争、蒋介石1927年背叛革命、日本入侵中国东三省,整个中华民族处于危难之中。身处这样一个瞬息万变的旧中国,赛珍珠不能不受到影响,不能没有自己的思考,更不能不产生心灵上的冲击。彼得·康说,随着了解的加深,他发现赛珍珠是个"苦恼、忧虑、内心矛盾和有局限的妇女"。[①] 赛珍珠一生中的种种经历促使她成了一个多种文化的、卓有成效的沟通者。这样一个作家极其复杂,但非常值得研究。笔者拟另写专题论文对赛珍珠这个人物(或者说赛珍珠现象)进行深入讨论。

同样需要研究的是赛珍珠作品的读者,她写作时心目中的隐含读者、她作品发表后的读者——中国读者和其他国家的读者,包括译者和评论家,因为他们首先也是读者。其实,研究赛珍珠的读者,也就包括研究赛珍珠在中国的接受了。目前,已有一些学者在从事赛珍珠读者的研究,笔者正在撰写的《赛珍珠在中国》一书也属于这个范畴。这方面的材料十分丰富,情况也非常复杂。限于篇幅,这里就不作展开了。

在2002年中国镇江纪念赛珍珠诞辰110周年暨赛珍珠学术研讨会上,笔者作了一个题为《我们今天为什么研究赛珍珠》的发言。这个发言主要希望指出的是,我们今天正处于一个全球化潮流迅猛发展的阶段,而世人迫切需要回答的问题是,人类在新世纪应当建设怎样的一个新世界,处于不同文化中的人们应当如何自处,又如何相处。因为赛珍珠提倡对异文化作历史的考察,认识对方的传统,寻找价值观上的共同点,培养对不同文化的开放性和虚心学习的精神,因此,我们应当好好研究赛珍珠,并利用好这笔文化资源。本文则在明确了我们研究赛珍珠的宗旨后,着力就新世纪赛珍珠研究对象,即我们在新世纪还能研究她什么,作了一番观察,提出了进一步拓宽我们的研究视野的一些设想。总的想法是,已有的研究仍须深入,至今尚是空白或成果较少的层面则要加强,以全面完整地把握赛珍珠这样一位作家的作品,促使其作品潜在的价值在新世纪得以充分地体现出来。

(本文原载于《江苏大学学报(社会科学版)》,2003年第4期)

① [美]彼得·康:《赛珍珠传》,漓江出版社,1988年,第15页。

我们今天怎样研究赛珍珠

——从中国赛珍珠研究现状谈起

姚君伟····

关心中国赛珍珠研究的学者想必已经注意到，如果考察中国赛珍珠的研究史，那么，我们一般将这一研究划分为20世纪三四十年代、60年代和80年代至今这样的三个阶段。客观地讲，20世纪三四十年代中国的赛珍珠译介和研究已达到了一个相当高的水平，许多研究者同时也是赛珍珠作品的译者，因此，对赛珍珠其人其作有着较为深入的理解和准确的把握。他们中的一些学者（如伍蠡甫、赵家璧等）在译序或文章中提出的观点即使在今天看来仍然有着较高的学术价值。但是，由于冷战时期的意识形态等历史原因，这样一个良好的开端到了20世纪五六十年代未能很好地延续下来。一直到新时期的改革开放以后，赛珍珠研究才重新步入正常的学术轨道，并迅速取得了较为扎实的研究成果，成为一件令人感到欣慰的学术盛事。

应该说，经过20世纪80年代以来学界人士的共同努力，中国的赛珍珠研究迈入了一个新的历史发展阶段。进入21世纪，这一研究所取得的成果更是令人瞩目。镇江市继1991年元月成功召开全国首届赛珍珠文学创作讨论会以后，又于2002年和2005年召开了赛珍珠国际学术研讨会，其间于2003年还成立了镇江市赛珍珠研究会。目前，这支研究队伍应该说越来越壮大，一批科班出身的硕士生、博士生以赛珍珠研究为学位论文的选题。仅通过毕业论文答辩并在此基础上修订出版的赛珍珠研究专著就有3部，即笔者的《文化相对主义：赛珍珠的中西文化观》、高鸿的《跨文化的中国叙事——以赛珍珠、林语堂、汤亭亭为中心》和陈敬的《赛珍珠与中国：中西文化冲突与共融》。在这支队伍中，硕士生数量更多。我在南京师范大学开设了“赛珍珠研究”课程，选修该课程的研究生同学已经推出了集束式成果，

2007 年由笔者指导的 7 篇硕士论文均以赛珍珠研究为选题，他们届时将同时参加答辩，成果也将一次性向赛珍珠研究界整体推出。

当然，回眸新世纪以来的中国赛珍珠研究，我们可以发现，尽管目前中国学者在进行着各自的赛珍珠研究，而且已经取得上面提及的部分成果，但是，相对于赛珍珠的跨文化文学创作的数量和质量，从她因此所作出的历史贡献和她的创作、学术研究和社会活动所具有的现实意义来考察，中国的赛珍珠研究可谓是任重而道远。笔者从事赛珍珠研究十数年，有幸参与了对赛珍珠其人其作价值重估的全过程，每隔几年，也会对已有的中国赛珍珠研究谈谈个人的感受并作出评价，所谓回眸或一瞥也就是赛珍珠研究之研究。

2002 年，在"中国镇江赛珍珠学术研讨会"上，笔者作了一次发言——"我们今天为什么研究赛珍珠?"①我主要指出，面对世界的全球化趋势，对赛珍珠及其作品进行深入研究具有很强的现实意义。我认为，赛珍珠一生提倡对异质文化作历史的考察、认识对方的传统、寻找价值观上的共同点、培养对不同文化的开放性和虚心学习的精神，因此，我提出，赛珍珠及其创作在跨文化对话的时代是一个足资参考的文化资源，应该好好加以利用。这或许是我们今天研究赛珍珠的主要缘由。

2003 年，我发表了以"我们今天研究赛珍珠什么?"为题的文章，就新世纪中国赛珍珠研究可能拓展的一些层面提出自己的一些想法，建议这一研究可以围绕美国著名文学批评家 M·H·艾布拉姆斯在《镜与灯》中所确定的文学批评四要素，即作品、作者、世界和读者来着手进行，对当时已有的研究作进一步的拓展和深化，对一些尚属空白或者研究成果较少的层面予以加强，以便全面完整地把握赛珍珠的作品及其价值。②

拙文发表后引起了一些反响，关于今天研究赛珍珠的缘由的文章除发表在《江苏大学学报(社会科学版)》并被收入《赛珍珠纪念文集》以外，还刊于英国剑桥大学《剑河风》杂志，受到一些海外中国学者的关注。此后，笔者又一直在思考与中国赛珍珠研究的缘由和对象密切相关的研究方法，也曾发表过若干不成熟的想法，但是，对赛珍珠研究的方法，也即"我们今天怎样研究赛珍珠"的问题还是有必要作一专门的探讨。

谈到中国赛珍珠研究的方法，我们不会忘记钱佼汝先生在全国首次赛珍珠文学创作研讨会上提出的思路，即我们在研究赛珍珠的时候，应当做到两个"结合"(小说和非小说结合、文学创作和社会活动结合)和两个"分开"

① 姚君伟:《我们今天为什么研究赛珍珠》,《江苏大学学报(社会科学版)》,2002 年第 4 期。

② 姚君伟:《我们今天研究赛珍珠什么?》,《江苏大学学报(社会科学版)》,2003 年第 4 期。

（1938 年前后的作品分开、1949 年前后对中国的态度分开）；他认为，赛珍珠的许多观点是在非小说作品中表达出来的，1938 年以前的作品艺术上高于以后的作品，而 1949 年以后她对新中国有“比较明显的攻击”。钱先生的这些意见具有方法论意义。

新时期以后，《大地》三部曲新译本的主译王逢振先生在译序中提出从新历史主义的角度来研究赛珍珠。我们知道，新历史主义批评也就是将文学作品放在历史的范畴中考察，通过考察历史的变化发展来评价文学创作；换言之，新历史主义主张从历史的角度来研究文学，反对将文学与社会相隔离的批评观念和实践。可以说，赛珍珠研究离不开与她密切相连的那个历史语境。

事实上，迄今为止的研究所运用的批评方法和切入的角度是多元的，这与赛珍珠其人有关。我们今天研究她，可以运用和利用的方法包括：

1. 社会—历史批评方法。这一方法强调赛珍珠作品的社会历史内容，并对之作出价值判断，其评判的角度主要是作品的真实性、赛珍珠在其中直接或间接表现出的倾向性以及在中国产生的社会效果。赛珍珠在中国的 30 多年间，正是苦难的中国处于动荡不安的多事之秋：封建王朝摇摇欲坠、帝国主义瓜分中国、义和团运动兴起、辛亥革命爆发、共和制建立、袁世凯称帝、张勋复辟、军阀割据、国共合作、北伐战争、1927 年蒋介石背叛革命、日本入侵中国东三省，整个中华民族处于危难之中。身处这样一个瞬息万变的旧中国，赛珍珠不能不受到影响，不能没有自己的思考，更不能不产生心灵上的冲击。① 而这些影响、思考和冲击都在她的创作中得以体现，因此，研究赛珍珠完全有必要采用社会—历史批评的方法，这也是一种基本的方法，尽管把握它并非是一件容易的事情。

2. 文化学批评。这一方法的运用旨在研究赛珍珠创作的跨文化意义，它着重其文化价值，特别关注赛珍珠作品中所揭示出的传统文化与现代文化、中美文化或中西文化之间的相遇、冲突、变迁与融合等主题。这其中又可分为许多具体的角度，如研究赛珍珠的“民俗精神”的民俗学角度，又如文化人类学的角度。笔者就曾从文化人类学的角度来研究赛珍珠的文学创作、学术研究和社会活动中以不同形式体现出来的跨文化精神，并得出结论，认为她的创作是文学的，更是文化的，其文学创作的文化价值要大于其文学价值，尽管其文学性丝毫也不容抹杀。

3. 读者批评的角度。这一角度以赛珍珠的读者为指向，侧重于从赛珍珠作品的不同时代中国读者的角度来研究其创作和意义，也就是说要注意

---

① ［美］彼得·康：《赛珍珠传》，第 15 页。

以读者接受为中心,注重她的不同读者的接受期待,注重对其作品的接受的历史性研究。这是一种接受研究,这样的研究具有相当的难度,应注重史料性和历史性,同时也要注重考察各个时代的读者(包括译者和论家)所关注的问题,总结出接受赛珍珠这样一位特殊美国作家的创作的某种规律性特征,促进外国文学在中国的接受研究,以利于我们的文化建设。

4. 女权/女性主义批评的角度。赛珍珠是"一位为女性写作、写女性问题的充满母性的女性"①,因此,在这一研究中运用女权/女性主义批评方法和视角是合理的,也是有效的。目前,已有中国学者从该批评视角来研究西方女权主义批评家对赛珍珠的排斥,研究她的女性主义特征及其在创作中的体现,研究她对中国妇女的命运和地位问题的文学思考等。当然,赛珍珠经常跳出男女二元对立的樊篱,站在人类的高度来思考整个文化问题,她素来反对对立,主张男女之间、异质文化之间和谐相处,取长补短。这是我们运用女权/女性主义批评方法来研究赛珍珠的时候需要留意的地方。

5. 后殖民主义批评。国内已有多位学者运用后殖民主义理论来解读赛珍珠的作品。著名的后殖民主义理论家爱德华·萨义德在《东方主义》和《文化与帝国主义》这两部著作中,以激进的姿态,批判西方霸权主义,并试图将其颠覆,以期合理地重新界定和处理东西方文化关系。从这一批评视角切入,我们可以深化对赛珍珠及其作品的认识,进一步校正我们对赛珍珠的评判和定位。这里也包括对赛珍珠的文化身份的研究。

6. 比较文学和比较文化研究的角度。赛珍珠主要是以中国题材进行跨文化创作的美国作家。因此,研究赛珍珠,最基本的方法应该是比较文学和比较文化的方法和角度。不少学者已明确指出,赛珍珠研究是比较文学也是比较文化的好题目,因为"比较文学的背后,总离不开文化的比较,而谈到中西文化的比较,赛珍珠的书应该是必读"。② 目前,赛珍珠研究方面的许多优秀成果都是从这一比较的角度切入的。我们已经而且可以更加深入地从影响的角度来研究中国文化对赛珍珠的深刻影响。近年来,中国哲学界、比较文学界不少有识之士纷纷讨论"和而不同"的话题③,著名哲学史家张立文先生更是结合自己几十年的深入思考,建构了"和合学",就此提出了21 世纪文化战略的构想。④ 赛珍珠写中国,写中国人,写中国文化,其出发

① Helen F. Snow. Pearl S. Buck: 1892 - 1973. *The New Republic*, 1973 - 03 - 24(28).

② 葛佳渊,罗厚立:《形象与文化:换个视角看中国》,《读书》,1993 年第 12 期。

③ 见杜维明、汤一介、乐黛云等先生近年发表的有关著述。

④ 张立文先生为了回应美国政治学家亨廷顿的"文明冲突论"的挑战和化解人类所共同面临的问题,建构了和合学,详见《和合学——21 世纪文化战略的构想》,中国人民大学出版社,2006 年。

点即是倡导异质文化之间的“和而不同”,也即“和合”。通过比较,可以看出中国文化精神对一个外国作家深入骨髓的影响,尽管在赛珍珠这个个案上,基督教文化的影响更是与生俱来的。不过,影响的概念、内涵和形态极其复杂,文化则更是如此。何为文化?何为中国文化?美国文化又有何种内涵?涉及这些层面,或者说从比较文化的角度来研究赛珍珠,我们需要特别谨慎,认真分析,以避免过于笼统、大而无当的陈言和空论。

从比较文学的角度来研究赛珍珠,特别希望指出的还有一点,赛珍珠自己也可以说是个比较文学(主要为小说)和比较文化学者,尽管是作家型的。作为比较小说学者,她一反目前中国比较文学界部分存在的怪现象,即先有比较,然后才有文学/小说,也就是说先掌握所谓的理论——比较的理论,然后才去寻找文学,以便加以比较。赛珍珠从小除了在家庭教师的辅导下阅读中西典籍之外,还背着家庭教师和母亲偷偷地看了许多中国小说,包括《三国演义》《水浒传》《红楼梦》《儒林外史》《西游记》《封神演义》《野叟曝言》,等等;又有英国小说(特别是反映下层人民疾苦的狄更斯的小说)作为参考系。在此基础上,她对中英小说进行比较,并进行理论上的提炼,提出关于小说理论、小说创作领域的不少颇有见地的观点。她的比较小说实践使得她一上来就跃入比较文学发展的第三阶段——法国影响学派和美国平行研究之后的中国比较文学阶段,即为人们共同接受的真正意义上的比较文学研究,因为其基本精神是促进不同民族文化之间的理解和平等对话。① 笔者正在编辑《小说之道——赛珍珠论小说和中国小说》一书,正是希望对(比较)小说学者赛珍珠的成果作一次系统的整理和展示,揭示出这些成果所体现出的文化精神,或曰“和合精神”。

除了以上提及的方法,笔者以为,我们还可从跨文化交际学、宗教学、生态学、翻译学、成才学、社会学、传记学的角度来研究赛珍珠;还可以从文艺学(包括影视等)、语言学、文体学、叙述学的角度来分析赛珍珠的作品;再者,文献计量学的方法既可用以研究赛珍珠的小说和非小说创作,又可用来研究赛珍珠研究,即作为“研究之研究”的工具和方法。虽然这些方法各异,但殊途同归,其宗旨均在于帮助我们更为深入地理解赛珍珠的作品,同时更好地使赛珍珠研究朝着正确的方向推进,从而充分利用好赛珍珠及其作品这笔文化资源,汲取她的智慧,为21世纪全人类的文化建设和发展服务。

(本文原载于《江苏大学学报(社会科学版)》,2007年第1期)

① 乐黛云:《比较文学发展的第三阶段》,郁龙余《切磋集——深圳大学比较文学二十年论文集》,北京大学出版社,2005年,第1-9页。

朱希祥

全球化语境中的赛珍珠研究

目前，恐怕任何话题都应置于全球化语境中才能更现实、更前瞻性地审视与认识所谈内容的本质属性，并从中揭示与挖掘出该话题的崭新意义和价值。

21世纪的赛珍珠研究更不例外，因为她的经历、人格、作品、理念，已比一般作家与学者早半个多世纪融入了世界性的格局之中。因而，通过对赛珍珠的深层内涵的研究，我们又会反过来对目前的经济一体化和文化多样化有更新的认知与感受。

有了这么一个较宏观又现实的时代背景与理论基点，我们对赛珍珠从文本作品的评论鉴赏到文化精神的审视估量，就会取得新启示与新收获。

一、视角的多变与作品的魅力

从小说创作上来说，作品的叙述需要确立一个视角，这种视角体现在人称、主人公和所表现的对象上，显示的则是作者的观念、主张、情感等主观意识和作者对主题的确立。优秀的作家都不会拘泥和局限在某一两个特定的视角上，因为那样会使作品的主题单一和过分显露，特别是表现多民族、多国籍、多阶级（阶层）的作品，只站在一个特定角度（一般是作者自身民族、国籍、阶层），那会使作品意义显得狭窄而浅薄。赛珍珠出生在美国，但又长期生活在中国和美国的普通人民中，并与他们一同受过苦、罹过难，所以她不想偏袒与执著某一国、某一民族、某一阶层与文化，她以客观而又有选择的心态表现着她所经历过的一切，所以在她的作品中，我们既可看到《大地》

三部曲那冷静、客观的全知全景的"上帝"式叙述与描写，以表现中国农民对土地和家庭的那份执著，也可看到《一个中国女人的叙述》完全以一个中国女人"我"的立场与视角来表现与西方世界密不可分的两个家庭的独特眼光。赛珍珠的一些作品，有从平和生活中显露出战乱带来灾难的，也有直接描写中国抗日战争，从而表现与讴歌中国人民的智慧、勇敢与坚毅不屈的民族精神的。虽然叙述方法、表现形式都较简单，但在《同胞》中，视角转换就较为隐蔽与巧妙了，作者通过讲述重点、表现对象的变化不断转换视角。作品中的人物梁博士、梁太太和他们的儿女詹姆斯、玛丽、路易丝、彼得，以及亲戚、朋友、仆人、农民、土匪，几乎都成为某一情景的主角与叙述人，再加上作品所表现的地点、空间的不断转移，从美国都市到中国城市，从中国城市到中国农村，读者由此而了解了美国和中国的从上层贵族到中层知识分子、乡绅地主，再到下层的青年学生、农民、仆人等普通人民全方位的文化与生活。赛珍珠通过这样的叙述，反复表达与突出的就是人与人之间是平等的，各民族文化都有各自的特点，有所长也有所短，要相互理解，要保持自己的优良传统，要扎根于本民族的大地上这样的视角与观念，这正是当前经济一体化所须有的全球意识。全球意识一方面要求注意民族文化与世界文化的接轨，即各民族加强文化之间的联系，实行互补互渗；另一方面，又要求文化的多样化，要求各民族保护自己的文化特色，以求全球文化丰富多彩、五光十色。赛珍珠的作品除了体现出以上两个特征外，还表现出杰出女作家所独有的视角与观察特点。这些特点使她的作品充满无限魅力。毫不夸张地说，像赛珍珠那样深切理解东西方文明本质，又努力表现与沟通东西方文明的外国作家，很难再找到第二个！

二、理想的展现与现实的无奈

1938 年，瑞典文学院将诺贝尔文学奖授予赛珍珠，除了因为她的作品"对于中国农民生活史诗般的描述，这描述是真切而取材丰富的"外，还"由于她的著名作品为人类的同情铺路，这种同情跨越了远远分开的种族边界；还由于她对人类理想的研究，这些研究体现了伟大和生动的写作技巧；瑞典文学院感到这是与艾米弗雷德·诺贝尔憧憬未来的目标和谐一致的"。①赛珍珠的"史诗般的描述"，使她的作品成为中国清末民初近代史的系列形

---

① [瑞典]佩尔·哈尔斯特龙：《授奖词》，[美]赛珍珠《大地三部曲》，王逢振，等译，漓江出版社，1998 年，第 953 页。

象图景，这种图景的价值与意义远超出近年来我国影视界津津乐道的贵族大院中女人们的钩心斗角、争风吃醋和朝野、兵匪间的争权夺利、拳打脚踢的那种逸事与逸史。

至于赛珍珠作品中的理想和理想主义，瑞典文学院给她的"授奖词"中还特别指出：就赛氏作品的倾向，"在我们西方人的范围内，它们朝着开拓一个通向更深入的人类洞察力与同情的遥远而陌生的世界前进——这是一项崇高而艰巨的任务，需要以全部理想主义和豪爽无畏去完成，就像你已经做过的那样"。①

的确，赛珍珠"豪爽无畏"而又不遗余力地将这种打上她鲜明个性的理想与理想主义融入了作品的人物刻画和塑造中。无论是她崇敬、怜悯或同情的各种女性、农民、奴婢及其文明和文化，还是她并不十分喜欢的男性、地主、传教士与各政党，她都认为，只要代表人民、代表正义，就有希望、有力量、有前途。因此，在赛珍珠的笔下，常常出现如小说《同胞》中这样的文字：

> 尽管这种文明（指中华文明——引者）当今似乎黯然失色，但是一旦实现了世界和平，中华文明一定会重放光彩。把东方和西方连结起来并不是一个无足轻重的使命。②
>
> 中国并不是真正衰弱，只是在苦难之中。③
>
> 现在生活在中国需要一种特殊的人。
>
> 那种能看到真谛的人。那种不仅希望现在世界应该更美好，而且相信世界能够被改变得更美好。④

赛珍珠作品中的人物理想，也是赛珍珠本人所追求的；她所追求的这种理想，又正是世界各国爱好和平的人民、民族与政党为之奋斗的目标。过去如此，现在则更为迫切。因为全球化下经济与文化的发展的根基和最终目标也在于这样的一种理想与理想主义。

当然，无论是赛珍珠所生活的那个年代，还是如今世界的格局，都不是清一色的。从世界范围看，贫富悬殊、文化的隔阂、形势的动乱、文明差异始终存在，只不过程度与地区状况有所不同罢了。所以，赛珍珠也始终困惑地处在两难之中。一方面，她衷心地希望各种文化都能得到发展，各种文明都会结出硕果。在小说《同胞》中，除了那位加入到中国社会政治活动中去的

---

① ［瑞典］佩尔·哈尔斯特龙：《授奖词》，［美］赛珍珠《大地三部曲》，第953页。

② ［美］赛珍珠：《同胞》，吴克明，等译，漓江出版社，1998年，第13页。

③ 同②，第48页。

④ 同②，第235页。

小儿子彼得被人杀害外，其余人物的结局几乎都是大团圆，就连詹姆斯和大字不识一个的农村姑娘玉梅，也最终是幸福和谐的。我们要知道，詹姆斯是在美国长大、受高等教育并与一位美国姑娘自由恋爱过的“海归”青年！这几乎有点空想式的浪漫与理想，令人难以置信，但却是赛珍珠精心设计与构筑的。另一方面，赛珍珠也看到了社会和时代的复杂，自己的理想真正实现起来会困难重重。例如她在传记《异邦客》和《战斗的天使》中描写了她的父母，他们为自己的理想苦苦奋斗终身，结果都客死在中国。他们的追求与现实的关系如何？赛珍珠在《战斗的天使》中，用一段议论、抒情相结合的象征描写，回答了以上的一些问题：

事隔多年，现在回想起来，对于一切生命具有难以捉摸的讽刺意味的是：凯丽喜欢高山的洁净，渴望生活于斯，长眠于斯；可她却被永远埋在一块炎热的黑暗地方，埋在一块位于一个中国城市中央、周围有墙围起来专供安葬为数不多外国死者的墓地。那儿的空气充满人世瘴气，周围不停地有着人的吼叫声、吵闹声、笑声和哭声。就连高大的围墙、紧锁的铁门也阻止不了人们来打扰她。而安德鲁呢，他一生为了拯救灵魂与人接近，到头来却孤零零地被埋在山顶上，死后也像生时那样与她相去甚远。她毕生渴求远离人世的困扰和冷暖，却毕生被她自己的人性和整个世界的人性套上了枷锁，因而死是与生的一场搏斗，她打败了。但是，安德鲁从未沾上人间生活的边，从不知道生活的酸甜苦辣，既不感到生活的困惑，也不分担生活的痛苦。即使成了亡灵，他依然无忧无虑，从未意识到他已升天。①

这段文字写于中国最黑暗的苦难时期，故而与时代一样凄凉与悲哀。现在的中西方交流以及异邦客的生活已不会再像60多年前那样了，但从世界范围看，人类追求的大同世界、和平时代离人们还有相当远的距离，还需要若干年、若干代人们的努力与奋斗。

三、差异的刻画与误解的产生

赛珍珠的重要成就在于向西方人介绍了他们原先基本不了解的中国，同时也使中国人认识了他们原来非常陌生的异域生活。这样的描述和表

---

① [美]赛珍珠：《战斗的天使》，林三，等译，漓江出版社，1998年，第382页。

现，既可以使人们了解和重视与他们所不同的民族与文化，甚至使人们投入和融入这个民族的社会生活中去(典型的如海伦·斯诺夫人，她说是读了《大地》后才来到中国的)，但同时也可能使人们产生误解与误读：中国和美国真是这样的吗？作者会不会歪曲、猎奇、偏爱？以此看赛氏的作品，中西方一些人士恐怕都不会满意，甚至会产生愤怒情绪，将赛珍珠批判得一钱不值。

处在夹缝的赛珍珠不能因此而什么都不做，什么都不写。她充分发挥自己谙熟双语和两种文化的优势，既坚持客观、真实的基本创作原则，又带着中西方人的双重感情、文化积淀和女性特有的细腻、善良、审美的眼界与心态，执著地用各种方式来介绍与表现各自的国家与人民。

(一) 不作任何评价的客观描述。如《东风·西风》中有这样一段有趣的文字，叙述了一位从美国留学回来的医生和他的中国妻子("我")之间的认识差别。但作者只是客观介绍，并不作任何评论：

> 他在墙上挂着他同学的照片镜框，还有一块写着外文字母的毡子。我问他这是不是他的毕业证书，他大笑起来，把他的文凭拿给我看。那是一本对折的皮本子，上面印着奇怪的黑体字。他用手指着他的名字，后面是弯弯曲曲的符号，前面两个符号代表他的大学，后面两个代表他行医的资格。我问他这些符号是否相当于我国古代的"翰林"，他又笑了，说这两种东西不好比较。他把毕业证书放在玻璃镜框里，挂在墙上显著的位置。在我母亲的客厅里，这个位置挂的是明朝开国皇帝的庄严画像。①

医科大学毕业与"翰林"完全是两种体制下的产物，客厅挂毕业证书还是挂皇帝画像的差异都是颇有意味的，会使人联想到西方以个人为中心和中国"朕即国家"的区别等。赛珍珠此处不作一语的评论，反而给人们留下了更多的思索余地。

(二) 为文化的差异而作各自的辩解。中国的文化和传统习俗中，有一些是落后的、不文明的，与此相对应，西方也有一些相同或相似的现象。所以，一个民族在批判或嘲弄另一民族的陋习和不文明时，需要认真反思一下自己，不能一味唯我独尊。赛珍珠对西方文化了解得比较透彻，故而在她的作品中，常常会借助人物的对话、行动和心理的描写，对文化的差异作各自的辩解。例如在《同胞》中，受过西方教育的梁博士一方面认为中国女人裹

---

① [美]赛珍珠：《东风·西风》，林三，等译，漓江出版社，1998年，第13页。

脚是丑陋的、违反天性的，所以他“向来不承认他妻子曾经裹过脚”，并向美国人宣称：“中国青年女子裹足的风俗早在上个世纪就已消失。”另一方面，他又反唇相讥，嘲笑西方人的束腰习俗。他对美国人说：“在你们的妇女停止束腰之前我们就停止了缠足。”他还辩解说：“我们民族受到的伤害要比你们少，因为值得我们庆幸的是，我们妇女的脚里并没有什么重要的器官！”虽然，梁博士的这些话仍有点阿 Q 精神，但毕竟是高级知识分子，还带有点民族自尊在内。赛珍珠的这种描写，真是入木三分。

（三）有倾向性的中西文化比较。赛珍珠在中国生活时，中国正处于近代半殖民地半封建时代，与西方已较发达的资本主义比较，中国社会的确显得落后与愚昧，这是不容置疑的。赛珍珠在表现这些文化特征时，也会自然而然地流露出不满、谴责与批判的倾向，这也是我们应当正视的。即便是以表现回归中国传统为主题的《同胞》中，赛珍珠通过作品中的人物，也表达了以上的那种倾向性与感情。《同胞》中，写到仆人小王与詹姆斯有关村子发大水的一段对话，詹姆斯询问的方式基本是当时西方式的，如：“城里没人去帮你们吗？”“城里的市长应当出力”，“省长至少也应该过问”，等等。小王的回答则是中国式的：“人人都有够烦的事”，“没有人过问老百姓”，“省长和那些当官的都是上等人，他们有自己的事”。小说第十节中的一段情节与对话更发人深省。直爽、豪放的彼得回到中国后，有一次与几个同学看到一个警察用大棒打一个拉车人的头。他们制止了那个警察，因为车夫没犯什么罪，只不过无意中车轮碰到了警察的脚。当车夫感谢学生时，彼得和学生们却每人在他头上狠揍了两下，借以惩罚这个胆小鬼。当彼得的哥哥姐姐批评彼得时，他却坚持自己的意见，说：“我真恨那些呆头呆脑的老百姓，人家有了枪弹就随便让人家作践，他们为什么不还手？”这番激烈的话，很容易使我们想到鲁迅对一些中国人眼看自己的同胞被杀头却表现得麻木不仁时的愤懑与谴责。詹姆斯为车夫辩解说：“因为他们没有枪棒。”这实际上有了点社会革命的意义。虽然赛珍珠一贯反对暴力革命，但在这种情形下，她似乎也倾向于奋力反抗，直至拿起枪棒进行反击。

赛珍珠以《东风·西风》作为小说题目，虽直露了点，但她的并非东风压倒西风或西风压倒东风的全球化观念表达得还是非常鲜明的。小说结尾写到那位美国妻子与中国丈夫结合后，生了一个儿子，美国妻子说：“我原想可以将他扮成道道地地的中国人，但现在我知道，为了我也应该让他接受美国。他属于两个世界。”这个男孩的姑父则赞叹说：“他的出世带来怎样一种结合的快乐！他已把父母两人的心维系在一起，他们出生、教养完全不同，而这种差异已存在几百年了。这是多么了不起的结合呀！”70 多年前的这

种语调与情感，在今天听来，还是那么的亲切。

当然，同样不容讳言的是在当年那样一个闭关自守的社会，在并非是共产主义信仰者的赛珍珠的观念与思想中，中西文化的相互误解、误读以至偏执、歪曲也是不可避免的，现在应当重视研究的是这种误解、误读以至偏执、歪曲是如何产生的，赛珍珠的作品在这其中所起的作用是怎样的。

中国人对美国乃至西方民族与文化的误解、误读主要表现在对其生活方式的评价上。赛珍珠描写较多的是一些生活现象，诸如西方人的言行举止、衣食住行，因为这些与中国人的差别较大，故而引起国人的惊诧与错觉。在赛珍珠作品中，她不仅罗列了一些生活表面现象，还通过这些现象反映了当时的文化观念与思想意识。典型的例子，如《同胞》中作者就中国妇女梁太太对父母生活方式的感受的描述："他（指梁先生——引者）有没有把她肥胖的身体与美国妇女裸露的身躯做过比较？自从她很久以前去过一次大西洋城以后，一直拒绝再去海滨胜地。在那种地方，梁博士怎能不动心？可是父母的生活方式就是这样：他只要随手翻翻孩子们无意留下的杂志，就可以在自己家里看到坏女人的图片。梁太太认为，美国青年妇女全部是妓女，无一例外，有些中年妇女也是妓女，甚至连那些满头白发的寡妇和梁博士交往时的举止，也可被称为淫荡行为。"就连有点文化的梁太太也会作出如此荒诞的评论，更别说一般的近乎文盲的中国普通农民突然接触到西方人和西方文化，他们自然更容易产生古怪的想法与念头。如《大地》中的一个有趣场面：王龙全家在逃荒途中遇见一个给他传单的外国传教士，在王龙的眼中，此人"瘦高个，像是被狂风吹过的树一样身子有点弯曲"，"长着一双像冰一样的蓝眼睛"，"还有一个大鼻子，像从船舷伸出船头一样从他的脸颊上凸出来"。王龙恐惧地看着传单上的耶稣受刑图，心想，"是不是这个外国人的某个兄弟曾被这样对待而其他同胞要进行报复呢"，王龙父亲看到后说，"肯定是坏人才被这样吊着"，王龙的妻子阿兰则将这张纸"缝进了鞋底，从而使鞋底更为结实"。

现在，我们再来读读 1938 年斯德哥尔摩天文台台长在赛珍珠发表受奖演说之前的一段精彩评价，联系当今全球化的语境与势态，会倍觉亲切入耳：

> 赛珍珠女士，你在你的具有高超艺术质量的文学作品中，促进了西方世界对于人类的一个伟大而重要的组成部分——中国人民的了解和重视。你通过你的作品使我们看到了人民大众中的个人。你给我们展示了家族的兴衰以及作为这些家族基础的土地。

在这方面你教会我们认识那些思想感情的品行，正是它们把我们芸芸众生在这个地球上联系到一起，你给了我们西方人某种中国心。随着技术发明的发展，地球上的各国人民相互吸引得更加接近，地球表面缩小了，以至东方和西方不再被几乎难以逾越的距离分隔开来，另一方面，部分地由于这一现象的自然结果，民族特性的差异以及雄心相互冲突，形成了危险的间断，这种地球上的各国人民作为跨越地域和边界的个体，学会相互了解是极其重要的。①

四、研究的拓展与价值的再创

从文本和价值的研究与估量上说，我们不应忽视的还有两个问题：如何拓展赛珍珠作品的研究层面？怎样扩大与再创造赛珍珠对东西方文化交流的成果？这两个问题是密切相关、相辅相成的，目前又都需要在全球化语境中来加以认识。

赛珍珠价值的体现，一方面应当从以上的研究中找到一种“双重意识”，即如杜波依斯所说：“这种双重意识是一种特殊的感觉，觉得常从别人眼中看自己，觉得在用另一个阶层的尺度衡量自己的灵魂，而那个世界从旁观望，带着几分轻视、几分怜悯、几分忍俊不禁。”②这样的“双重意识”可从英语和汉语的双语语境和东西方文化的双重比较中找到感受与体悟。另一方面，我们还需要花大力气研究的是赛珍珠作品如何融合了东西方艺术的精华。因为她反反复复地讲，是中国文化而不是美国文化决定了她在写作上的成就。而实际上她又从七八岁时起，就读了大量的中英文书籍，中文书籍包括孔孟选读以及一些主要诗人和小说家的作品，英文书籍包括福克斯、普鲁塔克、丁尼生和勃朗宁、司各特和萨克雷的作品，特别是狄更斯的小说对她很有吸引力。她是如何吸取这些作品的营养，并形成自己的创作风格与特色的，这些都值得进一步研究与挖掘。

遗憾的是，赛珍珠这样的对中国人民和中国文化有如此深切的感情并对此作过精细的研究与介绍的美国作家与学者，在近几年我国顺应全球化势态而相继开设和出版的“国际汉学”和“国外汉学史”之类的课程和编著中，都没有她应有的位置，某些著作即使辟有“美国汉学的确立与发展”和“美国的中国学”等专章专节，也没有赛珍珠及其父亲（传教士兼著名的汉

① [瑞典]佩尔·哈尔斯特龙：《授奖词》，[美]赛珍珠《大地三部曲》，第944页。
② [美]彼得·康：《赛珍珠传》，第274页。

语言学者)的只言片语。其原因恐怕除了以往对赛珍珠的政治、社会上的误解外,还可能包括认为她只做了些文学创作,未进行理论研究。其实,且不说汉学研究应当包括文学作品和理论形态两部分,即使以理论形态而言,赛珍珠也有受奖演说《中国小说》以及《中国和西方》《我的中国世界》等著作,特别是前者,可称得上是汉语言文学研究的经典之作,有很高的研究价值。《中国小说》篇幅不长,却完全是用一种全新的原创的观念与通俗的语言来阐述中国小说发展历史及其特征的。它所提及的"中国小说对西方小说和西方小说家具有启发意义""地道的中国小说""小说本身一向比作者重要""最重要的应该是自然""中国小说就是从这种变成故事并充满几千年生活的民俗精神中发展起来的""汉朝是黄金时代""唐朝是白银时代""中国人民在文人文学之外创造了他们自己的文学"等理论与观念,与鲁迅的《中国小说史略》和《门外文谈》具有某种异曲同工的意义与价值。

要使赛珍珠作品的价值得以再现与再创,让更多的人认识赛珍珠及其作品,我们有必要进行带有文化产业性质的操作。就一般的情形而言,大致可作如下三类的文化产业性的操作:

1. 赛珍珠研究会或赛珍珠国际组织、基金分会的筹建。这些组织可以是松散型也可以是常设型,以便顺利组织与开展各类赛珍珠学术研讨活动、赛珍珠研究论文出版、赛珍珠作品翻译、双语的比较(包括中英文研究成果的互译)、赛珍珠故居管理、赛珍珠笔下的××旅游等活动。

2. 赛珍珠文学作品、影视作品的联动。罗燕将赛氏的《群芳亭》改编为电影《庭院里的女人》,使之成为一个跨越国界的文化产品,使赛珍珠在中国有了更多的知音。但像《大地》这样朴实而感人的经典作品,只有美国在1938年所拍的黑白片,虽女主角得过奥斯卡最佳女主角奖,摄影也得了最佳摄影奖,却至今未被我国引进。我国的影视界应关注赛珍珠笔下的中国近代历史和当时的中国普通人民,多拍一些如《大地》《龙子》《同胞》一类的电影、电视剧,与出版社联动,将赛氏的作品介绍给中国的普通大众。

3. 将赛珍珠提出的"民俗精神"融入城市的人文景观与人文精神的塑造中去。赛珍珠在题为《中国小说》的演说中提到中国的"本质精神"就是"民俗精神",即与乔治·拉塞尔所说的爱尔兰精神惊人地相似:"那种精神就是以民间传说式的想象认为什么事都有可能。它创造出金的船,银的桅杆,海边的白色城市,金钱的奖赏,美丽的仙境;而当这种广泛的民俗精神转向政治时,它随时都相信出现的一切。"①赛珍珠在中国生活时间最长的镇

① [瑞典]佩尔·哈尔斯特龙:《授奖词》,[美]赛珍珠《大地三部曲》,第965页。

江,已提出建设“清新秀丽,富有灵气和活力的江南名城”的新概念,“显山、露水、透绿、现蓝”的四大城建工程也已竣工,说明城市的生态硬件设施已基本完成。在此基础上,再建文态环境,即物质环境(文化建筑、历史纪念建筑、金石、碑刻、书画等)和精神环境(文学、音乐、戏曲、工艺技法、民俗风情、道德风尚等)的高度融合。赛珍珠及其他著名文学艺术家、科学家等在建设文态环境中一定能起巨大的作用。

在一部美国人写的赛珍珠传记中,作者有这么一段概括且有意味的话:“和几乎所有的美国同龄人不同的是,赛珍珠在成长中认识中国,把它当作真实世界看待,而把美国看成充满幻景和想象的梦境。如果说传教士家庭中的童年生活在许多方面颇为狭隘,那么它在另一方面也是世界性的。她遇到的大人中有亚洲人也有欧洲人,包括来自印度、日本、朝鲜、泰国、越南,以及法国、英国、俄国、意大利的男男女女。”①

就现在的世界而言,赛珍珠所生活过的中国是真实的,美国也是真实的,她所遇到的那些国家与人民都是真实的,因为信息革命、高科技、经济一体化已经将世界变成一个大市场、大村落,在这种态势下研究具有国际性的赛珍珠作品及其价值,其意义不是一个一般的中国或外国的某一个即使非常著名的作家能与之相比的。

(本文原载于《江苏大学学报(社会科学版)》,2002 年第 4 期)

① [美]彼得·康:《赛珍珠传》,第 29 页。

汪应果……

关于赛珍珠研究的几个有待深入的问题

关于赛珍珠的研究已经历了大半个世纪,研究成果很多,不过从总体上看,似乎还没脱离"中西文化交融与冲突"以及由此带给作家的人格冲突和情感痛苦这个视野,对赛珍珠的评价也未脱出尼克松总统的"伟大人桥"的结论。给我的感觉是,似乎这个话题可说的已不多了。这种情况不仅在中国学者研究中存在,在美方的研究中也如此。其实这应该只是一个错觉。依我之见,有关赛珍珠的研究可言说的话题还很多,对她的研究也还处在开始阶段。毕竟,她在中美双方的偏见中生活了大半个世纪,而消除这种种偏见是要有时间积淀的。下面我想就我所想到的几个问题谈点个人的意见。

一、赛珍珠可不可以写入20世纪中国文学史

这个问题乍一提出可能会令人感到意外。其实是可以认真想一想的。关于作家身份的认定,自古以来一直是一个含糊不清的问题,人们对此也从不认真推究。这是因为中国人对国籍的认定历史上十分宽容,"国籍"一词最早出自《魏书·李彪传》,原指"国家之典籍",跟今天的意思完全不同。到了清代,对人的"出生地"以及"祖籍"开始有了严格的管理,这个习惯一直沿用至今。今日人们填写表格所说的"籍贯"就是讲的"祖籍"。我们现在说的这个"国籍"只是20世纪初才有的事情,严格说来还是民国以后才出现的新事物。我们打开《全唐诗》会发现不少作者有古里古怪的"外国"名。还有那位鼎鼎大名的李白,如果从出生地来计较,他倒是应该归入俄国文学史的,如果再查他的血统,问题就更大了。但那个时候的中国人胸怀宽广,

来者不拒,有容乃大,统统收进来。这说明,我们以往讲的中国文学史,并不十分强调作者"国籍"身份的认定,所谓的"中国"只是一个混沌的概念。

到了20世纪,出现了一个新问题,这就是移民作家及跨国界作家的大量涌现。这可以说是一个世界性的问题。也正是在这个世纪,各个国家都加强了"国籍"的管理,于是作家身份认定的问题凸现出来了。面对如此众多的移民作家及跨国界作家,理论家们开始感到束手无策。正如纽约大学的巴宇特所说:"'国家'的政体、民族、种族以及语言地理上的意义在'留洋文学'及与其相关的'海外文学'中是极其混乱的。这在用外文写作的作品中尤其明显。"①

巴宇特的话实际上指出了一个简单的事实,这就是对于"留洋文学"、"海外文学"而言,我们无法用"国家"的概念给予笼统的框定。他接着举出了一个例子,这就是在亚美文学的文集中时常榜上有名、然而却很少有人过问的欧亚裔混血作家 Diana Chang,她的一部小说《爱的前沿》(*Frontiers of Love*),记叙了抗战晚期居住在上海的三位混血青年的故事,尽管作品是用英文写的,然而假如和张爱玲的中文比照来读,无疑将使人们更深刻地理解"上海"这个读本的含意。显然这是应该作为中国文学的研究对象,而不应该跑到"外国文学"的领域中去。巴宇特接着指出,所谓"海外"、"留洋"都只是地域概念,以《爱的前沿》中的女主人公 Sylvia 为例,她生在北京,长在上海,她的全部感情世界跟中国这块土地是紧密相连的,自然也是中国文学所关注的对象。

赛珍珠显然也属于这种情况。她出生在美国,但三四个月后就到了中国,在中国生活长达30余年。她的作品与中国的关系之密切,大家早已知晓,然而一个鲜为人知的事实却是,她和她的父亲都曾拥有中国的国籍。如果用通行的"国籍"标准,她也应该在中国文学史上占有一席之地。

像这一类的例子在其他国家就更多了。随手举出几个著名的人物:英籍印裔作家拉什迪、英籍日裔作家石黑一雄、美籍俄裔作家纳博科夫等,在他们的作品里都无一不流露出与故土的血肉联系,为他们确定属于哪一个国家文学史的研究对象同样是困难的。

正如巴宇特所说:"如果非要用'中国'、'美国'来定位一个作家,那么 Diana Chang 的例子证明,所谓'国家/民族'在海外作家里是很难界说的。'落叶归根'和'落地生根'的二元对立,很难概括表与实、内与外、疏与离等

① 汪应果:《艰巨的噬合》,学苑出版社,1999年,第461页。

等复杂情况。”①

既然简单地用“国家”、“民族”的标准很难给这一类边缘文学分类，那么另一个做法就是用作家使用的语言做标尺来划分了。这对于中国已是个长期沿用下来的约定俗成的法则。在中国文学史里，我们看不到使用非汉语写作的作家作品。然而就在中国，这个标准也是大可存疑的，且不说中国拥有56个民族（还不包括近年一些加入中国籍的“老外”），他们都有用本民族语言文字写作的权利，单单就拿汉族或已同化于汉族的作家而论，这个标准也遭到了挑战。著名作家林语堂、梁实秋、老舍等，他们都用英语写过作品，你总不能把他们统统算到英国文学当中去吧。至于在国外，这一类情况就更屡见不鲜。印度诗人泰戈尔就是个经常用英语写作的作家，其他如奥克利（尼日利亚）、翁达日（斯里兰卡）、阿伦德哈蒂·罗伊（印度）等都是在使用非母语进行创作方面取得突出成就的作家。至于像瑞士这一类的国度，一国之中使用4种官方语言文字，在这里若用语言来区别哪一国文学的研究范畴就更成问题了。

很显然，使用的语言不能成为一个准则。剩下的就只能是作家的自我定位了。这样一来，情况显然变得更加复杂。就像居里夫人为了研究工作的继续进行不得不加入法国籍但她却仍坚持认为自己是波兰人一样，赛珍珠也一直视中国为自己的祖国。事实上这一类的作家自我定位早就进行过了，迄今为止，我们见到了几乎是凡有可能成为定位准则的一切可能的标准，然而它们无一不是建立在模糊不清的基石上的。

正如美国华裔文学专家 Amy Ling 所说：作家“身份的确认同时是一个既简单又异常复杂的问题。是以种族、国籍、性别、出生地、死亡地、最长的居住地、职业、阶层、与他人的关系、个性特征、身型、年龄、兴趣、宗教、星相、工资收入、自我的认知还是别人的认知来确认身份？答案可能是无数的。”②

总之，尽管世界上关于作家身份的认定目前尚无定论，但大体上已逐步形成下列三点共识或说是标准。这就是：首先，确定作家身份最好还是从作品性质来决定，这有助于对作品的解读。赛珍珠的大部分作品跟中国20世纪30年代的“乡土文学”有着紧密的血缘关系，它们是应该放到一起来解读的。其次是作家本人对于自我身份的认定。就像居里夫人虽然加入了法国籍但她仍声称自己是波兰人因而也被收入波兰科学史一样，赛珍珠也多次

---

① 汪应果：《艰巨的噬合》，第462页。

② Amy Ling. *Between Worlds*: *Women Writers of Chinese Ancestry*. Pergamon, 1990:104.

宣称自己既是一个美国人,同时也是一个中国人,因而她完全应该为中美两国文学史所共同拥有。再次才是作家的国籍。之所以这一条被放到最后,是源于上文所说这个问题在今天已空前地混乱和复杂。虽然有关赛珍珠的中国国籍问题还有待于做进一步的考证,但戴安邦的话无疑也是重要的依据。一般情况下,以上三点只要有其一,作家的身份就可认定,更何况赛珍珠是三点俱备,那么,她被纳入中国文学史难道还能说是缺乏充足的理由吗?更何况我们还可以追问一句:既然林语堂、梁实秋能够一身而二任地被写入美国文学史,那么,赛珍珠为什么就不能够被写入中国文学史呢?

二、怎样评价当年的西方传教活动及赛珍珠的传教士身份

赛珍珠过去在中国备受争议的原因之一是她的传教士的身份,就连鲁迅也强调了她的"美国女教士的立场"。① 正是因为这个身份,她才会被戴上"美帝国主义文化侵略的急先锋"②这顶帽子。可以说,她在其后数十年中所受到的不公正的待遇都跟这个头衔有关。如今,时间已经过了大半个世纪,中国人也从当年的愚昧与颟顸中走了出来,我们是不是也应该对这个问题做一点理性和科学的思考呢?

众所周知,历史上人类的传教活动绝大多数情况下都是作为各民族之间推进文化交流、推动文化发展以及增进各国人民友谊的事业来加以肯定的。我们歌颂唐玄奘,赞美鉴真,肯定意大利的传教士利马窦,正是因为他们的传教活动,才使中华民族、日本民族以及意大利的文化得以繁荣光大。这应该作为我们对于传教活动的一个总体价值判断。

18 世纪末至 20 世纪上半叶,中国"国运乍衰",西方列强大举入侵,宗教的确是他们的一个有力的工具,这都是不争的事实。特别是这一时期的传教活动往往挟西方武装力量之威,在中国干下了不少伤天害理的事情,加上此时蜂拥而入的西方传教士鱼龙混杂,其中不乏投机分子。他们极大地破坏了西方基督教在中国人心目中的形象。赛珍珠及其父母亲的不幸就在于他们也恰巧被裹挟在这股大潮之中。

然而问题是,自清末至民国初,西方在中国的传教士达数百万之众,他们中的大多数人所从事的工作主要还是办学校、建医院、介绍西方科学文化、兴办慈善事业、推广先进技术,不论从主观还是客观效果上看,对开启民

---

① 鲁迅:《致姚克》,郭英剑《赛珍珠评论集》,漓江出版社,1999 年,第 3 - 4 页。

② 徐育新:《赛珍珠——美帝国主义文化侵略的急先锋》,郭英剑《赛珍珠评论集》,第 134 - 143 页。

智及加速中华民族进入20世纪的现代文明进程都起着一定的推动作用。只要环顾四周,我们就可以发现一个现象,那就是中国历代农民起义并没有留下许多保留至今而又具体可见的成果,相反,我们当代生活(几何、物理、化学、医院、学校、洋房等乃至人、车靠右行这样一些简单的习惯)的原初形态不少是当年的传教士带来的,我想这同样也是一个不争的事实。我们不能把西方政客和少数宗教界领袖的殖民主义意图等同于所有的传教士活动,这就好比我们不能因为否定德国纳粹就把辛德勒也给否定了一样。辛德勒仅仅是一个人,而我们现在需要评价的却是数百万之众(其实,西方传教士大多也是普通民众)。

在这里我想介绍三位曾经与赛珍珠及其家人亲密交往过的老人,20世纪80年代末至90年代初我曾采访过他们。一位是中国科学院院士戴安邦教授(百岁高龄时过世),另两位现在已无从联系,如还健在,该已超过百岁了。从他们的切身经历中可以了解当年赛珍珠及其家人的传教活动。

与赛珍珠一家关系最长久的要数戴安邦。他自小居住在镇江,与赛珍珠家对门相望,赛氏一家人的生活起居都在他的眼底。赛珍珠的父亲赛兆祥并不像他女儿书中所描述的那样,对家人漠不关心,缺少人情味。正相反,他在戴安邦这群孩子们的心中是一个十分亲切可爱的老头儿。"他是一个好人!绝对是一个大好人!"戴安邦对我连声称赞说。他也听过赛兆祥布道,但感兴趣的并不是内容(因为他们没有人能够听懂),而是那抑扬顿挫的声音及口袋里的糖果。对戴安邦一生影响最大的是赛兆祥帮助他上了学,以后又帮他得到了奖学金去美国留学,学成后他与赛珍珠一道回到了金陵大学任教,一直到赛珍珠离开中国他们的联系才中断。从戴安邦身上我们看出,赛兆祥并没有培养出一个基督教徒,而是为中国培养出了一名科学院院士。

第二位是丁震亚研究员,曾任安徽省农科院科学技术咨询委员会副主任、学术委员会顾问。他是在宿县与赛珍珠一家人结识的。当时他很穷,对农业很有兴趣,赛珍珠就让他给布克打下手,以后赛珍珠夫妇回到南京,丁震亚也考进了金陵大学,但他无力交纳学费和生活费,去找赛珍珠帮忙。赛珍珠对他说:"我出钱资助你读书是不成问题的,但我们不主张这么做,你必须用劳动来挣这些钱。我提一个方法吧:南京大学主楼前的草坪你来负责修葺,我每星期付你工资。"丁震亚就是这样靠赛珍珠的帮助读完了大学,以后又回到家乡从事农业工作。赛珍珠也没有培养出一位基督教徒,而是为中国培养了一名农业科学家。

第三位是冯玉淑老师,也是宿县人,她曾在赛珍珠参与创办的"启秀女中”里读过书。据她回忆,赛珍珠还在明光计划创办一所“含光男中”,只是由于种种原因,这所学校没有招到学生,没能办下去。在她的印象里,赛珍珠给她们上过课,还曾为她们那儿的一位农妇接生过一个孩子。当时的安徽,根本没有女孩子进校读书,她们算是第一代。其中有一批最优秀的学生,她们成了宿县最早的共产党员,成了宿县及安徽最早的妇女运动的领袖。这说明,一是教会教育客观上起了启蒙的作用,在当时那个封建社会,人们通过教会了解了自由平等的道理。二是由此角度出发来考察赛珍珠多次帮助共产党人的行动,可以看出这并非是她个人的完全孤立的事件。赛珍珠自己永远也不会知道,她的兴学义举实际上是为中国培养了一批早期共产主义者。

我举这些例子是想说明,对待西方传教活动我们需要实事求是、具体分析。

在这里我想引用马克思的一段话。他在论述印度被英国统治这件事时说:

> ……英国在印度斯坦造成社会革命完全是被极卑鄙的利益驱使的,在谋取这些利益的方式上也很愚钝。但是问题不在这里。问题在于,如果亚洲的社会状况没有一个根本的革命,人类能不能完成自己的使命。如果不能,那末,英国不管是干了多大的罪行,它在造成这个革命的时候毕竟是充当了历史的不自觉的工具。①

当年西方传教士在中国也是充当了“历史的不自觉的工具”。在这里,马克思从道义上批评了英国的“卑鄙”,但从历史进步的角度却肯定了英国的行为。必须指出的是,马克思在这里批评的是英国的政府行为,这跟数百万众的教士(他们中的确有相当多的人具有献身落后国家人民的精神,如赛兆祥等)的群众行为又有所不同,我们在评价时应充分考虑到其中的区别。

在这个问题上,我们必须反对两种思想倾向:一种是以外来文化是先进文化为由,主张卖国投降。典型的代表就是李登辉。他近来到处吹嘘“日本文化优于中国文化”,为他卖国制造借口。与此相联系的则是学术界一些人竭力美化清朝对汉民族的统治,认为如今已经是一家人了,历史也就没有什么是非可言了。照此说法,岳飞、文天祥、史可法就不该歌颂了,需要歌颂的反而是秦桧、吴三桂乃至日本法西斯。这真是赤裸裸的汉奸逻辑。另一种则是狭隘的民族主义。对待外来文化,不加分析,采取仇视排斥的“义和团”

① [德]马克思,恩格斯:《马克思恩格斯选集》(第2卷),人民出版社,1972年,第68页。

态度。这些都是不利于民族文化建设的。

如何掌握这个分寸，我以为，马克思与魏源都已经做出了很好的榜样。马克思在他论述中国的6篇文章中，他在肯定英国文明优于满族文明的同时，热情歌颂了太平天国对英国殖民者的反抗。同样，魏源在积极帮助林则徐制订抗英战略的同时，充分肯定了美国总统的民选制度，他提出的"师夷长技以制夷"的战略一直遭到后人的曲解，人们总把"技"解释为"技术"，其实魏源的"长技"是包含着西方的一切长处，其中也包括西方观念和制度。这从魏源的文章里是不难看出来的。

近代史上，来自西方文明的侵略无非是两种方式：一手硬刀子，一手软刀子。硬刀子是武力入侵，对此必须给以坚决的回击！而软刀子则是它们的文化。对待它们，则要像鲁迅所说的那样——"拿来！"合用的给以消化、吸收，不合用的则剔除掉。明确了这一点，我们就能在全球化的各民族竞争中，永远立于不败之地。西方的传教活动既有文化侵略的一面，也有输入先进文明的一面，而广大传教士中也不乏真诚善良、热心为中国人服务的人士。理解了这个问题，我们就能理直气壮地像戴安邦院士那样，大声地说出："赛珍珠一家都是好人！"我们更可以自豪地说："赛珍珠同样也是我们中国的女儿！"

三、怎样评价赛珍珠的贡献

迄今为止，有关赛珍珠的权威性评价莫过于尼克松的"伟大的人桥"以及鲁迅的那段众所周知的话。由于他们的话十分精彩，因而至今多数评论仍无出其右。

他们的话当然很正确，但我以为并不全面。

先谈尼克松的"人桥"说。所谓"人桥"，就是指赛珍珠使中美两国人民的感情得以沟通，中美两国由于她而更好地了解了对方。这话总体上是不错的。但若细加考究，就会产生一个问题：既然她使双方加深了理解，为什么唯独她本人却不被中美双方理解达大半个世纪之久（她正式进入美国文学史也是在20世纪90年代）？要说沟通两种不同文化异常困难，但历史上做得好的人也很多，如唐玄奘。他到了印度，即把中国的儒学思想融入了印度佛学教义，一连辩论18天，无一人敢应战，令印度人大为折服。等他回到西安，带回佛教经典，又受到万人空巷的迎接。这等做"人桥"的风光，赛珍珠连想也不敢想。诚然，王龙的乡巴佬样，令当时大多数从来不知中国为何物的美国人感到新鲜，据说由此产生了对中国人的好感。20世纪90年代我在美国的航班上见到一位美国姑娘看赛珍珠的小说，问我，中国的女人都裹小脚吗？我接过书一看，插图中的中国人都是一幅幅类似"马王堆"的"出土文物"，不禁哑然失笑。这就是今天大多数美国人心目中的中国，是从赛珍珠那儿传过去的。因此，不妨说，她的"人桥"作用发挥得并不很成功。

在我看来，赛珍珠的功绩恰恰就隐藏在她长期不被中美双方理解的这一事实之中。她对双方文化的批评令双方都不满意。说得好听一点是"有争议的人物"，说得白一点就是"她不讨喜"。然而随着时间的推移，人们反而越来越发现她的批评多数情况下是正确的，她的立场总体上看是比较公正的，她的眼光具有某种超前性。这也就是时隔大半个世纪，中国人反而对她愈加接受、欢迎的原因。中国人现在并不关心赛珍珠是如何表现中国的——因为它们跟今天的中国现实相距过远，而是思考她对中国批评中的那些合理的地方并对她当年的不被理解感到歉意。赛珍珠的眼光之所以能经受住时间的考验，根本原因在于她一身承载起了两种文化，而她总是自觉不自觉地从这方文化的长处出发去批评那方文化的缺陷。因而她的"人桥"特点虽本意在"沟通"，但实际的做法却重在对双方文化的匡正和建设上。这对于中美双方其实都是很重要的，它使我们了解到各自都有观念上、立场上的盲点，我们双方都远不是一贯正确的。

再来说说鲁迅的意见。核心的问题是赛珍珠的作品是否"浮面"而不得"真相"。如果的确如此，那么，赛珍珠的作品就毫无价值。考虑到鲁迅说此话时是20世纪30年代，那正是"左翼"文艺运动时期，鲁迅也正在钻研马克思主义文艺理论，那一时期中国占主流地位的文学观念是偏重于从政治上、社会制度的层面上去观察社会生活，文学的功利作用以及作家对社会问题的关注都被提到无以复加的高度。而赛珍珠的作品与这些的确都沾不上边。她的作品与当年"谷贱伤农""丰收成灾"的"主旋律"也相去甚远，俨然是一个异类。只要想一想那一幅幅天灾人祸、民不聊生、哀鸿遍野、民怨鼎沸的惨景，而赛珍珠还能以欣慕的心情来描写这一切，让人很容易就得出一个"浮面"而不得"真相"的印象。

然而如果我们换一种文学观念来考察，赛珍珠从宿州最落后封闭的农村现实出发，为我们保存了一个完整的中国宗法制农民"民俗生态学"的原型，从王龙祖孙三代的历史演变，生动地勾画出中国农村的"民—匪—官"三位一体的运动轨迹，这一点就是极为触目惊心的。在这里面保存着中国几千年社会运动的丰富信息和遗传密码，中国农民几千年来就在"农民""土匪""官僚"这个封闭的"生态圈"里打转转。它让我们懂得，何以中国总是在不停的农民造反与改朝换代中回环往复而不能前进，其真正原因就隐藏

在这最基本的社会组织结构当中。从这一发现来看,赛珍珠的《大地》又是极为深刻的。它让我们看清楚了,正是眼下进行着的“西部大开发”“改变农村产业结构”等巨大的变革,才是最终结束以往中国历史轨迹的真正动力。从“民俗生态学”的意义看,赛珍珠得到了“真相”。

四、仍然有必要加强有关资料的搜集与整理工作

由于意识形态的原因,我们在很长的时间里,一直没下大力气去搜集有关赛珍珠生前在中国生活与活动的资料,如今,当我们想起来时,我们已经丧失了最宝贵的时机——与赛珍珠同时代的人都已故去。

在这方面,美方学者做得也不特别好。这当然怪不得他们,毕竟,赛珍珠主要的文学活动时间是在中国。就我个人所见,美方研究成果中,错误不少。比如,有的书里刊登的照片,把今天的南京大学“体育教研室”错当成赛珍珠原来的住房。再比如最新出版的《赛珍珠传》(漓江出版社),彼得·康对于赛珍珠与前夫布克关系不好的原因做了推测,认为是赛珍珠的性欲得不到满足。其实真正的原因是布克有外遇。这是戴安邦教授亲口对我说的。他说,有一次他同赛珍珠一道去农林系办公室找布克,一推开门,眼前的景象让他俩都惊呆了,原来系里的女秘书正坐在布克的怀里。赛珍珠的脸色大变……我想戴安邦说的是实话。赛珍珠对此一直讳莫如深,这从另一个侧面展现出她的性格——她的思想深处有中国传统的“家丑不可外扬”的观念。由此我们就能懂得,何以赛珍珠这个美国女权主义者,会欣赏起中国妻妾家庭制以及欣赏大老婆在家庭中的地位来。由此我们也能更深地体味当年赛珍珠内心的凄楚——她没有亲情,孩子又弱智,工作又得不到中国教授们的尊重,她只有把自己的一颗对中国人民挚爱的心,深深地埋在自己的写作之中。一旦她得不到中国人民的理解,她内心的伤痛是可想而知的。

我举这个例子的目的是说明,如果没有第一手的资料,我们的结论就可能陷入武断,我们就难以真正理解作家。这个工作尽管目前做起来难度很大,但必须去做,我们有必要把注意力转移到那些见证人的后代身上,因为我们工作的目的就在于,让人们拥有一个真实的赛珍珠。

(本文原载于《江苏大学学报(社会科学版)》,2003 年第 1 期)

新中国赛珍珠研究50年

郭英剑····

大体而言,我把新中国成立以来 50 年的赛珍珠研究分作两个阶段,即 20 世纪五六十年代为第一阶段,八九十年代为第二阶段。

一

新中国成立以后的数十年,东西方一直处于"冷战"状态。由于历史的原因,中美两国从 1949 年新中国成立伊始,就长期处于政治上的对峙之中。双方在意识形态领域里的歧见,造成两国在文化交流上的阻隔乃至断裂。不夸张地说,赛珍珠在中国的"命运"始终同中美两国的政治、经济特别是文化的交流与冲突相伴随。就赛珍珠与新中国的关系而言,1949 年无疑是一个分水岭,一切已经今非昔比。而且自此以后,赛珍珠(及其作品)在中国的命运可谓大起大落,再度沉浮。

新中国成立伊始,我国在方方面面都受到了苏联的影响,尤其在人文社会科学领域更是如此,外国文学研究也不例外。新中国的赛珍珠研究也是始于苏联人 N·谢尔盖耶娃在 1950 年写的一篇文章,该文原载苏联《新时代》第 11 期,后被译成中文发表在北京《文艺报》1950 年第 2 卷第 4 期上。该文对我国的赛珍珠研究向"左"转起了至关重要的作用,不能不引起我们的重视。

该文主要是针对赛珍珠的小说《同胞》(*Kinfolk*)来加以评论的。文章认为,"赛珍珠的书总是有一种巨大的缺陷,这就是她企图抹煞正在现代中国

发生着的巨大的、政治的和社会的变迁”。[①] 其实,这个立论是很难站得住脚的。无论是赛珍珠的处女作《东风·西风》,还是其代表作《大地》,都深刻反映了中国的社会变革给中国人尤其是中国农民的生活所带来的巨大变化。

N·谢尔盖耶娃对赛珍珠的主要指责表现在以下几个方面:首先,赛珍珠对中国现实的表现是“非常片面的”,“她想把阶段斗争和中国的政治生活从读者视线中掩盖起来”。[②] 是不是所有的作家都应该把现代所发生的一切都囊括在自己的作品中呢?我想,其结论是不言而喻的。其次,赛珍珠忽视了中国人的“政治的要求和政治生活”,“她不了解也不愿了解这国家中正发生着的深刻过程的本质。她不想提到人民革命的发展。她不愿意正视在中国即将发生的事件”。[③] 据此,N·谢尔盖耶娃得出了吓人的结论:“在中国人民的伟大解放战争里,赛珍珠并不是站在他们的一边的。”[④]其实,这已经不是文学评论所应得出的结论了。对此,我不知该说些什么。再次,关于《同胞》,谢尔盖耶娃认为,该书“描写了带有世界主义思想、被美国主义的毒素所娇养、腐蚀和毒害而忘记了祖国语言的青年人精神上的空虚”。[⑤] 如果真是这样,应该说,赛珍珠的作品也是有意义的。但N·谢尔盖耶娃仿佛忘记了自己的立论,得出了完全矛盾的结论。仔细阅读这篇文章,我们不难发现,其自相矛盾之处随处可见。比如,小说写了两代中国人的爱国精神。梁教授虽移居美国,但依旧沉浸在中国传统文化之中,被喻为是高雅的美学家。而其儿女则不甘心这种远离祖国的局面,他们要投身到自己国家的建设之中,贡献自己的精力和学识。对梁教授,N·谢尔盖耶娃斥之为“反动入骨的”“彻头彻尾的伪君子”。[⑥] 那么,相应的,对梁教授的儿女应该得出相反的结论才是。有趣的是,事实并非如此。梁教授的儿女詹美和玛丽回到了祖国,并且留了下来。他们设立了医院,教孩子们读书写字,教大人们最基本的卫生常识。他们还在这里娶妻、嫁人,扎下了根。应该说,这是很好的爱国举动。但N·谢尔盖耶娃对他们的言行却不相信,并且“被整个情节的虚假所激怒”,[⑦]她所得出的结论是,他们无非是一些“由

---

① 郭英剑:《赛珍珠评论集》,第576页。

② 同①。

③ 同①。

④ 同①。

⑤ 同①,第577页。

⑥ 同①,第578页。

⑦ 同①,第579页。

纽约回来的中国人矫揉造作的'在人民中间巡礼'""装备着祈祷书和伤寒疫苗的美国传教士的最新翻版"的人物而已。① 文章通篇的用词也是极其吓人的,"无耻的诽谤""关于中国民主进步力量的阴险的、完全不合理的论断""虚伪滑稽""恶意而愚蠢的诽谤"等语词完全脱离了文学评论的范畴。据此,作者将赛珍珠痛斥为"把自己的笔出卖给帝国主义压迫者"。② 这种分析和逻辑推理是很难令人心服的。然而,N·谢尔盖耶娃的文章从一个侧面预示着中国对在20世纪三四十年代曾给予赛珍珠的正确的——至少是正常的——评论开始加以重新"认识"与重新"评价"。③ 值得注意的是谢尔盖耶娃的说法,"赛珍珠是透过侵略性的美帝国主义的眼镜来看中国的"④,为十年后的批判赛珍珠的文章定下了调子。

N·谢尔盖耶娃的文章发表后,在几乎十年的时间里,国内的赛珍珠研究无声无息。然而,在1960年,却同时有三篇关于赛珍珠的文章问世。它们是载于《文学评论》1960年第5期上的《赛珍珠——美帝国主义文化侵略的急先锋》,以及同时刊载在《世界文学》1960年第9期上的两篇文章:《美国反动文人赛珍珠剖析》和《猫头鹰的诅咒——斥赛珍珠的〈北京来信〉》。用不着详述这些文章了,因为它们在思路和批评手法乃至用词和语句上,都与N·谢尔盖耶娃的文章如出一辙。⑤

如果总结这个时期的特点,那就是,对赛珍珠作了全面、彻底的否定。就20世纪五六十年代的情形而言,我以为,赛珍珠被中国学者大加挞伐,有如下几个方面的原因:

第一,她不再居住在中国,而是回到了自己的祖国。时空完全将她阻隔到了中国之外。赛珍珠是1935年回到美国的。自此以后,她就再也没有回到过中国,再也没有回到过令她魂牵梦绕的第二故乡。中国从此在她的眼里成了一个梦、一个幻影。在她眼里,中国再也不像从前那般玲珑剔透、清

---

① 郭英剑:《赛珍珠评论集》,第581页。

② 同①,第53页。

③ 同①,第53页。

④ 中国20世纪三四十年代的有关赛珍珠的评论,可参见郭英剑的《中国二十世纪三四十年代的赛珍珠研究》,《外国文学研究》,1999年第2期。

⑤ 值得注意的是,《赛珍珠——美帝国主义文化侵略的急先锋》一文虽然对赛珍珠的作品进行了某种"政治极左性"的解读,但它涉及赛珍珠的诸多作品,包括小说类与非小说类。我做了一个统计,它分析到的作品有:《大地》《论中国小说》《母亲》《一家人》《东风·西风》《龙子》《希望》《我的中国世界》《大江》《青年革命者》《告诉人民》《共产主义者》《爱国者》《游击队的母亲》《他的祖国》《北京来信》《他改变了中国》。对如此多的赛珍珠作品进行评论,无论在过去还是在现在的评论文章中,均不多见。

晰可鉴了,她对中国的认知似乎也变得模糊不清了。

第二,在她回到美国的最初几年,为了融入美国社会,她曾试图改变自己的写作主题,努力扩大自己的写作范围,把笔触伸向了美国社会。然而,这种尝试看来是不大成功的。作为熟知中国、又以写作中国题材闻名于世的作家,赛珍珠无法改变自己在人们心目中的形象。于是,她很快又开始写关于中国的题材了。在1949年后,她创作了《同胞》(1949)、《我的中国世界》(*My Several Worlds*,1954)、《北京来信》(*Letter from Peking*,1957)以及许许多多的短篇小说、散文等。囿于方方面面的原因,她对中国情况的了解很难说是全面和完整的。这当然妨碍了她对新中国情况的整体判断与理性分析。

第三,我们知道,赛珍珠对国民党是极其不满的。她在作品中对国民党的抨击是毫不留情面的,同时,我们不能忽视的是,赛珍珠对中国革命以及新中国是有所不理解乃至有些误解的。我在读她的作品时,一个很深的感受就是赛珍珠深知中国革命给中国人民的生活带来了多么巨大的变化,但在她作品中的主人公要对革命做出评价、也应该做出评价时,她所竭力使用的是一些相对中性的词汇,甚至是闪烁不定的语句,而很少用偏向一方的价值判断。对此,我觉得至少可以有两点解释:(1) 赛珍珠对中国文化有深刻的了解,她对革命的双方也有她个人的看法,因此她不愿介入其中;(2) 作为一名作家,赛珍珠注重的是革命给大众带来的变革,而不是革命本身。这是由她的创作思想——要为普通的劳动大众写作——所决定的。当然,在她回到美国以后,她在一些访谈与散文中,倒是直言不讳地表达了自己的看法与观点。这原本应该是正常的,因为我们不可能要求一个外国人和我们保持高度的一致,但在非正常的年代,这一切都被非正常地加以处理和批判了。

第四,赛珍珠对中国革命以及新中国的误解,同样也被中国的批评家所不理解和误解。赛珍珠的一些过激言论和在作品中的敏感体现从大洋彼岸传至国内,立即遭到了国内学术界异常激烈的反击与驳斥。因此,赛珍珠迅疾成为了我国学术界反对帝国主义文化侵略的靶子之一。对她的评论也开始用政治标准取代文学标准,这样,对她的评论就走向了极端。

我认为,尽管这一时期的评论文章是那个特殊时代的产物,但这并不说明它们毫无意义可言。

首先,历史地看,20世纪60年代的批评既受当时特定历史的政治、文化语境的影响,也与20世纪30年代的批评有着不可分割的联系。只不过20世纪60年代的赛珍珠研究更加走向了极端而已。实际上,在20世纪30年代的文章中，对赛珍珠的创作与殖民主义以及帝国主义的关系的批评已经初露端倪。如：胡风的文章在指出赛珍珠的创作的缺陷时，就明白无误地谈到，"吸干了中国农村血液的帝国主义，在这里（指《大地》）也完全没有影子"。[①] 当然，胡风的意思是，赛珍珠没有将帝国主义侵略的危害写进她的代表作里。祝秀侠的文章应该属于胡风文章观点的进一步延伸。她对赛珍珠的《大地》的定位是"一本写给高等白种人绅士太太们看的杰作"。[②] 文章指出，《大地》"通过用力地展露中国民众的丑脸谱，来迎合白种人的骄傲的兴趣"，其目的在于，"惟有这样，才可以请高等文化的白种人来教化改良，才可以让帝国主义站在枪尖上对付落后的农业国家，才可以让资本主义来'繁华'一下"，"且更巧妙地掩饰地为帝国资本主义的侵略行为张目"。[③] 作者的结论是，赛珍珠正是"站在统治者的代言人方面来麻醉中国大众，巧妙地来抹煞帝国资本主义侵略中国的残暴的事实！"[④]我注意到，祝秀侠在文章的至少18处都加了着重号（我这里所引用的都在其列），使用了至少8个惊叹号。可见作者在写作时所怀有的态度和激动的情绪。因此，我以为，在看待20世纪五六十代的批评时，不能忽视它与20世纪三四十年代的密切关系。将20世纪五六十年代的批评仅仅归咎于时代的产物或是孤立地加以看待，就很难说具有一种真正的自省意识，也很难得出公正的结论。

其次，我想指出的是，即便是从纯学术的角度讲，以上述三篇文章为代表的"政治批评"也并非是没有意义的。从历史上看，由于特殊的国情，中国在半个多世纪的时间里遭受了帝国主义侵略者的压迫与欺凌，这使得我国的学者与读者对西方人眼里的中国是相当看重与在乎的。这样的民族情感是无可厚非的，同时也是值得尊重的。这其中蕴涵着民族自尊心、阶级感情、特殊的历史背景、迥异的文化语境等问题。在赛珍珠研究领域里，赛珍珠是否具有殖民主义的思想意识，其创作思想是否表露了或是隐含着帝国主义文化侵略的意图，我想，这并不是一个轻松的话题。赛珍珠的创作与"殖民主义""帝国主义"的关系，尤其是东西方文化的关系，应当会再次引起人们的关注。我一直以为，"冷战"时期的文章有着较为重要的意义。"帝国主义"与"文化"和"侵略"的问题，在后现代的今天，已经日益成为人们关注的焦点。这个问题在东西方的学术界一直有所争论，但并没有得出

---

① 胡风：《〈大地〉里的中国》，《文艺笔谈》，上海书店，1936年，第193－194页。

② 郭英剑：《赛珍珠评论集》，第53页。

③ 同②。

④ 同②，第58页。

令人满意的答案。

20 世纪 60 年代,关于赛珍珠的研究是片空白。20 世纪 70 年代,关于赛珍珠的研究依旧是一片空白。

二

随着我国改革开放步伐的进一步加大,赛珍珠这个被喻为"沟通中西方文化的人桥"的作家,重新引起了我国外国文学研究界的重视。有这样一些大事,是应该被记入中国赛珍珠研究历史的:

1982 年,贵州人民出版社出版了一部小说集《生命与爱》(林俊德译),其中收录了赛珍珠的三部短篇小说《少女之恋》《生命与爱》和《报复》。这是赛珍珠作品在改革开放以来在中国的首次亮相。

1989 年,漓江出版社出版了赛珍珠的代表作《大地》三部曲。这是新中国成立以来,大陆首次出版赛珍珠的巨著,其意义是重大的。该书受到了读者极大的欢迎。

1991 年 1 月,在江苏省镇江市召开了"赛珍珠文学创作讨论会",重新评价了赛珍珠的作品及其创作思想,肯定了赛珍珠在向世界介绍中国文化以及促进东西方文化交流方面所作的突出贡献。

1991 年 11 月,湖南文艺出版社首次出版了赛珍珠的自传《我的中国世界》(即《我的几个世界》,尚营林等译)。1991 年,春风文艺出版社出版了美国赛珍珠评论家保罗·多伊尔所著的赛珍珠评传《赛珍珠》(*Pearl S. Buck*,张晓胜等译)。1992 年,镇江学者刘龙先生主编了《赛珍珠研究》一书,其中"录有 1991 年 1 月在镇江市召开的中国第一次赛珍珠文学创作讨论会资料及国内新闻界广泛报道"。①

1992 年 10 月,上海社会科学院在上海召开了"纪念赛珍珠诞生一百周年学术研讨会"。

1992 年,《河南师范大学学报(哲学社会科学版)》开设了由郭英剑主持的"赛珍珠研究专栏",几年来,该专栏所发论文有三分之二为中国人民大学复印报刊资料《外国文学研究》杂志所转载。江苏《镇江师专学报(社会科学版)》也开辟了"赛珍珠专题研究"专栏,专发有关赛珍珠的评论文章。几年来,两份学报在有限的篇幅之内挤出一定的"地盘",致力于赛珍珠研究,成为国内赛珍珠研究成果的主要发表园地,为我国新时期的赛珍珠研究作

① 刘龙:《赛珍珠研究》内容提要,云南人民出版社,1992 年。

出了巨大的贡献。

上述两次研讨会的召开、三本书的出版以及“赛珍珠研究专栏”的开办，对我国的赛珍珠研究起了很大的推动作用。其后，赛珍珠研究有了实质性的进展，并且在短短的几年时间里，研究成果之多、探索之深入，从某种程度上讲，已经超过了20世纪三四十年代以及五六十年代的总和。

1997年7月，南京大学与美国哈佛大学—燕京学社在南京召开了“中美文化交流：1840—1949”国际学术研讨会。在大会的中心议题之一“中美文化交流历史上的著名人物”中，赛珍珠是最为人们所关注的一个话题。就我手头目前保留的资料来看，在当时书面提交大会的32篇论文中，有11篇是专门论述赛珍珠的，占大会发言总数的三分之一。

1998年，漓江出版社出版了由南京大学刘海平、王守仁、张子清三位先生主编的“赛珍珠作品集”，出版了《大地》三部曲、《东风·西风》《龙子》《同胞》《群芳亭》等作品，还几乎与英国剑桥大学出版社同步，翻译出版了美国赛珍珠研究专家彼得·康教授撰写的《赛珍珠传》(*Pearl S. Buck: A Cultural Biography*)。这是一部“新的、从文化层面切入的大型传记”。①

1999年4月，漓江出版社出版了由郭英剑编的《赛珍珠评论集》。该书首次将我国近70年来的赛珍珠研究方面的有代表性的学术论文加以搜集和整理。它是对20世纪中国赛珍珠研究的一个总结，使读者可以全面、客观地了解中国赛珍珠研究的历史发展轨迹与现状。

我以为，20世纪八九十年代的赛珍珠研究有两个特点：其一，较之20世纪60年代，出现了根本性的转变；其二，在深度、广度、高度上较之20世纪三四十年代的研究成果有了很大程度的提高。这两个特点从以下几个方面可以较为清晰地反映出来。

第一，与20世纪60年代的极“左”倾向相比，20世纪八九十年代的研究从根本上扭转了国内对赛珍珠认识的全盘否定的倾向，并且把赛珍珠研究重新拉回到了正常的文学评论的轨道上来。一些重新编写的辞典、辞书与教科书，开始改变对赛珍珠的评论态度，试图持一种客观评价的尺度。②应该说，这是20世纪八九十年代赛珍珠研究所取得的一个极为明显的成就。另外，赛珍珠也成为许多高校外文系与中文系研究生的博士、硕士论文

---

① 刘海平：《当代人眼中的赛珍珠》，郭英剑《赛珍珠评论集》，第221页。

② 可参见以下著作：《20世纪英美文学辞典》，福建教育出版社，1993年；王国荣：《诺贝尔文学奖获奖作品精华集成》，文汇出版社，1993年；王长荣：《现代美国文学史》，上海外语教育出版社，1992年；《世界文学》，天津人民出版社，1994年。

的选题之一。①

第二,与20世纪三四十年代相比,20世纪八九十年代的研究已经趋向深入。在人们开始"拂去历史的尘埃"②、历史地看待赛珍珠的同时,赛珍珠研究在逐步地深化。所涉及的主要问题有:(1)赛珍珠文学现象的成因。有研究者从"将中国农民的生活和命运作为她文学创作的主要题材"、"对妇女、儿童有特殊的眷恋,并作为文学描写的重要对象"、"同情受列强压迫的中国人民,并在文学创作乃至社会活动中有明显的反殖民主义倾向"、"尊崇中国文化,并致力于增进中美两国人民的相互了解和中西文化的交流"等4个方面入手,分析了赛珍珠文学现象的成因。③(2)赛珍珠的文艺观。有学者认为,赛珍珠的文学理论有两个:一为"自然说",也就是说,文学要顺其自然,不矫揉造作;一为"文学要有人民性",即文学创作的目的应该是为了人民,为了更多的读者。④(3)赛珍珠作品对中国文学走向世界所带来的启迪。有学者认为,赛珍珠的创作表明"各国最广大的读者,对一个民族独具风貌的斗争史、心态史与反映这个民族富有个性的'脸'的民风民俗,有着更多的'共同兴趣'。它应是文学'世界可比性'的'定位点'"。⑤ 赛珍珠作品中的鲜明的中国气派、中国风格,以及她的立足生活,应该为广大的中国作家带来某种启示。⑥(4)纠正了以前赛珍珠研究中的一些错误的史实。如,过去的一些研究者将最先发表文章批评赛珍珠的学者康永熙(Yanghill Kang)误认为是中国人。从发现的新资料来看,研究者纠正了这个错误,事实上,康永熙是位旅居美国的朝鲜人。⑦ 再如,有学者对赛珍珠中文名字的

---

① 据我所知,南京大学中文系毕业的徐清的博士论文和上海外国语大学姚君伟、北京大学顾钧正在做的博士论文都是关于赛珍珠研究的。此外,目前已成文的硕士论文有:方红的"A Feminist Reading of Some Dominant Metaphors and Images of Women in Buck's Four Chinese Novels"(《赛珍珠四部中国小说的女权主义解读》),南京大学,1992年6月;鲁新轩的《赛珍珠传记作品的叙述特征》,南京大学,1997年5月;江皓云的"O-lan and the land : The Mother Earth in *The Good Earth*—A Cross-cultural Archetype Critique"(《阿兰与大地——评〈大地〉中的地母原型》),南京大学,1998年4月;郝素玲的"East Meets West—on Pearl Buck's *East Wind* : *West Wind*"(《东西交融——论赛珍珠的〈东风·西风〉》),西南师范大学,1999年9月。

② 郭英剑:《赛珍珠评论集》,第162页。

③ 李臻:《赛珍珠文学现象成因初探》,郭英剑《赛珍珠评论集》,第206-214页。

④ 鲁新轩:《试论赛珍珠的文艺观》,郭英剑《赛珍珠评论集》,第276-283页。

⑤ 王国荣:《赛珍珠的〈大地三部曲〉对中国文学走向世界的启示》,郭英剑《赛珍珠评论集》,第217-220页。

⑥ 同⑤。

⑦ 郝素玲:《康永熙与赛珍珠研究》,郭英剑《赛珍珠评论集》,第297-300页。

一些传闻、模糊认识乃至误解做了澄清。①

第三,开始运用更多当代新颖的文学批评理论对赛珍珠进行研究,使赛珍珠研究在理论上上了一个新的台阶。这些理论主要有:(1)运用女权主义文学批评方法解读赛珍珠。这方面最早的文章是从"西方女权评论家为何排斥赛珍珠"谈起的。研究者提出了很尖锐的问题:"为什么一向以女性文学成就为自豪的女权评论家,对多产作家赛珍珠及其作品视而不见呢?"②在研究中,学者认为大致有如下三方面的原因:首先,赛珍珠的作品被认为已经过时;其次,赛珍珠的作品被认为不能充分反映女性文学传统;再次,赛珍珠作品的中国题材难以被西方读者所接受。③ 运用女权主义方法进一步深入探讨的文章,还有《一位需要重新认识的美国女作家——试论赛珍珠的女性主义特征》④与《男权大厦里的怨恨者与反抗者》。⑤ 前者对赛珍珠的著作作了深入细致的考察,认为赛珍珠的观点与态度"在很大程度上是和当代女性主义批评家平行一致的"。⑥ 后者认为,"赛珍珠无论在小说还是非小说中,都关注并思考着妇女的命运和地位问题",⑦进而对赛珍珠的诸多作品中的女性主人公进行了分析。(2)运用后殖民主义理论解读赛珍珠。《赛珍珠:后殖民主义文学的先驱者》一文,依据著名的后殖民主义理论家爱德华·萨义德的《东方主义》(*Orientalism*,1978)与《文化和帝国主义》(*Culture and Imperialism*,1993)这两部著作中所展露的后殖民主义理论,探讨了赛珍珠其人、其文及其与现代西方文化的关系,进而从一个全新的角度来评价她。作者认为,赛珍珠应该被视为后殖民主义作家的先驱者。⑧

第四,对赛珍珠的评论范围有了明显的扩大。(1)在小说方面,不仅涉及她著名的《大地》三部曲,更有过去不大被人提及的《母亲》《东风·西风》《牡丹》《匿花》等。⑨ (2)传记方面,赛珍珠的自传《我的中国世界》引起了

---

① 姚君伟:《关于赛珍珠的名字》,郭英剑《赛珍珠评论集》,第243-245页。

② 方红:《西方女权评论家为何排斥赛珍珠》,郭英剑《赛珍珠评论集》,第229-232页。

③ 同②。

④ 刘海平:《一位需要重新认识的美国女作家——试论赛珍珠的女性主义特征》,郭英剑《赛珍珠评论集》,第258-268页。

⑤ 姚君伟:《男权大厦里的怨恨者与反抗者》,郭英剑《赛珍珠评论集》,第399-406页。

⑥ 同④,第260页。

⑦ 同⑤,第399页。

⑧ 郭英剑:《赛珍珠:后殖民主义文学的先驱者》,《赛珍珠评论集》,第246-252页。

⑨ 陈陆鹰:《两位没有姓名的女性》,郭英剑《赛珍珠评论集》,第368-375页;杨金才:《注重文化品格的厚重之作——读赛珍珠的〈牡丹〉和〈匿花〉》,郭英剑《赛珍珠评论集》,第438-446页;姚君伟,张丹丽:《从〈东风·西风〉看赛珍珠的中西文化合璧观》,郭英剑《赛珍珠评论集》,第552-557页。

人们的广泛关注。同时,为赛珍珠赢得极大声誉的、她为生身父母撰写的传记《放逐》和《奋斗的天使》也开始受到人们的重视。[①] (3) 有众多的文章论述到了赛珍珠与东西方文化的关系。学者们普遍认为,赛珍珠与东西方文化是紧密相连的,可以说是东西文化的结合体。在此基础上,研究者不仅探讨了赛珍珠思想中的西方特色,更阐释了她作品中所展露的中国传统文化观。[②]

第五,同样注意到了对赛珍珠的作品进行微观分析。既有对赛珍珠作品人物的文本分析,[③]又有对赛珍珠作品细节的探讨。[④]

回顾过去,展望未来。当前的赛珍珠研究正处于一个良好的发展阶段,她的作品正在逐步被译介过来,评论也在高度、深度与广度上展现出新特色。我相信,赛珍珠研究在21世纪会有更大的发展。因为,赛珍珠研究在我国的外国文学研究领域里,至今还是个需要也是可以进一步深入探索的课题。更因为,赛珍珠的作品是有生命力的。

(本文原载于《镇江师专学报(社会科学版)》,1999年第4期)

---

① 郭英剑:《丰富的内心世界》,《赛珍珠评论集》,第469-470页;姚君伟:《赛珍珠〈我的中国世界〉的多重价值》,郭英剑《赛珍珠评论集》,第481-488页;杨金才:《赛珍珠的两部传记作品〈放逐〉与〈奋斗的天使〉》,郭英剑《赛珍珠评论集》,第473-480页。

② 姚锡佩:《赛珍珠的几个世界:文化冲突的悲剧》,郭英剑《赛珍珠评论集》,第505-519页;郝素玲,郭英剑:《赛珍珠现象:多元文化主义者的悲哀?》,郭英剑《赛珍珠评论集》,第496-498页;鲁跃峰:《赛珍珠作品的精神及其现实意义——从中西文化冲突、中国现代化的角度看赛珍珠》,郭英剑《赛珍珠评论集》,第533-537页;曾蕾:《赛珍珠与中国传统文化》,郭英剑《赛珍珠评论集》,第520-526页;董晨鹏,刘龙:《士的人格思想和儒家文化心态——试析赛珍珠的中国传统文化观》,郭英剑《赛珍珠评论集》,第538-543页。

③ 张志强:《王源形象评析》,郭英剑《赛珍珠评论集》,第382-385页。

④ 刘龙:《〈大地〉中的茶俗描写》,郭英剑《赛珍珠评论集》,第393-398页。

赛珍珠与中国文化关系的研究资料小识

刘海平····

知道赛珍珠的读者,都了解赛珍珠写了不少以中国为题材的长篇和短篇小说。这些作品对中国农村和城镇人民的生活及其变化作了细致的描写,对中国劳苦民众的朴实情感和顽强的生存意志表达了诚挚的敬意,对中国社会中的一些陈规陋习也作了披露和批评。与此同时,她还写了许多文章,做了不少演讲,向西方的读者和听众热情地介绍中国历史和文化。最为大家所知的,自然是她在 1938 年登上诺贝尔文学奖领奖台时所作的演讲。她在这篇题为《中国小说》的长篇演讲中指出,"中国小说对西方小说和西方小说家具有重要的启发意义"。演讲论述了中国小说的起源、发展、特征以及代表作品,解释了中国小说与中国文人和普通百姓的不同关系,等等。她的这番演讲使当时还鲜为外国人所知的中国小说传统得以第一次昂首展示在西方乃至整个世界的文化殿堂。

然而,这还只是赛珍珠在公共场合所作的许许多多介绍中国文学和中国文化的演讲(或在大众媒体上发表类似文章)中的一次。据不完全统计,赛珍珠在这方面公开发表的讲话与文章,至少在 40 篇以上。只需看看下面信手列举的一些篇目(见表 1)便可以知道这位美国女作家在向西方读者介绍中国、中国人民和中国文化,促进中西方人民之间的相互了解和对话时的良苦用心和所做的工作:①

① 表 1 中部分篇目引自李格尔博士(Dr. Robert Riggle)尚未发表的博士论文 Paper Tigress:Pearl S. Buck's Critical Encounters with Revolutionary China 中的书目表。

表 1　赛珍珠介绍中国文学和文化的公开讲话与发表的文章

篇名	刊物	期号/时间
《中国之美》(Beauty in China)	《论坛》(*Forum*)	1924 年第 3 期
《中国人之情感》(The Emotional Nature of the Chinese)	《国民》(*Nation*)	1926 年
《中国的共产主义》(Communism in China)	《国民》(*Nation*)	1928 年
《从中国小说看中国》(China in the Mirror of Her Fiction)	《太平洋时事》(*Pacific Affairs*)	1930 年第 2 期
《现代中国妇女的困境》(Chinese Women: Their Predicament in the China of Today)	《太平洋时事》(*Pacific Affairs*)	1931 年第 4 期
《中国与华侨》(China and the Foreign Chinese)	《耶鲁评论》(*Yale Review*)	1931 年第 21 期
《中国老保姆》(Old Chinese Nurse)	《半月谈》(*Fortnightly Review*)	1932 年第 6 期
《向西方解释中国》(Interpretation of China to the West)		1933 年 3 月 13 日在纽约哥伦比亚大学的演讲
《中国与西方》(China and the West)		1933 年 4 月 8 日在费城美国政治学院的演讲
《隐而不露金色龙》(Hidden Is the Golden Dragon)	《亚洲杂志》(*Asia Magazine*)	1933 年第 6 期
《新爱国主义》(The New Patriotism)	《中国评论》(*The China Review*)	1934 年第 1～3 期
《上海情景》(Shanghai Scene)	《亚洲杂志》(*Asia Magazine*)	1934 年第 2 期
《现代中国的原创精神》(The Creative Spirit in Modern China)	《亚洲杂志》(*Asia Magazine*)	1934 年第 9～10 期
《聪明的中国人》(The Wise Chinese)	《半月谈》(*Fortnightly Review*)	1935 年
《孙中山:生平与意义》(书评)(Sun Yat-sen: Life and Meaning)	《亚洲杂志》(*Asia Magazine*)	1935 年第 1 期
《东方与西方:我们真的不一样?》(East and West—Are We Different?)		1935 年 7 月 8 日在弗吉尼亚州夏洛茨维尔市公众事务研究所的演讲
《中国的平民百姓》(The Plain People of China)	《亚洲杂志》(*Asia Magazine*)	1941 年第 7 期
《战后的中国和美国》(Postwar China and the U. S.)	《亚洲杂志》(*Asia Magazine*)	1943 年第 11 期
《孙中山》(剧本)(Sun Yat-sen)	《亚洲杂志》(*Asia Magazine*)	1944 年第 4 期
《中国的疆土与人民》(The Land and the People of China)		1948 年的一次公开演说

这些文章和演讲说明了赛珍珠对中国的社会、历史和文化的方方面面有着相当全面的了解。其中有不少是她长期观察、思考或研究的结晶,如《中国与西方》的演讲稿体现了她对中国和西方漫长的交往史、对中国的儒学传统以及中国现代发展史都作过比较深入的探究,有自己的心得,并对东西方的政治、哲学作了颇有意义的比较。

但这里我主要想谈一下最近发现的一些与赛珍珠有关的资料。首先是她1930年发表在《金陵光》上的英文论文《中国早期小说的起源》(Sources of the Early Chinese Novel)。这里有必要对这份杂志本身做一些说明。《金陵光》是赛珍珠所任教的教会学校金陵大学从1909年至1930年5月期间的大学学报名称。该学报从1927年下半年起曾因当时学校内外的政治氛围而停刊,至1930年才正式复刊。① 赛珍珠的这篇论文就发表在深受校方重视和广为读者关注的复刊第一期学报上。金陵大学校长陈裕光先生在此期的序言中写道:

> 吾校之刊行金陵光,创始于前清宣统元年,时国内风气犹属闭塞,出版品殊不多见,而以发扬思想研究学术,如吾校之有金陵光者,殆寥若晨星。民国以来,国民思想猛进,刊物风起云涌,但亦随起随灭而已。惟吾校之金陵光,历年刊行,未尝中辍,宗旨则一本于前,内容则力求改进,国内人士,相与称许,遂蔚成国内学术界重要之刊物,殊足为吾校光也。不幸自十七年后②,遽行停刊,代之其它刊物,如周刊季报等,而以传播校闻,研究时事为主要目的,虽亦有其相当价值,但具有深长历史,及负有相当声誉之学术刊物,不宜长此停顿……今金陵光又重行于此矣,深愿主其事者,一本以前之精神,以发扬思想,研究学术为唯一之旨……③

此段引文说明《金陵光》是一本学术性很强的刊物。时隔70余年后再读这份杂志,我们仍然觉得它很有意思,一方面是因为它所收的文章的内容,另一方面是因为它所采用的形式。就文章内容而言,学术涵盖面很广,既有探讨中国病根是政治体制还是文化,也有提倡婚姻制度改革实行一夫一妻制加伴婚制的论文,还有研究伏羲始画八卦之哲理,以及环保方面描述淮河之现状的文章。就杂志的形式来说也相当新鲜:它既有中文名称,又有

---

① 1930年后,此刊物又更名为《金陵学报》。

② 从本刊其他文章来看,此处似有误,应为民国16年,即1927年。

③ 见《金陵光》1930年17卷1期第1页。

英文名称，两种名称的使用跟我们现在通用的很不一样。该杂志有两个封面而无封底，从右翻到左的封面是中文封面，上面印着"金陵光"，由此往下读是中文论文。从左翻到右的封面是英文封面，上面印着 *University of Nanking Magazine*，由此往下翻是用英文写的论文。杂志中的中文论文和英文论文，数量基本各占一半，中文 132 页，英文 105 页。不少中国教授也用英文写稿。杂志中间是中英文的自然分界。另外，中英文两面由不同的学者作内容完全不同的序，而不是简单的翻译。

我们知道，赛珍珠的文章大多发表在商业性刊物上，因此这篇长达 18 页、投在金陵大学纯学术刊物上的关于中国早期小说起源的文章，具有特别的意义。文章显然是在赛珍珠做了大量和细致的研究与思考后写成的。这篇文章很可能是赛珍珠所写的第一篇关于中国小说史的文章，尽管同年 2 月她还在《太平洋时事》杂志上发表了《从中国小说看中国》的文章。在那一期《金陵光》杂志的编者话中有这么一段："本刊稿件早经付梓，卒因印务一再迟误，假期又形迫不得不将篇幅范围缩小以期克日出版……"由此可见，赛珍珠的这篇稿子的完稿时间可能与 1930 年 2 月《太平洋时事》上的文章同时甚至更早些。

这篇文章经过裁剪和部分修改，在第二年，即 1931 年的 6 月 6 日以《中国早期小说》为名发表在著名的《星期六文学评论》上。1932 年年初，赛珍珠接受邀请去北平的"华文学校"（Northern China Union Language School）作了三次学术报告，其中一次报告的内容就是"中国早期小说的起源"，此讲稿与在《金陵光》上发表的论文相比只是略有变更。此文与她作的另一篇报告"东方、西方与小说"（East and West and the Novel）一起由华文学校和中国加利福尼亚学院基金会联合结集成册出版。此书对于了解赛珍珠的小说观和她对中国小说史的研究有相当大的价值。赛珍珠所发表的这一系列关于中国小说的文章最后便结晶成了她 1938 年在斯德哥尔摩接受诺贝尔文学奖时所作的"中国小说"的报告。

最近，美国洛杉矶附近的克莱蒙特研究生大学（Claremont Graduate University）发现了另一批新资料。其中部分是关于赛珍珠应华文学校校长威廉姆·培得士的邀请，到该校作学术报告的具体情况。培得士的大半生在中国度过，曾就读于金陵大学，并于 1910 年获硕士学位，之后他去北平创办了"华文学校"，为来中国的美国外交官、商人、传教士、军人等教授中国文化和汉语。培得士与当时中国和美国的文化、教育、政治、财经和军事界的许多头面人物过从甚密，其中包括梅兰芳、胡适、张伯苓、蒋梦麟、蒋介石、孔祥熙、冯玉祥、杨森、司徒雷登、史迪威尔等。到华文学校作过演讲的除了赛珍珠以外，还有林语堂、胡适等，以及包括斯诺在内的几乎所有来到北平的美国专家、学者。胡适还在1942年被该校授予了荣誉博士，这成了他一生中获得的第36个博士学位。该华文学校培养的学生包括史迪威尔将军、汉学家富路德教授以及美国20世纪80年代驻华大使哈默先生等。培得士校长后来把这所曾在中美关系史上有过重要影响的华文学校的20箱档案资料和他本人收藏的数千册中国古典书籍一起捐赠给了克莱蒙特研究生大学。这批资料长期被搁置在图书馆的一个角落而不为人知。几年前一个偶然的机会才被一位对中国教育很感兴趣的教授发现。经过三年多的整理，他才理清了这一大堆资料的来龙去脉，并对内容作了分类。凡需要查看或利用这些近代中美关系史上有着重要价值的资料者，可以与该校教育学院的约翰·里根(John Regan)教授联系。

赛珍珠在华文学校作了三场报告，其中两场与中国小说有关。作为培得士校长邀请的嘉宾，她在位于北平市中心的此校中住了两个月。在此期间，她有机会会见了许多名人和朋友。当时中国被日军侵略，东北沦陷，中国内部正孕育着一场极大的政治风暴。作为首都的南京，正处在风口浪尖。在南京教书的赛珍珠对时局有着很大的忧虑。在北平她与这些知名人士的结识与交谈，显然对她的思想和情绪产生了不小的影响，这明显表现在她这两个月给美国朋友写的信件中。

2001年8月中旬，南京大学、克莱蒙特研究生大学以及赛珍珠母校伦道夫—梅肯女子学院的三位校长在美国加州会晤，商讨联合出版这些新发现的与赛珍珠有关的资料，其中包括她在《金陵光》上发表的论文，她在华文学校的演讲稿及有关信件，以及现在保存在其母校、她在诺贝尔授奖典礼上使用并划杠强调了的讲稿和其他材料。

总之，对于为促进中国和西方人民的相互理解而作出了杰出贡献的赛珍珠的研究，正在我国和世界其他地方不断深入①，也正在引起更多人的关注，这对于今天只能在文明对话和文明冲突之间作选择的人们来说，无疑是个令人鼓舞的好消息。

（本文原载于《镇江师专学报(社会科学版)》，2001年第4期）

① 如彼得·康《赛珍珠传》最近被翻译成日文在日本出版。

顾钧……

赛珍珠与中国文化

一、赛珍珠对中国文化的热爱

赛珍珠从小就接触到中国传统的文化,并且在不知不觉中培养了对这种文化的热爱。中国传统文化的主体是儒家文化,而儒家文化是以伦理为本位的文化。对于这一伦理的伟大建构者孔子,赛珍珠曾表达了莫大的理解与敬意:“尽管孔夫子是个哲学家,不是牧师,但实际上正是他为中国社会、为他的子孙创立了一整套与宗教、与道德作用相同的伦理纲常。恐怕还要经过相当长的时间,中国人才会重新认识孔夫子这个最伟大的人物对中华民族的贡献有多大。”①赛珍珠对中国传统文化的热爱,具体说来,就是对孔子为代表的儒家思想的尊崇。

儒家伦理的最高原则是仁,仁的基础是“孝弟”,所谓“孝弟也者,其为仁之本与”(《论语·学而》)。血缘亲爱构成了儒家宗法伦理的基本特征。这种伦理观给中华民族留下了尊老爱幼、社会和谐、家庭和睦等特征。对此,赛珍珠表达了极大的羡慕和崇拜之情:“孩子们在宽松的环境下健康地成长,沐浴着几代长者的慈爱,成年人则担起了家庭生活的重任,老年人受到爱戴和尊敬,他们不会像美国的老人那样被送进养老院。”②确实,在美

① [美]赛珍珠:《我的中国世界》,第196页。

② 同①,第42页。

国,家庭关系淡薄的现象普遍存在。这是赛珍珠被中国式家庭吸引的原因之一。另一个原因则是她的个人经历。赛珍珠的父亲是个一心追求"上帝事业"、不顾家庭的典型的传教士,这给赛珍珠造成了一生永远无法弥补的父爱的缺失。

与单个家庭的和睦相比,更能吸引赛珍珠的是儒家"天下一家"的理想与胸襟。从"孝弟也者,其为仁之本与"的定论来看,儒家的仁爱具有尊亲有序的特征,但并不是说这种爱没有延伸和推衍。孔子提出"四海之内皆兄弟也"(《论语·颜渊》),视四海为一家,天下皆兄弟,这显然已经超出了血缘家族的界限。这一提法以及背后的思想对赛珍珠影响至深。

1925 年,赛珍珠把"四海之内皆兄弟也"这句话作为自己硕士论文的卷首语;1933 年,她又用这句话作为英译《水浒传》的标题;在小说《牡丹》里,当孔诚向犹太牧师拉比陈述各民族平等的道理时,他使用了"天下一家"这句话;赛珍珠的最后一部小说的题目就是"天下一家";在临终前写的《最后的倾诉》中她再次也是最后一次表达了"天下一家"的愿望。

在孔子那里,所谓的"四海""天下"指的还是中国,而赛珍珠在使用这些概念时更多的是指全世界。她希望世界上不同国家、民族、宗教信仰的人能够和睦相处,互谅互让。但这在赛珍珠生活的年代只能是一个理想。英国作家福斯特在《印度之行》中告诉我们,在宗主国和殖民地的人民之间,不仅没有兄弟之情,就是朋友之谊也是不可能的:

> 菲尔丁又来嘲笑挖苦。艾席思气得骑马乱跳,不知如何是好。他叫道:"不管怎样,打倒英国人。这是必然的。滚蛋吧,你们这些家伙,我说越快越好。我们相互憎恨,但我们更恨你们。如果我赶不走你们,阿梅德会赶走你们,卡里姆会赶走你们,即使需要 5500 年才能摆脱你们,那么我们就用它 5500 年,我们将把每个该死的英国人都赶入海中,到那时"——他疯狂地策马与菲尔丁赛跑——"到那时,"他总结说,同时轻轻吻了吻菲尔丁,"你我将成为朋友。"
>
> "现在我们为什么不能成为朋友呢?"菲尔丁拥抱着他热情地说,"这是我的希望,也是你的希望。"
>
> 但是,马儿不需要那种友谊——它们分道而行;大地不需要那种友谊,它在路上布下重重岩石,使两人不能并辔而行;他们走出山谷,脚下的城市立即映入眼帘:那庙宇、水池、监狱、宫殿、飞鸟、兵营、宾馆——所有这些都不需要友谊,它们众口一词地喊道:

“不，还不到时机！”连苍天也在呼叫：“不，不在这个地方！”①

同样，在冷战的两个国家之间，友谊也是不可想象的，不必说其他更深的感情。在20世纪50年代，赛珍珠发现，“甚至连宣扬人类的友谊或宣扬各种族应该平等相处，以及人类应该互相理解与和平共处也变得非常危险”。② 可能正因为赛珍珠生活在一个充满冲突、敌视的年代，所以更感觉到孔子思想的可贵。在经过了现代转换和阐释之后，赛珍珠显然希望孔子古老的智慧能够服务于她那个战争频仍、动荡不安的时代。

赛珍珠对中国文化的热爱与推崇还可以从另外一个角度去看待。与许多中国人一样，赛珍珠看到了近代中国的贫穷与落后，但是她没有像“五四”时代的中国知识分子那样，将中国的贫困与中国的传统文化联系起来。在同时代的中国作家追寻造成农民贫困的社会原因和思想根源的时候，赛珍珠却简单地将之归结为自然原因。《大地》中的王龙就认为，造成灾害的根源是天不下雨。

从某种意义上来说，赛珍珠热爱中国文化甚于热爱中国，特别是当她离开中国回到美国以后更是如此。在回国多年后赛珍珠这样阐明她“时常想念中国”的原因：“那是因为我在这里找不到一点哲学。我们的民族有自己的教义和思想，也不乏偏见和信条，只是没有哲学。或许，哲学只能为一个拥有数千年历史的民族所拥有。”③

这一态度其实相当典型。19世纪中国在西方的形象变得恶劣之后，对中国持友好态度的人士，实际上多为中国文化的崇拜者。像庞德和韦利这两个在现代美国诗中介绍中国的主要角色，就从无兴趣访问中国。对他们和其他一些热爱中国诗歌的美国诗人来说，古代中国文化与现实中国是两回事，前者使他们着迷，而后者是与他们无关，甚至讨厌的。④

总之，赛珍珠只看到了中国传统文化精华的一面，而忽略了它糟粕的一面。不过，这也很难责怪赛珍珠，因为中国传统文化的精华和糟粕有时是很难截然分开的。

① ［英］福斯特：《印度之行》，漓江出版社，1992年，第336页。

② ［美］赛珍珠：《我的中国世界》，第429页。

③ 同②，第272页。

④ 赵毅衡：《远游的诗神——中国古典诗歌对美国新诗运动的影响》，四川人民出版社，1986年，第102－105页。

二、赛珍珠对中国文化走向的思考

赛珍珠生活在中国文化的转型时期。像同时期的中国人一样,她对中国文化的走向也有自己的一番思考。让我们从赛珍珠对中国小说的看法说起。

赛珍珠对中国古典小说推崇有加。她在一次演讲中谈到《水浒传》《三国演义》和《红楼梦》时,竟然下了这样的断语:"我想不出西方文学中有任何作品可以与它们相媲美。"①这一说法可能过于武断,但足见赛珍珠对中国小说的崇拜。但是她对中国现代小说和小说家却评价不高,原因在于:"他们已丢掉了旧的,却又被新的束缚着。读现在的新小说就觉得缺少一种旧小说中所常用而一般中国人日常生活所固有的幽默的感想,倒是被从西洋某种学派或者特别是从俄罗斯作家学来的不健全的自我解剖压迫着,中国旧小说中所固有的那种对于人性或者生命本身所发生的趣味,反而感觉不到!另外有一种忧郁的内省,至少对于我,他是比不上旧小说的。"②正因为如此,赛珍珠在以《中国小说》为题发表诺贝尔奖受奖演讲时,首先作了如下申明:"我说中国小说时指的是地道的中国小说,不是指那种杂牌产品,即现代中国作家所写的那些小说,这些作家过多地受了外国的影响,而对他们自己国家的文化财富却相当无知。"③这不无一定的道理。然而中国小说从来就不是纯粹的中国造,且不说魏晋南北朝志怪小说与佛教勃兴的关系,单就白话小说来说,"俗讲"对于"说话"技艺的影响也是十分深刻的。但是赛珍珠却极力维护中国小说的纯洁性,讲到佛教对中国小说的影响时,她说:"我觉得这些佛教影响,实则也不得称之为国外影响,因为当佛教失掉了大部分外国的特征而变成了中国式的时光,才渗入了中国的文学作品。"④赛氏的观察虽不无道理,佛教传入中国后确实逐步地本土化了,但说到底仍然不能排除外来文化对中国小说的影响这一历史事实。

赛珍珠一方面极力维护中国古代小说的纯洁性和优越性,另一方面对受西方影响的现代小说大加挞伐。小说是赛珍珠最熟悉的领域,也最能代表她对中国文化走向的思考。从以上的论述,我们可以看到她的态度显然

---

① [美]赛珍珠:《大地三部曲》,第968页。

② [美]赛珍珠:《东方、西方与小说》,《现代》,1933年第5期。

③ 同①,第956页。

④ 同②。

是反对中国走西化的道路的。

作为一个西方人，赛珍珠的这一态度并不特别。1920 年来华的英国哲学家罗素也持有相同的态度。罗素的立论基础在于，他认为西方文明已经病入膏肓，所以中国应该另谋出路。[①] 作为亲自来过中国的西方大哲，罗素的观点应该是深思熟虑和非常个人化的。但是尽管如此，我们还是不难看出这一观点背后深深的时代烙印。第一次世界大战不仅给主要西方国家带来了空前的物质上的损耗，同时它也沉重地打击了自 18 世纪以来西方人对自己文明的志得意满情绪。正如艾恺所说，“就 20 世纪 10 年代、20 年代及 30 年代的世代而言，大战是主宰他们时代的压倒性重大灾变，大战所产生的对西方文化之未来的黯淡悲观与深切怀疑是极为强烈和普遍的。”[②]在这样的背景下，不少西方人把目光投向东方，在寻求新的精神文化资源以自救的同时，对东方文明的走向也做出了新的思考。罗素的观点是非常具有代表性的。

对赛珍珠来说，第一次世界大战几乎没有对她造成任何影响。因为战争期间以及战后的岁月她都是在中国度过的。所以，虽然赛珍珠与罗素的结论是一致的，但是得出结论的前提却不同。赛珍珠所强调的理由是中国文化的特性，这种特性是在几千年历史中形成的，具有自己的运行逻辑，不是靠西化所能改变的。赛珍珠对西方传教事业的反对就是出于这样的认识。同样，她对 1911 年的辛亥革命也持批评态度。我们知道，不少美国人将辛亥革命看做中国“觉醒”和接受美国影响的证据，看做中国走向民主制度的标志。[③] 赛珍珠从来没有否认过美国民主制度的价值，但是她不认为这种制度具有普世意义。在谈到中国的民主时，赛珍珠说道：“当中国现代民主发展起来时，它将具有自己的形式，和美国人的不一样。但是它同样会具有生命、自由和对幸福的追求这些对所有人来说必不可少的机会。”（“生命、自由和对幸福的追求”为美国《独立宣言》中明文规定的公民的三大不可剥夺的权利。）[④]赛珍珠在西风东渐的时代背景下，坚持认为中国应该走自己的道路，表现了对中国文化的坚强信心，这或许是她浸淫于中国文化多年的必然结果。

---

① ［英］罗素：《中国问题》，学林出版社，1996 年。

② ［美］艾恺：《世界范围内的反现代化思潮》，贵州人民出版社，1991 年，第 96 页。

③ Jonathan G. Utley. American Views of China, 1900 – 1915: The Unwelcome but Inevitable Awakening. Jonathan G. Utley, et al, ed. *America Views China: American Images of China Then and Now.* Associated University Presses, 1991: 125.

④ Pearl S. Buck. *China as I See It.* The John Day Company, 1970:4.

中国固然应当走自己的道路,但决不应该放弃对西方文明的借鉴。正如罗素所说:"中国人如能对我们的文明扬善弃恶,再结合自身的传统文化,必将取得辉煌的成就。"①赛珍珠没有认识到这一点,所以她在强调中国应当走自己道路的同时,对于中国的道路到底应该怎么走,常常表现出困惑,就像《分家》中从美国归来的王源一样:

> 但源没有忘记。在宴会上,源坐着,环视桌子周围的一切。他穿着款式新颖的白色西服,对往事的回忆奇异地在他脑海中闪现。他忽然想起了土屋,当他想起它时,他不知怎地感到自己依然喜欢它……他还没有彻头彻尾成为他们中间的一员。他慢慢地思索着:他既与爱兰不一样,也与盛不同。他们西化的外表和行为方式使他希望自己还没有西化到这种程度。然而,他也不能住在那土屋里,不能,虽然他深深地喜欢与它有关的某些东西。他知道他现在不能像祖父那样心满意足地住在那儿,并感到那是自己的家。他不知怎地处于中间地带,一个孤寂的地方——就像他处于洋房和土屋之间一样。他没有真正的家。他的心孤寂飘零,无论在何处都找不到一个完全的归宿。②

王源最终还是选择了祖父王龙的土屋,所不同的是,他要用在美国学到的农业知识来耕种土地。王源的选择使《大地》三部曲形成了一个封闭的循环:来自土地、回归土地。难怪一位学者会这样推测赛珍珠的中国观:"她似乎不愿中国走出几千年的农业文明,走出封闭愚昧的传统生活方式,不愿中国走向现代文明、工业化。"③这当然是极而言之,但是赛珍珠没能指出中国文明的具体走向,却是事实。

三、中国文化对赛珍珠创作的双面影响

罗素在指出西方文明病入膏肓的同时,也认为中国文明并不瑰丽。可见,这位思想家对人类的文明持一种批判的态度,这固然是当时的历史条件和时代风气使然,但是自古以来,社会批判和文明批判始终是知识分子的存在方式和存在价值。在这一点上,赛珍珠做得显然不够,尤其是在对待中国

---

① [英]罗素:《中国问题》,第 4 页。
② [美]赛珍珠:《大地三部曲》,第 916 页。
③ 赵梅:《赛珍珠笔下的中国农民》,《美国研究》,1993 年第 1 期。

文化上。这就给她作品中的中国形象带来了两面的影响。让我们首先讨论消极的一面。

正如上文所说,中国传统文化中的家庭体制是赛珍珠最羡慕、最崇拜的一个方面。在自传和演讲中,我们不时能够发现她对传统中国家庭的温馨、和谐的赞美。但是,赛珍珠没有认识到的是,中国的家族式的统治一方面固然建立起了紧密的家庭关系,但是另一方面,它对家庭成员个人的意志、发展常常起着束缚作用。在中国,长子或长孙的责任是最重的,也最不自由。我们只要考察一下无论是《家》中的觉新,还是《四世同堂》中的瑞宣的生存状态,便会明白这一点。

赛珍珠的小说都是通过描写家庭的方式展开的。随着各个故事的发展,每个家庭虽然都发生了这样那样的分裂,但是没有一个人是因为感觉到了家族制度的弊端而离开的。母亲的丈夫离开是因为追求城市的生活,林郯的二儿子离开是为了抗日,王龙的三儿子离开是为了参军不当农民。留在家族里的人也没有一个感觉到大家族生活的压抑与苦闷,也就更谈不上反抗、斗争、出走。

另一方面,也是更为重要的一个方面是,赛珍珠对中国文化的热爱使她摆脱了西方中心主义的牢笼。她不是用西方的标准来衡量中国的事情,而是充分考虑到了中国的特殊性。赛珍珠的小说既然都描写家庭,也就免不了要处理婚姻的主题。面对以自由恋爱和一夫一妻为准则的西方读者,赛珍珠没有把中国的娶妾和包办婚姻写得一无是处。我们以《群芳亭》为例。《群芳亭》的女主角吴太太过了 40 岁生日后决定为丈夫娶妾。因为对于像她这样一位大户人家的太太来说,40 岁以后再生育是不合适的。当然,除了生理上的考虑,还有心理方面的。吴太太对精神自由的追求在无法走出中国式大家庭的年代只能使她想出与丈夫分居的办法。另外,她为丈夫寻找的小妾秋明无依无靠,生活困顿,嫁到吴家至少可以衣食无忧。种种理由解释了吴太太行为的某些合理性。吴太太最终还是认识到了自己这种做法的自私自利的性质,而读者跟随她的一举一动、一言一行对娶妾制度肯定也会有比较深入的认识和思考,而不会简单地将之斥为陋习。

同样在《群芳亭》中,我们发现,吴太太三个儿子的婚姻构成了一个有趣的对比:老二、老三的自由恋爱和婚姻并不成功,而老大的包办婚姻却十分幸福。原因在于,二媳妇和三媳妇是现代女性,而大媳妇是传统女性。这里,赛珍珠的安排显然有些逆潮流而动,她笔下的一个人物甚至还振振有词地为这种旧的婚姻制度辩解:“我们不把这么重大的婚事留给男女青年或上帝去操办。婚姻如同食物、酒和住房,必须要安排好,否则某些人将拥有太多,其他人将饿肚皮。"①这个解释有些出人意料,但同时又耐人寻味。中国人确实有"不患寡而患不均"的思想,但是用这一思想来解释婚姻,很可能是赛珍珠的发明。20世纪描写过中国的西方作家很多,但像赛珍珠那样用一种同情、理解甚至是辩护的态度来写中国的恐怕不多。车槿山在研究了法国如是派之后指出,"尽管如是派对中国十分友好,尽管他们坚持反对欧洲中心论,宣扬文化相对论,处处都在强调中国文化的特殊性,但他们归根结底是以'西学为本,中学为用'的态度对待中国文化的。……他们的思想实质还是欧洲中心论的。实际上,出于同样的原因,克罗代尔、谢阁兰、米肖、马尔罗等人笔下的中国在我们看来也都不大像中国,他们对中国的阅读也是某种程度、某种性质的误读"。② 赛珍珠在描写中国的作品上比上述几位20世纪的法国作家的成就和声誉要高一些,一个很重要的原因或许就在于她更为彻底地摆脱了西方中心主义,虽然她对中国的误读和误写也不可能完全避免。

(本文原载于《江苏大学学报(社会科学版)》,2003年第2期)

① [美]赛珍珠:《群芳亭》,第170页。

② 车槿山:《法国"如是派"对中国的理想化误读》,曹顺庆《迈向比较文学新阶段》,四川人民出版社,2000年,第382-388页。

周锡山……

再论赛珍珠与中国文化

——以赛珍珠英译《水浒传》为例

拙文《论赛珍珠与中国文化》①从杰出的翻译家、杰出的小说家、中国小说的杰出研究者和宣传者三个角度论述热爱中国文化的赛珍珠所作出的杰出贡献,并阐发其深远意义。笔者于文末又指出"赛珍珠由于受到'五四'以后新文化运动阵营过分否定中国古代文化和文人的影响,也错误地全盘否定科举制度、儒家经典和中国文化的主要创造者和载体——中国文人即知识分子。"由于赛珍珠发表这些观点的《中国小说——1938 年 12 月 12 日在瑞典学院诺贝尔奖授奖仪式上的演说》借着诺贝尔文学奖权威性的影响力和《大地》原著的大量印行,有很大影响,所以有必要专撰一文,对赛珍珠对中国文化的误读,作简要辨析和评述。

赛珍珠认为:"在那里(指中国),作为艺术的文学为文人们所独有,他们按照自己的规则创造艺术,互相应和,根本没有小说的地位。那些中国文人占据强有力的地位。哲学、宗教、文字和文学,按照专横的经典规则,他们拥有所有的一切,因为只有他们拥有学习的手段,只有他们能读会写。他们的强大力量甚至使皇帝也有些畏惧,因此皇帝设想出一种用他们自己的知识来控制他们的方法,使官方考试成为在政界晋升的唯一途径;那些极其困难的考试,使人们为了准备考试而耗尽整个生命和思想,使他们忙于记忆和抄写过去的死的经典而无法顾及现时和现时的错误。""除了文人相聚之时,

① 拙文《论赛珍珠与中国文化》为呈 1992 年上海"赛珍珠百年诞辰纪念学术研讨会"(上海社科院东西方文化交流中心主办)论文,刊于《中国文化与世界》第三辑(上海外国语大学国际文化交流研究所编),上海外语教育出版社,1995 年。

别人看不到他们,因为他们大部分时间都在读那些死的文学作品,试图能写成那个样子。他们憎恶任何新生事物,因为他们无法把这些东西归入任何他们已知的类别。"①

赛珍珠的上述认识受"五四"之后反传统文化思潮的影响,符合20世纪20—70年代中国主流学坛的基本观点,自80年代中期起,中国学界已开始对此进行反思,并逐步认识到这些观点是完全错误的。上述观点的错误分为以下三个层次:第一,对中国古代教育制度的错误认识;第二,对科举制度的错误评判;第三,对中国古代经典和文学的错误批评。

中国古代自孔子始,遵循"有教无类"的原则,即不分民族、地区、阶级和阶层的出身,都可接受教育,建立了当时世界上最先进的教育制度。当然,无钱延请教师或支付学费的多数农民和市民子弟,便没有接受教育的权利。这尽管不合理,但在20世纪下半叶世界上众多国家先后开始建立初等教育义务制之前,中国和世界各国是一样的,没有钱便不能受教育。中国古代根本没有赛珍珠所说的"专横的经典规则",并以此来规定只有文人能读会写,只有他们拥有学习的手段。

中西学者经过周密研究和横向比较,已公认中国古代选拔人才的科举制度是当时世界上最先进、最公正的官吏选拔制度。科举制度通过科举考试的方式选拔人才,在封建社会中培养了尊重知识、尊重人才的良好社会风气。西方现代的文官制度即为学习中国科举制度的产物。如美籍华裔的女青年赵小兰,通过考试进入美国白宫的中央政府任职,后又经过十几年的艰苦努力,以其出色的工作业绩,逐步升迁,数年前才三十几岁便出任美国交通部副部长。②

科举制度的核心是考试制度。这个考试作为选拔人才的方式,当然必须是困难的,如果不困难,便失去竞争的意义。但对于人才尤其是优秀人才来说,并未如赛珍珠所说的到了极其困难,从而为了准备考试而耗尽整个生命和思想的程度。而事实是众多优秀人才在考取进士、为官从政后,依旧有很大的余力从事文学艺术创作或学术研究。《儒林外史》所描写的都是经书读不通的庸才而非人才。李白、杜甫这样的大诗人未中状元,并非考官不识人才,而是科举制度选拔的毕竟不是诗人而是治理国家与地方的行政官吏,

---

① [美]赛珍珠:《中国小说——1938年12月12日在瑞典学院诺贝尔奖授奖仪式上的演说》,《大地三部曲》,第1084页。

② 陈嘉立:《赵小兰任联邦交通部副部长成为美国首位亚裔部级主管》,《文汇报》,1989年4月21日。小雨:《华裔女杰赵小兰》,《新民晚报》,1989年3月8日。

选拔的是政治和管理人才。我国自20世纪90年代始实行公务员考试制度,也是经过反复曲折的认识过程,终于确定只有通过考试录用国家机关的公务人员才符合公平、公正、公开的唯一原则,从而才有可能选拔出优秀人才。

封建社会埋没大批人才是事实,但这并非科举制度造成的,而是掌权者的专制统治造成的。反过来,如无科举制度,全凭掌权者个人的好恶、个人意志来选拔和任用官吏,便会陷入用人无序的状态,这便更无公平公正可言,便会埋没更多的人才。因此中国古代进步的文学家,除曹雪芹、吴敬梓个别人外,全都拥护科举制度,哲学家、思想家、史学家也都如此。①

科举考试的内容取自儒家经典,文人们都将儒家经典"四书"作为学习的基本教材,并进而学习儒家文化的五经,尤其是万古不朽的《周易》和《诗经》,不少人还学习道家经典《老子》《庄子》和佛经。这些都不能说是"过去的死的经典",而是代表我们民族传统文化的最重要的典籍。孔子的仁义观、中庸之道等许多重要的思想,不仅是中国古代保持长期社会稳定、经济繁荣并在世界上长期保持领先地位的根本保证,而且现代不少知识分子也一直意识到儒家传统文化在东亚、东南亚发挥了导引和调节的作用。不少外国学者经长期研究后认为日本战后经济发展的奇迹,关键原因之一是发扬了中国儒家的传统。日本著名思想家池田大作也持这个观点,并进而指出:"儒教思想从一方面来讲,并非现代主义者立场所指责的完全是封建落后的,在儒家传统中,其实有众多宝贵的精神遗产。"②儒道两家的天人合一观更能纠正西方科学技术高度发展对自然环境造成巨大破坏从而影响人类合理生存的众多弊端。

赛珍珠批评封建时代的知识分子沉溺于"过去的经典而无法顾及现时和现时的错误",也是错误的。历代抵御外侮、锐意改革、克服时弊的也都是饱读经书然后将孔孟之道中的治国爱民发展为爱国主义的知识分子。朱东润《陈子龙及其时代》一书曾分析明末抗清的形势,认为通过科举考试选拔

① 拙文《〈牡丹亭〉人物三题》(呈1986年临汾第二届中国古代戏曲研讨会论文,刊《戏曲研究》第40辑,文化艺术出版社,1992年)专列"柳梦梅的读书做官道路"(第68－73页)详论,请参看。

② 金庸,池田大作:《探求一个灿烂的世纪(金庸/池田大作对话录)》,北京大学出版社,1998年,第57页。

的大批知识分子军政官员，支撑着明朝的危局，发挥了关键作用。[①] 而且古代知识分子绝非“憎恶任何新生事物”的顽固分子，李约瑟《中国科学技术史》记叙中国科技的发展，实多是知识分子的创造。中国历来善于吸收外来文化，也是知识分子吸收新事物的重要表现。历代文学家善于吸收、改造民间文化并使之成为代表时代的经典文化，尤其在文学方面，诗、词、曲、小说等都取自民间文学并使之高度发展。知识分子历来是推动文化发展和时代前进的主要力量。

因此赛珍珠讥评古代文人“大部分时间都在读那些死的文学作品，试图能写成那个样子”，也是错误的。古代文人长年学习《诗经》、唐诗尤其是杜甫诗，《左传》《史记》和唐宋古文，不能讲是读“死的文学作品”，试图学写此类古诗文，也是时代的必然和文学发展的必然。“五四”新文化闯将讥斥“桐城妖孽”之类，提倡白话诗文时全盘否定文言诗文的观点，影响了赛珍珠。历史地看，不仅明清以前的文人苦读、学写古代诗文优秀之作从而保持民族的整体文艺素质是正确的，而且 20 世纪现代学校以反对死记硬背、厚今薄古为由，不引导青少年学生鉴赏和诵读唐宋古文、诗词，只强调学习数理化等实用学科，使青少年的文学修养、文化素质越来越差，所造成的弊端越来越明显。中国古代自孔子起即重视“不学诗，无以言”，又鼓励琴棋书画的业余爱好，则是有远见的教学方针。

赛珍珠又严厉批判文言而赞美白话：“小说在中国是普通人的奇特产品。小说是他们独有的财富。真正的小说语言是他们自己的语言，而不是经典的‘文理’，‘文理’是文学和文人的语言。‘文理’与人民语言的关系，颇象乔叟的古英语对今天的英国人那样，虽然相当具有讽刺意味的是，‘文理’也曾经是一种白话。但文人总是跟不上活的、变化的、人民的语言。他们固守一种古老的白话乃至把它变成经典，而人民的活的语言不断发展，把他们远远抛在后边。”[②]

这段言论对文言文及其历史性伟大成就与在当代的重要地位采取全盘

---

① 朱东润《陈子龙及其时代》指出：“清康熙帝曾经说起，思宗之后，常用文人担负方面大员，他们只会做几篇八股文章，怎样担负得起战争的重任？”“但是八股文的作家，不是没有人才的。”“明代有名的大臣，如于谦、王守仁、高珙、张居正，哪一个不是由八股出身？即以谙练军事、有才有守的重臣而论，如项忠、杨博、谭纶、朱燮元又哪一个不是由八股出身？”“熟谙八股的人士之中，同样也会有折冲御侮的人才。”接着又举思宗（按即崇祯）时代确可称为大将之才的四个文人：孙承宗、卢象、洪承畴、孙传庭，另有熊廷弼、袁崇焕这样的名将，亦皆通过八股文考试选拔出来的。（上海古籍出版社，1984 年，第 168 页。）

② ［美］赛珍珠：《中国小说——1938 年 12 月 12 日在瑞典学院诺贝尔奖授奖仪式上的演说》，《大地三部曲》，第 1087 页。

抹杀的态度,也是完全错误的。赛珍珠肯定白话和人民的语言,无可非议。但文言文并不是过去时代的白话即口头语言,而是古代的书面语言。我们从《史记·陈涉世家》中陈胜少年时代的朋友看到他做了大王的神气而感叹:"伙颐,涉之为王沉沉者!"一语和元杂剧中的一些说白和曲词,即可略知古代白话的风貌。同时,文言本身也在发展,而且至今仍有不朽的生命力,古体诗词创作的百年不断,白话文章因引用古语、成语和有时运用一些文言笔法,论说文因文白交融而显得典雅端庄和文采斐然,有时还有白话不可能拥有的气势和表现力。更有几位文化泰斗,如章士钊、陈寅恪、钱锺书和施蛰存等坚持用文言著书立说,其学术名著和经典如章之《柳文指要》,陈之《柳如是别传》,钱之《谈艺录》《管锥编》之文言,皆优美典雅,信为杰作。鲁迅的《中国小说史略》虽原是大学讲稿,也用文言写定、出版。白话固然应为20世纪之后中国文字的主流,而文言的生命力也永垂千古,其过去所取得的伟大成就则更不容否定或抹杀。

赛珍珠全盘否定中国传统的经典文化和经典语言,是与她全盘否定中国文人互为表里的。她认为:"文人作为一个阶级,长期以来都是中国人取笑的对象。文人常常在小说里出现,而且总是像实际生活中那样,全部长期读死的经典作品,因此小说把文人们写得都非常相象,人们也确实觉得他们相象。我们西方没有一个和中国文人相似的阶级——也许有些个人和他们相似。但在中国他们是一个阶级,就像人们看到的那样,他们是一个合成的形象:身材瘦小,脑门突出,两腮无肉,鼻子又扁又尖,双目黯然无神,戴着眼镜,一口卖弄学问的腔调,说些除了他们自己与别人毫不相干的规则,而且无限自负,既轻视普通人也轻视其他文人,他们穿着破旧的长衫,走路摇摇摆摆,一副傲慢神态。"①

赛珍珠关于中国古代文人的这个印象,是错误的,她可能是受到《红楼梦》《儒林外史》这样极个别小说的影响,更受到"五四"以后新文化阵营批判封建时代知识分子的影响。赛珍珠也可能看到旧戏中一些丑角,如京剧《借东风》《群英会》等戏中蒋干之类,便将古代文人描绘成小丑式的人物,在西方文坛作这种渲染,"搞臭"了中国古代文人的形象。实际上除《红楼梦》《儒林外史》少数小说外,古代小说戏曲的文人多为正面形象,无论是诸葛亮、包拯、海瑞一类将相、忠臣还是尚处于"私订终身后花园"艰难阶段的青年文人,多是可爱的、被歌颂的对象。事实是,在中国自20世纪五六十年

---

① [美]赛珍珠:《中国小说——1938年12月12日在瑞典学院诺贝尔奖授奖仪式上的演说》,《大地三部曲》,第1085页。

代开始的知识贬值、人才贬值，至今尚未彻底改变这个状况之前的两千年中国社会中，尊重知识、尊重人才一直是一个良好传统，尊敬文人也是民间的一贯传统，只有“八娼九儒十丐”的元代黑暗社会，曾是一个例外。纵观中国历史，社会栋梁、文化的优秀创造者和鲁迅先生所说的民族的“脊梁骨”大多是中国文人，即使科举考不中、经书未读通的下层知识分子也多是善良、有文化的系统地生产、传播知识的人，如汤显祖《牡丹亭》中的陈最良之类。以当代来说，诚如党国英先生所说：“也许近多少年来知识界道德堕落的人士确实多了起来，但我想这个比率增加也不会超过大众的平均水平，更不会超过某些权势集团的水平。”①古今的情况相似。中国是礼仪之邦，这首先体现在知识分子身上。古代知识分子在礼节方面的修养远高于当代，他们的平均生活水平和气质、修养都优于当时的一般平民，即使戏曲、小说中的知识分子，无论是张生、柳梦梅还是《三国演义》中的策士、《水浒传》中的吴用、《儿女英雄传》中的安学海和安骥父子都不是尖嘴猴腮的穷酸模样，而皆气势轩昂、风度翩翩。

赛珍珠的错误形象来自个别小说，她对中国旧知识分子的偏见并在西方作此渲染，是令人十分遗憾的。

除了上述总体认识的错误外，赛珍珠的有些具体观点也有偏差或错误。在论及唐代传奇时，她说：“这些爱情故事大部分不是写以婚姻为结局或包含在婚姻中的爱情，而是写婚姻之外的爱情。这并不令人惊奇，实际上，值得注意的是，每当以婚姻为主题时，故事几乎总是悲剧的结局。两个著名的故事《裴丽诗》和《教坊记》，写的完全是超出婚姻的爱情，显然是为了说明名妓更好。她们读书识字，能写会唱，聪明漂亮，超出了通常的妻子。对于通常的妻子，甚至今天的中国人还说她们是‘黄脸婆’，而且一般都是文盲。”②

由于古代统治阶级鼓吹“女子无才便是德”的观念，的确存在这种情况：官绅和有钱人家的小姐有不少是文盲，父母不准她们读书受教育，但也不乏才女，能诗词，善棋画，懂音乐，如卓文君、蔡文姬，直至明清的叶小纨和陈端生等，夫妇恩爱的也很多，小说中描写的仅中国古代知识分子婚姻生活的一个方面。另外，古代文人与名妓产生爱情，其原因固然有喜新厌旧的一面，也有因包办婚姻造成的后果。婚姻配偶由父母、媒妁所决定，往往不为自己

---

① 党国英：《道德批评的边界》，《书评周刊》，2000 年 5 月 9 日。

② ［美］赛珍珠：《中国小说——1938 年 12 月 12 日在瑞典学院诺贝尔奖授奖仪式上的演说》，《大地三部曲》，第 1095 页。

所爱，也常无共同的语言和爱好，封建家庭以“娶妻娶德，娶妾娶色”为原则，以娶妾和嫖妓作为婚姻不谐的“补偿”，同时又因交通不便，在远离家庭时以嫖妓作为两地分居的“补偿”，于是有机会结识才艺双绝的妓女，也有人在一定程度上与她们结为知音。其间的原因错综复杂，并非单因发妻是没有文化、没有姿色的“黄脸婆”而发生背离或超越婚姻的爱情。古代小说、戏曲更有歌颂书生与妓女因真挚爱情而成婚的，如唐代白行简《李娃传》等，所以赛珍珠说“这些爱情故事大部分”而不说“全部”，是很对的。

关于元稹首创的张生崔莺莺相恋的题材，赛珍珠批评《会真记》所宣扬的错误观点，又清晰理出这个题材的发展线索：“宋朝时它曾由赵令畤以诗（按应为‘词’）的形式重写，题名《商调蝶恋花》，后在元（应为金）朝董解元又写成可唱的戏剧（应为说唱艺术），题名《西厢记诸宫调》。明朝时将两个版本合并在一起，出现了李日华的《南西厢记》，以南词（应为‘南曲’）的形式写成。最后，也是最著名的，就是《西厢记》。”①她认为《西厢记》最晚出现，所以又曾说：“在这个故事的最后版本里，作者让张生和莺莺成为夫妻，并在结尾时写道：‘愿普天下有情人终成眷属。’”她又计算这个版本据《会真记》是“五百年以后，中国平民心里的伤感又涌现出来，将这个受到阻挠的爱情故事恢复正常”。“在中国，随着时间的推移，等到一个幸福的结局，五百年并不太长。”②一再强调“五百”之数。自盛唐时元稹创作《会真记》至金末元初董解元《西厢记诸宫调》和王实甫《西厢记》杂剧，其间确约过了五百年。但赛珍珠误将王实甫《西厢记》误排在晚明李日华《南西厢》之后，定为“最后”的《西厢记》，显然是误将刻印于清初顺治年间的金圣叹评批的《西厢记》看做是王实甫《西厢记》问世的年代。金批《西厢记》的确是“最著名”的《西厢记》，“在这个故事的最后版本里”，的确也让张崔结成夫妇，并在结尾用上王实甫《西厢记》“终成眷属”这个名句，但赛珍珠在这里显然将王实甫《西厢记》和金圣叹《西厢记》混而为一。当然，在艺术价值和思想价值的评判方面，赛珍珠的观点并没有错，与鲁迅、郭沫若等同时代的进步研究家的观点很一致，她也可能看到过他们的研究成果。

赛珍珠又批评中国小说“在素材方面事实和虚构杂乱不分，在方法上夸张的描述和现实主义交混在一起，因此一种不可能出现的魔幻或梦想的事

① ［美］赛珍珠：《中国小说——1938 年 12 月 12 日在瑞典学院诺贝尔奖授奖仪式上的演说》，《大地三部曲》，第 1096 页。

② 同①。

件可以被描写得活龙活现,迫使人们不顾一切理性去对它相信”。①

这是赛珍珠以西方的科学主义立场对中国小说的错误批评。因为她只信现代西方科学,不了解中国和东方的神秘文化,不信和否定神秘文化,造成了她的认识的局限。

中国古代将“不可能出现的魔幻或梦想的事件被描写得活龙活现”的文学作品不仅有小说,也有戏曲和诗歌。其中有三种情况:第一种是受佛教文化影响,将阴间、地狱、天堂和鬼魂、异梦等内容引入作品,极大地开拓了艺术想象力,如《牡丹亭》《红楼梦》《聊斋志异》等文学经典也多有此类描写。第二种是将现实中的事实作夸张的艺术描写,如《封神演义》中的众多斗法宝的情节。第三种是如实描写奇人异事。中国小说自六朝志怪、唐宋传奇到明清长短篇小说已形成一个有特色的传统。赛珍珠认为此类描写是“不可能出现的”事件,实乃少见多怪。限于篇幅,笔者仅举两例。

唐代皇甫氏《源化记·嘉兴绳技》描写一个囚犯将一条长绳的一头抛向空中,一直没入云中,他从地上的一头缘绳爬上去,在众目睽睽之下逃走。《聊斋志异》卷一《偷桃》也描写街头艺人将长绳抛向数十丈的空中,渺入云中,令其子“持索,盘旋而上,手移足随,如蛛趁丝,渐入云霄,不可复见。”蒲松龄强调此为他童年时与友人亲见。现代中国作家金庸在评述晚清海上画派名家任渭长《三十三剑客图》中据皇甫氏《嘉兴绳技》而画的《绳技》图时指出:

> 这种绳技据说在印度尚有人会,言者凿凿。但英国人统治印度期间,曾出重赏征求,却也无人应征。
>
> 笔者曾向印度朋友 Sam Sekon 先生请教此事。他肯定的说:“印度有人会这技术。这是群众催眠术,是一门十分危险的魔术。如果观众之中有人精神力量极强,不受催眠,施术者自己往往会有生命危险。”②

另如《水浒传》描写神行太保戴宗能日行八百里。明代褚人获《坚瓠集》也记叙成化年间山东临清的张生能日行五百里。钱谦益于明末写的一首长诗描写他所见闻的一位奇人玉川子的奇事。这首诗的题目奇长:

> 玉川子歌·题玉川子画像。玉川子,江阴顾大愚,道民也。深

---

① [美]赛珍珠:《中国小说——1938 年 12 月 12 日在瑞典学院诺贝尔奖授奖仪式上的演说》,《大地三部曲》,第 1093 页。

② 金庸:《金庸作品集》(27),三联书店,1994 年,第 720 页。

目戟髯，其状如羽人剑客。遇道人授神行法，一日夜行八百里。居杨舍市，去江阴六十里。人试之，与奔马并驰，玉川先至约十里许。任侠，喜施舍，好奇服。所至，儿童聚观。亦异人也。①

因此中国古代小说中被描写得活龙活现的魔幻和梦想的事件并不全是不可能出现的，也并没有“迫使人们不顾一切理性去对它相信”。而且“在素材方面事实和虚构杂乱不分，在方法上夸张的描述和现实主义交混在一起”，不应是受到批评的创作方法，赛珍珠的这个错误批评是因为她作为西方作家囿于近代西方文坛尊崇科学、排斥超现实、超自然手法的成见。因此除认识局限外，还有时代局限。赛珍珠的获奖演说发表于1938年12月，2年之后，俄苏作家米哈依尔·阿法纳西耶维奇·布尔加科夫(1891—1940)在临终前完成其惨淡经营14年之久的长篇小说《大师和马格丽特》，这部小说和不少中国古代小说一样，正像赛珍珠所指责的，将事实和虚构密切结合，夸张的描述和现实主义交混不分，将魔幻和梦想的事件描写得活龙活现，例如巨大的公猫大摇大摆地漫步在莫斯科街头上，以外国魔法教授形象现身的撒旦的特异功能的多种表现和呼风唤雨、以气功感应小说的艺术水平高低，马格丽特赤身飞行，等等。这部小说的曲折情节和对现实的有力批判，全赖特异功能描写为支撑，从而被研究家誉为魔幻现实主义的开山之作和20世纪世界文学的经典著作之一。接着，在20世纪40年代，拉美魔幻现实主义小说迅速崛起，驰骋文坛50年，对西方文坛造成极大的冲击。乌斯拉尔·彼特里强调魔幻现实主义的基本特征是神秘，阿莱霍·卡彭铁尔则称之为“神奇事实”，并在《这个世界的王国》序言中指出：“神奇乃是现实突变的必然产物(奇迹)，是对现实的特殊表现，是对丰富的现实进行非凡的，别具匠心的揭示，是对现实状态和规模的夸大。在拉美魔幻现实主义小说中，作者经常穿插印第安人古老的神话、民间传说和神魔鬼怪故事，将这些神话传说与现实生活巧妙结合；打破生和死、人和鬼的界限，把现实与非现实的事物错综地交织在一起。其中阿斯图里亚斯《总统先生》和加西亚·马尔克斯《百年孤独》等作品先后荣获诺贝尔文学奖，被公认为20世纪世界文学的典范之作。《百年孤独》描写多种神通，预知、飞行、眼光使椅子打转等，以及其他神异现象。同样在这个颁奖仪式上，马尔克斯《在接受诺贝尔奖时的讲话》中郑重声明：“在我写作的任何一本书里，没有一次描述是缺乏现实根据的。”并反复强调：“我的所有小说，没有一行文字是不以真事为基

① 钱谦益：《牧斋初学集》，上海古籍出版社，1985年，第114－115页。

础的。"这种观点与30年前赛珍珠在同一个颁奖的讲台上发表的观点正好针锋相对,而马尔克斯的观点得到极大的反响,并成为西方文学创作的一股强大潮流,即以最近几年的事实来看:

1994年获诺贝尔文学奖的日本大江健三郎于1999年推出获奖之后的重要新作《空翻》,这部长篇小说的"主角是两个中年人,其中师傅具有遥感、预测等神秘功能,向导则以语言解释师傅的特异功能,两人共创了一个新兴宗教团体"。①

1998年获诺贝尔文学奖的葡萄牙若泽·萨拉马戈的长篇小说《修道院纪事》的主角也是一个特异功能者。

1999年获诺贝尔文学奖的德国君特·格拉斯的长篇小说"但泽三部曲",其第一部《铁皮鼓》于40年前问世,其主人公即是有能喊破玻璃的特异功能的小孩。

此外多年来被提名争取获诺贝尔奖的捷克作家米兰·昆德拉在《笑忘录》(又译《笑与忘却之书》)中描写人群集体升空的特异情节;英国作家西蒙·拉什迪在《撒旦诗篇》中从爆炸的飞机中落下的主角,安然无恙下落到海滩的神异事迹。《文汇读书周报》1999年10月2日又报道:"因《撒旦诗篇》而险招杀身之祸的英国作家西蒙·拉什迪最近推出新小说《她脚下的大地》。小说以一场惊天动地的摇滚音乐会开场,女主人公维娜因脚下大地突然开裂而进入另一个同真实世界平行的超现实世界。全书以魔幻现实主义手法描写了关于爱情、死亡、地震、摇滚音乐等事物,是一部多层次、跨文化、纵横寰宇的大气磅礴之作。小说问世后引起国际文坛瞩目。"

英国著名小说家兼研究家、伯明翰大学教授戴维·洛奇在其名著《小说的艺术》(中译本由作家出版社于1998年出版)还介绍到安吉拉·卡特《马戏团之夜》、杰内·温森特《性樱桃》等多种西方名著的神异描写②,但戴维·洛奇的观点与半个多世纪前赛珍珠的看法一样:"在魔幻现实主义中,现实与幻想之间总是紧密相连。作家用不可能发生的事实来比喻现代历史中那些极端的奇情怪事。在超现实主义作品中,比喻变成了现实,把理智世界与常识一笔勾销。"③戴维·洛奇与赛珍珠一样,是现实主义作家,他们对拉美和西方魔幻现实主义文学,或不了解,或未深入理解。既称魔幻现实主义文学,那么创作者是将他们所写的魔幻内容作为真实事件(即使有夸张成分)来表现

---

① 《文学报》,1999年7月8日。

② [英]戴维·洛奇:《小说的艺术》,王峻岩,等译,作家出版社,1998年,第127-128页。

③ 同②,第193页。

的。否则便不能用“现实主义”这个名称。西方文学(拉美文学也属西方文化体系)中的魔幻现实主义兴起于20世纪三四十年代,而中国则古已有之,20世纪研究家称为浪漫主义,我则称之为“神秘现实主义”①,并特撰《神秘与浪漫——文学名著中的气功与特异功能》和《真实与虚幻——文学名著中的梦异描写》(“文学名著比较研究丛书”的前两部),梳理和述评中外古今文学名著中神秘现实主义文学的内容,有兴趣的学者和读者可以参看,并敬请指正。

赛珍珠非常热爱中国文化并努力从中汲取养料,其对中国传统文化与文学包括神秘文化和中国古代文人的误读误解,皆是“五四”将传统文化和文学作“妖魔化”的评价与处理之不良影响造成的②,责任全不在她。对待“五四”新文化运动,我们应继承其传统,发扬其精神,而克服其弊病。21世纪的中国人应更好地继承中国传统文化并在此基础上作出新的文化创造。

(本文原载于《镇江师专学报(社会科学版)》,2000年第4期)

① 周锡山:《神秘与浪漫——文学名著中的气功与特异功能》,百花洲文艺出版社,1999年。

② 中国社科院文学研究所所长杨义“在研究新文学与中国古典文学的过程中,有时感到新文学在其发展的过程中是否也有退化的因素”。他进而正确指出:虽然“‘五四’对中国传统文化与文学的反思,使我们进入了一个新的时期,但是‘五四’对中国传统文学作了‘妖魔化’的评价与处理,以十分偏激绝对的态度看待我们祖宗的东西。”(杨剑龙《中国现代文学研究会第八届理事会学术讨论述要》,《文学报》,2000年6月15日)

“士”的人格理想和儒家文化心态

——试析赛珍珠的中国传统文化观

董晨鹏 刘 龙 ····

一

中国的传统文化是由三根支柱支撑的:儒家经典学说、科举取士制度和封建宗法的伦理政治关系。对儒家经典学说的尊崇、对科举取士制度的赞赏和对中国古代宗法伦理政治关系的钦羡铸造形成了赛珍珠的中国传统文化观,在她身上烙下了中国“士”的深深印痕。

一个从襁褓中被带到中国并接受中国传统教育的人,是无法拒绝中华民族文化在其心理上的积淀的。赛珍珠在她的自传《我的中国世界》一书里这样写道:“在我们山里,甚至镇江城里,是不需要警察的。每一家庭的每一成员都循规蹈矩。若有人犯了法,族长就会坐在议事堂内,决定给他们什么样的惩罚,有时还会有死罪。教育孩子如何行事,关系到一家的声望。尽管大人对七、八岁以前的孩子极其宽容,但八岁以后,孩子们都要学会尊重由孔夫子一条条列出的为人处事的准则。”①这种为人处事的准则,赛珍珠深有所感:“小时候,大人一再告诫我们:长辈不坐下我们不能先坐,长辈动筷后,我们才能吃,长辈不端茶碗我们就不能先喝。……我们感受到受压制了吗?没有,想都没有这样想过。”②赛珍珠这种“君君、臣臣、父父、子子”的中

① [美]赛珍珠:《我的中国世界》,第12-13页。

② 同①,第14页。

国传统文化观在瑞典学院颁奖文献中就被作了肯定而突出的说明。

另一方面，赛珍珠对中国的科举取士制度也是持赞赏态度的。她认为“英国的公务员考试，是参考了中国的第试而制定的，而美国的公务员制度又是建立在英国公务员制度之上的”。①

当然，对科举取士制度的赞赏和对中国古代宗法伦理政治关系的钦羡，只是判断一个人是否具备中国传统文化尤其是封建文化观的表征之一，而衡量的真正标准还在于一个人是否对儒家经典学说的尊崇，是否以儒家思想来调整自己的行为规范。

就赛珍珠本人而言，她对什么是中国的封建主义和什么是中国的传统文化，有着相当清晰的认识。

对中国传统文化的认识，在赛珍珠身上具体体现在三个方面：

首先，是对中国封建社会超稳定结构背后的文化本质的认识。赛珍珠认为：“尽管孔夫子是个哲学家，不是牧师，但实际上正是他为中国社会、为他的子孙创立了一整套与宗教、与道德作用相同的伦理纲常。恐怕还要经过相当长的时间，中国人才会重新认识孔夫子这个最伟大的人物对中华民族的贡献有多大。”②

其次，是对积淀深厚的中华民族文化潜能的把握。赛珍珠认为中国人的社会，是一个古老而稳定的社会。她认为，尽管对她这样一个洋生土长的人来说，中国是个贫穷落后、文盲充斥的国家，但中国以拥有悠久的历史和广阔而深邃的智慧而显得美丽。“对我来说，中国人似乎一生下来就具有一种世代相传的智慧，一种天生的哲学观，他们大智若愚，……即使跟一个目不识丁的农民谈话，你也会听到既精辟又幽默的哲理。”“或许哲学只能为一个拥有数千年历史的民族所拥有。”③

再次，是对中国古典美的感悟，赛珍珠认为：中国的美，不在事物的表面。“这个古老的国家，几个世纪以来，一直缄默不语，无精打彩，从不在乎其他的国家对它的看法，但正在这儿，我发现了世上罕见的美。”“她的美是那些体现了最崇高的思想，体现了历代贵族的艺术追求的古董、古迹……”。④

当然，对一种文化传统具有清晰的认识，并不能说明就一定具有此种文

① [美]赛珍珠：《我的中国世界》，第15页。

② 同①，第196页。

③ 同①，第272页。

④ 同①，第187页。

化观,关键在于是否以此种文化观作为自己的思想模式。赛珍珠恰恰是中国式的。因为她如果不把中国的一切作为参照系,她便不能思维,她这样写道:“在那些历史悠久的国家里,人性与人际关系是人们最关心的问题。对于我的中国朋友来说,了解别人在想什么重于一切,因为如果你不清楚别人在想什么,你就无法与其建立起友谊,甚至也无法在共同利益上合作共事。在我的美国邻居、熟人以及那些和我有点头之交的人的中间,我也同样恪守这一处事之道。”①

二

从“士”的伦理道德化的人格出发,赛珍珠超越了个人和民族的狭隘立场,把目光投向了“民生”。她崇尚一种超历史的伦理主义,追求一种素朴的、原始的人际和谐,视道德人格为人生的最高目标。她无法忍受现实中所产生的“非道德”的现象。理想的主观价值原则与不可能实现的客观环境的尖锐冲突,又使赛珍珠多少产生了一种“士不遇”的心理,在她的灵魂上染上了几许忧患的色彩。而具有一个儒家的道德化的忧患意识,正是一个典型的中国知识分子所具有的文化心态。

在中国历史上,被称为“士”的知识分子,一直是文化的自觉创造者和敏感承受者,文化塑造与自我塑造在他们的身上体现出一种高度的同一性。从孔子开始,就强调“士志于道”,强调把学术当作天下公器视为至高无上的理想主义精神,而不为物欲和权势所扭曲。在“士”的规范上,则强调首先是“道”的得失而不是个人的利益,也即“道尊于势”。

赛珍珠自己认定的“道”是怎样的呢?她认为,应该“尽我们所能,去创造一个合理欢乐的世界”,人们之间应该“没有种族偏见、信仰偏见、国籍偏见”,“维系自己的盟友,不是靠武力和政府间施加压力,而是靠共同利益和友谊”。② 对一个政府而言,这个政府的存在只是“为了使人民生活得更好”,“政府若是对它的人民不公,就应该让它灭亡。”③

但很显然,她早先从孔先生那里接受的“普天下人是一家”的观点,在现实中遭遇了破灭。杰姆斯·汤姆森评价说:“赛珍珠留恋中国农民在孔子帝国兴盛年代里的安宁与平静的生活,但从她主要描写丑恶与不公平的一些

---

① [美]赛珍珠:《我的中国世界》,第420页。

② 同①,第466-467页。

③ 同①,第278页。

既生动又朴素的作品中可以看出,她已经意识到这样的年代不仅少有,且已一去不复返了。"①于是伴随而来的是一种忧患意识。"我带着这种忧患回到了自己的国家,我的忧患意识没有像花儿一样盛开,而是像一层层紧裹的花蕾留在了我的心灵深处。"②

从某种意义上讲,忧患意识正是一种"士"的文化心态。儒家的入世精神要求"士"自强不息,"兼济天下",更要求"士"应该"经夫妇、成孝敬、厚人伦、美教化、移风俗。"(《诗·大序》)这一切都要求儒士必须把历史的评判原则置于审美的评判原则之上。赛珍珠在《我的中国世界》中写道:她虽然对李白承皇恩,日日醉意朦胧的逍遥生活表示钦羡,但她对现实生活中喝得烂醉如泥的人是绝不会喜欢的。她写道:"我从来不会对一个失去自控能力的人感到毫不在乎。我只感到可怕、厌恶。我想,这也是由于在中国孔先生向我灌输过传统的儒家思想的缘故,那君子应怒不失态,醉不忘形"。③ 无疑,赛珍珠的文化心态是儒家的,因此,她对现实社会的关注始终是放在第一位的:"每当我看到邪恶和残酷的事情发生时,我就要全力打抱不平,帮助弱者,这成了我终生的行为准则。"④

三

赛珍珠漫游并考察过东、西方许多国家,视野开阔,在文化观念上有一种超越性,具体体现在三个方面:一是对别的民族、国家的文化持一种平等尊重的态度;二是对本民族和本国的文化在肯定的同时又持有一种自我反省和自我批判的精神,反对文学民族主义;三是在文化交流上,她确立了一条非常值得我们重视的路径——主张关注实际上正是多元共存的文化现状,以和平的方式进行多种文化的交流,反对暴力,反对一种文化传统对另一种文化传统的分割和颠覆。

查尔斯·W·海福德在《〈大地〉·革命和美国在华特殊阶层》一文中评价说:"归根结底,赛珍珠……抵制了(或者说不理会)那种根深蒂固的把中国传统文化与封建主义等量齐观的种族主义简单化做法,因此理应受到人们高度的尊敬。"

---

① 刘龙:《赛珍珠研究》,第406页。

② [美]赛珍珠:《我的中国世界》,第94页。

③ 同②,第305页。

④ 同②,第74页。

海福德的话至少告诉我们,从本质上讲,赛珍珠持有的是一种以中国传统文化为中心的世界观。然而,客观上她并不是炎黄子孙,因此,当她把她的文化之根重新植入美国这片土地时,虽然她能感受到美国文化的活力,但她无论如何也不会认为西方文化会比中国传统文化优越。正是这种文化心态,当我们从一个外国人的角度去分析赛珍珠时,我们会发现,她对其他民族和国家的文化,尤其是东方的文化持有的是一种尊重甚至赞赏的态度。换个角度来看她的这种态度,又使我们看到赛珍珠在文化上具有自我批判精神。这二者的结合,又奠定了赛珍珠在东西方文化交流上的"桥"的地位。

首先,我们来分析一下赛珍珠对待东方文化的态度。赛珍珠受其父母思想的影响,认为"中国人在各个方面和我们是平等的,包括哲学和宗教在内的中国文明值得我们尊重。""在亚洲,人类文明很早之前就在哲学思想和宗教教义方面登峰造极。"①她强调,"中国的文化比任何一个欧洲国家都更渊远流长",中国"是世界上最古老、最文明的国家。"②赛珍珠断言:"即使在那时,我也能看出,中国将来注定要成为举足轻重的国家的。中国一向是文化的发源地,只有印度可以与它媲美,尽管印度与中国全然不同。"③

其次,赛珍珠能清醒地站在第三者的角度对西方文化进行反思和批判。在谈到美国文化时,赛珍珠说,"如果说我还时常想念中国的话,那是因为我在这里找不到一点哲学。我们的民族有自己的教义和思想,也不乏偏见和信条,只是没有哲学。或许,哲学只能为一个拥有数千年历史的民族所拥有。"④"的确,中国人由于其悠久的历史而培养出了他们的自然主义哲学,而我们美国民族也正朝这个目标奋进。"⑤

再次,赛珍珠根据自己的经验,为我们开辟了一条进行对话和交流的路径。赛珍珠认为,互相体谅尊重,还要有耐心,相信人人各有其行事的道理和待人的技巧。赛珍珠相信,如果不同国家、不同种族的人能互相理解,那么,一切令人不快的事情都是可以避免的。

通过上面的分析,我们可以看出,"士"的人格理想和儒家文化心态在赛珍珠身上的具体体现。若干年前,由于中国作家从未得过诺贝尔文学奖,因此赛珍珠的获奖便成了我们中国某些人感情上的一个痛处,对赛珍珠的评价有失公允。一个美国人运用典型的中国思维方式,使用中国式的小说技

---

① [美]赛珍珠:《我的中国世界》,第 70 页。
② 同①,第 115 页。
③ 同①,第 120 页。
④ 同①,第 272 页。
⑤ 同①,第 355 页。

巧,却写出了畅销的获奖作品,这同样成了一些美国人感情上的痛处。由于这种疼痛的刺激,时至今日,一些所谓权威的美国文学史仍然不愿或不敢提及曾影响几代人的"中国通"——赛珍珠及其拥有数百万读者群的《大地》三部曲,不愿或不敢去正确评价她和她的作品。

早在1953年,在写《我的中国世界》一书时,赛珍珠就给自己的定位作了精确的描述。她的话虽然是针对传教士的布道而言的,但从文化的角度来看,她的话仍然是准确无误的:"由于我知道白人在亚洲的行径,所以我不能容忍任何人的布道。即使今天,在我自己的国家,我也决不会走进一些教堂去听白人布道,因为我知道,如果有个黑人来到这个教堂,他很可能找不到座位以便坐下听上帝如何热爱全人类。这样的教堂里也没有我的座位,这是因为我长在中国:我身处中国却非其一员,身为美国人却依然不是它的一员。"①

从这个意义上讲,是不是不应该由美国文学史,而是应该由中国文学史来对赛珍珠作出评述,才更为妥当些呢?

(本文原载于《镇江师专学报(社会科学版)》,1998年第2期)

① [美]赛珍珠:《我的中国世界》,第50-51页。

论赛珍珠的宗教观

徐清

作为传教士的女儿和妻子，她本人又曾具有传教士身份，赛珍珠与基督教的关系密不可分。基督教文化是她孩提时代树立价值观的源泉，其潜移默化的影响必然溶化在她的血液里。作为在双重世界中成长起来的人，她自幼又浸淫在中国传统文化氛围中，一边跟随家庭教师孔先生学习儒教经典，从古典文学研读中领受中国古代至圣先师的思想和渗透释道精神的美感，一边聆听着保姆王妈的佛教故事、道教传说，又在下层民众生活中亲身感受到了民间宗教的绵延不绝。多元的宗教价值观在赛珍珠的思想观念体系中并存，这使她对宗教信仰采取了宽容态度。她认为佛教与基督教有相通之处，把孔子比作在天的上帝，把圣母玛丽亚看做观音菩萨的妹妹；她从不惮于揭露福音派的荒唐、迷信、文化上的无知和行动上的残酷，与长老会、教会针锋相对，终至决裂。从某种角度讲，探析赛珍珠的宗教观是打开其心灵之锁的钥匙，从宗教这一颇为敏感的问题上能够更加清晰地映照出赛珍珠为跨文化沟通提供的启示。

宗教心理学表明，家庭和父母的宗教态度及行为对于树立个人的宗教信念起着头等重要的作用。赛珍珠成长经历中的第一块精神园地便是父母的美国人长老会世界，长老会是基督教最保守的教派之一。父亲信仰虔诚，甚至对极端宗教信条也严格遵循和恪守，毫不妥协地维护《圣经》启示的绝对神圣性与权威性。母亲苛守着一个传教士妻子的职责，终生盼望着上帝能够显灵。赛珍珠深深体会父亲的信仰带给家庭的无尽苦难和母亲日甚一日的幻灭感，内心埋下了一颗反抗的种子。尽管如此，在与布克订婚后不久，赛珍珠仍向长老会海外传教协会申请一个传教士妻子的任命。这说明，

25 年的宗教训练使她已经形成了一种习惯性的信仰，与日俱增的内心怀疑也无法将其迅速打破。另外，赛珍珠对父母尤其是母亲的忠诚，也要求她继续尊重这种信仰，因为他们靠它过了一生。

赛珍珠的早期作品《东风·西风》中弥漫着教中国人如何生活的传教士口吻。她的中篇小说《天使》则塑造了一个被中国人的恶习气得自杀的女传教士巴莉的形象。小说把中国民众的恶习比作滔滔长江水无法遏止，把与之作斗争比喻成一场恶战，这并非只是巴莉面对中国更夫的感受，而且也是赛珍珠心灵世界的真实写照。巴莉在留给姐姐的信中说，她要设法对于这些她为他们耗去一生的人们在心中表示一种爱感，但恐怕他们懒惰成性，无可挽救；也许，他们的身体虽然不洗，脑筋和手虽然不用，但是他们的灵魂仍然可以得救。这些话里那种拯救异教徒的傲慢姿态清晰可辨。

赛珍珠生活在中国的困难时期。军阀混战，天灾人祸，民不聊生。基督教一开始曾挟西方经济之势席卷半个中国，但终究不能在中国人心灵深处扎根。陈独秀于 1907 年在《答列经扶》中说，"宗教的价值在其对社会福祉的直接贡献"，比如是否能使人们拥有改革社会的勇气，是否使社会进步、科学昌明等。首先，在当时，基督教并不能比佛教、道教更应验地解决百姓的需要，实用的信仰没有得到实际回报就不会再维持。其次，基督教也不符合当时的科学观念，对于文化人来说：信仰如果触犯了理性，便不能继续恪守。胡适甚至认为卫理公会教长说教"大似我国村媪说地狱事"。这种看法极具有代表性。再次，作为西方宗教，基督教还受到民族主义者的抵抗。传教士总是持高人一等的保护者姿态，而"非我族类，其心必异"的感觉常常出现在中国人心头。尤其在 20 世纪 20 年代，第一次世界大战之后，天朝大国意识潜藏在民族自尊自强的口号下，成了一些人抵制基督教的一个充分理由。然而，"耶稣基督是骑在炮弹上飞过来的"（蒋梦麟语），此言并非毫无道理。而且，不可否认的是，西方传教工作的一个重要目的是使中国变得更像西方，西方人将技术援助作为意识形态输入的外包装，企图控制中国。他们不但不认为自己是入侵者，更不去适应中华民族的种族特点。正如胡美在 1925 年 1 月给设在纽黑文的"耶鲁中国计划"的理事会的信中所说："如果外国学校或一个外国人不能像嫁接的枝条那样与活树的有机体融为一体，就会死去。"①即使在国力衰微的时候，中国人也意识到，以外国的条件接受外国的意识形态只能是一种屈服。

置身于这样的氛围中，赛珍珠不得不重新思考基督教进入中国及在华

---

① [美]乔纳森·斯潘塞：《改变中国》，曹德骏，等译，三联书店，1990 年，第 176 页。

传教士的种种问题。她在狭窄的传教士圈子里生活,对他们的种种卑劣品性了解得十分真切,很早就缺乏对他们的认同感。她总是拼命逃避,常常跑到那些通称为异教徒的、比较和善的农民和街路上的人们中去。赛珍珠在《奋斗的天使》一书中指出,父亲那样的传教士之所以幸福,是因为“他们心里空荡荡,脑中黑漆漆”。1932 年 11 月 2 日,应一群长老会女教徒之约,赛珍珠在纽约的阿斯塔饭店发表长篇演说,立场鲜明地提出了海外传教活动没有必要的主张,并用“心胸狭隘、缺乏同情心、傲慢无礼、愚昧无知”来形容典型的传教士。她这样揭露福音派:“我见过教会里很有名望的正统传教士——这种措辞太糟糕——他们对本可拯救的灵魂毫不怜悯;对外族的文明一概鄙夷不屑;相互之间刻薄尖酸;在感情细腻、文质彬彬的民族面前显得粗俗愚钝。凡此种种,无不让我的心羞愧得流血。”①1932 年 10 月,一本断然否定传教事业的书《重新审视海外传教活动》在美国出版,引起轩然大波。书中有份长达 300 页的报告,综述“非神职人员对国外传教活动的调查”,这个调查由基督教 7 个教派联合发起,由哈佛大学教授欧内斯特·霍金担任主席。报告不厌其烦地列举传教的失败,赞颂“不拘门户之见”的宗教抱负,主张“各种信仰都含有宗教真理”,这大大激怒了原教旨主义者。赛珍珠于 1932 年 11 月在进步刊物《基督教世纪》上发表了一篇很长的评论,声援霍金。1933 年 5 月,赛珍珠又在《世界主义者》上发表了《复活节,1933》,把基督比作菩萨,声称历史上基督是否实有其人并不重要;否认教条的必要性,认为基督教真理是“由凡人的最高理想提炼而来的”。赛珍珠的直言不讳引起了教会的愤然反应。以费城的威斯敏斯特神学院教授 J·格雷沙姆·梅琴为首的原教旨主义者强烈要求当众谴责赛珍珠并解除其职务。赛珍珠立即提出辞呈,教会随即免除了她的教职。

赛珍珠说:“我从来不是传教士,虽然有时我作为一个青年妇女而在教会学校和中国的国立大学中任教。……即使在精神上我也不是传教士。”②赛珍珠要离异的是教会和传教士,而不是基督教本身。她极为推崇基督的博爱之心,认为父母及其他许多教会人士在带给中国伤害的同时也给中国带来了科学、现代医学和教育,便是由于他们受了基督爱心的鼓舞与驱使。她笃信基督教的力量,在《大地》三部曲之《分家》中,借玛丽的父亲之口向王源解释每天饭前的祷告仪式,并说:“这仪式本身并不重要,然而它是我们生活赖以生存的最崇高事物的象征——我们对上帝的信仰。你还记得你说

① [美]彼得·康:《赛珍珠传》,第 168 页。

② [美]赛珍珠:《最后的倾诉》,《当代外国文学》,1996 年第 3 期。

过我们的繁荣和强大吗？我相信这是我们宗教的果实。”然而，教会和传教士却有违于基督教的核心价值观——个人的灵魂与上帝认同，阻碍甚至排斥探索真善美的个人直接面对《圣经》。赛珍珠很清楚，“在上帝面前人人平等”这一宗教命题的世俗意义在于：任何自由都是有限度的，但探索真理的自由没有；任何平等都是相对的，但在探索真理的过程中人人平等。这与她的双重文化背景所造就的思想观念达到了惊人的一致。她说自己的脑海里形成了两个焦点，“我在早年就认为，在人世间，根本就没有绝对真理，有的只是人们眼中的真理，真理也许是，事实上也就是个多变的万花筒。”①《分家》中，虔诚地信奉基督教的玛丽父母善意地开导王源，带他去教堂，希望他能够信教，并且回国后现身说法。玛丽为此感到窘迫，这个熟谙中国文化、连汉代晁错的《论贵粟疏》都能背诵的美国姑娘把赛珍珠的心声表达得淋漓尽致。她坚决反对王源被基督教改造，被她父母用异国的东西强加于身。“我要进行斗争，使你不做这种信仰的俘虏，因为对你来说它们是不真实的……你和我——我们必须有自己赖以生存和死亡的信仰！”

在宗教教育方面，赛珍珠曾这样说过：“真幸运，我同时受到基督教和儒教两种思想的影响。但这样的教育不可能使我仅仅成为一个纯基督徒或纯儒教徒。实际上我的信仰是多重的，无论是基督教、佛教还是儒家对我都有影响。”②赛珍珠很小的时候，便“从《旧约》中读到上帝是怎样的：‘因为我——你的上帝——乃是很会妒忌的，如果祖宗犯了罪，我要把灾难降在子孙的身上，直到第三代第四代——’”当她站在“山脚边的一座大寺院的阴影中，热情地望着一位安详地站在布满尘埃的壁龛中的慈祥女神的和善可亲的面孔”时，她便在自己心中顽梗地说道：“我选取你——我选取你——你的样子很和善。”③在赛珍珠幼小的心灵中，《圣经》里的上帝过于严酷，远不如庙里供着的观音菩萨那样地大慈大悲。趋“善”避“恶”是孩子本真的追求，这也许是赛珍珠生命中的第一次抉择，尽管无意识的成分很大。赛珍珠跟随家庭教师孔先生学习儒教经典，对孔子为中国社会和子孙后代创立的一整套伦理纲常表示赞同。与西方文化中不同的宗教信仰之间要么互不相容、要么互相竞争迥异的是，中国文化中儒、释、道的交融形成了一种宽大的胸怀，各派宗教盘根错节地结合在一起并且互相合作。人们常说，中国人只要愿意，可以同时信奉几种宗教。一个人头戴儒冠（在国事典礼上），身着道

① ［美］赛珍珠：《我的中国世界》，第 51 页。

② T. F. Harris. *Pearl S. Buck: A Biography*. Eyre Methuenltd, 1972: 257.

③ ［美］赛珍珠：《忠告尚未诞生的小说家》，《世界文学》，1935 年第 5 期。

袍(在有人得病道士光临时),足蹬僧履(举行丧礼时),这种情况不足为怪,中国传统文化的"仁者爱人""普度众生""宁静淡泊"等人生宗旨比起基督新教与天主教的斗争、原教旨主义与现代派教义派别之争来,无疑要文明得多,人道得多。《群芳亭》中来自意大利的安德鲁神父,由于坚信男女平等、天赋人权而被视为异教徒,遭到教会驱逐,不仅不被允许归家,而且被断绝了一切接济,从此,他浪迹天涯,在中国偏僻农村为自己觅得一方墓地。外国传教士在中国找到归宿在某种程度上可以说是赛珍珠母女两代人经历的缩影。这也从侧面说明了中国宗教文化的包容性特质。

中国传统的理想是"天下主义"。《论语》中孔子说:"大道之行也,天下为公。"子夏则说:"四海之内皆兄弟也。"赛珍珠译《水浒传》,取名为《四海之内皆兄弟》;1935 年,她在康奈尔大学完成的硕士论文《中国和西方》以同样的话作为卷首语;她的小说《牡丹》里,大卫的中国家庭教师孔诚在教堂里向犹太牧师拉比陈述各民族平等的道理时也引用了"天下一家"这句话;她的最后一篇散文《最后的倾诉》结尾再次引用了"天下一家",并称这是孔子的永恒真理之词。

作为一位作家,"天下一家"的胸襟使得赛珍珠"并不存有为某种使命而作的感觉"。[①]《大地》出版之后,传教者的信雪片一样地飞来,只有很少一部分赞许她写了事实,绝大多数人都认为她未能用她的才能为耶稣基督谋荣耀。赛珍珠称之为自然人生的事物,如中国人对待婚姻和两性问题的态度,则被传教者视为罪恶。在题为《忠告尚未诞生的小说家》的演说中,赛珍珠为自己的宗旨——"天地间最单纯、最无害的一种宗旨"——写小说做了义正词严的辩护。她强调,一个真正的艺术家"不愿用他所具有的一点微力来为任何宗教、任何主义、任何国家、任何人或任何事物谋荣耀"。"他不能顺从他人的见解或道听途说,也不能容忍任何主义的指挥——无论那是多么合乎基督教义,多么正当,多么道德,或多么 Communist。"她忠告未来的小说家,"切弗生在一种伟大的信条的阴影之下,切弗生在原罪的重累之下,切弗生在超度的厄运之下"。[②]

赛珍珠信奉的唯一的主义是"人道"。在她看来,不同的宗教信仰之间应该彼此尊重,彼此融合,"爱"便是实现这一理想的途径。在儒教和基督教里,人道主义伦理道德的最高体现都是爱人。耶稣登山训众半个世纪以前,人们就可以从《论语》里找到那条著名的金科玉律:"己所不欲,勿施于人。"

① [美]赛珍珠:《最后的倾诉》。

② [美]赛珍珠:《忠告尚未诞生的小说家》。

耶稣不过从正面强调了这条戒律:“你们不要论断人,免得你们被论断。因为你们怎样论断人,也必怎样被论断。你们用什么量器量给人,也必用什么量器量给你们。”(《新约全书·马太福音》)赛珍珠始终呼吁世人以基督和儒教的仁爱为重,用“爱”去解决宗教冲突及其他冲突。她的小说渗入了一种厚重的宗教文化意识,人性的关怀、博爱的温馨、东方文化和宗教的宽容、庄严与神秘,铸成了独特的内在意蕴。

赛珍珠完全抛弃了许多西方天主教、基督教神职人员及教徒那种唯我独尊、排斥异教的狭隘观念,她让笔下的主人公们在不同的宗教间建立起一种和谐的、互通有无的、互相吸取的关系。《佛像的脸》写一位使徒教会的教徒司蒂摩由于向往中国而甘心远涉重洋,来到云南大理城外一座古庙里修行,成为一名洋和尚,最后与其他佛教徒一道参加抗日战争的故事。在共同的生活与斗争中,不同教派的人们之间充满了友谊与温暖。《年轻的革命者》是赛珍珠受人之雇而创作的小说,被《纽约先驱论坛报》赞为“现代基督教寓言”。不到20岁的农民郭生,参加了国民党军队,狂热地信奉三民主义,把它当做自己的宗教。后来在一场毫无意义的恶战中,他的同志全部阵亡,郭生失望之余,转而投奔了战场上的基督徒医生。郭生坚信此人名叫“耶稣”,书的最后一页,郭生决定到他和这位圣徒般的医生首次见面的医院工作。其实,赛珍珠所写的耶稣是凡人而不是神,故意弄出这个错误以宣泄对基督教会的不满。郭生也未信教,只是换了一副慈悲心肠而已。小说强调的是“爱人”。

赛珍珠更善于以敏锐的眼光考察不同宗教在日常生活中是如何相互碰撞或相互冲突的,从而探讨不同信仰者如何通过“爱”进行沟通的问题。《牡丹》和《匿花》就是这一题材的小说。《牡丹》中,伊兹勒夫妇分别信仰儒教和犹太教,他俩围绕儿子的婚姻问题,引起了一场家庭纠纷。太太严格遵照主的旨意,坚信犹太人是上帝的“选民”,耶和华是人类唯一的上帝,她认为儿子大卫与中国姑娘桂兰恋爱便是亵渎了上帝,与异教徒联姻必将打破犹太民族的纯洁性。她还辞退了儿子的中国老先生,让犹太牧师拉比取而代之。然而,丈夫却支持儿子的亲事,并且鼓励他常去拜访中国老师。桂兰的父亲孔诚是伊兹勒公司的助理,与伊兹勒太太相比,他既善解人意又开明大度。面对前者的褊狭,他一直保持忍让谦和,希望伊兹勒太太能摈弃狭隘的民族心理,以慈悲为怀,仁爱为重。他说:“让我们的儿女成亲吧,让他们生儿育女,恨是要付出代价的,相比之下,爱的代价要低得多。”①另外的冲

① Pearl S. Buck. *Peony*. The John Day Company,1948:116.

突发生在大卫的中国家庭教师、孔诚和拉比之间。拉比要求大卫牢记耶和华要将异教徒杀死、砸死的诅咒,而中国老师却谆谆告诫他:“君子以德报怨。”拉比坚信世上只有一个真正的上帝耶和华,而孔诚却认为耶和华是上帝,穆罕默德信徒也信奉一个上帝,上帝不会有意把人分开,天下一家。伊兹勒去世后,孔诚特地请来和尚为他超度亡灵,遭到大卫反对,原因是父亲不信佛教。然而主持却回答他说:“令尊虽说是异族人,却有一颗宽阔的心。他从不把自己与他人分开,我们敬重他,我们没有别的意思。我们奉献给他的就是我们的宗教。”如果说,《牡丹》里的宗教冲突主要集中在犹太教和儒教之间,那么,《匿花》里既有基督教与佛教的冲突,也有基督教与犹太教的纷争。信奉佛教的沙凯医生的儿子凯山偏偏与基督徒的女儿相爱,导致了父子之间激烈的矛盾。信奉基督教的肯尼迪夫人之子艾伦在日本服军役时偏偏迷恋上了沙凯医生的女儿乔伊斯,信仰的分歧酿成了悲剧,最后这对不被承认的恋人只好离家出走,选择在一个寺庙里结了婚。沙凯医生不希望儿子在教堂举行婚礼,肯尼迪夫人则认为佛教并非真正的宗教,寺庙里到处竖满了神像,更是与教堂有天壤之别。赛珍珠将这种种冲突归因为爱的缺失。

完全从正面宣扬“天下一家”的宗教观和人道主义之爱的是小说《群芳亭》。安德鲁与吴太太之间建立起了跨越国界、种族、宗教和身份的沟通,根源就在于安德鲁与强调世界上只有一种宗教的夏小姐不同,他大胆地宣称,全人类的血液都是同一种物质,大家彼此都是亲骨肉。他告诉吴太太自己的传教之法“在面包和水里、在睡觉和走路之中”,在“打扫屋子和花园之中”,在“喂养弃婴之中”,在“陪坐病人和帮助弥留的人之中”。他说他的信仰“在宇宙、在虚空、在太阳、星星、云彩和风之中”,上帝“在我们的四周,他在空气里和水里,在生与死里,在人类之中”。安德鲁身体力行,教导吴太太要用人道主义精神去对待他人,像爱自己一样地去爱别人。他批评她不该给丈夫纳妾,不该只想着自己的自由。安德鲁虽然因为救助穷人而客死异乡,但他并不孤独。吴太太曾在心里告诉他,告诉他那在天上的灵魂:“可是我们不拒绝你,我们绝对不拒绝你!”安德鲁这一角色身上浓缩了赛珍珠一生的人生体验,也浓缩了她的人生观。为自己的国人所拒绝的孤独感、渴望在异国通过自己的无私之爱而得到认同与归宿的愿望、坚决倡导宗教宽容和天下同一的决心,在这部小说中显露无遗。

在阐释东西宗教文化冲突上,赛珍珠显然缺少深刻的理论指导。关键是她所提倡的对话与互补的态度是颇具启发意义的。比如,她称赞东方文化中安于生活的人生哲学是一种智慧,一种镇静精神,这实际上也是耶稣教诲他的门徒的话“不要想到明天”的主旨。东方智者则如此解说:忧虑没什么结果,我们“未知生焉知死”,何必讨论宗教上的废话。赛珍珠欣赏东方人坦白地将宗教与自己的生活隔开的态度,认为西方需要把“镇静”归化于所固有的宗教中。她甚至预言,东方将把精神上的镇静和伦理上的情义这两大贡献“重新灌输于一种真实的宗教中;而这种宗教将来也许为我们全民族所共信奉,其伟大性足以感化我们大家,使我们溶化于其无信条的精神中”。① 赛珍珠的理想的确具有乌托邦成分,但是,将其所持的态度与理论分别探讨,却是批评者的责任。

赛珍珠身处两个世界的特殊经历,给了她两种语言、两种文化背景、两种思维方式、两种民族感情,这使她摆脱了西方人惯有的种种偏见,她既非欧洲中心主义者,又非华夏中心主义者。赛珍珠说自己是双料的民族主义者,而不是所谓的国际主义者。她不相信将来各民族合并为一,不相信各民族的衣食住行、语言行为、政教礼乐都相同的乌托邦,也不相信将来的各个宗教、各个政党合并为一。如果这样,世界将变得异常单调贫乏。赛珍珠说:“国际主义,我所认为合意或实际的,只是那种对于我们的异点,能够互相了解,或是至少互相敬重,而对于我们这些异点的存在的权利加以保护。”②她为异质文化双向认识提示了可行的策略。如何在文化的相对性与普遍性之间寻求一种动态的平衡,以超越狭隘的种族中心观?那便是“寻异求和”,而不是“求同存异”(这是处理政治或外交问题的原则),在差异中求得和谐。与其存异,不如寻异和释异,以求互补。

(本文原载于《镇江师专学报(社会科学版)》,2001年第1期)

① [美]赛珍珠:《东方精神》,《西风》,1937年第10期。

② [美]赛珍珠:《新爱国主义》,《论语》,1933年第27期。

论赛珍珠创作和论说中的辩证思想

周锡山····

作为一个很有理论建树的杰出作家，赛珍珠在其创作和论说中充溢着高明的辩证思想，而正是这种出色的辩证思想，使赛珍珠能具备观察和理解中国历史、社会、文化、生活和中国人民的独特眼光。本文试从这个角度简论赛珍珠的创作和论说的杰出贡献。

一、赛珍珠对自己认识中国的辩证认识

赛珍珠自幼生活在中国，热爱中国、中国人民和中国文化。她努力学习中国语言、文学和文化，在外国人中，她在这方面的造诣已属罕有，对中国和中国人民的了解也已很深入。但赛珍珠本人，对自己对中国的认识仍有清醒而辩证的认识。她于 1933 年 3 月 13 日在美国哥伦比亚大学发表的向西方阐释中国的演讲中坦陈：

> 我不是一个权威阐释者——当然也不是阐释中国的人。我向来就非常讨厌人家把我称为中国的阐释者。我是小说家，一个纯净而普通的小说家，对于任何国家的任何人，我都不负有任何使命，也不承担任何责任。有人问我"中国真是这样的吗？中国人讲这个吗？中国人是这样的吗？"的时候，我只能回答道："我不知道，也许，中国有些地方是这样的吧。我只是在那儿看到过。但是，他们是中国人纯属巧合；由于偶然的因素，我才在中国而不是美国或者其他什么国家生活。我感兴趣的是人类的心灵和行为，而不是

哪一个国家的人的心灵。①

赛珍珠因对中国的广泛而深入的了解而被邀请作此讲演,她在三个层次上对自己对中国的认识发表了自己的辩证认识。第一,她对于中国既知道又不知道,因为"作为一个国家,中国幅员辽阔,民族多样,风俗各异","我甚至都不敢说自己能够充分阐释亲眼目睹的人或事。我所能做的充其量不过是以我小说家的方式来描写一些我认为是真实的人物",也即她自知自己作为个人,不可能了解一个国家的全部,只能就自己的小说家角度了解和理解中国。即使是中国人,"在中国这样一个幅员如此辽阔、国情如此复杂多样的国度,普通百姓甚至连自己国家的事情都不甚了了",这是因为"阐释者受到阅历的限制,不管其阅历多么丰富,那至多是一个人一生的阅历罢了。此外,限制他的还有其观察的视角,还有其特殊的使命感。"②第二,即使如此,"甚至都不敢说自己能够充分阐释亲眼目睹的人或事"。这并非出于谦虚,而是客观而辩证地作出自我评价。第三,自己生活在中国,并非主观的选择,并非对中国原存偏爱,而是命运的安排,因为父母在中国传教,带着她在中国常年生活,所以"由于偶然的因素,我才在中国而不是美国或者其他什么国家生活。我感兴趣的是人类的心灵和行为,而不是哪一个国家的人的心灵。"她不是单纯地为研究中国人的生活和心灵而创作和研究,而是从"人类的心灵和行为,而不是哪一个国家的人的心灵"来观察和描写中国人的生活和心灵,因而不带任何偏爱和偏见。她进而指出:"问题是没有哪一个人的阐释是充分的,甚至一群人的阐释也一样。达到准确的唯一可能的方法就是把所有的阐释汇集到一起,然后,努力寻出哪些观点是共同的,并讨论差异的意义所在。"③看到阐释不可能达到充分即完美的地步,强调群体认识的相同和差异同时存在,重视差异的意义,充分体现了赛珍珠思维方法中的辩证思想。赛珍珠曾说:"我在早年就认为,在人世间,根本就没有绝对真理,有的只是人们眼中的真理,真理也许是,事实上也就是个多变的万花筒。"④众所周知,唯物辩证法不承认绝对真理,只承认相对真理。赛珍珠的上述观点富有辩证观念,而且这已成为赛珍珠自己的认识论的总纲,她在自己的创作中努力实践这个总纲,所以她的创作和论说中充溢着辩证思想。在这篇讲演的最后,赛珍珠更认为:

① [美]赛珍珠:《向西方阐释中国》,张丹丽译,《江苏大学学报(社会科学版)》,2002年第1期。
② 同①。
③ 同①。
④ [美]赛珍珠:《我的中国世界》,第51页。

阐释者必须有一种谦卑的、调查研究的精神，有了这种精神，他就能抓住一切机会，对阐释对象去刨根问底，同时，又能对自己的知识水平和阐释能力不断提出质疑和挑战。①

赛珍珠对于自己中国题材的创作和论说当然充满自信，她同时又注意保持谦卑的、调查研究的精神，对阐释对象去刨根问底，对自己的知识水平和阐释能力不断提出质疑和挑战。这样的辩证态度，不仅使赛珍珠本人获益匪浅，而且对所有的创作者和研究者都有很大的指导意义。

二、赛珍珠对中国文化和中国国民性的辩证认识

赛珍珠的众多作品以中国和中国人为题材，诚如徐清博士所说："赛珍珠笔下的人物就像是一直从远古走来的，他们生于土地，作于土地，死于土地，生命来去似有定时。赛珍珠以其天性的单纯诚挚，抓住了'生'与'死'这样基本得无可再基本的生命环节，以春夏秋冬这样现成而纯粹的自然现象为节奏形式写出了乡村生命圈永恒的生死循环。"②赛珍珠从永恒的生死循环中写出了中国近现代民众的螺旋型的进步和变化，表现了她的辩证的时代观。

赛珍珠不仅在中国长期生活过，而且还曾经在中国最贫困的地区生活过。《大地》便是描写中国最贫困地区农民的生活的杰作。她对此类农民及其生活有着深刻的了解。朱刚先生曾正确指出赛珍珠在作品中表现出这样的看法：正是在这些普通的中国人身上，中国人的品格和中国文化传统才得到最好的保留和最明显的表露。例如她笔下的阿兰就是中国妇女传统美德的代表：无论环境多么严酷，她都能支撑住家庭，相夫教子，保证家族的血脉绵延不断，正如她第一次和王龙相见时老夫人对她说的那样："服从他，给他生儿子，越多越好。"正因为如此，赛珍珠笔下的中国人（如王龙、阿兰和梨花）表现的大多是诸如逆来顺受、忍耐、漠然这样的品性。这种品性当然自有有利的一面，如逆来顺受是弱者生存的必要手段。但需要指出的是，在赛珍珠写作和发表《大地》的时代，这种品性正被视为国人的"劣根性"而遭到中国进步知识分子的批评。越来越多的中国人意识到知足常乐的小农思想常常导致自欺欺人，不思进取；对土地的过分依恋也会导致漠视危机，反对变革。赛珍珠对这种落后的小农思想也表露出某种怀疑。当然赛珍珠无意

---

① ［美］赛珍珠：《向西方阐释中国》。

② 徐清：《赛珍珠小说与30年代中国乡土小说比较研究》，《镇江师专学报（社会科学版）》，2000年第2期。

对中国人的这种心态进行夸耀。她只是告诉她的外国读者,这种对待世界的方式有优点也有缺点,但它是中国悠久文化传统的积淀;要了解中国这个泱泱大国、中华民族这个伟大的民族,不了解中国人的传统心态是不可能的。① 王龙、阿兰等人的性格具有稳定、保守等特点,是儒家文化的体现。赛珍珠能正确地看到这种文化传统的优点和缺点,是很了不起的。因为五四运动后,儒家学说已被彻底否定,农民的逆来顺受即温顺的性格、忍耐、默然的品性,也被否定。当时进步的社会思潮是革命,而农民的这种保守态度和性格,是与革命格格不入的。赛珍珠本人也同情和赞同中国的革命,甚至对中国共产党领导的革命也表示过拥护。在这样的时代和思想背景下,她能看到中国文化传统及其影响下的农民品性的优点,是相当难能可贵的。这样的观点在当时难以得到认同和赞赏,在意料之中,只有时过境迁,在70年后的今天,痛定思痛,才能看出赛珍珠目光和思路的真切、客观和可贵。根据赛珍珠发表此类小说和演讲的20世纪30年代的形势,中国的时代潮流无疑是革命。一部分农民在中国共产党的领导下投入革命,参加了革命军队,最后为中国革命的胜利作出了巨大的贡献,理所应当地受到高度赞扬和歌颂。但事物还有另外一面,国统区的农民忍受剥削,种地交粮,没有他们默默无闻的奉献,整个民族便无法生存,革命军队解放这些地区时,将面临一片荒芜、长期难以恢复原有生产水平的土地,和毫无生产资料、生活资源,静等救济的几亿农民,无产阶级的新政权如何维持和生存?新中国成立后,中国建设取得极其巨大的成就,但是在至今为止的全过程中,众所周知,农民作出了巨大的贡献,也作出了巨大的牺牲。与工人和其他阶层相比,农民贡献大而获得少,尤其是在“文化大革命”中,工人大多不事生产,甚至有不少人陷入派性和武斗而不能自拔。当十年动乱结束时,国民经济已处于崩溃的边缘,只有农民,主要的是因其忍耐保守的性格,坚持种地生产,使全国人民还有饭吃。如果领导发生失误,群众如都马上起来造反,经济就要崩溃,此时便需要国民中温顺、忍耐的一面来做调节,缓和局面,让领导有吸取教训、调整政策的机会和时间,如果一味强调激烈斗争、阶级斗争,尤其是发动全民斗争,就会引起全国大乱。所以传统思想中保守、忍耐的一面,也是历史的必需。试想,在两千多年的中国封建社会中,如果农民年年造反,不事生产,固然彻底抛弃了忍耐、温顺的品性,坚决不让别人剥削,但国家和民族还能生存吗?更何况由于时代发展阶段的限制,造反起义成功,新政权维

① 朱刚:《无形中的有形——赛珍珠论中国小说的形式》,《江苏大学学报(社会科学版)》,2002年第2期。

护的依旧是地主阶级的统治,永无止息的造反,于事无补。因而对于传统文化和农民品性中的保守、忍耐,须持辩证的态度,而不能不看时代和形势,作绝对的全盘否定。同时需要指出的是,赛珍珠也并非一味强调农民尤其是妇女的温顺柔和与逆来顺受,她给歌颂造反的小说《水浒传》以极高评价。至于赛珍珠看到"美国流行小说和电影中的恶棍坏蛋全是狡猾的、心地阴暗的、来自东方国家的……而中国小说或电影里的恶棍则是身材高大的蓝眼睛高鼻带有卷曲的红毛,是英国身材、英国表情",并发现"恶棍总是对方那个家伙"①,这样绝对的看法,当然是片面而错误的,赛珍珠在自己的小说中则写出了中西各种人等的真实面貌。

赛珍珠对中国科举制度的看法也颇有辩证观念。她在《我所知道的中国》《我的中国世界》等文章中,非常推崇中国的科举制度,认为科举制度能成功地选拔出最有思考力的人才,具有公正和平等的优越性。但她同时也指出:"皇帝设想出一种用他们自己的知识来控制他们的方法,使官方考试成为在政界晋升的唯一途径;那些极其困难的考试,使人们为了准备考试而耗尽整个生命和思想,是他们忙于记忆和抄写过去的死的经典而无法顾及现时和现时的错误。"②对于众多才能一般的知识分子来说,确实是如此。赛珍珠无疑在基本肯定科举制度的同时,也看到执行这一制度的统治者在夹带私货时带来的弊病。正因具有辩证思想,所以她对科举制度的弊病的认识,是有分寸的,兼具历史和现实的卓识。对她所看到的中国现代知识分子,赛珍珠在自己的小说中,一方面描写并批判了部分人士的自高自大、自以为是、轻视和脱离民众,且又自私自利、软弱虚伪,诸如《同胞》中的自视极高、鄙视民众的梁博士,《上海景色》中不堪铁路小职员庸劣生活而发疯的大学毕业生源,《发妻》中留学回国后抛弃发妻害其自杀的李元,表面上做得好看实际上却非常不孝的留学生夫妇,等等;另一方面也表现了接近民众为民众服务的知识青年,如《同胞》中放弃国外优裕生活、回到故乡农村工作的梁博士的子女梁詹姆斯和梁玛丽,《群芳亭》中带领儿媳长住农村造福乡里的吴太太、她的两个媳妇露兰和琳琦,留学回国后跟着母亲在乡下办学的峰馍,等等,还着力歌颂《东风·西风》中平等对待妻子桂兰、鼓励和督促妻子冲决封建罗网的丈夫。她并不将中国知识分子看成一个模样,而是全面且又具体地观察并予以描写。

---

① 姚君伟:《论赛珍珠非小说作品中的文化精神》,《江苏大学学报(社会科学版)》,2002 年第 1 期。

② [美]赛珍珠:《中国小说——1938 年 12 月 12 日在瑞典学院诺贝尔奖授奖仪式上的演说》,《大地三部曲》,第 1084 页。

赛珍珠对中国现代民主的预言性评论也引人注目。她说:"等到中国现代民主得到发展的时候,它将是以自己的形式出现,而不是等同于美国式的民主,不过,在它自己的形式中,这一民主将提供给所有民族都渴望得到的生活、自由以及对幸福的追求必不可少的机会。"[①]正因为她掌握了高明的辩证思想,所以她对中国未来的民主制度能作出正确的预见,更能以宽容的眼光肯定不同于美国式的中国民主。赛珍珠既认为"普天下人是一家",又看到不同民族必有的差异性,认识到"没有哪一个人的阐释是充分的,甚至一群人的阐释也一样。达到准确的唯一可能的方法就是把所有的阐释汇集到一起,然后,努力寻出哪些观点是共同的,并讨论差异的意义所在"。

三、赛珍珠对中国小说形式的辩证认识

赛珍珠热爱中国古典小说,并从中学到了写作方法。作为一个美国人,她写的是地道的中国小说,著名出版家和评论家赵家璧先生认为:"除了叙写的工具以外,全书满罩着浓厚的中国风,这不但是从故事的内容和人物的描写上可以看出,文学的格调,也有这一种特色。尤其是《大地》,大体上讲,简直不像出之于西洋人的手笔。"[②]赵家璧说"除了叙写的工具以外",指赛珍珠用的是英文,而非中文,但赛珍珠本人甚至认为"在描写中国人的时候,纯用中文来织成,那在我脑海中形成的故事,我不得不再把它们逐句译成英文。"[③]在赛珍珠的小说中,人物是用中国人的眼光看世界。在写作方法上,她喜欢用中国小说常用的开门见山法,结尾则喜用中国古典小说常用的"无收场的收场",她认为这与西方小说"解决了一切"的结尾完全不同。她说:"在西洋,我们就喜欢去知道故事的收场,我们要知道谁与谁结婚,谁死了,每个人的结局都要知道,于是我们掩着书儿满意了,忘掉了,于是再去找第二本。因为这小说既解决了一切,我们就勿庸去再想。在中国人,就喜欢想下去。……这也许是中国人所以把他们有名的小说,趣味无穷的念了再念到几百遍的理由了,他们像是常可以在那儿找到新东西的。我得说,假若一个人养成了这种中国人的口味,再读我们的西洋小说,就很明显是味同嚼蜡了。"[④]

热爱中国古典小说的赛珍珠,对中国古典小说有着与一般西方人不同

① 姚君伟:《论赛珍珠非小说作品中的文化精神》。

② 赵家璧:《勃克夫人与黄龙》,《现代》,1933 年第 5 期。

③ [美]赛珍珠:《忠告尚未诞生的小说家》。

④ [美]赛珍珠:《东方,西方与小说》。

的见解。朱刚先生介绍赛珍珠于1932年在华北某校所做的两个报告《东西方和小说》(*East and West and the Novel*)和《早期中国小说的源泉》(*Sources of the Early Chinese Novel*)中的重要论点:中国小说的“形式”并不是可以用诸如“高潮”“结尾”“连贯情节”“人物发展”等这些西方小说必不可少的形式因素来加以描述或者衡量。如果从这个角度衡量,中国小说在整体上则显得十分难以把握,内容上缺乏连贯性,主题上很少有明确集中的表现。但这种形式的“缺失”恰恰就是中国小说形式的明显特征。赛珍珠进而认为:中国小说家十分注重小说对生活的模仿,在这一点上他们要远远甚于西方的小说家。小说结构上之所以会出现不完整乃至支离破碎,因为这是生活本身的特征,而这一点在西方小说家看来就是缺乏艺术性。对于结构上如此“不严肃”的作品,赛珍珠仍坚持称为艺术品,她说:

> 我没有现成的艺术标准,也说不准它(指中国小说)是不是属于艺术;但是以下这点我却深信不疑,即它是生活,而且我相信,小说反映生活比反映艺术更加重要,如果两者不能兼得的话。①

赛珍珠不仅认为中国的古典小说(即“早期中国小说”)有其艺术形式,而且更进一步认为中国古典小说同时包含了生活和艺术,这种艺术和生活水乳交融,达到了难以区分的境地,即使它“越出了(西方)艺术技巧界定的规则”,也完全有理由得到承认。因此她还认为:中国古典小说的内容和形式“丰富多彩,具有优越性”,更加“真实地展现了创作出这种小说的人们的生活”。②

赛珍珠的以上观点,清楚地显示了她的辩证思维的优越性。中国学者认为中国古典小说与西方不同的是有头有尾,即讲究故事的完整性,叙述方法是顺叙,没有跳跃性,思想的倾向性明确,而根据赛珍珠的转述,西方学者的看法竟然相反。“我没有现成的艺术标准”一语,并非说没有标准,而是说她并不持僵化的一成不变的固定标准。所以赛珍珠能用辩证法中具体问题具体分析的方法精细分析中国小说“无形中的有形”,即在西方人所谓中国小说的没有形式中看到特殊的形式。中国古代文论家有“至法无法”的理论,我认为在“没有现成的艺术标准”一语中,赛珍珠的认识也包含有这一层的意思。中国学者一般依据亚里士多德《诗学》的观点,认为西方的文学作品是模仿生活的实录式现实主义的作品。谁知赛珍珠竟说“中国小说家十分注重小说对生活的模仿,在这一点上他们要远远甚于西方的小说家”,而

---

① 朱刚:《无形中的有形——赛珍珠论中国小说的形式》。

② 同①。

且“小说结构上之所以会出现不完整乃至支离破碎,因为这是生活本身的特征,而这一点在西方小说家看来就是缺乏艺术性。”她还赞扬中国小说的内容和形式“丰富多彩,具有优越性”,更加“真实地展现了创作出这种小说的人们的生活”。赛珍珠打破西方中心主义的偏见,高度肯定中国古典小说与西方不同的特殊表现形式。她的中国小说观公允通达,也使我们了解到西方对中国小说的正反两种评价。从她的讲演中可知,她是在正确理解整个中国文化的基础上得出这个结论的,因而其论证是可靠的。赛珍珠对中国古典小说的以上评价与她学习中国古典小说、从事创作的艺术实践是一致的,处处闪耀着辩证思想的动人光芒。

赛珍珠具有敏锐的辩证思维,除了她具备渊博的中西文化的学问、有意识地培养自己宽广的文化胸怀、有志于中西文化的互补和交融外,还与她自幼在华处于“异乡人”的身份有关。德国社会学家齐美尔(George Simmel)首创“异乡人”(stranger,又译作“外乡人”)的概念,其定义是:“异乡人不是今天来明天去的漫游者,而是今天到来明天留下的人,或者可称为潜在的漫游者,尽管没有再走,但尚未忘却来去的自由。”齐美尔又指出,在“异乡人”身上,体现了人际关系中远与近的统一;关系中所蕴涵的距离,表明近在身旁的人,是遥远的,而这种外来性,又表明遥远的人却在眼前。异乡人对寄居国及其人民的观察和评论具有人所不及的客观性。①

仲鑫曾指出,赛珍珠自幼来到中国,在中国生活了近40年,说中国话,吃中国饭,听中国故事,看中国小说,上中国先生的课,玩中国的游戏,还目睹了中国婚丧嫁娶等各种人生仪式,甚至会用中国国骂。但她保持着美国的生活方式,接受的是美国的价值观念,是地道的美国人。② 她深入了解中国的文化艺术、生活方式,也懂得中国的思维方式,她又精通西方文化艺术,使用西方的思维方式思考和写作。这便是赛珍珠作为“异乡人”在观察方式和思维方式方面的远与近的统一,这对她的辩证思想的形成极为有利。我们更应看到,赛珍珠作为异乡人,既具有局外人避免当局者迷从而态度比较客观的优势,又在主观上带有热爱中国及其人民的极大热情,她在创作和论说中对中国种种人物和事物的描写和评价,便是这种主观和客观结合的辩证思维的杰出产物。

(本文原载于《江苏大学学报(社会科学版)》,2003年第1期)

① 仲鑫:《“异乡人”身份和“边缘人”人格的赛珍珠》,《镇江师专学报(社会科学版)》,2000年第3期。

② 同①。

赛珍珠比较中美文明的独特视角

郭永江 姚锡佩

1938年赛珍珠因《大地》三部曲及其他作品而荣获诺贝尔文学奖，诺贝尔文学奖评审委员会在给她的评语中强调："赛珍珠杰出的作品，使人类的同情心越过遥远的种族距离，并对人类的理想典型做了伟大而高贵的艺术上的表现。为此，瑞典文学院把今年的诺贝尔文学奖颁给她。在这件事情上，瑞典学院感到符合艾尔弗列德·诺贝尔对于未来的期望。"①当时，斯德哥尔摩天文台台长伯蒂尔·林布莱德也在授奖仪式上对赛珍珠的获奖作品发表类似的评论，他赞扬赛珍珠的创作，说："你在你的具有高超艺术质量的文学作品中，促进了西方世界对于人类的一个伟大而重要的组成部分——中国人民的了解和重视。你通过你的作品使我们看到了人民大众中的个人。你给我们展示了家族的兴衰以及作为这些家族基础的土地。在这方面你教会我们认识那些思想感情的品性，正是它们把我们芸芸众生在这个地球上联系到一起，你给了我们西方人某种中国心。"②由此可见，那一届遇到各种政治性麻烦的诺贝尔奖评审委员会决定把文学奖授予这位名不见经传的美国女作家，乃企图在当时笼罩着战火的世界上空撒播人类相互理解的良知。不论从当时还是现在来看，不论是思想性还是艺术性，赛珍珠和她的获奖作品都无愧于诺贝尔奖的最初宗旨。事实上，各种调查数字也充分表明了在1949年前，欧美人民大都是通过赛珍珠的《大地》才对中国这个距离遥远的古老国度有了较为正确的认识并产生友好的感情。

① 刘龙：《赛珍珠研究》，第52页。

② 同①，第63页。

诚然,赛珍珠的成功与她个人的独特经历、学识和眼力是分不开的,这使她对东西方(重在中美两国)的文明,诸如历史、政治、文化、艺术、宗教、风俗、习惯以及革命等之异同,有一个较为客观的认识和比较;她又善于通过艺术形象展现自己的独特视角,使读者(尤其是当时处于强国地位的欧美人民)以平常的心态来认识书中的异国人民,因而取得了较多的共识。

赛珍珠对中美文明的比较,不仅反映在她的小说中,同时在她的自传和论著中也有清晰的表述;对过去造成东西方人民长期误解乃至仇恨的敏感问题赛珍珠是如何认识的,她又是如何以自己独特的视角和理解来沟通东西方人民心灵的呢?

一、以生命感悟两个世界

赛珍珠不是一个政治家,也不是一个学者,她自言:“我天性上属于家庭主妇型,但我所出生的年代,加之些天赋,使我成了一个作家,这使我不仅不能囿于家庭生活,而且还要深入到各个民族的生活中。”[①]她以为自己一生最大的幸运,“是生而逢时”。19 世纪末至 20 世纪初,对全世界来说,都是一个极为动荡不安又极富启蒙意义的时代,在赛珍珠生活的中国和美国尤为明显:一个是穷途末路的老大帝国,在列强瓜分的剧痛中,惊呼强国保种;一个却是在战争硝烟中新生,坚信自己有力量拯救整个世界。赛珍珠的父母就是在这种新生的美国精神的鼓舞下,在 1880 年离开了富庶的祖国,环绕半个地球,来到陌生的中国,传播他们笃信的基督教教义。

赛珍珠是在她父母的直接教育下成长的,但她更多地受到母亲——一个在中国承受了 4 个子女早亡的痛苦、内心充满爱的虔诚基督徒的影响。因此,她更多的是从生存的角度,特别是从一个女性对生命切实的感受中,领悟她自小生活着的第二祖国——中国世界。1900 年的义和团运动,第一次使她恐惧地感到她所热爱的中美两个祖国竟是敌对的世界,连平素共同玩耍的小朋友都称她为“小洋鬼子”。而当 1910 年她成年后回美国上大学时,她又因中国化的发式和举止成了美国同胞眼中的怪物。此类不同民族相互敌视的心理,给已是伦道夫—梅肯女子学院高材生的赛珍珠留下的不只是困惑,更多的是思考。1917 年,她与美国教会派到中国来的农学师约翰·洛辛·布克结婚,前往中国安徽省宿县工作了 5 年,其间还经历了一次大荒年。这使她对中国小村镇的生活、风俗习惯和农民的思想感情有了更

① [美]赛珍珠:《我的中国世界》,第 2 页。

深切的了解，当她再度返美深造时，便陆续发表以中国为题的散文《也说中国》《中国之美》《西方对中国人的生活与文化的影响》及小说《东风·西风》。而1931年开始陆续创作出版的小说《大地》三部曲，则更形象地向美国人民介绍了她所了解的勤劳的中国农民，反映他们在天灾人祸的交相煎迫中养成的天命观，以及他们的单纯、聪明、善良和痛苦。她清楚地表白自己的写作目的，要写下"为热爱和景仰的中国农民和普通百姓而积郁的愤慨"。①

长期以来，某些西方的"中国通"，都惯于把容貌丑陋、长辫小脚、不守时刻、不懂礼貌、爱好嫖赌、不讲公德、溺婴杀生、见死不救等，看做是中国人的天生气质，而赛珍珠则根据她在宿县的所见所闻，塑造了她的男女主人公形象，证明中国人并非天性有种种陋习，倒是在他们那一张张受尽煎熬的麻木面孔里，蕴藏着不可探测的生存力量。

《大地》的男主人公王龙，不仅在家族邻里间具有尊老爱幼、扶贫济困的美德，而且本性有着喜好整洁、遵守定约、厌恶不劳而获和吃喝嫖赌的心理，他甚至痛责那因饥饿而偷肉的幼儿，自己决不尝这偷来的肉。然而，比他更忠厚的妻子阿兰却出于母性，默默地煮了那块肉，喂饱了濒临死亡的一家老小。在荒年，阿兰忍受着极大的痛苦，亲手溺杀了初生的女婴；在发家后，她又狠着心给小女儿缠脚，使她不再像自己那样，因大脚而遭到丈夫和周围人的歧视。《大地》的读者无不赞叹在这个从小就被父母卖掉、忍辱偷生的丑妇身上所具有的坚强耐力。连否定赛珍珠的评论家也承认"作者笔端上凝满同情地写出了农民底灵魂底几个侧面"。②

赛珍珠也不以为丑陋、残忍、贫穷为中国之独有，她在《分家》中通过中国留美学生王源的眼睛，画出了本国的各色人相及贫富不均的严重问题。后来她在《我的中国世界》中，也如实地记述了她在本国和其他西方国家所见到的不良风气。她认为像中国曾有的那种把残忍的缠足视为美的风俗，在西方也是有的，"正如西方人过去常让妇女穿紧身胸衣，也正如今日的西方女子夸耀自己丰满的乳峰一样。凡是人们认为是美的，他们就会干一些千奇百怪的事去追求。"③

她认为最终导致美国与中国冲突的原因，主要也在于美国人民及其决策者不关心亚洲人民，冷漠地蔑视他们。她从美国利益出发，也出于对中国

---

① ［美］赛珍珠：《我的中国世界》，第280页。

② 胡风：《〈大地〉里的中国》，《胡风评论集》（上），人民文学出版社，1984年。

③ 同①，第158页。

和亚洲人民的历史和现状及其思想感情的理解，把美国人民卷入朝鲜战争视为一种不幸，对于美方宣传亚洲战俘营虐待美国战俘的说法，也持有自己独特的看法。她说："我想，这并非蓄意的虐待，其中一部分原因是那儿的生活条件本身就差。一般中国劳工一天挣的钱还不够一个惯于吃上等食品的健壮的美国青年塞牙缝。许多亚洲人为了生计每天不得不身背沉重的包袱，在坎坷的道路上无休止地疲于奔命，天天如此。如果他生了病，他从未奢想过要去找医生或到医院就诊。因为那是绝对不可能的事。所以，对战俘的虐待多半来自于贫富间不可避免的差异。但从最坏处想一想，真正的暴虐可能也是有的。那是种本能的、有意识的报复。亚洲人惩罚美国人，因为他们是白人，而白人曾残暴地对待过亚洲人，而现在这些白人落到了他们手中。"①这是赛珍珠一生中的可怕的梦魇，也使她最终离开她热爱的中国的人民，回到使她感到安全的祖先生息之地——美国。

二、摆脱重负，正视事实

赛珍珠的可怕梦魇出自她在中国经历的两次排外运动，一次是 1900 年的义和团运动，一次是 1927 年 3 月北伐战争时的南京事件。尽管她的父母和美国政府再三强调美国没有参加侵略中国的战争，没有强迫中国签订不平等条约，她自己在她的小说和文章中也反复强调这一点。但是，耳闻目睹的事实，却又让她不能不背上白人和华人间不平等的重负。正如她后来在《我的中国世界》中所说的：必须记住，"美国参与了镇压义和拳运动，并把军舰开进了中国内河。除此之外，每当别的国家，通常是英国，强迫中国签订一个新条约时，美国也都跟着要求得到条约里的利益。美国著名的门户开放政策使中国获益匪浅，但它无疑也使美国自己得到了不少好处。总之，如果我们声称自己毫无自私自利之心，那纯属虚伪"，"中国人对各种各样的自私自利、虚伪见得多了，即使你手段再巧再高，任何人，包括美国人，也很难或者说也从未能蒙骗住中国人。所以，我们根本无权要求中国人感激我们"。② 赛珍珠的母亲早就告诫说："总有一天，中国人会夺回一切的。"③赛珍珠决心摆脱历史和民族加在她身上的重负，在中国人收回牯岭别墅这件事上，她明智地断言："他们是对的，我们是错的，毕竟我们是中国大地上的

---

① [美]赛珍珠：《我的中国世界》，第 75 页。

② 同①，第 219 页。

③ 同①，第 127 页。

客人,而不是统治者,甚至公民也不是。"①

同样,她理智地宣告:传教士企图以基督教改变中国人的信仰,是徒劳的。鉴于对自己父母及其事业的尊敬,她对传教士甘愿离开舒适宜人的故土,不远万里来到中国传教的牺牲精神,不能不肯定。但是她又"凭直觉感到,他们到中国来的主要原因,并不是由于他们爱这里的人",而"是为了满足他们自己精神上的需求"——"属于上帝遣子下凡以拯救世人那样的神圣需求"。然而传教士的女儿赛珍珠却接受了她以为与中国古代圣人孔子言论相通的西方思想家的观点——如果谁来为你行善的话,你必须跑开以自救。② 特别是当她了解白人在亚洲的行径时,她再也不能容忍任何人的布道,即使在美国,她也决不会走进一座教堂去听白人布道,因为她知道,黑人是不能进这个教堂来听上帝如何热爱全人类的。她也从母亲及其他教徒的痛苦中,深知祈祷无用。而且,她从父亲对佛教的研究中得知,亚洲的人类文明早已达到了哲学思想和原教教义的高峰。所以,她十分反感有的传教士在美国为了乞求钱财,竟把中国说成是乞丐之邦、野蛮人之乡,使原本就不关心不了解中国的美国人更产生了误解。当她对宗教的看法成熟后,便公开撰文批评教会在国外强迫异民族改变宗教信仰的做法。而且从她父亲的传教效果来看,她明白中国真正的文化精英并没有皈依基督教,当时的中国精神领袖梁启超就曾公开断言:宗教,特别是与西方许多国家的政治事务分不开的基督教,永远是一种被国家利用的武器。③ 因此中国人反教会的思想行动也就不难理解了。

尽管赛珍珠对外国教会在中国传教的动机持否定态度,但她又和不少有识之士一样,肯定了教会在无意之中撒播了革命的种子。基督教所宣传的创造一个人人平等的新社会,已潜移默化地深深埋在中国人民的心中。

努力摆脱历史的重负,正视现实,既要自信地肯定本民族的优点,又要敢于揭示它的缺点乃至丑陋,赛珍珠认为这是中美两国人民相互理解、结为友好的基础。在小说《分家》中,她描写了中美两国年青的一代王源和玛丽沟通的过程。玛丽既向王源坦陈自己人民的历史——她的祖先是怎样迁移到这块土地上来定居的,他们用武力、诡计和各种战争手段从本地人手中争夺这块土地,将它占为己有;而她的祖先又总是那么勇敢顽强、不顾一切地向最远的海岸开拓。王源开始意识到自己从未用她这种方式观察过自己的

---

① [美]赛珍珠:《我的中国世界》,第128页。

② 同①,第50页。

③ 同①,第131页。

民族,没有真正地认识并向别国人民全面地介绍自己的祖国,倒是常常为了自尊而骄傲地否定一些外国传教士所显示的中国落后情况。摆脱重负,对一个弱国国民来说似乎更为困难,但也只有这样,他和他的祖国才会拥有自信。王源成长的过程,也可以说是一个摆脱重负、正视事实的过程。

三、孔先生和外祖父会相互理解

然而,不同民族间要取得相互信任,确实是十分困难的。

赛珍珠深悉中国和美国有着绝不相同的历史和社会结构:一个是有着灿烂文明的高度统一的家族制的古老国家,任凭社会动乱、外族入侵,儒家思想积淀难变;一个则是由不同的移民文化组成的民主制的新兴强国,因科学技术的发达和世界的动荡而更加生机勃勃,思想亦多变而活跃。因此两国人民要达到完全理解,实非易事。即使像赛珍珠这样的中国通,她所了解的,有不少也还只是浮面的情形。

如她所崇拜的中国家族制度实际上弊害极大,但由于赛珍珠更多地看到了美国社会中人际关系冷漠、家庭亲情淡化,造成不少诸如老弱幼残无家可归的社会问题,因此她片面地认为中国应以家族作为现代民主的坚实基础。这不仅如她所说的,"美国人很难意识到家族作为民主政府基本单位的合理性"①,而且还不幸招来了中国进步人士对她的极大反感,认为她是在维护中国的旧传统。同样,中国某些主张西化的思想,也为国人不能接受,他们和赛珍珠一样,都把他国的制度理想化了。因此,尽管他们的主张中有一定的合理性,但也因其片面性致使两国人民产生更多的误解。如赛珍珠笔下的人物玛丽,以为在中国已解决了人类的一切问题,可是当她听到中国发生排外的暴力事件后,不禁陷入深深的苦闷中。在中美两国人民中,像玛丽这样破灭了幻梦的,不乏其人。

那么,中美两国人民能否真正相互理解呢?

赛珍珠的回答是肯定的,因为她深知这两个地处大陆的国家确有不少相同处,它们不仅幅员广大,而且都经受过炮火的洗礼,都热爱自由。她曾在《我的中国世界》中举例说,她的中国老师孔先生十分称赞林肯解放黑奴,而她的父母虽然生活在南方,其家族人员在南北战争中也有为南军作战的,他们都饱尝战败之苦,但双方家庭又都为奴隶制的灭亡而高兴,他们都以维护宪法和《人权法案》为己任,何况他们又都是追求博爱的基督徒。同样,赛

① [美]赛珍珠:《我的中国世界》,第134页。

珍珠认为自己有幸生活在一个更仁慈的世界中,她接受了中国人的观念:“生命是神圣的,即使杀死一只动物也是罪过,自不必说杀人了。”①所以她自小就相信,“孔先生和她那心地善良的外祖父如果能够彼此相见,促膝谈心,他们是会相互理解,对事情有一致的看法的”。②

四、东西方交融将升起希望之光

可惜中美两国相距太遥远了,赛珍珠对中美两国友好的期待亦一波数折。

赛珍珠早就担忧她的同胞对其他国家和人民,特别是亚洲地区的漠不关心,不仅将导致国家的错误决策,也将给美国人民带来灾难。为此,她自觉地承担起介绍中国和亚洲的任务。除了创作反映中国的小说外,她和丈夫还收购了濒临倒闭的杂志社 ASIA,使它得以继续向西方人民介绍亚洲人民的生活及其发生的各种事变;1946 年,她又创建了东西方交流协会;她还积极支持中国著名演员王莹组建中国剧团,帮助他们到白宫和美国各地进行抗日宣传演出。正当越来越多的美国人邀请他们演出、讲演或造访时,这一切最终却不得不终止。其原因不只是出于经济上的困难,更主要的是因为美国政府已宣布:“美国未来的政策将不考虑亚洲殖民地人民的独立问题。”③当时在美国连宣扬人类的友谊及各种族应平等相处、互相理解、和平共处也变得非常危险,她的那些亚洲朋友们遭到无端的猜疑、欺诈及卑鄙虚假的指控,那些熟悉并同情亚洲人民的善良的美国人和真正的学者,也因之丢掉了自己的职位,她本人也被列入红色危险人物的名单中。她倍感孤凄。

赛珍珠开始意识到在当时这个危机四伏的时世已不可能增进任何人类间的相互理解。她得出一个教训:一个国家就如一个儿童,它难以理解超出其年龄和心力的东西。只有等待时机成熟,欲速则不达。④

美国政府反对新中国的政策,也促使毛泽东领导的中国共产党向苏联一边倒。此后,美国在亚洲战火不断,美国人民为此付出了沉重的代价,赛珍珠也和她的大多数同胞一样,对中国所发生的一切事情越来越不了解,越来越难以理解,乃至怀疑她早年形成的反对“一边倒”的主张⑤,对中国内部

① [美]赛珍珠:《我的中国世界》,第 39 页。
② 同①,第 48 页。
③ 同①,第 428 页。
④ 同①,第 429 页。
⑤ 同①,第 51 页。

发生的事，作出了某些错误的判断，写出带有极大片面性的作品，自然也就更难被中国人民理解了。

作为一个热爱祖国的美国人，赛珍珠一方面痛惜美国政府在第二次世界大战后的世界事务中，犯了令人难堪的错误，走了令人惊恐的错步，但她也欣慰地看到美国人民的思想在不断进步，更加合乎常识和理性，正在逐步放弃致命的种族偏见、信仰偏见、国籍偏见，已不再自不量力地要领导世界了。她强调美国应该不靠武力和政府间施加压力，而是靠共同利益和友谊，来取得别国人民的信任。① 诚然，这些忠告也很难为美国的某些政客所接受。她对本国政府和人民的清醒分析，对我们中国人民倒不无启示意义。虽然我们国家的国力较之赛珍珠在华期间已有了根本的变化和发展，人民的思想有了长足的进步，正在努力克服诸如盲目的傲慢自大、不正视事实等痼疾。但也应看到在当今纷繁复杂的国际事务中，由于国情不同，中美在意识形态和思想文化上的分歧和矛盾时常导致危机的发生。所以，促进两国人民的友谊最有效的办法，还是当年赛珍珠矢志开展的多方面的交流活动，让不同的民族有充分的了解。试想，当赛珍珠的老师孔先生和她外祖父果真能不断地开诚布公地促膝谈心，达到东西方文明交融时，各种人为的阻力又怎能阻止他们去共同努力解决人类所存在的问题呢？目前，这一希望之光已在地平线上出现，势将普照在赛珍珠生前钟情的两个祖国的大地上。

（本文原载于《镇江师专学报（社会科学版）》，1998 年第 2 期）

① ［美］赛珍珠：《我的中国世界》，第 467 页。

赛珍珠中西文化和合思想探究

叶旭军····

深受中西文化双重浸淫的诺贝尔文学奖得主赛珍珠以毕生的跨文化创作和社会实践寻求东西文化理解、融通之道，从而形成了极具历史前瞻性的文化和合的中西文化观——既坚持中西方文化的自主，又在平等、尊重、宽容的基础上加强交流互鉴，取长补短，融合东西文化之优长，共创一个"和而不同，和谐共生"的人类文化大家园。把赛氏的文化和合思想置于21世纪全球化浪潮下文化冲突与共融的大背景下来观照，仍有其非同寻常的文化价值和时代意义。本文将结合文本，从历史、文化、社会以及宗教等多重视角深入探讨赛氏中西文化和合思想的渊源及蕴涵的丰富内涵，以期带给今天的人们更多的启示。

一、赛珍珠中西文化和合思想渊源

赛珍珠在自传《我的中国世界》开篇就写道："我此生最大的幸运莫过于生而逢时"。[①] 此"时"并非一个简单的时间概念，它是以整个中国近现代社会思想文化变迁以及中西文化大碰撞为时代背景的。赛珍珠于1892年出生于美国弗吉尼亚的一个传教士家庭。3个月后，这个襁褓中的女婴便被传教士的双亲远涉重洋带到了中国。从踏上中国大地的那一刻起，便决定了她此生须臾无法脱离的"文化边缘人"身份——她长在中国，却身为异乡客；她属于美国，却故国遥远，即便40载后回归故土，中华文化已溶入她

① ［美］赛珍珠：《我的中国世界》。

的血液、个性和灵魂，东西方文化的两种气质早已融入她的精神命脉之中。双重文化身份至于她，始于摇篮，终于墓穴。此种非同寻常的人生阅历和文化边缘人身份的独特感受使她对东西文化差异和共性的体认、对冲突根由的思考、寻求异质文化的交流沟通乃至融通的热望出乎自然，发自肺腑，深入灵魂，贯穿其一生的创作和实践，上升为一种文化的使命感和异质文化融通和合的理念。

虽然19世纪末的中国社会风云激荡、危机四伏，但赛珍珠8岁前的中国江南小城的生活俨然是一首田园牧歌，她无忧无虑地享受着来自父母的关爱，来自中国人世界淳朴温暖的友情，还有家中佣人无微不至的呵护和宠爱，那是一个由童年嬉戏的小伙伴、货郎的拨浪鼓、引人入胜的民间故事、五彩纷呈的中国年俗编织的世界，中国的童年镌刻在赛珍珠记忆深处的永远是最真挚朴素的温情，一份浓浓的中国情愫。她日后写道："我是多么怀念童年的时光啊！""我看到的和分享的欢乐也太多了！我的中国朋友们把我带到他们家里，也带到他们生活中，我们天长日久建立起的纯朴友情，就像清醇的美酒一样醉人，佣人的友善是家中的温暖，邻里的情谊是世界的温暖。"①赛珍珠生活其中的中国人世界给予了她足够的文化亲情养分，以至于在接受诺贝尔奖这样举世瞩目的时刻，她仍念念不忘被她称为第二故乡的中国和中国人民，并为其呼吁、呐喊；在她魂归天国后，西土墓碑上也唯留下镌刻的"赛珍珠"3个篆书汉字，那是她对这片滋养了她40多年的古老大地和人民的终极叩拜。文化的认同促使她渴望共同滋养她的中西文化能摒弃偏见，相互借鉴，求同存异，和谐与共。

赛珍珠中西文化和合思想的形成还得益于她父母的价值观。赛珍珠的父母赛兆祥(Absalom Sydenstricker)和凯丽(Carie Sydenstricker)虽是虔诚的基督教传教士，但对待异族文化还是相当宽容开明的，他们认为包括哲学和宗教在内的中国文明都是值得尊重的，这在当时文化殖民意识浓郁的传教士当中算得上是异乎寻常。赛氏夫妇没有把家安在白人传教士圈子中，而是同中国人混居在一起，从一个侧面说明了他们对待异族文化的态度。"我有这样的父母，真是我的福分。我没去过租界内那种舒适而狭隘的生活，而是和中国人混在一起，在讲英语之前先学会了讲汉语，所交的第一批朋友也都是中国孩子……我能享受到这么多的欢乐，皆归功于我父母。他们沉静温和，对各个民族一视同仁……因此，我很早就从他们身上学会了如何评判

① [美]赛珍珠：《我的中国世界》，第19页。

一个人:看其品性和才智,而不看其种族和教派。① 家庭的熏染使赛珍珠从孩提时就明白种族没有优劣,文化没有高低,宗教信仰无所谓贵贱。赛珍珠在自传中倾诉:“我们以全球为家,为全人类而生存,没有敌人,也不恨任何人。如果我们没有恨,就必然逃避不了爱。”②正是这种平等博爱、视天下为一家的情怀奠定了赛珍珠文化和合思想的基础。

赛珍珠父母思想上的开明还体现在对子女的教育上,赛珍珠自小接受的是中西合璧的文化教育。她在接受父母系统的西方教育的同时,还接受父母为她延聘的孔先生的中国传统文化的启蒙教育。孔先生是一位饱读四书五经的晚清秀才,在孔先生的悉心传授下,“赛珍珠不仅熟读中国传统典籍,谙晓中国历史文化,还能写一手秀美的行楷书,操一口地道的官话,甚至能动手篆刻印章”。③ 早年的赛珍珠觉得自己就是个“中国人”,中国文化已内化为她的人格特征,作为中国传统文化核心的儒家经典思想对赛珍珠的行为和价值理念产生了极为深远的影响。赛珍珠在其《中国的历史和现状》(*China*:*Past and Present*,1972)一书中写道:“从孩提时起,孔子就影响着我的思想,我的行为,我的个性。孔子是我的参考系。”④儒家的“己所不欲,勿施于人”“己欲立而立人,己欲达而达人”的忠恕之道,“和而不同”的处世方式,“道并行而不相悖”的宽容态度,“万物并育而不相害”的和合相生理念等,都是构成她中西文化和合思想不可或缺的精神给养。

西方文化对赛珍珠的影响自不待言。身为传教士之女,浓郁的家庭宗教氛围使得作为西方文明象征的基督教文化溶入她的灵魂和血脉之中,“自由、平等、博爱”的基督精神强烈地塑造了她的个性和价值观。母亲系统的西方文化教育及四年正规的美国本土高等教育以及她自小孜孜不倦阅读的英美文学都使她不曾游离于本族文化之外。中西文化共育的背景使赛珍珠对中西文化内在的精神有着更为切实的把握,赛珍珠深刻体认到东西方的智慧从根本意义上是相通的。就东西文化核心的儒教与基督教而言,两者在根本精神上是共通的,都是指人性中自然的博爱仁美之心。然而中西文化间的差异也是客观存在的事实。赛珍珠写道:“中国的哲学思想总是关乎人类生活的组织和它与自然的关系。甚至中国的法律也是基于人性的和谐之上的,这与我们西方的法律系统相反,西方的法律系统是惩罚性的,而不

---

① [美]赛珍珠:《我的中国世界》,第18-19页。

② 同①,第293页。

③ 怡青:《美丽与哀愁——一个真实的赛珍珠》,东方出版社,2005年,第29页。

④ Pearl S. Buck. *China*: *past and present*. The John Day Company, 1972:75.

是人文主义的。"[①]赛珍珠认为"东西方人之间存在的最大不同表现在他们的思考方式上,而他们最大的相似之处是有着类似的感情,也就是说我们以不同的方式思考,我们以同样的方式来感受"[②]。我们从这段话中可以解读出她中西文化融合的思想。在赛珍珠看来,东西方文化的交流融合不存在不可逾越的障碍,因为东方人和西方人有着人类共通的情感,有着对是非善恶共通的体验,然而却有不同的看问题的角度、处理问题的方式,正因为东西方文化间存在的共通性和差异性,才使东西方之间的交流互鉴有其基础更有其必要性。赛珍珠同时意识到中西方文化之间极大的互补性,中国文化辉煌的艺术、哲学成就,完善的社会伦理体系等,西方的科学技术、民主自由的精神等等都值得彼此借鉴,互补长短,赛珍珠由衷地体认到"东方人、西方人,我们彼此需要"。[③] 中西文化的双重身份和独特的双焦透视使她既能入得其中,又能超然其外,以更独到和前瞻的眼光体认到中西文化融合共生的可能性和必要性。

19 世纪末 20 世纪初,作为西方文明基石和象征的基督教文化伴随着西方列强的殖民扩张开展了又一轮声势浩大的海外传教运动。而此时的中国内忧外患,国力衰微,民生凋敝,文化上已了无唐、汉雄风,这为基督教强行入华提供了绝好的历史机遇。[④] "中国人归基督"这句带有浓郁文化殖民主义色彩的传教名言在当时的西方传教士中甚嚣尘上。当时与传教士长期打交道的儒生王韬的一席话对入华传教士的跋扈作了形象的注脚"(西人)无不傲慢侈肆;其颐指气使,殊令人不可向迩;其待仆隶下人,频加呵斥,小不遂意,辄奋老拳。彼以为驾驭中国之人,惟势力可行耳,否则不吾畏也。"[⑤] 西方对基督教最激烈的批评者之一,乔治·桑塔雅那(George Santayana)对于海外布道有这样的认识:"一场布道就是一场无缘无故的攻击。它威逼利诱,发号施令,乱人心绪,悚人毛骨。"[⑥]以上两段文字互为佐证,淋漓地揭露了强势的基督教文明唯我独尊的霸权心态:对输入国本土文化的藐视和摧残,对其人民的肆意欺凌和侮慢。凡此种种激起了中国社会各阶层的强烈抵制和反抗,导致教案频发直至爆发震惊中外的义和拳运动和后来的南京事件。基督教与中土文化的对抗和冲突贯穿赛珍珠的整个成长过程和在华

① Pearl S. Buck. *China: past and present*. 65.

② Pearl S. Buck. *China As I See It*. 58.

③ Pearl S. Buck. *People, East and West*. Asia and the Americas, 1943:328 – 329.

④ 颜炳罡:《心归何处——儒家与基督教在近代中国》,山东人民出版社,2005 年,第 11 页。

⑤ 同④,第 208 页。

⑥ [美]彼得·康:《赛珍珠传》,第 16 页。

岁月，身为传教士之女、农业传教士之妻和传教长老会的一分子，她对基督教强行入华传教的本质有着极为清醒的认识和独到的见解，她抨击此行径是一种精神帝国主义："传教活动无异于想摧毁一种已历经许多世纪考验的文化"①，并对传教士野蛮霸道的传教方式给予了毫不留情的诛伐。"我亲眼见过鄙俗狭隘、尖酸刻薄、麻木迟钝、愚昧无知的传教士，浑身上下透着不可一世的傲慢……藐视任何别的文明，除了他们自己的；对旁人从不宽忍为怀；在感情细腻、温文尔雅的教徒中举止言谈愚钝。面对这一切，羞耻使我的心在滴血。仁慈的基督在上，我实在无颜向中国人民致歉，我们竟派了这种人去帮助他们！"②赛珍珠坚信真正值得为之献身的基督精神"应推崇通过公正、仁爱和宽恕的行为促使人与人之间的兄弟关系和同胞间的相诚相助"③，而不是以自身的宗教伦理观念去取代别国土长土长的价值观体系。赛珍珠以其在华亲历基督教与中土文化激烈碰撞，乃至你死我活交锋的切肤体验，深刻认识到文化霸权主义和基督教原教旨主义给中西方人民造成的严重后果——对输入国本土文化的摧残；阻断正常的异质文化交流通道；引发双方更大范围的对抗，对双方都造成了不可估量的损失。就中国而言，至少生出中国近代文化的两大悲哀：由痛恨列强而厌恶基督教，因为传教士被看做是日益强大的外国势力的一部分，而这股势力正使中国渐渐沦为帝国的臣民；由厌恶基督教而迁怒西学，因为由传教士承担的西学传播由于其在中国人心目中的丑恶形象而产生极为严重的负面效应。"前者扭曲了儒家与基督教正常对话的管道，后者则迁延了中国社会近代化之进程。"④就基督教传教活动而言，非但没有实现"中华归主(耶稣)"的殖民宏愿——在将近5亿的中国人中，教徒从未超过100万人，不仅如此，这些入教者大多是"衣食基督徒"，到20世纪中期，传教士的努力已趋白费；更由于其野蛮霸道的传教方式激起了中国人民激烈的抵制和排斥，导致流血冲突事件，赛珍珠本人及其家人就险些在此期间罹难。至于造成的潜在危害，赛珍珠有一段话颇耐人寻味："我又一次清楚地看到了历史的轨迹——从第一艘葡萄牙船沿亚洲海岸掳掠，到日本的飞机尽其所能地轰炸世界上最强大的西方世界——前边有因，后边有果，一步接着一步，历史就是这样前进的。"⑤赛珍珠的忧虑是有其深刻内涵的。因为在人类社会漫长的发展过程中，文明有

---

① [美]保罗·A·多伊尔：《赛珍珠》，第47页。
② 同①，第44页。
③ 同①，第17页。
④ 颜炳罡：《心归何处——儒家与基督教在近代中国》，第201页。
⑤ [美]赛珍珠：《我的中国世界》，第117页。

盛衰,国力有消长,没有哪一种文明可永保其霸主地位。倘若某一文明一旦得势,就霸权肆虐,欺凌四方,妄想以我族文化取代异族之文化,那么世界将永无宁日。赛珍珠深刻认识到,任何一种文明想藉国力之强势强行推销其文化价值理念,不仅有损本族文化的尊严,在道德层面遭世人诟病,也是对自身文明的异化和扭曲,更是对异质文化的摧残和侮慢,是对人类整体文明的亵渎。因此作为作家,赛珍珠以她手中的笔,以其影响力和毕生的心血,呼吁中西方文化在平等、尊重、宽容的基础上加强交流互鉴,取长补短,兼收并蓄,反对一切形式的文化霸权主义,共建一个和而不同、美美与共的人类文化大家园。

二、赛珍珠中西文化和合思想内涵

深受东西文化双重浸润的赛珍珠,以其独特的文化身份双焦透视中西文化,以灵魂和智慧感悟中西文化的真义、差异和共性,以毕生的跨文化创作和社会实践倡导、诠释其中西文化和合共生的理念。

坚持中西文化的自主性是赛珍珠中西文化和合思想的基础。在赛珍珠看来,文化的自主性是一个民族赖以生存、延续的根本。中国之所以为中国是因为有中国民族文化之根。一种文化失去了其民族性之基质也就失去了文化和合——"异质之和"的根本。坚守民族文化的自主性就是要对民族传统文化有一个清醒的认识,既不抱残守缺,退而守愚;也不崇洋媚外,迷失自我,而是树立理性的文化自信心,坚守传统文化真正价值之所在。赛珍珠对中国年轻一代对本国文化之价值缺乏应有的认识颇感痛心。她说:"今日的中国青年不再接受孔子智慧的教育。今天,也许这个国家对孔子不再熟悉,他在十几个世纪前花毕生精力从混乱中创造秩序,从不道德中创造道德来拯救它。然而,他的话是永存的,因为它们是真理,真理总有一天要胜利的。会有那么一天,孔子将回到他自己的国家。①21 世纪,儒学在中华大地的复兴见证了她的前瞻眼光。赛珍珠同时不无忧虑地指出:" 中国年青一代中,有很多人的思想似乎尚未成熟,他们的表现让人感到惊愕。他们既怀疑过去,抛弃传统,也就不可避免抛弃旧中国那些无与伦比的艺术品,去抢购许多西方的粗陋的便宜货……这的确是一个伤心的问题,中国的古典美谁来继承? 盲目崇洋所带来的必然堕落怎样解决?"②赛珍珠的忧虑道出了弱势

---

① [美]赛珍珠:《序言》,林语堂《中国人》,学林出版社,1994 年,第 10 页。

② [美]赛珍珠:《我的中国世界》,第 189 页。

文化普遍存在的现象。如果一个民族不能洞察本族文化的真正价值,就难以用客观理性的目光审视民族的传统文化,那么在与他文化尤其是强势文化的接触中就难免会滋生"文化自卑感",就难以有理性的判断力,学到的恐怕也就是些浮面的东西,也就失去了文化交流的真正意义。赛珍珠同时指出坚持文化的自主性还应包含反求诸己、自恶其恶之精神,自觉摒弃民族文化之糟粕。赛珍珠在其文学作品中不遗笔力地抨击了东西文化中存在的陋习和糟粕。赛珍珠在《同胞》(*Kinfolk*,1950)中提到梁博士回应西方人抨击中国裹脚的陋习时,以西人的束胸习俗反唇相讥道:"我们民族受到的伤害要比你们少,因为值得我们庆幸的是,我们妇女的脚里没有什么重要的器官!"[①]赛珍珠借梁博士之口说这番话的意图是明显的,坚守民族文化并不是抱残守缺,退而守愚,以他人之短粉饰己之短,而是应守其长而去其短。赛珍珠相信,只有各民族都坚守并张扬自身优秀的文化特色,为人类的整体文明贡献出其有价值、有特色的文化成果,这个世界才是多姿多彩、生机盎然的。

以平等、尊重、宽容为基础的交往原则是赛珍珠文化和合思想的基本准则,在赛珍珠看来,只有在此基础上中西文化之间才有真正的交流互鉴,取长补短,和谐与共。然而由于近代东西文化交流的阻隔和文化差异的客观存在,文化上的唯我独尊和相互鄙薄屡见不鲜。鉴于近代中西文化强弱的不均势和交流的不平衡,强势的西方文明所表现出的文化沙文主义尤为突出。文化沙文主义者极力鼓噪自身文化优于别的文化,所有与他们自身的规范、习俗、价值观、行为习惯相偏离的东西一律被视作低劣甚至是变态和不道德的。把自己的文化看做是地球上唯一真正的文化和文明。[②] 赛珍珠生活时代的美国染有严重的文化沙文主义的帝国通病,连第26任美国总统西奥多·罗斯福(Theodore Roosevelt)也公开把中国人描述成"不道德的、堕落的、一钱不值的人种"。[③] 面对西方文化沙文主义的盛行和中西文化交流的阻隔,赛珍珠用手中的笔打开了中国文化通往西方的大门。赛珍珠力图在其作品中向西方读者提供一幅客观的真实图景,将中国文化的不同层面放回到中国人的现实生活实际以及特定的中国历史语境中,让西方人看到其现实的迫切性和历史的合理性。[④] 在其代表作《大地》(*The Good Earth*,

---

① [美]赛珍珠:《同胞》,第85页。

② [德]马勒茨克:《跨文化交流——不同文化的人与人之间的交往》,北京大学出版社,2001年,第17页。

③ [美]彼得·康:《赛珍珠传》,第34页。

④ 姚君伟:《文化相对主义:赛珍珠的中西文化观》,第74页。

1935）中，赛珍珠紧扣中国农民的土地情结和家族制两条中国文化的主脉，以丰沛的笔力和饱蘸同情的笔触为西方民众谱写了一曲广阔的中国传统文化背景下的农民史诗，使西方读者能用一种尊重、同情、理解的心态来看待这个遥远的东方文明古国，从而体会到了这个有着5000年文明积淀的民族博大雄浑、深邃醇厚的民族特质。赛珍珠的这一努力是卓有成效的。让我们来重温斯德哥尔摩天文台台长在赛珍珠接受诺贝尔奖之际对她的褒奖吧。“赛珍珠女士，你在你的具有高超艺术质量的文学作品中，促进了西方世界对人类的一个伟大而重要的组成部分——中国人民的了解和重视。你通过你的作品使我们看到了人民大众中的个人。你给我们展示了家族的兴衰以及作为这些家族基础的土地。在这方面你教会我们认识那些思想感情的品性，正是它们把我们芸芸众生在这个地球上联系到一起，你给了我们西方人某种中国心。”①

同时赛珍珠也看到以强大的器物为载体的西方文化总是以一种居高临下的姿态恣意张扬其文化优越感。而在赛珍珠看来文化是一种深刻而复杂的东西，承载着太多的内涵，不能仅以经济之强弱、国力之盛衰来评判文化之优劣。基于这种体认，在这个以“西学东渐”为主旋律的时代，她自觉担当起“东学西渐”的使命。赛珍珠写道：“中国的文化比任何一个欧洲国家都更源远流长。”②“扎根在土地上的中国人是强大的，富有活力的，讲究实际的，没有什么能将他们摧毁。只有没有头脑的人才会对他们视而不见，只有愚蠢无知的人才会蔑视他们。”③赛珍珠同时也体认到一种文化能否以平等、尊重、宽容的心态善待他文化也标示着其自身文化能否持续健康发展，因此她对美国文化中普遍存在的对外族的冷漠以及对与他文化交流缺乏热情忧心忡忡。“有一件事，我过去不理解，现在仍然不能理解，那就是美国人明显地对其他国家和人民缺乏兴趣或好奇心……然而，由于我们不知道，也不理解其他民族，特别是亚洲民族，灾难性的后果已经产生了。”④赛珍珠一针见血地指出文化上的唯我独尊到头来危及的是自身文化的生存与发展。因此赛珍珠竭力倡导中西方文化抛弃彼此的成见和偏见，加强交流沟通，增进理解，在平等、尊重、宽容的基础上利己利人，达己达人。

多元文化的“和而不同、和谐共生”是赛珍珠中西文化和合思想的内核。

---

① ［美］赛珍珠：《大地三部曲》，第995页。

② ［美］赛珍珠：《我的中国世界》，第115页。

③ Pearl S. Buck. *China As I See It*. 9.

④ 同②，第102页。

"和而不同"的和合理念是中国传统文化的核心观念之一。孔子有名言"君子和而不同,小人同而不和";《中庸》亦道"和也者,天下之达道也";《周易》说"保合太和,乃利贞";《国语·郑语》中周太史史伯提出"和实生物,同则不继"。中国先哲们认为"和"是事物的源头活水,是形成世间万事万物的本体,也是一切事物存在、生存和发展的一种最佳状态。① "和"是在承认事物千差万别的多样性和差异性的前提下,把有着千丝万缕联系的异质异形的事物统一于一个相互依存的和合体中,"以他平他"(《国语·郑语》),彼此相克相生,相济相成,世界才能多姿多彩,万物才能生生不已。"以同裨同"(《国语·郑语》),同一事物毫无差异的简单累加、近亲繁殖,泯灭了事物的个性和差异,无疑会阻隔不同事物间取长补短、优势互补,从而扼杀世间万物的生机和活力,世界也将会一派荒芜和死寂。赛珍珠对中国传统文化的和合理念有着极为深刻的认识,她指出"和谐是中国文明的关键词"。② 赛珍珠把中国文化中"和而不同"的认识扩大到了中西文化的和合共生上来。在赛珍珠看来,中西文化都是人类文化中的"一元",都有其不可替代的个性和价值。她在"中国之美"(Beauty in China,1938)一文中写道:"我又一次陷入了对美的冥想之中。寻找世界万物的可爱之处,思考各个民族的天性是怎样以不同的美的方式自然流露出来的,这一直是我引以为乐的事情。"③赛珍珠坚信人类社会的任何一种文化都是以其特有的方式表现其特定的生产方式、生活习俗、思维方式、历史承载,体现着人类的智慧、尊严、良知和价值,都是值得全人类尊重、借鉴和珍视的。文化的"和合"并不意味着一种文化放弃自身的特质与他文化合而为一,也并不意味着一种文化独步天下,一统之"和"。"和合"是在平等、尊重、宽容的基础上求同存异、取长补短的"协调和谐,美美与共"。异质文化的和合相生常会催生强大的新的生命活力,而单一垄断的文化只会导致人类文化的整体萎缩乃至衰微。赛珍珠在《东方人、西方人》(People,East and West,1943)一文中谈到中世纪时西方文明敞开胸怀接受东方文明的哺养,吸收并融合了东方文化之精华是促进西方文明复兴一个不可或缺的重要因素,如果当时没有异质的东方文明的滋养,我们完全可以相信西方文明在黑暗中摸索的时间会更长。遗憾的是,当时的中华文明藉其强盛的经济和文化实力拒绝了复兴后的西方文化的反哺,得不到异质文化的滋养是近代中华文化衰落的一个不可忽略的

① 许嘉璐,胡军,等:《和合文化传统与现代化》,人民文学出版社,2006 年,第 28 页。
② Pearl S. Buck. *China As I See It*. 89.
③ [美]赛珍珠:《我的中国世界》,第 183 页。

因素。异质文化“和合”则兴，反之则衰。因此尊重文化的个性和多样性，倡导异质文化的和合共生，以开放的胸襟来融汇各族文化之优长，做到美美与共应是全人类不二之选择，也是人类应有的慧识。也只有在美美与共的基础上人类社会才能实现“天下大同”即天下太和之人类终极理想境界。赛珍珠倡导无论是近现代高度发达的西方文化，还是近代以来处于弱势而源远流长的东方文化都应以更理性和智慧的眼光加强东西方文化的交流互鉴，取长补短，共创一个美好和谐的人类文化生态家园。为此理想，赛珍珠在其《东方人、西方人》一文中由衷呼吁东西方人民相互理解，达成共识，敞开所有的通道，发挥每一份智慧，穷尽一切方法和途径。

21 世纪的人类社会，“全球化”是一个无法避免的问题，也是一个不可抗拒的趋势，能否建构一种全球文化和合共生的文化价值体系，关乎全人类的命运和福祉。而赛珍珠的中西文化和合思想对今天政治、经济、文化发展依然极不均衡，而全球化铺天盖地之时的人类社会不啻是一个极有价值的借鉴资源。她所倡导的文化自主，平等、尊重、宽容的交往原则，文化的和合相生等都是我们当今建构全球和合共生的文化体系不可或缺的要素和指向。与人类休戚与共的家园只有建立在和谐、合作、互补、互惠的原则之上，自觉抵制和摒弃文化霸权主义，尊重文化的多样性和个性，以“己所不欲，勿施于人”“己欲立而立人，己欲达而达人”的推己及人的“全球意识”，才能共创一个“和而不同，美美与共”的人类文化生态环境，也只有在这样的文化环境下，各族人民才能和衷共济，最大程度地发挥各族文化的智慧、优势和潜力，取长补短，互惠互利，共同应对人类面临的危机和挑战，共谋和谐发展，共创人类更美好的明天。

（本文原载于《江苏大学学报（社会科学版）》，2008 年第 4 期）

赛珍珠:一位文化边缘人

郝素玲

从历时的角度看,赛珍珠作为美国最早获得诺贝尔文学奖的女作家,其作品显然没有受到学术界应有的重视。那么,就"赛珍珠及其作品为什么被排斥在经典之外"的原因,诸多批评家提出了各种解释,归纳起来,大致有以下4种:第一,赛珍珠作品良莠不齐;第二,赛珍珠是畅销书作家;第三,赛珍珠处于现代派的边缘;第四,赛珍珠所写的是外国文化。① 本文试图对这4种不同的观点作简要分析,然后,希望能够在全球化的语境下,从中美两种文化的立场出发,引入"文化边缘人"的概念,从一个新的角度去理解和看待赛珍珠及其创作。本文所谓的"经典"有其特定所指,即文学史。因此,本文所要探讨的实际上就是"赛珍珠为什么没有能够进入到美国文学史"的问题。

首先,我们来看看赛珍珠作品的质量良莠不齐的问题。其实,不仅是批评家,就连赛珍珠本人也对自己作品的质量不均衡有着清晰的认识。她在晚年曾提到自己写得太多,作品质量确实不均衡。实际上,任何一个作家都不可能字字珠玑,篇篇经典,部部流传。所以,虽然说赛珍珠被排斥在经典之外有其作品质量不均衡的原因,但其以偏概全或是不甚合逻辑之处也是显而易见的。道理很简单,如果以此为理由来将其排斥在经典之外的话,那么,我们该怎样评价其他作家,比如海明威、福克纳呢?这些作家同样出版

---

① Lipscomb, Elizabeth J., Frances E. Webb and Peter Conn, eds. *The Several Worlds of Pearl S. Buck.* Essays Presented at a Centennial Symposium, Randolph Macon Woman's College, March 26 - 28, 1992. Greenwood Press, 1994. 郭英剑:《赛珍珠评论集》。

过不成功的小说，但却并没有被排斥在经典之外。要求一个作家的所有作品都是杰作显然是过分的。赛珍珠被严肃的批评家们忽略了几十年，但起码她的三部作品——《大地》《背井离乡》和《战斗的天使》在获奖之时就已经被公认为是有着无可争议的重要性。为什么当时以及后来的批评家连这些重要的作品也都一概忽略不计了呢？

其次，赛珍珠为批评家所忽略的另外一个重要原因是说她是位畅销书作家。人们常常以为，畅销书作家及其作品的生命力是不会长久的。但是，赛珍珠绝不是一般意义上的畅销书作家，她既没有为了大众所谓的愉悦而专注于暴力、性爱、罪犯等主题，也没有钟情于人性、温情、花前月下等。大家在说到赛珍珠是个畅销书作家的时候，只不过是在说她的作品卖得好，作品受人欢迎，如此而已。作为畅销书作家，赛珍珠名利双收，这是一个不争的事实。但这不能成为她被排斥在经典之外的理由。古今中外的历史上，大作家在生前名利双收者大有人在。仅就美国而言，我们就可以列举出像海明威、菲兹杰拉德这些早就进入了美国文学经典之中的“大人物”。用作品是否畅销来衡量一名作家而不是去看其作品的质量来决定其作品能否被选入经典，恐怕是有失准则的。

再次，当人们解说赛珍珠不被人接受的时候，常说她是个传统作家，只坚持现实主义的创作方法，而对现代派不了解甚至排斥。众所周知，20 世纪是文学批评的世纪。尽管有人认为早在 19 世纪 50 年代就出现了现代派，但毫无疑问的是，只有到了 20 世纪，现代派才找到了自己生长的土壤。因此，我们在 20 世纪看到的是波澜壮阔的现代主义的文学思潮、文学运动，以及应运而生的一大批现代派作家。这些现代派作家的作品受到了批评家们的广泛关注，甚至改变了读者和批评家们的审美趣味与价值判断的标准。在 20 世纪前半叶，似乎只有现代派作家才受读者与批评家的青睐。无疑，赛珍珠作品的取材不同于那些“伟大的”“经典的”和白人男性的现代派作家们。这或许成了赛珍珠不被新批评家们所接受的一个原因。我们知道，现代派批评家不仅为文学价值和意义的标准下了定义，还为文学的标准下了定义，基于此，面对代表着与传统决裂的现代派，处于摆脱了欧洲文学传统的新的文学创作环境之中，并不改变自己写作主题与风格的赛珍珠受到排斥就在情理之中了。但随之而来的问题是，无论是在当时还是在后来，有很多作家并没有成为现代派，甚至依然坚持其传统的现实主义创作却依旧被纳入到了文学经典之中，比如辛克莱·刘易斯等。这又该作何解释呢？

最后一个解释赛珍珠受冷落的原因是说，赛珍珠的写作对象是外国文化。其实，仅仅说赛珍珠因为写外国文化而遭排斥，显然有些勉强。因为，她不是第一个也不是唯一的一个钟情于外国文化的美国作家。仅在她生活的时代,就有大批的作家离开美国前往欧洲。这些作家对第一次世界大战后美国文化中流行的物欲感到极其失望,因此飞越重洋到了欧洲,如斯坦因、庞德、T·S·艾略特、E·E·卡明斯、菲兹杰拉德、海明威等。这些人并不认同自己的国家,像斯坦因、庞德和艾略特的创作都是以欧洲文化为主题的。还有一个更具代表性的美国作家亨利·詹姆斯,他作品的主题被称为"国际性主题",而不是"美国主题"。在这些作家的创作里,外国文化没有成为使之进入经典的障碍。但到了赛珍珠,一切似乎就不同了。是不是因为上述作家作品里的外国文化更多的是西方文化,也即与美国文化同源,而赛珍珠所写的是与西方文化迥异的东方文化呢?这种说法,似乎也难以成立,因为在上述众多作家之中的庞德就是个例外。作为美国意象派的创立者和代表人物,庞德创作的来源之一就是中国的汉字以及中国文化。再说,如果说赛珍珠真的是由于那些受过良好教育的西方人不了解中国文化而对其创作有所排斥才受到冷遇的话,那么,责任在谁就再清楚不过了。然而,如果我们再进一步深入追问的话,似乎同样无法解释清楚的一个现象就是:与林语堂相比,赛珍珠所受到的冷遇更是令人不可思议。众所周知,由于用英文创作《吾国吾民》而在美国享有盛名的中国作家林语堂,其在《美国哥伦比亚文学史》上被提到的分量要远远超过赛珍珠。而特别具有反讽意味的是《吾国吾民》就是由赛珍珠作的序。如果我们可以说林语堂是从中国人的视角来感受美国世界,而赛珍珠是从美国人的视角来感受中国人的生活的话,那么,我们又该对赛珍珠所遭受到的这种排斥作出怎样合理的解释呢?

应该说,上述结论虽然对我们深入了解赛珍珠不无帮助,但依旧没有完全揭开"赛珍珠现象之谜"。比如,为什么中西方在多元文化主义盛行的今天才开始去解读赛珍珠?

其实,早在20世纪70年代,当女权主义运动风起云涌的时候,赛珍珠就应该成为一个被重新发现的作家了,然而令人遗憾的是,这种现象却没有出现。我们看到,20世纪70年代和80年代的女权主义批评文献中见不到赛珍珠的踪影。一句话,在女权主义运动风行的时代及其以后,赛珍珠仍然被置于经典之外。对女权主义者来说,"经典"指的是那些传统文化研究中的文学"杰作"。正如一些女权主义者所说的那样,所谓的"经典"肯定是男性家长制下的产物,只要看看它选择的为数极少的女性作家,就可以得出这

样合情合理的结论了。[①] 从逻辑上讲，敏感的女权主义者不可能不用她们能说服人的理论来探讨赛珍珠这样的女作家。因为多伊尔说得对，大多数男性批评家和老师们都心照不宣地对把诺贝尔文学奖这样一个极高的奖项颁发给赛珍珠而感到愤愤不平。[②] 但令人遗憾的是，不知是有意还是无意，这些女权主义者同样忽视或是忽略了赛珍珠。《美国哥伦比亚文学史》中有一章"女性作家"，是由著名的女权主义者伊莱恩·肖恩沃特(Elaine Showalter)撰写的。她只给了赛珍珠两行字的空间。[③] 这其中的原委是很值得研究的。

回顾对赛珍珠的批评，我们可以发现，分析"赛珍珠现象"如同分析中国或美国一样复杂。今天，经历了传统与现代派的"经典"受到了各方面的挑战。作为女权主义者和多元文化主义者，被忽略了50多年的赛珍珠在一定程度上恢复了声誉，然而，前景如何还难以预料。

实际上，我认为，赛珍珠是不是"经典"本身并不重要——赛珍珠似乎从来就没有"经典"过，即便是在当代的"反经典"的时代，她也没有"有幸"被列入其中——重要的是，她是否属于重要的严肃作家之列。在赛珍珠生活的年代以及今天，人们(包括诸多的学者)总认为赛珍珠是个重要人物而非重要作家，她的声誉来自她的社会活动，而非她的文学创作。在美国，也就是在最近几年，一些批评家看到了赛珍珠和她的作品，特别是看到她收养儿童而为美国社会所作的贡献，才开始探讨赛珍珠没有受到公平对待的原因。宾夕法尼亚大学的彼得·康教授就是个典型的例子。这位写了美国文学史后才了解赛珍珠的美国知名教授承认，他认识赛珍珠以及后来写《赛珍珠传》，都缘起于对于赛珍珠作为社会活动家的认识。[④] 这不能不让人感叹赛珍珠身世及其创作的复杂性。

那么，该如何认识赛珍珠这类作家呢？在这里，我想提出"文化边缘人"的概念，这有助于我们认识和理解赛珍珠之类的作家及其文学创作。

所谓"边缘"，即外围、周边，是"中心"的反义词，它指的是不被包括"在内"的少数人乃至少数族。所谓"文化边缘人"，是指位于两个文化群体之间的人，他们是文化冲突中的新生派，同时拥有两种文化，却(自认为或是被别人认为)不完全属于其中任何一种。对于"文化边缘人"来说，边缘化是

① Humm, Maggie. *The Dictionary of Feminist Theory*. Ohio State University Press, 1990:38 – 39.

② Doyle, Paul. *Pearl S. Buck*. Twayne, 1965:149 – 151.

③ Elliott, Emory, ed. *Columbia Literary History of the United States*. Columbia University Press, 1988.

④ Peter Conn. *Pearl S. Buck: a Cultural Biography*. Cambridge University Press, 1996.

一种生活方式。他们最突出的特点是与众不同。他们是从外围的、外在的、双重的甚至是多重的视角去观察社会、体味人生、描写世界。他们通常奉献于两种(或者更多)不同的世界,同时拥有两种(甚至更多的)价值观。他们是两种文化之间乃至多种文化之间的桥梁。因为有了更为宽阔的视角,所以他们往往更客观、更公平,因而也就能对消除文化误解和瓦解种族主义起到重要作用。然而,“文化边缘人”的尴尬之处也在于此,因为自己的文化归属不清,对来自双方(乃至多方)的文化有了更多的了解,更容易站在对立面去思考问题甚至对一方文化提出批评,因而,他们总是处在文化冲突的尴尬地带,甚至不为双方所接受。如果真要他们去作选择的话,他们却不一定知道要选择哪一种文化。赛珍珠的第一部小说《东风·西风》中桂兰的话,颇能说明“文化边缘人”所处的境地:“他(婴儿)将要创造自己的世界。他既不纯粹属于西方,也不纯粹属于东方,他不会被双方接受,因为没有人理解他。可我认为,如果他拥有他父母的力量,他就会理解两个世界,并且克服这个障碍。”①但我们可以说,“文化边缘人”的思想乃至行为都具有超前性,甚至领先于时代。

赛珍珠就是这样一个具有超前意识并领先于时代的“文化边缘人”。她把中国和美国两种不同的文化和价值观融合在了一起,她同时带有两种迥异文化的烙印,可又不特定地属于其中任何一种。她经常说,自己独特的中美文化背景为她提供了“双视角”,即她能够运用两种文化各自的特点来解读和理解它们。在社会和文学领域,她不为中美双方的批评家所接受,可对于文化冲突,她拥有更强的理解力和接受力。作为作家,她要展示的是中国同西方文明的接轨,展示从旧世界到新世界变革中的中国。赛珍珠站在了她那个时代的前列,也站在了我们这个时代的前列。她既是女权主义者和反种族主义者,又是人权主义者和多元文化主义者。拉布这样评论赛珍珠,“作为人权主义者,她公开坚持谈论由于出生缺陷或者种族混合而引起的儿童残疾问题,而且也鼓励别人这样做。作为非官方外交家,她通过自己的作品和她建立的促进东西关系的机构把美国介绍到了亚洲,这一点甚至影响了政府。最终,她在种族主义、科学道德和性别主义方面的观点使她成为了人权方面、反核武器和女权运动的先驱。确实,在很多方面,赛珍珠都站在

---

① Pearl S. Buck. *East Wind: West Wind*. Moyer Bell, 1930: 239.

了时代的前沿。”①

那么，从理论上讲，提出“文化边缘人”的概念有什么意义呢？我想，它至少可以使我们更为清晰地认识赛珍珠的生平、创作和她在文学史上的地位。比如，就赛珍珠与宗教教派决裂一事来说，我们就可以明白她为什么会痛斥那些传教士“孤陋寡闻……不会欣赏外族文化，也不能理解其他宗教”而被福音教派开除了；②同样我们也可以明白，她为什么会长期致力于宣扬中美两种文化之间的沟通和理解而矢志不渝。其次，就其文学创作而言，我们可以理解她为什么会既有早期的涉及东西方文化冲突和交流的《东风·西风》，又有后来更有深度的关于中西文化遭遇的长篇小说《同胞》和《群芳亭》了。③ 再次，我们既可以理解她为什么会被排斥在经典之外，同时也可以借此重新界定她在文学史乃至文化史上的地位。我想，这就是提出“文化边缘人”概念的意义所在。

赛珍珠的地位正在逐步上升。“当前学术界对多元文化的关注肯定会重新引起人们对赛珍珠优秀作品的兴趣，因为她是个地地道道的多元文化者。”④现在是正确审视赛珍珠的时代。“二十世纪末，亚洲和西方在努力打破阻隔双方的障碍，赛珍珠的作品显然将会成为逐渐、甚至迫切受到关注的主题。”⑤

作为“文化边缘人”的赛珍珠是一名严肃的作家，其所以被排斥在经典之外，完全是由其处于文化边缘所造成的。赛珍珠超越时代的创作应该在多元文化主义盛行的今天受到应有的重视。

（本文原载于《江苏大学学报（社会科学版）》，2004 年第 1 期）

---

① Rabb, Jane M. Who's Afraid of Pearl S. Buck? Lipscomb, Elizabeth J., Frances E. Webb and Peter Conn, eds. *The Several Worlds of Pearl S. Buck*. Essays Presented at a Centennial Symposium, Randolph Macon Woman's College, March 26 – 28, 1992. Greenwood Press, 1994.

② Conn, Peter. *Pearl S. Buck: a Cultural Biography*. 170.

③ 郭英剑：《抒写“海归派”知识分子的发轫之作——论赛珍珠的长篇小说〈同胞〉》，《江苏大学学报（社会科学版）》，2002 年第 3 期。郭英剑，于艳平：《寻求女性个体生命的意义——论赛珍珠的〈群芳亭〉》，《镇江师专学报（社会科学版）》，2000 年第 2 期。

④ 同①。

⑤ 同②，第 1 页。

“异乡人”身份和“边缘人”人格的赛珍珠

仲鑫

赛珍珠以《大地》三部曲和她为父母写的传记《奋斗的天使》(*The Fighting Angel*)和《异乡人》(*Exile*),获诺贝尔文学奖,享誉世界文坛。其实赛珍珠本人也是“异乡人”,更确切地说,是有“边缘人”人格的“异乡人”。迄今为止,对赛珍珠的讨论多为文学、史学和中美关系方面的,大家仁者见仁、智者见智。本文只想从社会学的角度,用德国社会学大师齐美尔(Georg Simmel)的“异乡人”概念和美国芝加哥社会学学派帕克的“边缘人”概念对赛珍珠现象进行分析和探讨。

一、赛珍珠:一个在中国的“异乡人”和“边缘人”

“异乡人”(stranger,也译作“外来人”)的社会学概念首创于德国社会学家齐美尔,齐美尔对于“异乡人”作了这样的定义:“异乡人不是今天来明天去的漫游者,而是今天到来并且明天留下的人,或者可称为潜在的漫游者,尽管没有再走,但尚未忘却来去的自由。”这样异乡人固定在一定的空间范围之内,但他在其中的位置却又非常特别,因为他最初并不属于其中,还带来了其中原先没有的特质。[①] 在这种意义上,赛珍珠是一个“异乡人”,因为她在出生后不久就被传教士父母带到中国,并在中国生活了近40年,说中国话,吃中国食物,听中国故事,看中国小说,上中国先生的课,玩中国的游戏,还目睹了中国婚丧嫁娶等各种人生仪式,甚至会用中国的国骂。然而由

① [德]格奥尔格·齐美尔:《现代性的诊断》,成伯清译,杭州大学出版社,1999年,第131-137页。

于外貌和种族与中国人截然不同,赛珍珠一直以“异乡人”的身份生活,从她给母亲凯丽写的传记《异乡人》中,我们可以看到,凯丽是一个“异乡人”。而赛珍珠之所以对凯丽的“异乡人”身份体会得如此深刻,就是因为作为“异乡人”的女儿,赛珍珠也继承了“异乡人”的身份并且遭遇到“异乡人”的处境,从而具有“异乡人”的特点。作了定义之后,齐美尔又说到,在“异乡人”的身上,体现了人际关系中远与近的统一;关系中所蕴含的距离,表明近在身旁的人是遥远的,而这种外来性,又表明遥远的人却近在眼前。从赛珍珠的传记和小说中,我们不难看到这种“远与近的统一”在她身上的体现。在给母亲凯丽写的传记中,赛珍珠写到母亲凯丽对故乡美国的深切怀念之情,母亲经常给儿女们讲美国的故事,教他们唱美国歌。凯丽虽然身在中国,但心一直在美国。美国虽然遥远,但仿佛近在身边,而中国是她所不熟悉的,所以凯丽对中国总有一种陌生感。在凯丽的诉说中,遥远的美国在小赛珍珠心中不再遥远,美国建国英雄的故事和凯丽对美国民主与文明的美化都深深印刻在小赛珍珠的脑海中,而且赛珍珠一家仍然保持着美国式的生活习惯,蒙哥马利·沃德邮购商品目录将赛珍珠一家和遥远的美国联系在一起了。所以虽然是生活在中国的大地上,赛珍珠接受的却是美国的价值观念,在一些特定的情况下,她甚至比美国人更美国人。虽然赛珍珠的童年是在中国的镇江度过的,但是这并不影响她美国式的思维方式的形成。凯丽对遥远美国过分美化的描述与赛珍珠所看到的中国当时落后的实际情况的对比,更强化了赛珍珠心中的美国的优越地位,在小赛珍珠心目中,美国几乎是完美的。赛珍珠在许多场合都说美国是她的母亲,中国是她的父亲,而我们知道赛珍珠对父亲只有敬畏而缺乏热爱,她一直认为赛兆祥不是一个称职的父亲,赛珍珠真正热爱的是母亲凯丽,她一直将自己说成是凯丽的女儿。从她将中国比喻成父亲、将美国比喻成母亲的这种文学手法中,我们也不难读出其中的隐喻意义,中国和美国在她心目中孰轻孰重是不言而喻的了。远与近的距离感在赛珍珠成年后体现得尤其明显,从两个例子中可以看出来:一个是她对朋友之间的金钱的态度。林语堂和赛珍珠曾一度是好朋友,赛珍珠帮了林语堂许多忙,林语堂的许多著作都是在赛珍珠的丈夫约翰·戴伊(John Day)的出版社出版的,因为是友人的关系,当时并没有签合同,也没有请经纪人,直到后来,林语堂才发现出版社把海外版和翻译版版税抽去了50%,而不是惯例的10%,因为此事,两人的关系很僵(当林语堂因为发明中文打字机而几乎倾家荡产时,林语堂曾向赛珍珠求助,而赛珍珠拒绝伸出援手)。虽然赛珍珠与林语堂的分歧还有政治上的原因(当时,林语堂是蒋介石的积极支持者,他对蒋介石充满幻想,而赛珍珠对蒋介石则有着清醒的认识)，但赛珍珠绝不是小气鬼，相反，她是热心公益的慈善家，而从这件事情上，我们可以看出赛珍珠的美国价值观，即钱是钱，人是人，朋友的钱照样可以赚。第二个例子是赛珍珠在晚年和斯诺的辩论，赛珍珠告诫斯诺说："当前你必须在共产主义中国和自己的祖国之间作出抉择。"斯诺说："我是一个新闻记者，只要我活着，新闻就在中国。"赛珍珠则说："我必须选择自己的国家，现在美国人比中国人更需要我工作。"①虽然赛珍珠的前半生是在中国度过的，中国的经历是她得以成功的原因，但赛珍珠骨子里是一个美国人。

不仅母亲凯丽有"异乡人"的"远与近的统一问题"，同样是"异乡人"的父亲赛兆祥也有这样的情况，在为父亲写的传记《奋斗的天使》中，我们可以看到，虽然赛兆祥不像凯丽那样把美国天天挂在嘴上，但是他也有亲疏远近的心理距离位置问题：他对于中国普通的老百姓却比对自己的亲人更热心。在外面，赛兆祥是一个热心的传教士，充满激情；而在家里，赛兆祥却是一个冷漠、阴沉和自私的人，对自己的家人漠不关心，"他和妻儿的距离感将他隔在赛珍珠和凯丽的亲密的小圈子之外"，"在赛珍珠最早的记忆中，他与其说是像个爸爸，不如说像个幽灵似的陌生人，一个在家庭里相当模糊的角色"。② 这一点，赛珍珠在某种程度上也继承了下来，在成为慈善家之后，"她执着于整个人类的福利事业，却不能回报亲朋好友(包括自己的子女)的爱"，收养的孩子中年龄最大的珍妮丝承认，赛珍珠公务太多，往往顾不上家里的人，珍妮丝回忆说："不错，她满足了我们的物质需要，但是往往没有时间来满足我们的心理需要……即使她抽得出空来陪我们，我也觉得她像是另一个世界的人，不了解日常性的家庭生活"，"赛珍珠养成了自力更生的习惯，随之也失去了周围人们可能给予她的爱……她知道自己无法满足别人对她的感情要求，她可以用工作繁忙来托词"。③ 在赛珍珠的文学作品中，这种对亲人的疏离体现在《群芳亭》中，小说中的吴太太在赛珍珠笔下是一个完美女性，但是她对丈夫和子女都没有真正的热爱，她只是从自己自私的角度出发，满足他们的物质需要。

在论述了"异乡人"的距离感之后，齐美尔继续写到，外来人具有独特的客观性，这种客观性也可以界定为自由，这种自由能使外来人以俯视的姿态来体验和处理各种关系。这种客观性在赛珍珠身上也有明显的体现。和林

---

① 姚锡佩:《〈大地〉和〈西行漫记〉——赛珍珠和斯诺》，郭英剑《赛珍珠评论集》，第322页。

② 同①，第26页。

③ [美]彼得·康:《赛珍珠传》，第201页。

语堂相比,赛珍珠对蒋介石的认识就非常客观,她在20世纪30年代到50年代期间对中国的问题认识也非常地公正。她认为,蒋介石的政府不是代表人民的政府,政府里充满了贪官污吏,并认为,在当时只有中国共产党才能救中国。正是基于这种客观,赛珍珠才写下了《大地》,向世界客观地介绍中国,并认为中国的根本问题是农民问题和土地问题。也正是出于要客观展示中国的文化和报道中国的实况,赛珍珠才邀请林语堂写《吾国与吾民》,并在《亚洲》杂志上刊登斯诺的《西行漫记》。在论述中美关系时,由于其独特的视角和生活经历,赛珍珠在思考中美关系时总是从美国和中国两种角度、两个实情出发:如1943年她在论中美关系时,站在美国的立场说美国人对中国人一直非常友好,没有参加瓜分中国的行为,并且提出了"门户开放"而保住了中国的完整;美国还派了大批传教士来华,给中国许多物质援助,所以美国人认为中国人忘恩负义。站在中国的角度,赛珍珠又说,美国所给的"帮助"并不是中国所需要的,中国人不喜欢自以为是的传教士,美国给中国的物质援助都给蒋介石的高层官僚贪污掉了或是用来打内战。赛珍珠又进一步说,美国仍然在给侵略中国的日本出售军火,在满洲里问题上没有坚定地支持中国,美国的"租借法案"对中国没有什么用处。①

从身份上来看,赛珍珠是"异乡人",但仅仅是"异乡人"并不能解释赛珍珠一生的漂泊感和孤独感。因为赛珍珠不仅是一个"异乡人",更是一个"边缘人",所以用"边缘人"的特点来分析赛珍珠也许更能解释"异乡人"理论的不足之处。齐美尔意义上的"异乡人"并不渴望被吸收和同化,齐美尔也只强调了"异乡人"的积极方面,因为在写"异乡人"过程中,齐美尔颇有一种夫子自道的意味,因为齐美尔本人也是"边缘人",从民族上来说,他是生活在德国的犹太人,从职业上来说,他是学院里的局外人:1885年齐美尔获得了柏林大学编外讲师的资格,虽然他才华横溢,是当时讲课讲得最精彩的老师之一,大量学生、寻求知识的人甚至外国游客都去听他的课,但是这种编外讲师的职位并不能从校方获得任何工资,收入全靠听课学生缴的学费,处于大学等级制度的最底层。虽然在1900年之前,齐美尔在学术上取得了很大成就,有6本著作和70多篇文章,但由于德国的大学中排犹氛围和同事的嫉恨,齐美尔在学术上一直没能得到提升。直到1901年,当齐美尔43岁时,他才被提升为副教授,而且这只是一个空名,他仍然被排除在学术委员会的一切事务之外,依然没有改变局外人的命运。②

① Pearl S. Buck. *China as I See It*.

② [德]格奥尔格·齐美尔:《现代性的诊断》,第6-12页。

20 世纪 20 年代，"异乡人"理论在芝加哥社会学派的帕克身上得到了进一步发展。帕克第一个将齐美尔的"异乡人"译成英语，并写了一篇文章《人类的迁徙与边缘人》(Human Migration and Marginal Man)发表在 1928 年 5 月份的《美国社会学杂志》(*The American Journal of Sociology*)上。在文章中，帕克提出了他的"边缘人"概念。帕克认为，边缘人是一种新的人格类型，是文化的混血儿，边缘人亲密地生活在两种不同的人群中，并亲密地分享他们的文化生活和传统。他们不愿和过去以及传统决裂，但由于种族的偏见，又不被他所不融于的新的社会完全接受。他站在两种文化、两种社会的边缘，这两种文化从未完全互相渗透或紧密交融。帕克认为解放了的犹太人是典型的边缘人，因为从犹太人的自传中，人们可以看到同化是如何在一个个移民个体身上发生作用的，这些自传中所体现的文化冲突，是"分裂的自我"的冲突，是新我和旧我的冲突。这种冲突往往一直持续下去，成为永久的冲突，伴随移民的一生。帕克又说，边缘人多多少少是"异乡人"。①

让我们回到赛珍珠主题上。首先，赛珍珠是"异乡人"，其次，赛珍珠又是"边缘人"。赛珍珠在中国生活了近 40 年，这 40 年里，她在中国人中长大，受到中国文化的熏染，中国的小说给她后来的创作提供了许多技巧和启发。在《大地》中，我们可以看到中国说书人的叙述方式；在《分家》中，我们可以看见《水浒传》中的打家劫舍。在中国的生活经历，培养了她和中国人一样的情感，在看戏时，小赛珍珠"发现她自己也在为(中国人)大举歼灭红毛鬼子感到欢欣鼓舞"。② 在感情上，小赛珍珠认同中国，把中国看成是自己的国家，虽然她知道远在大洋彼岸的美国才是她的祖国。她爱吃中国菜，爱看中国戏，她常和她家的佣人一起吃饭，并且习惯了当地菜肴的口味。但似乎中国人并没有拿她当自己人看待。即便是友善的中国人也仍然把她看做是一个金发外国人。如果在平常，这种排斥还不明显，那么赛珍珠一家在义和团运动中的经历则可以做一个证明。在义和团运动期间他们一家虽然没有遭什么难，但中国人对他们一家表现出冷漠，中国朋友也回避他们。她的父亲在乡间传教时被中国人扔了石头、吐了唾沫，还曾经被绑在一个柱子上。连与他们相处了多年的镇江人都对他们怀有潜在的敌意，更不用说其他的中国人了。正是通过这件事，赛珍珠体会到人情的冷暖，知道她不属于中国，因为中国和中国人不愿接受她。正如赛珍珠后来的回忆，"就是在这

---

① Robert E. Park. Human Migration and Marginal Man. *The American Journal of Sociology*, 1928(33).

② [美]彼得·康:《赛珍珠传》，第 29 页。

些日子里，她（赛珍珠）8岁的童年时代中的两个世界最终被割裂开来”。①赛珍珠有两个自我：美国自我和中国自我。而8岁时两个世界的分裂则导致了赛珍珠的两个自我——美国自我和中国自我——的分裂。这两种自我分裂造成冲突，这种冲突在赛珍珠身上成为永久的冲突，伴随了她一生，最后她带着“边缘人”的心情“客”死在出生地美国。

二、赛珍珠：美国的“异乡人”和“边缘人”

在中国，赛珍珠由于种族和外貌与中国人的迥异而成为一个中国的“异乡人”，并有“边缘人”人格。按理说，回到美国后，这种状况该有所改变。但是，情况并非如此。在中国的生活已经对赛珍珠产生了几乎是不可磨灭的影响，虽然赛珍珠是美国人，有美国人的外形特征，但是中国经历在她身上的影响却使她在美国人眼中也是一个“异乡人”，她的“边缘人”人格依然如故。

边缘感的持续源于赛珍珠在美国的生活体验。8岁时，为了躲避中国的义和团运动，赛珍珠一家来到了美国（1902年他们又回到中国）。回到祖国，赛珍珠非常高兴，她喜欢美国，经常将美国与中国的镇江作对比，似乎找到了回家的感觉，但同时，她感到了她和其他美国人尤其是美国孩子的隔阂，因为她在中国养成的谦和不同于美国孩子的行为举止。赛珍珠认为，在美国人眼里，她仍是一个中国人，只是长得和美国人一样而已。“赛珍珠知道，在转折期的美国，她是一个异类，一个带着不可磨灭的与众不同的外人。虽然年仅8岁，她已感到自己被隔绝在孤立的境地。”②

正如帕克所说，分裂的自我的冲突会成为永久的冲突，并伴随“边缘人”一生，赛珍珠身上的这种“边缘人”人格也伴随她从中国走到了美国。

18岁时，赛珍珠回到美国读书，在伦道夫—梅肯女子学院就学。虽然经过一番努力，她在学业和社交上都取得了成功，但边缘感仍如影随形地跟着她，不同的童年经历和世界观使她和她的同学们相互之间感到怪异，在新的环境中，赛珍珠从未觉得完全舒服过。文化上的疏远使她在美国有深深的孤独感，她感到自己在美国也是一个“异乡人”，这种感受强化了8岁时赛珍珠初回美国时的“异乡感”，并催化了她在美国社会的“边缘感”。

20世纪30年代载誉回国的赛珍珠仍然没有消除掉“异乡感”和“边缘

① ［美］彼得·康：《赛珍珠传》，第32页。

② 同①，第41页。

感”。因为赛珍珠发现她和美国之间的隔阂深化了。刚回国的头几个月，“她老是觉得美国令人费解”，她在美国的言行举止不像一个美国公民，倒像一个人类学家，“处处留心美国人独特的，甚而至于怪异的风俗习惯”①，这种“异乡感”和“边缘感”促使赛珍珠和美国人保持一定的距离，为此，赛珍珠买下了“青山农场”，这是一个“四周一片连绵65英亩的绿草地和田野”的农场，在这里赛珍珠为自己营造了一个“世外桃源”，安放自己漂泊的心情。

“异乡人”身份和“边缘人”人格使赛珍珠对移民问题深有感触，她特别能体会移民不被当地文化接受的痛苦。为此，她努力为在美华人争取平等权利。这于公于私都有利。于公，客观上改善了在美华人的境遇，于私，她为自己所受到的文化排斥作了心理补偿。自排华法案(The Chinese Exclusion Laws)颁布以来，数代在美国的华人受尽歧视和不公正对待。美国军团(the American Legion)、一些工会和美国南方的政客强烈反对给白种人以外的有色人种公正平等的公民待遇。1943年宋美龄访美时，对此问题避而不谈，赛珍珠感到非常气愤。为了帮助华人，赛珍珠和她的第二任丈夫理查德·沃尔什在1943年成立了“取消排华法案公民委员会”(Committee to Repeal Chinese Exclusion)，赛珍珠是主要发言人。在同年5月的美国众议院移民与归化委员会(House Committee on Immigration and Naturalization)上，赛珍珠慷慨陈词，“为了体面和太平洋战事的顺利进展”②，要求取消排华法案。由于赛珍珠的努力和美国政府出于要在太平洋战场上赢得战争胜利的考虑，1943年10月22日臭名昭著的排华法案在第一个排华法案出台的60多年之后，终于被取消了。

“异乡人”身份和“边缘人”人格虽然丰富了赛珍珠的经历，并使她选择了以架通不同文化间的鸿沟为职业，但也带来了赛珍珠一生的漂泊和孤独感。赛珍珠的一生可以分成两个部分，前40年大半是在中国度过的，后40年是在美国度过的，她处在两种文化的边缘，不被两种文化接受。这种独特的生活境遇形成了独特的赛珍珠文化现象。

(本文原载于《镇江师专学报(社会科学版)》，2000年第3期)

---

① [美]彼得·康：《赛珍珠传》，第184页。

② Peter Conn. *Pearl S. Buck: A Cultural Biography.*

吴庆宏

第三世界女性主义视角下的赛珍珠

姚君伟教授曾指出:“赛珍珠在美国公众的心目中从来就不是女权主义领袖或代言人。”①刘海平教授也指出:“当女性主义运动对大量女作家、女艺术家及其作品重新作出评价时,依然没有多少人提及赛珍珠这位曾取得重大成就的女性。”②1984 年出版的《诺顿妇女文学选读》既没有提及这位美国第一位获诺贝尔文学奖的女作家,也没有收录她的作品。这是为什么呢?笔者认为,从当下流行的第三世界女性主义的视角来看,赛珍珠之所以遭到西方女性主义者的排斥,是因为她是一位根植于东西方两个世界的人,特别是她对第三世界国家妇女状况的真实再现超出了西方白人女性主义者的经验和想象的范畴。

一

第三世界女性主义是产生于 20 世纪 80 年代的一种新的理论,它把以往的女性主义理论看做是白人中心化的,并用“白人女性主义”“西方女性主义”或“北美女性主义”等词来指欧美发达国家主流社会里中产阶级妇女反对性别歧视和压迫的女性主义理论,认为它们关注的只是性别差异带来

① 姚君伟:《男权大厦里的怨恨者与反抗者——论赛珍珠笔下的中国妇女群像》,郭英剑《赛珍珠评论集》,第 399 - 406 页。

② 刘海平:《一位需要重新认识的美国女作家——试论赛珍珠的女性主义特征》,郭英剑《赛珍珠评论集》,第 258 - 268 页。

的权力与压迫,而实际上权力和压迫不仅来自男性,还来自于阶级、种族及其他各种特定的社会及个人因素。事实上,女性虽然在各种文化中都是受压迫的,但是她们所受压迫的形式是不同的。在女性群体内部,大家的处境和地位既有相同之处,也有相异之处。第三世界女性主义者指出,"白人中产阶级妇女在表达女性理论上一直具有优先权,她们是叙述'妇女故事'的主体和权威。但她们对自己的特权、自负与优越感却大多没有清醒地认识或根本不承认"。① 因此,她们认为,西方白人女性主义者不仅在理论上有主观臆断之嫌,而且还存在着文化误读甚至偏见和歪曲。

在谈论西方女权评论家为何排斥赛珍珠时,学者方红写道:"吉伯特和古柏在《诺顿妇女文学选读》一书序言中提出:'该书将首次帮助读者欣赏几个世纪以来修正、影响男性文学规范,并与之共存的女性文学传统。'我们由此可以推知她们偏重选取能够反映女性文学传统的女作家的作品。她们没有收入赛珍珠作品似乎暗示读者:她们认为赛珍珠作品不能充分反映女性文学传统。"②吉伯特和古柏为什么认为赛珍珠的作品不能充分反映女性文学传统呢?方红继续写道:"赛珍珠的女主人公虽然坚强、聪明、能干,但她们普遍接受父权社会,从不怀疑其存在的合理性。在父权社会下委曲求全,在家庭这个最重要的、也几乎是唯一的生存空间里,她们平静地、尽力地扮演好妻子和母亲,从未因家庭的桎梏而逃跑、出走或自杀,从未想到要走出家庭,走上社会……而同期女作家伍吉尼亚·沃尔夫在《自己的房间》中,虽然也希望有一个女性独立自由的空间,但她已经明显地怀疑父权社会存在的合理性。在西方更多的女作家作品中,我们看到的是在父权社会下,在牢笼般的家庭中愤怒不安的女主人公,或是渴望走上社会的新女性。"③

从第三世界女性主义的视角来看,上述论断实际明显带有西方白人女性主义的色彩。曾经有位女学者以白人女性的口吻来形象揭示白人女性所超越不了的主观壁障:"我的想象是在我对自己的理解中进行的,我依靠我的想象来考虑你和你的世界,因而我绝不真正知道你和你的世界。"④吉伯特和古柏这种西方女性主义学者根本不了解:第三世界女性的生活经验因为文化、历史、政治、经济等方面都迥异于西方白人社会,无法从单一的角度解释。他们只专注于性别压迫,将妇女受压迫的根源完全归诸父权制。在

① 于文秀,郑百灵:《解构双重话语霸权:第三世界女性主义理论》,《南昌大学学报》,2003 年第 3 期。
② 方红:《西方女权评论家为何排斥赛珍珠》,郭英剑《赛珍珠评论集》,第 229 – 232 页。
③ 同②。
④ 同①。

她们看来，第三世界妇女是纯粹的受害者，是甘受压迫剥削而无力反抗的人。第三世界女性主义者钱德拉·塔尔帕德·莫汉蒂(C. T. Mohanty)明确指出，西方白人女性主义者将第三世界国家女性视为男性暴力的牺牲者，把第三世界男/女的形象建构为有力/无力的固定形象，其结果往往使人看不到第三世界女性对男性暴力所采取的行动，或忽略女性面对压迫情境时的主体性，并还可能隐含着这样的潜台词，即只有西方白人女性主义者才可能为第三世界妇女的解放提供理论导向，进而把男女平等视为西方的价值观。而实际上，一些第三世界国家早就存在男女平等或男女互相尊重的思潮，是西方殖民主义的统治和帝国主义的经济侵略加剧了第三世界男女不平等、妇女受压迫和剥削的状况。她们所谓的女性文学传统只是西方白人女性的文学传统，即仅记载西方白人妇女特有的女性经验，因此他们自然会对赛珍珠笔下真实再现的中国妇女形象表示否定。

二

与20世纪的西方女性主义者不同，熟悉赛珍珠创作的大量文学作品的人很快会意识到，赛珍珠是一位中西合璧的人。“她既非美国妇女，也非中国妇女，而是两者的强大结合体。”①

赛珍珠出生于一个美国中产阶级白人传教士家庭，父亲赛兆祥为了方便自己到中国从事传教活动，才娶了母亲凯丽。婚后，一向藐视女性的赛兆祥从不关心妻子的喜怒哀乐，不认可妻子的传教活动，并常抱怨道：“女人从不认真听布道。女人什么也不懂，没必要在她们身上浪费时间”。② 从小到大都没有感受到多少父爱的赛珍珠因此对西方传统的父权制家庭模式有着深刻的体验。她在为母亲写的传记《异邦客》中，激越地再现了母亲丰富多彩的感情世界、不幸的婚姻生活和受压抑的个人才智，表达了她对妇女遭受歧视的愤怒和对否定妇女作用的思想和行为的抨击。在《我的中国世界》中，赛珍珠写道：“同父亲结婚三十年，母亲很自然地就成为一位女性主义的热情支持者。”③她在母亲的教育和培养下，女性主义意识日益增强。1910年9月，赛珍珠由母亲安排到美国弗吉尼亚州的伦道夫—梅康女子学院学

① 维多利亚·艾肯斯，卡罗尔·艾肯斯：《赛珍珠：赞成女性实现自我的人》，姚君伟译，许晓霞，俞德高，赵珏编《赛珍珠纪念文集》(第1辑)，吉林文史出版社，2003年，第111-114页。

② Pearl S. Buck. *Fighting Angel*. The John Day Company, 1939:93.

③ Pearl S. Buck. *My several Worlds*. The John Day Company, 1954:90.

习,又直接接受了西方女性主义思想的熏陶。当时美国妇女经过长期的努力,逐渐在法律上获得了一些与男子平等的权利,如财产权、受教育权和就业权等。赛珍珠因此在学校也受到了与男生基本相同的全面教育,并被鼓励发挥自己的聪明才智,打破了从前她在家所目睹的"男主外,女主内"的传统思维模式。通过与女同学朝夕相处,她了解了大多数美国中产阶级女性的生活状况及其共同的女性体验,开始重新认识女性在家庭、社会中的地位和作用,并终于意识到,现在女人需要通过自由选择、自我设计来改造自身的命运,而不必像母亲凯丽那样一辈子隐忍依附于男人。但是,"在整个20世纪大约有90%的美国妇女都是女大当嫁"。① 大学毕业后的赛珍珠仍然没有能摆脱传统观念,很快与在中国结识的美国青年农学家约翰·洛辛·布克结婚,并认真地履行起为人妻为人母的女性职责,把自己融化在料理家庭事务和支持丈夫工作之中,觉得"幸福地嫁个好人说到底还是女人唯一的生活。当然,女人可以继续以其他东西来充实生活——但就实现生活的满足感来说,没有什么能比得上结婚成家了"。② 然而,随着智障女儿的出生以及自身生育能力的丧失,陷入绝望而孤立无援的赛珍珠渐渐发现,"像父亲一样,布克对女人在男女关系中可能成为平等伙伴的观念不以为然,仅把妻子作为生活中的必需品和附属物;像父亲一样,布克逐渐被学术研究所占据,完全醉心于自己的事业,几乎抽不出时间来陪伴妻女,更不可能关注到家中的事物"。③ 为了挣钱给女儿治病,赛珍珠决定从事写作,而丈夫对此却很不支持,"他想当然地认为赛珍珠理应满足于做一个教授夫人,一个不计酬的翻译和助理研究员,以及一个母亲的现状"。④ 经过一段时间苦闷的彷徨和矛盾,她终于觉醒,坚定地拿起笔,作为一名独立的女性,书写妇女在父权社会的不幸,挑战将妇女异化为被创造物的父权中心文化。

显然,赛珍珠的经历与当时许多西方白人中产阶级妇女的经历极其类似,她们之间应该会有强烈的共鸣,但赛珍珠还属于另外一个世界,那恰是她们的分歧所在。作为一名在中国生活了几十年的女性,赛珍珠对中国妇女极其低下的社会地位颇有了解。在两千多年的封建社会中,中国广大妇女不仅同男子一样深受封建地主阶级的剥削和统治及封建政权、族权、神权的压迫,还要受到夫权(男权)的支配,她们处于社会的最底层。中国妇女一

---

① [美]罗伊斯·班纳:《现代美国妇女》,东方出版社,1987年,第39页。

② [美]彼得·康:《赛珍珠传》,第70页。

③ 怡青:《美丽与哀愁——一个真实的赛珍珠》,第77-78页。

④ 同③,第78页。

辈子都得从属于男人,服从于男人,在家听从父兄安排,出嫁听从丈夫安排,婚姻没有自主权,全凭"父母之命,媒妁之言"。在封建宗法制度下,还有种种奇特的婚姻,如指腹为婚、等郎婚、童养媳、买卖婚、典妻等。婚后,妇女必须"嫁鸡随鸡,嫁狗随狗",并且得"从一而终",否则就会被看做不贞洁,受到指责。相比之下,男人在婚姻中享有无上的特权,他们如果觉得妻子不顺眼、违规或不能传宗接代,就可以休妻,或将妻子搁置一边,重新娶妻或纳妾,一夫多妻是很平常的事。女人不仅要接受这样的压迫,还要被训练得心甘情愿。《女诫》《女则》《女论语》及《女四书》等封建社会的女教范本,不断向女子灌输奴性服从的礼教纲常,诸如"女子无才便是德""妇人识字多淫秽"等观点,给她们套上了精神枷锁,使她们成为了封建伦理道德的自觉遵行者和殉道者。由于重男轻女的传统思想,女子从一出生就受到冷遇,常常不是被遗弃,就是被溺杀,以致无数女婴死于不平等的恶习之下。妇女们终生没有尊严和权利,既没有受教育权,又没有财产继承权,更没有任何政治权利。而除了精神上饱受摧残、智力得不到发展外,她们还在肢体上受封建习俗的摧残。特别是中国特有的裹脚缠足的封建陋习,是封建统治者玩弄女性的产物,严重损害了妇女身体的健康发展。为此,赛珍珠曾在多个场合批评传统中国社会对女性的压迫,同情她们的悲惨遭遇。"在《我的中国世界》和《异邦客》等作品中,赛珍珠就批评过中国人逼女人缠足和溺杀女婴等陋习,矛头直指中国传统文化的阴暗面。"①

三

赛珍珠在自己的作品中,对中国妇女的命运和主体性作了广泛而深入的探讨。"赛珍珠的《大地》《母亲》等作品,客观上写出了中国妇女在近代社会的悲惨命运,但她更注重的是阿兰、母亲们身上那坚韧的生命力和传统美德的闪光。她们都挣扎在社会的最底层,虽然目不识丁,但在农村的广阔天地中却是生活的强者,是家里、地里样样都能干的多面手。"②方红也曾写道:"在小说《福地》和《母亲》中,她反复将'土地'和'家畜'意象同阿兰和母亲联系在一起,表现了她们旺盛的生育力和吃苦耐劳的精神,塑造出强壮有力的农妇形象。赛珍珠借助聪明能干、沉默、忍耐、独立维持一家生计的

① 朱坤领:《赛珍珠的中国妇女观——对〈大地〉三部曲的女性主义解读》,《江苏大学学报(社会科学版)》,2003 年第 3 期。

② 李杰:《赛珍珠笔下的中国女性》,《美与时代》,2005 年第 8 期。

'母亲'形象,充分肯定了女性的力量。在小说《闺阁》中,赛珍珠则将她对女性精神的独立和自由的幻想寄托在吴夫人身上。赛珍珠的小说《母亲》《闺阁》等强调了女性角度和女性特有经验,塑造了强壮有力或外柔内刚的女性人物。在某种程度上,这些小说可当作女性作家对女权的幻想来读。这是赛珍珠小说符合女性文学传统的一面。"①

纵览赛珍珠笔下的中国女性形象,我们不难发现,她始终从婚恋这个角度出发,去塑造人物,这与19世纪末以来崛起的西方女性作家,如奥斯丁、勃朗特姐妹等对婚姻、家庭问题的关注是一致的。她们在各自的作品中宣扬了女性的独立人格,以及在爱情、婚姻上的男女平等的"叛逆思想",表现了对当时刚刚兴起的妇女解放运动的关注和思考。赛珍珠的创作,从创作思想上来看,显然继承了这一文学传统。这一点已无可辩驳。但是,她笔下的女主人公似乎都处处为丈夫、为子女考虑,为家庭任劳任怨,而很少顾及自己的自由和享受。她们最大的快乐或最高的人生理想,好像就是传宗接代。即使是赛珍珠笔下自我意识最强的女主人公吴夫人,也只不过仅搬出丈夫的牡丹园,但仍住在吴家的豪宅内,保持着妻子的名义和主妇的地位,虽然在精神上享有了一点独立和自由,却始终没有能摆脱家庭的桎梏。她们与西方女性主义者笔下愤而离家的"娜拉们"相比,似乎显得太愚昧和落后了。方红因此写道:"如果说这一时期的西方女作家已开始站在与父权社会相对立的立场上,那么赛珍珠却仍在歌颂中国妇女的'三从四德',仍站在父权社会的立场上,在这一点上赛珍珠背离了现代文学中女性文学的主流。"②难道赛珍珠真的站到了父权社会的立场上?

莫汉蒂曾批评一些女性主义著作"以话语方式把第三世界女性生活中的物质和历史异质性殖民化,于是生产、再现出一个复合的、特殊的'第三世界女性'——一种看似随心所欲地建构的然而又携带着西方人道主义话语的权威标志的想象"。③ 在带有种族权力的视角下,第三世界妇女被建构和描述为"一种同样的简约的、同质的群体,被认定为某一特殊文化和社会政治经济体系中的潜在牺牲品"④,这个"一般的第三世界女性基于她的女性性别(即性别上的约束)和'第三世界'(读作愚昧、贫困、无知、受传统束缚、笃信宗教、忙于家务的以家庭为指向的、受迫害的等等)而过着一种基本上

① 方红:《西方女权评论家为何排斥赛珍珠》,郭英剑《赛珍珠评论集》,第229-232页。
② 同①。
③ [印度]钱德拉·塔尔帕德·莫汉蒂:《在西方的注视下:女权主义与殖民话语》。
④ 同③。

是残缺的生活”。① 西方女性主义所构建的第三世界妇女形象恰好与受过教育的、现代的、能主宰自己身体和性、有决策自由的西方女性的自我再现形成了鲜明的对照。所以，要正确评价赛珍珠笔下的中国妇女，首先必须解构西方殖民主义的话语霸权，破除西方女性主义对第三世界妇女形象的臆测。

在赛珍珠看来，19 世纪西方妇女的束胸与中国妇女的缠足并没有多少分别，美国人吃惊地发现中国男人妻妾成群的同时，中国人也吃惊地看到美国人有那么多的私生子，无论东方还是西方的妇女都同样饱尝性别压迫的痛苦。但是，中国妇女所受到的压迫更甚。在半封建半殖民地的中国，封建主义、帝国主义和官僚资本主义这三座大山压得百姓喘不过气来。男人在社会上谋生都很不容易，何况女人？旧中国妇女很难走出家庭，这不仅在于传统男权社会观念对她们的“奴化”，还在于她们普遍得不到文化教育，没有财产继承权，没有任何社会地位，她们赖以生存的空间很小，可供她们选择的机会微乎其微。离开了家，她们大多只能沦落风尘，靠出卖肉体生活，或者给人做奴仆，饱受欺凌。中国的实际状况决定了赛珍珠笔下的女主人公不可能变成西方的“娜拉”，否则赛珍珠的小说就脱离了中国社会生活的真实，没有任何可信度。

20 世纪，随着民族和民主主义运动在中国的逐步发展，中国人才开始抛弃旧道德，接受新思想、新风尚。自由平等的思想日益深入人心，中国妇女的思想也随之发生了变化。她们在自我解放的道路上表现出叛逆和激进的主体性，获得了一些和男性平等的权利与机会，可以在一定程度上参与社会生活。这时的赛珍珠欣喜地看到中国妇女的变化，于是她在《分家》中塑造了思想开明的王虎太太，使她既有娴雅温和的传统美德，又有着现代女性睿智、趋新的气质。在她身上，已经具备明显的民主意识和女性意识，所以她不但反对包办婚姻，还身体力行，投身于儿童福利事业，收养被遗弃的女婴，并把她们培养成能够自立于社会的人。赛珍珠还特意刻画了人生态度最为积极的女性形象——梅琳。她笔下的梅琳认为，男人能做到的，女人也能做到。她不想终生陷入婚姻的牢笼，而决意当一名自食其力的医生，完全不用依赖男人而生活。她代表了中国现代女性的美好未来。

作为女性主义者的赛珍珠，终生都在不懈地引导人们反省妇女在社会中受到的不公正待遇，聆听她们心中的真实需求。最重要的是，她采用受中、西父权文化双重压迫的第三世界女性的视角，从而摆脱了男性的和西方

① ［印度］钱德拉·塔尔帕德·莫汉蒂：《在西方的注视下：女权主义与殖民话语》。

化的创作视角。例如,她在小说《东风·西风》的叙事中,就严格按照女主人公桂兰的观念和中国人的标准去审视男人,审视西方世界,对父权文化进行了诙谐幽默的批判,产生了极为成功的陌生化效果。正如周卫京所指出的那样:"赛珍珠一直生活在中、西两个世界中,熟知两种父权中心文化在歧视女性上的共同之处,也就能寻得有效途径进行积极的抗击和反叛。"①在第三世界女性主义视角下,赛珍珠的女性主义创作实际是跨阶级、跨种族、跨文化的,因而很难为同时代的西方女性主义者理解和接受,但却对男权中心文化的抗争和颠覆更具普遍性和历史性的意义。我们应该清楚地认识到,赛珍珠是一位真正的女性主义者。

(本文原载于《江苏大学学报(社会科学版)》,2009 年第 2 期)

① 周卫京:《赛珍珠女权主义创作意识形成探微》,《江苏大学学报(社会科学版)》,2002 年第 3 期。

周卫京……

赛珍珠女权主义创作意识形成探微

妇女拿起笔来创作这一行为本身，就是对父权中心文化将她们异化为被创造物的抗拒和颠覆。① 1938 年赛珍珠成为美国历史上第一个荣获诺贝尔文学奖的女作家。作为一名女性作家，她一生对父权文化下的妇女命运始终保持敏感，并用手中的笔对她们在家庭、社会中所遭受的歧视和不公正进行了客观的揭示和批判，对她们在现代社会中的作用和前途进行了展望和探析。虽然赛珍珠不是一个战斗性很强的女权主义者②，赛珍珠自己也很少以女权主义作家自居，但如果用历史唯物主义观点来看她从 20 世纪 30 年代就开始发表的关于中国题材的小说以及她后来有关美国妇女问题的论述，我们不难看出赛珍珠在妇女问题上所具有的超前意识。她的实际行动证实她是一个女权主义运动的先行者③，她的创作具有明显的女权主义创作意识。难怪在《授奖词》中，瑞典文学院常务秘书佩尔·哈尔斯特龙称她"在提出的众多问题中，一个最严肃、最忧郁的问题就是中国妇女的地位问题"。④ 本文拟结合西方女权主义文学理论和赛珍珠的创作实践，从她个人的成长经历、社会历史影响和婚姻家庭境况三方面，历史客观地探析她的女权主义创作意识的形成过程，以期对她早期的文学创作动因和创作主题有更深入的了解和研究。

---

① 张岩冰：《女权主义文论》，山东教育出版社，1998 年，第 99 页。

② Paul A. Doyle. *Pearl S. Buck*. Twayne Publishers，1980：89.

③ 张子清：《分序：赛珍珠的跨文化创作与跨文化比较》，赛珍珠《龙子》，漓江出版社，1998 年，第 39－40 页。

④ [瑞典]佩尔·哈尔斯特龙：《授奖词》，赛珍珠《大地三部曲》。

一

赛珍珠的女权主义意识的萌发源于她不寻常的童年经历,特别是源于她对父母生活的记忆。[①] 从两性文化的意义上说,西方的文化传统是父权制文化传统。《圣经》的《创世纪》宣称,世界万物都由男性的上帝创造,女人由男人的肋骨而生,是男人的被创造物和附属物。亚里士多德声称,妇女之所以是妇女,乃因其缺少某些品质。圣保罗认为"男人是女人的头",女人只有通过男人才能接近上帝。[②] 所以千百年来,西方社会普遍认为"人类是以男性为中心的,男人从不就女人的本身来解释女人,而是以男性为主体相对而论女人的"。[③] 女人被降低成男人的对象,被铸造成了男人的另性,即是第二性的。赛珍珠的父亲赛兆祥(《战斗的天使》中称安德鲁)一生热衷于在华进行基督教的传教,他满脑子装满了女人从属于男人的圣保罗教义。[④] 他选定凯丽为新娘,完全不是出于爱情,而是为了排除其母亲阻止他到海外传教的一个障碍。[⑤] 当新婚燕尔到达车站开始他们神圣的海外传教之旅时,人们发现新郎只买了火车上的一个座位!这一小小事件从他们婚姻的一开始就定格了凯丽作为妻子在丈夫心目中的地位和她一生将因此缺乏亲密的爱而成为世界上最孤独的人的前景。[⑥] 凯丽一生与他共有 7 个子女,其中 4 个因他传教的居无定所和亚洲的热带病而相继夭亡。她一生挣扎在思乡、贫困、疾病和时时可能爆发的威胁之中。然而,赛兆祥对凯丽及孩子的生老病死、对家里的柴米油盐从不关注。对他而言,钱乃是用来拯救灵魂的一种力量[⑦],每一分钱都只该用于传教,而不是用于食物和衣服。所以他不让凯丽有独立的经济权,连碰一下他的支票簿都不可以。为了凑钱出版他的《新约全书》,他决定克扣家庭的衣食开支、孩子的玩具以及牺牲孩子的教育。像其他传教士一样,赛兆祥仅把凯丽当作能交配、能理家的传教必需品,他从不费神去了解妻子的喜怒哀乐,从不费神从小处关心别人[⑧],

---

① 刘海平:《一个需要重新认识的美国女作家——试论赛珍珠的女性主义特征》,郭英剑《赛珍珠评论集》,第 258 - 268 页。

② 郭宏安,章国锋,王逢振:《二十世纪西方文论研究》,中国社会科学出版社,1997 年,第 497 页。

③ [法]西蒙·波伏娃:《第二性》,桑竹影,南姗译,湖南文艺出版社,1986 年,第 45 页。

④ [美]赛珍珠:《东风·西风》,第 160 页。

⑤ 同④,第 211 页。

⑥ 同④,第 162 页。

⑦ 同④,第 287 页。

⑧ 同④,第 344 页。

他只关心异教徒的灵魂拯救。

赛兆祥对女人的轻视态度不仅表现在他对妻儿现实生活的漠然冷淡，而且可悲地体现在他对妻子健全人格的否定和对她宗教热情的扼杀。凯丽是位异常坚强而富有创造力的女性，她在苦难中寻觅美和快乐，也给苦难中的人予以同情和关爱。她用音乐、美术、文学的甘泉滋润孩子们孤单的童年，使她们觉得有了母亲便什么也不缺了。在传教团体中，赛兆祥始终是树敌颇多的少数派。① 每当他陷入困境时，总是凯丽奋力相助才得以迎刃而解。然而，可悲的是根深蒂固的性别歧视使赛兆祥无法理解凯丽聪慧、敏锐和她那闪电式的脑子。他挣扎着与之抗衡，并像其他男人一样开始憎恨一个女人比自己聪明。② 在宗教信仰上，凯丽觉得自己"是个需要担任重大任务的人。③ 她曾幻想过以完全的、战无不胜的伙伴之情与他并肩工作，分享他的一切工作——读书、谈话、去教堂、商讨布道文……这才是她离开祖国而要从事的工作。④ 然而她错了。赛兆祥从未想过要在女人身上寻找或追求知识上的伴侣或精神上的理解。⑤ 他不认为凯丽的建议有任何价值，他不需要没有脑子的女人指手画脚。对凯丽喜欢的赞美诗，他认为过于活泼而不适于宗教礼仪；对凯丽以弹奏方式为他的传教提供的音乐上的帮助，他认为奇怪而无意义；对凯丽的教会工作，他坚持一切必须由他这个上帝的牧师来做最后定夺，因为《圣经》上说"男人是女人的头"，凯丽只有通过他才能接近上帝。⑥ 这位貌似善良的圣徒，以他的狭隘、自私和傲慢，活生生地剥夺了凯丽作为一名女传教士直接寻找上帝的道路。这对同样渴望献身上帝、义无反顾追随他到海外传教的凯丽来说是致命的精神伤害。⑦

赛兆祥对女性的不屑和蔑视在赛珍珠身上体现为从不掩饰的厌女症。赛珍珠出生在美国，使父亲在美赋闲二年。对此，父亲毫无顾忌地表露了两年等待得完全不值。在以后的岁月里，他也从不装出像喜欢儿子那样喜欢女儿。他是那种天生要生许多儿子的人，这样他就能子子孙孙奉献于基督，完成他拼命解救世人的宏伟大业。凯丽一生中唯一一次在他眼中看到最接近湿润模糊泪眼的是儿子阿瑟的夭亡。女儿们的出生或夭亡，赛兆祥表露

① ［美］赛珍珠：《东风·西风》，第 316 页。
② 同①，第 326 页。
③ 同①，第 162 页。
④ 同①，第 160 页。
⑤ 同①，第 279 页。
⑥ 同①，第 160 页。
⑦ 同①，第 160 页。

出明显的无所谓。对她们的所作所为,他持同样不在乎的态度。即使多年后赛珍珠因写小说而功成名就,赛兆祥还是不以为然,规劝她千万不要浪费时间在这子虚乌有的东西上。① 对他来说,女儿和妻子都是为了照顾他而存在的,女儿的用处是在妻子去世后继续为他提供一切物质的东西,除此就别无用处了。赛兆祥的厌女症使赛珍珠从小就因性别饱受歧视和不公正。

如果凯丽的遭遇和赛珍珠不幸的童年是家庭性的、个别化的,那么每年一度的传教士聚会则向赛珍珠展示了传教士妻子这一团体因性别而遭受的社会、精神压抑。会上没有一个妇女敢在男人面前高声讲话、大声祈祷或在集会上发言。她们默默地跪在男人们面前,男人们跪在上帝面前,唯有男人才可以向上帝说话。丈夫们在做报告,妻子们只能恭听着,双手在编织着毛线。她们将被遏制的渴望,强烈的意志和内心的盘算统统织进了这针针线线。如果没有这发泄口,她们都可能被憋死。② 更糟的是一些单身妇女,她们没有丈夫替她们发言,只能将一年的工作写成报告,另请其他男人为之代读。格林医生就是其中的一位。她开办了一家很大的妇幼医院和一所护士学校。她单枪匹马、夜以继日的奋斗恐怕令弗洛伦斯·南丁格尔的生平都要黯然失色。但每年当她把数以千计的诊例、令人难以置信的成功手术和被她救活的数以千计的生命写成报告时,也只能请男人代读,然后由他们表决她下一年可以做什么和不可以做什么。③ 如此"普遍性"的男性权力话语完全扼杀了女性作为独立个体的创造力和表述能力,使她们处于极为可悲的精神失语状态。她们被迫保持沉默,或者以沉默表示抗争。④ 富有戏剧性的是,哪里有压迫,哪里就有抗争。当这些受压抑的传教妇女意识到内心深处的伤害和不公后并没有绝对地服从,而是产生了一种不可克制的独立意识以及表达自我的愿望。⑤ 在只有男人发言的会场上,时常可见意欲发言的丈夫被坐在身旁的妻子猛地拉扯住后襟而坐下不语。休斯顿太太可以以她的强悍和能干把丈夫指挥得团团转。甘特太太虽然宣称自己绝对信奉圣保罗学说,但明眼人一看就知其丈夫是被她捏在手心里活受罪的。格林医生则更有高招。她总是脸带微笑地恬静地坐着,权当做休息的好时机。等男人们做完决定,她又回去工作了。她只按自己的原则行事,而不是男人们的所谓决定。

---

① [美]赛珍珠:《东风·西风》,第263页。
② 同①,第313页。
③ 同①,第315页。
④ 张岩冰:《女权主义文论》,第89页。
⑤ 同①,第312页。

可以说,赛珍珠的童年不幸地充斥着父亲的性别歧视和厌女症的折磨和痛苦。母亲情感枯竭的婚姻和流落异乡的生活给了赛珍珠一个悲剧性的例证。它说明了一个女人屈从于压迫她们的习俗所需付出的代价。① 一年一度的传教士聚会则从更大的范围使赛珍珠洞悉了作为女性的传教士妻子团体因圣保罗教义而遭受的社会歧视和精神失语以及她们渴望发言的抗争意识和女性颠覆男权中心文化的可能性。所以孩提时代的赛珍珠极为羡慕当时在位的慈禧太后和中国缙绅家庭中常见的母权内政。她希望有朝一日长大后,也能做个与男人平起平坐,甚至能统治男性社会的女帝王。② 不难看出赛兆祥的性别歧视直接造成了凯丽艰辛而压抑的悲剧人生,同时也抑制了赛珍珠人格的健全发展。固执冷傲的父亲和孤独痛苦的母亲造成了赛珍珠受压抑的童年,并在她幼小的心里种下了摆脱父权文化统治、寻求独立自由的种子。

二

种子下了地便需要泥土的滋养和雨水的浇灌。赛珍珠在上海的“希望之门”的志愿工作和美国伦道夫—梅肯女子学院(以下简称伦梅女院)恰恰提供了这样的后天条件,使赛珍珠的女权主义意识得以茁壮成长。1908年,16岁的赛珍珠进入上海朱威尔小姐女校学习英文。学校的寄宿生活,特别是她在“希望之门”做的志愿工作使她有机会接触到无数遭受性奴役、人格贬低和肉体虐待的中国女性。通过与她们交谈,赛珍珠愤怒地注意到,在上海的烟花场里,亚洲男人和白人男人是如何成功地跨越种族障碍,联合利用并蹂躏中国妇女的。她在“希望之门”目睹的惨状无疑滋长了她萌芽中的女权主义思想。③

1910年9月,赛珍珠进入美国伦梅女院读大学。四年的大学生活对她形成中的女权主义思想以及后来的女权主义创作意识的发展起到了决定性的推动作用。在这里,赛珍珠几乎是平生第一次没有因性别而被贬低,反而受到了鼓励。④ 她后来写道:“我们受到了全面的教育,在课程设置方面,丝毫没有表现出我们是女生而非男生”⑤,因为学校的教育目的不是为了使女

---

① [美]彼得·康:《赛珍珠传》,第5页。
② 同①,第30页。
③ 同①,第49页。
④ 同①,第53页。
⑤ Pearl S. Buck. *My several Worlds*. 91.

生适应某个专门的行业或领域，而是使他们所有的聪明才智得到发展，使她们无论处在何种地位，都能成为更完全的女性。① 这显然是对赛珍珠从童年起就耳熟能详的"男人爱女人主要是冲着她们能交配、能理家的基本功能"的普遍性男性话语的有力批判。在这里，女生们被不断提醒着，她们至少该有与男子一样多的聪明才智，而且，这儿的男士也这么认为。这对赛兆祥的厌女症和女子天生没有脑子的论调是一剂有效的解毒剂。在这里，赛珍珠被突然引入一群妇女当中。她们作出的选择完全有别于凯丽和传教士妻子们的忍辱负重或默默抗争。她们将自己看做自己的独立代理人，她们珍视自己的才能，认为她们个人的需求是合理合法的。② 这使赛珍珠认识到赛兆祥笃信无疑的圣保罗教义并非是放之四海而皆准的真理。"一个人之为女人，与其说是'天生'的，不如说是'形成'的"。③ 女人可以是自由独立的，也可以通过自由选择、自我设计来改造自身的命运，而不必像凯丽那样一辈子隐忍着成为男人的附庸。在这里，赛珍珠以她的学术成就、各类相应的奖项和选举中的成功，赢得了她美国竞争对手的瞩目和赏识。这都在一定程度上增强了她的自信。这对长期目睹母亲的痛楚而无能为力，因自己的性别而感到前途渺茫的少女来说，是一种极为有益的人格修复。在这里，学院还保持着自己与国家政治大环境的联系。学院设有参政俱乐部，并邀请知名政界女活动家来院作报告，让她们征集新的支持者。这为日后赛珍珠为《男女平权修正案》奔走效力埋下了伏笔。④ 在这里，伦梅女院像美国大多数女子学院一样，十分强调它们的毕业生的社会责任。⑤ 正如历史学家芭芭拉·所罗门指出的那样，当年的女毕业生都有一个典型之处：将眼光放到家庭之外，寻找能证明她们社会价值的工作，寻找能扩展她们效用的途径。⑥ 事实证明，赛珍珠是她那一代受过高等教育女子的成功代表。日后，她成为一个试图以作品促进跨文化交流的作家，一个男女平权的响亮代言人，一个争取和平的积极活动家，一个国际性领养儿童机构的奠基人。在这众多的身份下，赛珍珠将自己生命的大部分献给了对个人效用的探索。⑦ 她用自己的成就证明，女人不是天生只能生孩子，做家务。"是男性

---

① [美]彼得·康:《赛珍珠传》，第 53 页。
② 同①，第 153 页。
③ [法]西蒙·波伏娃:《第二性》，第 23 页。
④ 同①，第 54 页。
⑤ 同①，第 57 页。
⑥ Paul A. Doyle. *Pearl S. Buck*. 123.
⑦ 同①，第 57 页。

为主宰的父权制文化压抑着女性,使她们变得地位低下,而非因为她们地位低下而只配受支配,被奴役。"①

总之,伦梅女院的生活使赛珍珠重新认识到作为一名女性在家庭、社会中的地位和作用,使她备受鼓舞地重新认识性别与机会、成就之间的关系,使她有幸瞥见了男女关系中较为公正和有人情味的一面,从而激励她以积极的方式摆脱父权制文化对女性的压抑和限制。这一切对她形成中的女权主义思想的发展有着十分重大的意义。②

与女权主义思想发展相伴而生的是她的女权主义创作意识的形成。在伦梅女院,老师通过精心设计的课程体系给了赛珍珠良好的全面训练,其中包括语言和文学,这为她日后用英文进行文学创造打下了必要的基础。在这儿,赛珍珠出任了本科生文学杂志编辑,开始发表诗歌和短篇小说。最有趣的一篇是颇具自传暗示的《礼拜时刻》。小说通过一位女传教士宗教信仰的幻灭和努力适应新生活的故事,展示了作为传教士妻子的痛苦经历和赛珍珠寻求精神出路的焦虑。故事强烈地表明赛珍珠已经离开了那个父亲为之奋斗终生、母亲因之痛苦一生的信仰。③ 这显然是在宗教上对父权中心文化的一种反叛,也是赛珍珠尝试摆脱母亲命运的一种构想。此外,伦梅女院集体化的生活拓展了赛珍珠的女性经验。在那里,女生们有关宗教、学习、锻炼、艺术和睡眠的活动都在同一屋檐下进行。朝夕相处使赛珍珠有机会了解美国女性的生活状况和她们的所思所想,而且还使她结识了多位像埃玛·怀特这样互诉衷肠的终生女友。她们一致性的共同体验和赛珍珠中国女友的带有阶级、种族差异的个性体验都从不同的侧面丰富着日后赛珍珠以女性经验为表现对象,以提高妇女觉悟、加强妇女团结为宗旨的女权主义文学创作。应该说,伦梅女院为赛珍珠形成中的女权主义创作意识的蓬勃发展提供了丰厚的滋养。

从社会历史的角度来说,伦梅女院的影响也是积极为女子创造高等教育的美国社会对赛珍珠的直接影响。数年后,中国社会的一场轰轰烈烈的文化革命运动不仅从思想意识上巩固了赛珍珠的女权主义发展势头,而且还从文学创作的诸要素上直接引发了赛珍珠的女权主义创作实践。这便是席卷全中国的新文化运动。对这场运动,赛珍珠有着不少亲身体验。首先,精通中文使赛珍珠能够通读陈独秀、胡适在《新青年》上发表的论文。对这

① 张岩冰:《女权主义文论》,第89页。

② [美]彼得·康:《赛珍珠传》,第57页。

③ 同②,第56页。

场语言论战所暗含的政治意味——攻击儒家思想、高扬民主和科学的价值、主张民众接受教育并参加中国发展进程等观点,她表现出了极大的热情。① 其次,胡适肯定中国小说的活力和文化原创性的辩护文章极大地激发了赛珍珠研读中国小说的热情,加深了她对中国民情的了解和中国古典文学素养的积累。日后,赛珍珠以中国民众的生活为表现对象,以中国小说的套路来构思自己的故事情节,以及多次以中国小说为题作的各类演讲都可追溯至此。白话文在全国中小学迅速普及,简单明了代替典雅浮华的行文标准已在文化阶层中被逐渐接受,丰富多彩的散文大量出现,一种朝气蓬勃、清新自然的新文学形式已开始流行。像当时的中国青年一样,赛珍珠不仅爱看小说,而且还开始以平铺直叙的方式创作小说,毫不羞怯地展露内心世界。不难看出,赛珍珠文学创作的白描风格和以抒情见长的叙事及景物描写都与白话文、新文学有着十分密切的关系。另外,赛珍珠先后在镇江崇实女中、南京金陵女院和国立东南大学的执教经历使她更实际地洞察了中国青年一代的变化。她发现,从诗词歌赋到男女平等,年青一代在各个论题上与儒家卫道士展开了激烈的辩论。"现代中国的一股新生力量"将释放出"被压抑了许多世纪的能量","年青的中国人正试着创造一个崭新的中国"。② 赛珍珠将这段时期称为"美妙时刻"③和"梦幻时代"④,"我感到我的体内充满着他们的热情,我对中国的信念又一次复苏了。⑤ 这场文化与政治密不可分的颠覆性文化政治运动企图摇醒沉睡的中华民族,唤起失语已久的中国民众由衷的呐喊。这与青年赛珍珠渴望摆脱父权文化压迫,让压抑的心灵说话的内在需求不谋而合。中国在重塑民族文化,企图维护本国在世界上应有的地位;⑥赛珍珠在构建独立人格,力争女性在家庭、社会获得应有的地位。与美国社会的影响相比,中国社会这场文化政治革命对赛珍珠的影响似乎更加直接,更加深刻。它不仅从思想意识上强化、巩固了她在伦梅女院形成的女权主义思想,而且在文学创作的主题、风格和范式上为日后赛珍珠的女权主义创作奠定了基础。从这一层意义上说,赛珍珠的女权主义创作更得益于中国文化和她在中国的生活经历。

---

① [美]彼得·康:《赛珍珠传》,第 81 页。
② Pearl S. Buck. *My several Worlds*. 124.
③ 同②:128.
④ 同②:125.
⑤ 同②:128.
⑥ 同①,第 82 页。

三

综上所述，童年的经历、学校的教育和社会历史的变革都对赛珍珠的女权主义创作意识的形成产生了积极的影响。然而，直接使她坚定地拿起笔来进行文学创作的是她婚姻、家庭的重重困境以及她摆脱这些困境的强烈愿望。

1914 年为照顾病中的母亲，赛珍珠重返中国世界。父亲的厌女症依旧，母亲的悲苦则更深了，而儿时的女伴全都嫁为人妻，早为人母。照料母亲的工作已成为日益沉重的负担。唯一可逃脱的合理途径便是结婚。于是，像所有男人和女人一样，在该结婚的时候，赛珍珠与来华农学家洛辛·布克相互选择了对方。应该说，这场婚姻是赛珍珠实践女性自由选择的结果，因为父母亲都不赞成布克做女儿未来的丈夫。赛珍珠满足于丈夫的长相不错，并被他道义上的高调和他致力于改善中国民众生活的积极努力所吸引。① 对母亲的热爱使她不自觉地效仿着母亲的贤惠仁德。父亲的非凡成就也使赛珍珠看到“一个男人过得好，很大程度上得靠他的妻子”。② 于是，赛珍珠开始为丈夫打印报告、写信、充当口译，布克眼睛疲倦时，她便读给他听。新婚伊始的赛珍珠完全把自己融入了家庭事务和布克的工作之中。她觉得“幸福地嫁个好人说到底还是女人唯一的生活。当然，女人可以继续以其他东西来充实生活……但就实现生活的满足感来说，没有什么能比得上结婚成家了”。③ 从以上描述可以看出，结婚初期的赛珍珠是一个心满意足的年轻妻子。作为伦梅女院的毕业生，赛珍珠自主选择了婚姻，但仍将自己看做是丈夫的终身助手，在一种不平等的伙伴关系中自愿充当附属品。这说明此时的赛珍珠还没有对自己的才智有充分的肯定，她还没有充分准备好把自己当做一个独立的个体看待。这是她在父权文化下 25 年的自我否定留下的持久影响之一，是她渐起的自立感时常被自我怀疑所侵蚀的表现④，也是女性因长期被界定为被创造物而失去了创造机会、对自身的创造力渐生恐惧且无意识地将男性社会价值观内化为自身需求的一种表现。

然而，追求男女平权，追求个人价值和社会效用的女权主义意识好似不死的芦苇在赛珍珠的灵魂深处早已扎下了根。婚后两年半在安徽宿县的生

---

① ［美］彼得·康：《赛珍珠传》，第 66 页。

② Peter Conn. *Pearl S. Buck: A Cultural Biography*. 67.

③ 同①，第 70 页。

④ 同①，第 71 页。

活使赛珍珠无法心安理得地生活而无视中国农村妇女因性别而遭受的恶行。她们被丈夫当做负重的牲畜，被儿子当做奴仆。已被民国政府宣布为非法的缠足在那儿依然很普遍，弄死女婴司空见惯，不知有多少妇女因丈夫或姑婆的虐待而自杀身亡。“中国对待女性的态度使她越来越愤怒”。① 同时，在小家庭内，赛珍珠的自主意识和种种创造性努力都遭到了丈夫的轻视或习以为常的对待。她痛心地看到布克和父亲在性情和基本价值上有着太多的相似。② 像父亲赛兆祥一样，布克对女子在男女关系中可能成为平等伙伴的观念不以为然；像父亲一样，布克逐渐被学术研究完全占据，几乎分不出身来陪伴妻女，更不可能对家中的事物表示关注。在对赛珍珠的写作上，布克也是不支持的态度。他想当然地认为赛珍珠理应满足于做一个教授夫人、一个不计酬的翻译和助理研究员以及一个母亲的现状。她完全没有必要费神去写作。而且，写作意味着她投入家庭、辅助丈夫的精力和时间的减少，这便是赛珍珠的自私。更重要的是，不和谐的夫妻生活也日积月累地使赛珍珠和布克之间产生了“不可逾越”的距离感。赛兆祥一生追求异教徒的灵魂受救而鄙视身心愉悦，所以凯丽一辈子未见丈夫动过一次真情。布克也总是把自己的工作视为第一位，很少理会妻子的生活情调和生理激情。父母亲有节制的宗教家庭生活和从小接受的孔孟教育都使赛珍珠无法直言这份难言之隐，于是，她笔下最具活力的女性，往往也是最炽热的恋人。她们有不同寻常的才智，也有毫不逊色的爱欲。如《东风·西风》中的玛丽，《大地》中的阿兰，《龙子》中的阿玉，《异邦客》和《我的中国世界》中的凯丽，《群芳亭》中的吴太太等。她们经常在男人手下受罪，因为他们不能满足或根本不知道她们情感上的需求。赛珍珠将自己算在她们之中。③ 同凯丽一样，赛珍珠敏感机灵，认为灵与肉不可分割，且有一颗爱做梦的心。当布克没有对赛珍珠作为一个妻子、母亲、爱人和作家的需求作出反应时，赛珍珠对自由选择的婚姻开始怀疑和否定。婚前意欲摆脱的压抑重又找到了她。想借结婚逃离父权压抑的初衷渐渐落了空。她内心聚集起无名之火。她对布克的科研工作的重要性产生了怀疑，正如她对父亲布道的价值产生严重怀疑一般。然而她又怕自己的要求是一种不自然的、不合礼法的自我放纵。赛珍珠陷入了彷徨和矛盾的困境之中。

将赛珍珠拉出困境的是女儿卡洛尔的病症和母亲凯丽的去世。女儿卡

---

① ［美］彼得·康：《赛珍珠传》，第 72 页。
② 同①，第 67 页。
③ 同①，第 69 页。

洛尔不幸患有先天性代谢异常、精神发育迟缓的苯丙酮尿酸症。卡洛尔不正常的发育状况和自己永远不能再生育的事实将赛珍珠推入了恐惧无助的深谷。可是布克依旧沉醉于自己的学术研究,对赛珍珠"哦,上帝!我该怎么办!我该怎么办?"的呼救漠然视之。女儿的存在好似一个恶兆在时时提醒着赛珍珠作为女人的失败,吞噬着她脆弱的自信心。[①] 痴呆无语的女儿加深着赛珍珠作为女人的精神失语和孤独无助,也加深着她摆脱这无法逃遁的现实的渴望。赛珍珠想到了写作。恰在这时,母亲凯丽去世了。母亲临终前的绝望抗争给了赛珍珠一个警示:如果再沿着母亲的足迹走下去,赛珍珠的生命就会像母亲的花园一样荒芜。这是赛珍珠要接受的最重要的教训。作为凯丽的女儿,赛珍珠决心从现在起,而不是像母亲那样到临死才"选择生活中快乐明亮的东西"[②],她不想继续生活在自我压抑的痛苦中。另外,母亲的死又从反面给了赛珍珠一定程度的自由,使她有机会以反传统的方式去创造一个较为人所知的身份,而不必担心遭到母亲的反对。更为重要的是,写作还可以带来一份额外收入和赢得自主的可能性。于是,在母亲的去世和女儿病症的直接催化下,赛珍珠在停笔近十年之后开始了真正意义上的文学创作。

英国女权主义作家弗吉尼亚·伍尔夫说:"女人要写作,首先要杀死'房间里的天使'"。[③] "房间里的天使"就是那种把男人标准内化为自身需求的女人。[④] 从某种程度上说凯丽就是男性规定的女性典型。伦梅女院的教育使赛珍珠开始以批判的眼光审视凯丽的形象。从结婚伊始赛珍珠对母亲的不自觉模仿到后来的困惑、怀疑和母亲死后决心对传统的反叛过程表明,"房间里的天使"已经在赛珍珠的心目中失去了生命的力量。"女人想要写小说,她一定要有钱,还要有一间自己的屋子。"[⑤]赛珍珠在起居室的一角竖起了一道木屏风,造出了一间小小的临时工作室。屏风微不足道,象征着她渐渐从家庭烦恼摆脱出来。一有可能,她就隐退到她小小的私人空间去写作。至于钱,赛珍珠没有太多。但她在金陵女院和国立东南大学的执教收入已经可以为她雇来佣人,让她一边任教,一边写作,一边完成作为妻子、母亲的其他任务。[⑥] 从另一方面而言,正是为了挣足够的钱为女儿治病,赛珍

① [美]彼得·康:《赛珍珠传》,第89页。
② [美]赛珍珠:《东风·西风》,第177页。
③ [英]弗吉尼亚·伍尔夫:《一间自己的屋子》,王还译,三联书店,1989年,第12页。
④ 张岩冰:《女权主义文论》,第42页。
⑤ 同③,第2页。
⑥ 同①,第80页。

珠开始了创作;为了挣更多的钱为痴呆的女儿安排好舒适的一生,赛珍珠开始了多产的创作。伍尔夫说,“对于女性来说,成为自己比什么都重要。”① 能够忠实地写出自己的经验就是女性作者最大的成就。② 赛珍珠创作伊始就选择了亚洲女性为主要表现对象。这正顺应了女权主义创作在主题上的要求。赛珍珠公开发表的第一部长篇小说《东风·西风》的上篇《一个中国妇女说》,仅其题目本身就是一次绝对的女权主义断言,概括了赛珍珠要为无声的中国女性发言的先锋式愿望。③ 在塑造桂兰这个有尊严、有原则、有良好判断力的中国女子形象时,赛珍珠摆脱了男性的和西方化的创作视角,而是采用受中、西父权文化双重压迫的女性视角,这与同时期几乎所有其他的亚洲题材的西方作品相比,是一次首创。④ 另外,赛珍珠在表现亚洲时,无疑也受到了性别的影响。她在叙事过程中严格按照桂兰的观念和亚洲人的标准去审视男人,审视西方世界,产生了极为成功的陌生化效果。如此对父权文化进行诙谐幽默的批判效果显然比唇枪舌剑的对骂胜上几筹。赛珍珠一直生活在中、西方两个世界中,熟知两种父权中心文化在歧视女性上的共同之处,也就能寻得有效途径进行积极的抗击和反叛。可以说,赛珍珠的女权主义创作意识孕育于母亲凯丽因父亲赛兆祥执著于圣保罗教义而备受压抑的悲剧人生和自己因父亲的厌女症而备受压抑的童年;在伦梅女院的男女平权教育和反帝、反封建、反性压迫的新文化运动的洗礼下蓬勃发展起来,并沿着赛珍珠以满意开头失败告终的婚姻曲折前行;最后在女儿的不幸病症和母亲的愤然离世的催化下喷薄而出。就其诞生时间来说,它先于西方女权主义运动近40年,因而极具超前意识和先锋派风格;就其范畴来说,无论是英美女权主义文论还是法国女权主义文论都无法加以涵盖。它是跨阶级、跨种族、跨文化的,因而对男权中心文化的抗争和颠覆更具普遍性和历史性的意义。

(本文原载于《江苏大学学报(社会科学版)》,2002年第3期)

---

① [英]弗吉尼亚·伍尔夫:《一间自己的屋子》,第136页。

② 张岩冰:《女权主义文论》,第43页。

③ Peter Conn. *Pearl S. Buck: A Cultural Biography*. 83.

④ [美]彼得·康:《赛珍珠传》,第93页。

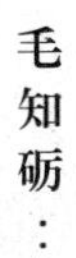
毛知砺

生命的关照：赛珍珠与中国生育文化

所谓生育文化，包括两个方面：妇女自怀孕至产前，及生产与产后的文化现象。其广义的范围可涉及：与生育互为因果的婚姻、家庭、育婴、人口、亲子关系等命题。本文所探讨的中国生育文化，是指与孕育新生命直接相关连的观念、信仰、风俗、习惯与行为方式等。①

赛珍珠婚后生育1女，先后领养7位儿女，还创办“悦来之家”（Welcome House），推广儿童福利，安置世界各地被弃养的儿童。日后陆续成立多达12个分支机构的赛珍珠基金会，并与“悦来之家”合并，继续她生前关怀照顾弱势儿童的生命志业。究竟赛珍珠对于传统中国农村社会的生育文化的亲身见闻为何，如何将之再现于《大地》三部曲；她经历为人之母的角色，生育的规划为何，她是如何看待生命的孕育，对于中国特有的生育文化有何关切，与日后倡导节育及投入的儿童慈善事业有何关系，这些问题，均为本文探讨之重点。

一、个人阅历、生育规划与育儿经验

（一）亲自见闻中国生育文化

综观赛珍珠看到与听到的中国生育文化，主要包括以下两个方面：

其一，生子之不举：即不愿乳养亲生婴儿，举有抚育、养育之意。赛珍珠回忆童年时代，每当得知街坊邻里的家庭，若有女婴诞生，她就觉得疑虑与

① 李银河：《生育与中国村落文化》，牛津大学出版社，1993年，第1页。

不安,获悉女婴被杀后,她总会感到悲伤。她曾经发现没有任何标记的浅浅墓穴,埋葬着赤裸的女婴尸体;她也曾赶跑正在挖掘墓穴的野狗,再将小小婴尸埋回墓穴。① 在赛珍珠的自传《我的中国世界》(*My Several Worlds*)中,提及她曾与11位妇女聚会,了解到除了其中2位,每个家庭都因无力负担新增人口,至少有一次勒毙女婴。这全非母亲的原意,接生的产婆最先获悉婴儿性别,婆婆或丈夫命令,立刻强勒女婴窒息而亡。母亲们万般无奈,说到伤心处流泪感伤。② 或许她就据此写信给公婆:"10位妇女中有9位,至少杀害过1个女婴,杀害过好几个女婴也大有人在。"③在农业经济的社会,女子无法直接投入农业生产活动,成年后出嫁,娘家必须备妥妆奁,所费不赀。因此,初生婴儿的性别就决定着他们存亡的命运,而非常时期为盛。

其二,妇女的命运:赛珍珠在美国历次介绍中国社会的相关活动中,论及婚姻家庭、两性关系、女性角色地位、亲子关系等问题,她强调:中国社会重男轻女,得子喜、得女哀;崇尚生育,祈求子孙满堂,致使女子沦为生育的工具;女子连续生养子女,削弱她们的才干能力,因而屈居劣势。④

赛珍珠对中国女性,从新生的女婴,到辛苦操持家务、养儿育女的母亲,满怀关心与体贴之情。曾经客居中国的英、美传教士麦高温、明恩溥,美国威斯康辛大学社会学教授罗斯等人⑤,来华时间比赛珍珠稍早,在19、20世纪交替前后,也提及生子不举及妇女命运等类似的状况。

(二) 生育规划与育儿经验

1916年7月,赛珍珠与布克(John Lossing Buck)相识于庐山。次年,先后订婚与结婚。婚后无论写信给公婆或是好友艾玛(Emma Edmunds White),都期许自己能成为丈夫的贤内助。⑥ 相夫教子的贤妻良母,应该是她婚后初期的自我期许。

期待儿女满堂则是赛珍珠的生育规划。1919年夏天,她因发现自己怀

① Peter Conn. *Pearl S. Buck: A Cultural Biography*. 26.

② Pearl S. Buck. *My Several Worlds*. 146.

③ 同①,第65页。

④ Pearl S. Buck. Birth Control comes of Age. Washington post, 1933-02-15. Pearl S. Buck. Women in China Today. Dairymen's League News, 1933-02-28.

⑤ 明恩溥(1845—1932)著有《中国乡村生活》(时事出版社,1998年),该书最早出版于1894年;麦高温(?—1922)著有《中国人生活的明与暗》(时事出版社,1998年),该书最早出版于1909年;E·A·罗斯著有《变化中的中国人》(时事出版社,1998年),该书最早出版于1911年。

⑥ Pearl S. Buck. Pearl S. Buck to Emma Edmunds White (August 29, 1918). Randolph-Macon Womans' College achieves.

孕而感到高兴,曾经告诉妹妹格蕾丝(Grace Sydenstricker),希望自己多生儿女。[①] 她的母亲生育过7个儿女,夭折4个,领养了中国孤女宝云。她在《异乡客》(*The Exile*)中说母亲凯丽认为:"我的孩子就是我的伟大罗曼史。"[②]母亲对赛珍珠应该有所影响。长久生活在中国的赛珍珠,耳濡目染的是多子多孙便是福,这是中国历代家族的共同期待。

赛珍珠亲生1女,领养7个子女。1920年3月,女儿诞生,取名为卡罗琳葛莉斯(Carol Grace Buck,以下简称为卡罗琳)。赛珍珠产后住院3个星期,并未完全复原。产科医生丹尼斯(Dr. Horton Daniels)发现她的子宫肿瘤,坚持要她返美治疗。6月底,赛珍珠与布克带着卡罗琳返美,在纽约长老教会医院,切除手术成功,但她却面对了无法生育的残酷事实,可以想见她会将所有的爱给予卡罗琳。

在赛珍珠的眼中,卡罗琳美若天使,从新生婴儿的外表看不出任何异状。卡罗琳却自出生就已感染 pheny lketonuria(简称 PKU),是遗传性新陈代谢疾病,如不及时治疗,将导致心智障碍。20世纪20年代, PKU的病因尚未被发现,也就无法预防或诊治。卡罗琳逐渐出现成长迟缓、反应明显异于正常婴幼儿的征兆,赛珍珠的忧虑与日俱增。

1924年,赛珍珠夫妇同往康乃尔大学攻读硕士学位。卡罗琳经由多位医生判定为弱智。就像同一时代许多身障或智障儿童的父母,赛珍珠承受着罪恶、羞愧和惊愕,卡罗琳似乎证明她是失败的妇女。女儿的病症严重地考验着她的自信心和婚姻。赛珍珠与布克个性各殊,两人渐行渐远。她也逐渐发现自己难以完全承担女儿的特殊教养问题。面对照顾卡罗琳的责任,她陷入了矛盾之中。虽然难以割舍,却又试图摆脱。同时赛珍珠希望自立,不靠布克的任何资助,自行筹措卡罗琳未来的花费。1929年,她决定独自支付沉重的学费,将卡罗琳安置在新泽西州文联训练学校(Vineland training school)。她继续不断写作,物色作品的出版代理人,找寻实质收入。赛珍珠的整个写作生涯与她对于女儿的牵挂以及经济负担密不可分。

赛珍珠的《大地》获得美国读书俱乐部的推荐,是1931年与1932年度畅销书,因此她名利双收。她给大学好友艾玛的信中提及:因为必须支付卡罗琳长期的教养费用,所以金钱收入别具意义。[③]《大地》问世后的18个月,赛珍珠所申报的收入超过美金10万元,她在文联训练学校捐赠4万元

---

① Peter Conn. *Pearl S. Buck: A Cultural Biography*. 67.

② [美]赛珍珠:《异乡客》,星光出版社,1992年,第90页。

③ Pearl S. Buck. Pearl S. Buck to Emma Edmunds White(March 1931).

基金,卡罗琳获得了终生的照顾。①

赛珍珠将卡罗琳送往训练学校,她承担情感上永远的创伤,最刻骨铭心之痛:她不再拥有自己唯一的孩子,永远不会再有。从此她对女儿的思念甚深,一度陷入伤痛与自责之中。她承认自己只要看到儿童,就会触景生情,这几乎成为每天的折磨。在她朋友的记忆中,20 世纪 30 年代的赛珍珠,经常显得孤独、敏感,与人格格不入。因恐惧媒体或记者的询问,她不断请求老友们谨守秘密②,也逃避与朋友的接触。此后 20 年,她绝口不提卡罗琳,毕竟当时社会无法接受心智疾病,被视为严重弱点。她的回避既是保护卡罗琳的隐私,也是保护自己。当《大地》获得好评,她向好友道出肺腑之言:写作获得真实的成就感,但只要女儿平凡正常,写作是可以舍弃的。③ 由此似可读出此时的她,看重生养健康的女儿的意义超过写作的成就。

1950 年,赛珍珠撰写关于弱智女儿的长篇故事《永远童稚》(The Child Who Never Grew),历经 30 年的沉默,她首次面对现实,公开承认卡罗琳的存在,这是她最为私密的作品。意在帮助相同遭遇的父母,并赋予卡罗琳生命的意义。赛珍珠成为残障儿童父母的代言人,给予他们安慰,她也获得温馨的响应与欢迎。萝丝肯尼迪(Rose Kennedy)因此获得鼓励,敢于公开谈论弱智女儿萝丝玛莉(Rose Mary Kennedy);能够感同身受的法国总统戴高乐夫人(Madame De Gaulle)也积极响应:"我曾经承担相同的试炼、相同的折磨。"④

赛珍珠先后领养 7 个子女,既是补偿也是慰藉。1924 年,卡罗琳被判定任何医疗均无助益,曾经期待多育儿女的赛珍珠,因为无法再生育,转以领养孩子填补内心的愧疚与落寞。同年圣诞节,赛珍珠与布克参观在纽约州的基督教孤儿院,发现苍白、瘦弱、3 个月大的珍妮斯(Janice)。

1935 年 6 月 12 日,赛珍珠同天之内与布克离婚并与理查·沃尔什再婚。1936 年 3 月,她的哥哥艾德格(Edgar Sydenstricker)去世,她想完全摆脱困扰,立刻规划新生活。同月,她与理查领养两个刚满月的男婴。1 年后,再领养新生的孪生男女婴儿。日后与好友通信,她经常提及儿女逐渐成

---

① 依据赛珍珠的指示,学校在校园中兴建一栋二层楼住家,有厨房、浴室和几间卧室,前面有玄关,后面有浅水塘。这栋卡罗琳小屋(Carol's cottage),由她的女儿和几位年龄相近的女孩同住在一起。卡罗琳喜欢音乐,屋里有音响设备和唱片。卡罗琳在此度过 72 年,直至 1992 年终老于此。Peter Conn. *Pearl S. Buck: A Cultural Biography*. 145.

② Pearl S. Buck. Pearl S. Buck to Polly Small (May 29, 1931). Randolph-MaconWoman's College archives.

③ 同②。

④ Richard Walsh. Richard Walsh to Pearl(July, 1950). Pearl S. Buck Family Trust archives.

长的快慰、度假共享天伦的乐趣和年节家聚的其乐融融等，自认为构成绝佳精选的家庭(a handsome picked family)。

1952年，赛珍珠和理查领养5岁女童海蒂(Henriette)，双亲是非裔美军和德国女子。1957年，又领养8岁智能子(Cheiko)，父母是非裔美军和日本女子。理查已于4年前中风，她感到经济负担的沉重。前后30余年，赛珍珠与两任丈夫，总共生育领养8个儿女，符合她最初所期待的多子多女的理想。

二、书写中国生育文化——以《大地》三部曲为例

赛珍珠的《大地》三部曲，叙述清末民初以务农起家的王龙、王虎、王源祖孙三代身处巨大变动时代的故事。此时的中国正面临着西方文化的冲击，国内政局复杂多变且动荡不安，灾祸连连，王家继续绵延后代，新旧过渡时代的矛盾与冲突处处可见，这正是赛珍珠长期在华的生活环境，亦为铺陈《大地》三部曲的大时代背景。

《大地》三部曲的第一部是《大地》，王龙是故事的主角，拥有几分薄田，数间房舍，奉父命娶地主家的婢女阿兰为妻，夫妻胼手胝足，奋力不懈，克服天灾人祸，广置田宅，成为地主乡绅。第二部《儿子们》，王龙长子继承父业，次子为米粮商人，幼子王虎是故事主角，年少从军晚婚，初期提拔侄儿，势力渐增为地方军阀。第三部《分家》，王虎长子王源是故事主角，他违抗父命，不愿从军，留学美国，专究农学。归国之后，学以致用，婚姻家庭与亲子观念明显西化，已非本文论述范围。

《大地》三部曲的故事内容，与孕育新生命相关的想法、做法，可归纳为以下数项：

(一)崇尚生育，多子多孙

阿兰头胎临盆之前，王龙父亲向他提及："你妈给我生了半世的孩子，算来总有十多个，只有你长着，怪不得女人家要生的多多益善"。① 王龙与阿兰婚后，生育3男3女，长女智障，次女夭折。王龙的儿女成年，陆续婚嫁。长子成婚之初，王龙对他说道："你娘养了你，你也得养几个孩子。"②长子与次子约在10年之内，共生育11男8女，真可谓子孙满堂。王龙幼子王虎，少年投效军旅，婚姻因此蹉跎。当王龙故去，王虎返家奔丧，羡慕大哥、二哥

---

① [美]赛珍珠：《大地》，远流出版公司，1992年，第28页。

② 同①，第197页。

儿女成群,首次心生结婚生子的念头,要有自己亲生骨肉承继志业。[①] 王虎晚婚,原配故去后,他又续弦纳妾,妻妾为他生育一儿一女,王虎亲见子女,欢喜之情溢于言表,更期盼妻妾继续生产,希望有更多儿子。[②] 可见王氏父子崇尚生育,将此视为血脉绵延、繁茂家族与继承志业的渠道。

(二) 崇尚生育,偏好男嗣

如前所述,王龙的父亲、王龙本人与儿子王虎,不仅崇尚生育,且期盼多生儿子。又当阿兰随王龙离开地主黄家,老夫人对她叮咛,除了要听丈夫的话,还要替他多生几个儿子,头胎儿子要抱回黄家给她看,黄老夫人再三强调要生养儿子。[③] 大年初二,阿兰抱着长子风光地重返黄府,她不再受到颐指气使,总算能够母以子贵。[④] 阿兰连生二子,王龙与父亲欣喜若狂。第三胎是女儿,阿兰喃喃自语:"是个丫头,多不幸啊!"[⑤]王龙也因自己的堂妹即叔父女儿的抛头露面,行为不检点,引起叔婶困扰,对于新生女婴产生恶感。加上女儿未来出嫁,是为别人生养,他心里更有所不悦。阿兰临终之前,念念有词:"说我丑陋,我偏生了儿子,我虽然是丫头出身,我家总有儿子";"好相貌生不出儿子来"。[⑥] 阿兰因自己为丈夫完成传宗接代而无憾。当王龙的长子婚后生子,得意地告诉父亲:"你要有孙子了!"王龙笑嘻嘻地说:"今天真是个好日子。"[⑦]综前所述,故事中的成年男女不仅崇尚生育,而且偏好男嗣。

(三) 生子不举,溺弃女婴

王龙的次女出世,适逢严重的旱灾,出生立即夭折。[⑧] 日后王龙的田宅丰厚,儿孙陆续成家立业,虽遇灾难,但杀弃女婴的事情未再出现于故事之中。

(四) 娶妻以生育为目的

前述崇尚生育与偏好男嗣,由此可以很明显地看出王氏家族娶妻以生子为目的。王龙婚前,父亲曾对他说:"我们要会管家养孩子,还会在田地上操作的女人就够了。"[⑨]王虎自行张罗首次婚事,他始终记得娶妻的目的,全

---

① [美]赛珍珠:《儿子们》,远流出版公司,1992年,第43页。
② 同①,第199页。
③ [美]赛珍珠:《大地》,第13页。
④ 同③,第37页。
⑤ 同③,第49-50页。
⑥ 同③,第196页。
⑦ 同③,第207页。
⑧ 同③,第62页。
⑨ [美]赛珍珠:《大地》,第6页。

为要生儿子。[①] 当他发现元配不忠、意图出卖自己的事实，王虎以利刃刺毙妻子。他慨叹自己既失去了妻子，也失去了儿子。[②] 继之，王虎请托兄长为他物色新配偶，大哥、二哥意见分歧，所以两位兄长各自物色人选，先后送交给王虎。[③] 王虎再婚后，介于妻妾间，期待不久就可抱儿子。[④] 由前述可见，王龙父子都是以娶妻为手段，生育儿子才是真正目的。

（五）生育的礼仪与习俗

阿兰的儿女，都是自己接生，产后亲自哺乳，次日照常工作。王龙或在产房门外，或继续耕作，符合男子不入产房的习俗。长男出世后，王龙进城购买赤砂糖一斤，为阿兰滋补身体；采购红纸与 50 枚鸡蛋，染成红蛋，馈赠村里，告知家里添丁。[⑤] 大年初二，是女儿、女婿返回娘家的日子，阿兰给孩子穿红衣、虎头鞋，头戴缀着包金小菩萨的没顶帽子，然后全家三人同往地主黄家拜年。[⑥] 王龙的长媳头胎也生儿子，产妇不仅有丫头照顾，还请奶妈哺乳婴儿。王龙孙子满月，邀请亲家与宾客共享弥月喜酒，准备红蛋数百枚，馈赠亲朋好友，宾主尽欢。[⑦] 王虎婚后领军在外，妻妾为他增添一对儿女，王虎首次返家，看到儿女穿红衣，头戴和尚帽，男孩帽子钉上一排小金佛，女孩帽子绣上一束花。[⑧] 如前所述，当家族添丁时，要馈赠红蛋，这是向亲友通报喜讯，宴客与否，需量力而为。产妇饮食不同往常，赤砂糖水有助于产妇哺乳。产妇是否调养坐月子，则视家族的经济情况而定。新生婴儿身穿红衣，喜气洋洋；鞋、帽绣了虎面、金佛，意在趋吉避凶。

（六）祈求神明，得子添孙

王龙的长子出生后，他购买香烛，烧香敬拜土地公。[⑨] 当王龙的长媳即将临盆，得知可能难产，他备妥香烛前往寺庙，先后敬拜观音菩萨、土地公，祈求媳妇生男不生女，如果愿望成真，将捐献为菩萨购置新红袍，反之则否。当长孙诞生，母子均安，王龙返回寺庙还愿。[⑩]

综观《大地》三部曲所描绘的中国生育文化，丰富且多样。赛珍珠观察

① ［美］赛珍珠：《儿子们》，第 150 页。
② 同②，第 172 页。
③ 同②，第 176 页。
④ 同②，第 181 页。
⑤ 同①，第 31 页。
⑥ 同①，第 26 页。
⑦ 同①，第 218 页。
⑧ 同②，第 197 页。
⑨ 同①，第 31 页。
⑩ ［美］赛珍珠：《大地》，第 216－218 页。

入微,掌握了普遍且关键的部分。故事仅举出观音菩萨与土地公两位祈子的神明,事实上,中国民间赐子的神明众多。① 而先秦以来所重视的孕妇胎教,则只字未提;至于常见于民间社会的新生婴儿生命礼仪,除穿戴新衣鞋帽、办弥月酒宴外,还有如三朝、三腊、百日、周岁等庆典②,亦未出现,或许并非赛珍珠小说所关切的重点。无论如何,她以亲身接触从根本上认识中国人与社会文化,并书写成文,让西方世界读者阅读,突破族群、语言与思想意识等藩篱,真正成为多元文化主义实验的先驱。难得的是她更以一己之力,坐言起行,关怀中国乃至世界各地弱势的生命。

三、关怀生命

如前所述,赛珍珠是弱智女儿卡罗琳的母亲,生养女儿备尝艰辛;《大地》三部曲所描写的中国生育文化,可以读出她对于中国的女性、母亲、女婴的浓郁温情,乃至对于社会的关切。关于崇尚生育以及多子多孙便是福的社会意识、母亲沦为生育的工具,也与中国人口过剩与社会贫弱互为因果。至于重男轻女的观念,则导致新生女婴可能立即遭遇勒毙、溺毙或弃养的命运。即使幸存,若逢灾变贫困,父母往往为减轻负担、筹措生计而贱卖女儿,后者沦为奴婢或娼妓而备受歧视与凌虐。赛珍珠以女性与母性为出发点,对于生命的关怀可以分为两大部分:倡导中国妇女节制生育;创设安置弃养儿童的机构。

(一) 倡导中国妇女节制生育

1933 年初,赛珍珠在美国华府演说《节育时代的来临》("Birth Control Comes of Age")③,她以狂热的节育主义者自居,对于美国倡导节育运动的先驱桑格(Margaret Sanger)(1879—1966)推崇备至,倡导节育成为赛珍珠此

---

① 赐子神明尚有:女娲、高禖、妈祖、观世音、西王母、九子母、送子观音、送子张仙、送子娘娘、子孙娘娘、金花娘娘、注生娘娘、临水夫人、床公床母、城隍奶奶、碧霞元君等。宋兆麟:《中国生育、性、巫术》,汉忠出版社,1997 年,第 107 - 162 页。

② 三朝,又称洗三,婴儿出生第三天洗澡。三腊,7 天为一腊,婴儿出生 21 天,女方家长馈赠猪腰、蹄、脚、肚等膳食。百日,又称百晬、百岁、百禄等,婴儿百日当天,祝愿婴儿长命百岁。周岁,婴儿第一个生日,抓周的仪式,试测婴儿的性向与喜好。刘咏聪:《中国古代育儿》,远流出版公司,1992 年,第 46 - 57 页。

③ Pearl S. Buck. *My Several Worlds*.

后20年演讲数十次的议题。赛珍珠与曾经来华宣导节制生育的桑格①,志同道合,惺惺相惜,彼此互助合作,结成至交好友。值得注意的是,赛珍珠生活在中国超过30年的岁月,亲自目睹人口过剩造成国家和妇女付出惊人的代价,是她倡导节育的关键因素。1933年2月中旬,赛珍珠出席在康乃尔大学家庭经济学院所举办的学术研讨会,演讲《今日中国妇女》("Women in China Today")。两次演说论及中国的道德和法律多不利于妇女,受教育机会被剥夺。她们因为多子多孙的观念,沦为生育的工具,不断生养子女,操持繁重家务,削弱了她们的力量。②

赛珍珠期待有人能够发明安全可靠、简单方便又价格便宜的避孕技术。她认为这对于贫穷的中国妇女特别有用,但她对于提供富户或上层阶级妇女的避孕,却不感兴趣。③ 赛珍珠似乎对于家境贫富不同的妇女,采取双重标准与差别待遇,或许不宜以阶级意识简化她的主张。

(二)创设安置弃养儿童的机构

赛珍珠直接关切弱势或边缘的儿童,可以回溯至1948年秋天,她与女性作家艾思蓝罗伯逊(Eslanda Roberson)对谈,论题从人类文化学、家庭生活到世界和平。赛珍珠认为"所谓的非法儿童"(the so-called illegitimate child),特别是混血(mixed-race)儿童,被最残忍地对待。他们的亲生异国父母往往无力抚育,美国的社会福利或慈善机构则以条件不符拒绝接纳。此观点经过报道,她立刻成为意图寄养与有意领养的双方所求助的对象。赛珍珠因此筹募经费,创设专职机构"悦来之家",负责为前述"所谓的非法儿童"寻找领养家庭。该机构于1950年成立,最初接纳混血和少数族群的被弃养儿童,然后是残障、年龄较大及同一家庭的兄弟姊妹。赛珍珠也开始使用新名词:"美亚儿童"(Amerasian)。④

赛珍珠传记的作者彼得·康认为:主持"悦来之家",展现她精力的无

① 桑格毕生致力于节育运动,虽非第一位倡导者,却是最具代表性人物。个人努力的过程,仿佛是20世纪美国节育运动的缩影,有节育之母的美誉。见陈莹芝《玛格丽特桑格生育控制运动》,辅仁大学历史所硕士论文,2004年,第1-2页。1921年,桑格抵达中国,宣讲节制生育,形成一股桑格热,引起节育问题的争议与热潮。赵育农:《一个女性经验的家庭计画:台湾家庭计画早期发展》,政治大学历史所硕士论文,2004年,第3页。

② Pearl S. Buck. Women in China Today.

③ 见赛珍珠给Helen Stevens的信函,1942年1月30日、1942年3月24日,现存于Colombia University。两者论辩集结成《美国论辩》(*American Argument*, The John Day Company, 1948)一书。

④ 是指亚洲和美籍人士结合生育的儿童。二次世界大战以来,数以千计"美亚儿童"出生于日本、关岛及韩国等地,多半是服役美军与亚洲女子所生的子女。

限、改革的兴致、组织的天赋、慷慨解囊和道德勇气。① 如前所述，1952年和1957年，赛珍珠和理查领养5岁的混血女童海蒂及8岁的智能子，他们的经济状况虽不成问题，但都年逾花甲，理查更为脑中风病痛所苦，赛珍珠出钱出力，要以实际行动给众人示范。

1964年，赛珍珠宣称成立全新组织，名为赛珍珠基金会（Pearl S. Buck Foundation），设于美国宾州，筹募款项用以帮助美亚混血儿童，试图排除后者成长过程中所受到的不平与歧视。赛珍珠基金会创设的用意良善，却因人事问题，造成与“悦来之家”长期的各自为政，但仍然循序渐进地在亚洲各地，包括韩、日、泰、菲、越等国家，先后成立多达12个分会，或安置美国家庭领养，或提供医疗与教育照顾，嘉惠数以万计的美亚混血儿童。20世纪90年代前后，赛珍珠基金会与“悦来之家”合并，继续主办认养与领养亚洲各地处于边缘与弱势儿童的工作。

的确，赛珍珠生前对于生命的关照，经由文学创作、言论主张与慈善事业的兴办，其所能嘉惠的对象正是传统中国生育文化之中，处于相对弱势的众多妇孺。

赛珍珠在自传《我的中国世界》、与亲朋好友的书信及公开的演说、座谈中，多次提及中国生育文化中的生子不举，对于被杀弃女婴的不忍，还有崇尚生育，多子多孙，则与人口过剩，国势贫弱互为因果；偏好男嗣，重男轻女，造成女性与男性机会不均；娶妻以生育为目的，限制妇女的作为与表现等诸多现象，她对中国妇女的同情与关怀溢于言表。

赛珍珠在中国结婚，女儿卡罗琳出生之后，她因产后子宫病变无法再孕，卡罗琳也因先天疾病造成弱智，对于重视健康女儿的生命，更甚于文学写作成就的她，真是情何以堪。身为女性亦为母亲的赛珍珠，与前、后任配偶领养7个儿女，应是慰藉也是补偿。她更以流畅的文笔，书写异质的中国生育文化，再现于小说故事的情节中。虽未全面概括中国特有的生育文化，但已能掌握较为普遍与关键的部分。凡此种种，不仅成为赛珍珠文学创作的特色，也有助于西方世界对于东方中国生育文化的认知与了解。20世纪90年代，时任南京大学外国语学院院长的刘海平教授认为：美国作家之中，只有赛珍珠的作品，至少有一部分是中国文化的产物②，前述生育文化涵盖其中。

难得的是，赛珍珠年过40，倡导包括中国妇女在内的节制生育运动，试

---

① Peter Conn. *Pearl S. Buck: A Cultural Biography*. 313.

② 同①:515.

图从根本上改变女性的命运。而她在年近花甲之际，再度展现她的生命力、活动力、领导力与影响力，先后成立“悦来之家”与赛珍珠基金会，主持认养、领养工作，或为弱势儿童提供教育、医疗等相关服务，直接嘉惠于国际社会中数以万计的被弃养儿童。

赛珍珠以她对于中国生育文化的认识，不断以言论、文字及行动展现对于生命的关照，既丰富了文学创作内容，也促进西方世界对于中国文化的了解。她辞世至今已逾30年，她所留下来的文学遗产和慈善事业，将继续改变并影响世界各地的生命。

（本文原载于《江苏大学学报（社会科学版）》，2005年第5期）

探求理想的启蒙方式

乔世华····

严格说来,赛珍珠的小说技巧并不太高明,她像是一个不甚成功的裁缝,把她从中国所了解、所看见的一切浮光掠影的东西连缀成一件缝合痕迹比较明显的百衲衣。从这个角度来看,鲁迅最初对她的评价确实是中肯的:"中国的事情,总是中国人做来,才可以见真相,即如布克夫人,上海曾大欢迎,她亦自谓视中国如祖国,然而看她的作品,毕究是一位生长中国的美国女教士的立场而已,所以她之称许'寄庐',也无足怪,因为她所觉得的,还不过一点浮面的情形。"①然而时势造就了这位文化英雄,在世界还不甚了解中国真实情况的时候,她能够怀着尊重而不是猎奇的心理,客观公正地把自己所知道的一切如实写下来,成功地承担了她向西方介绍中国的本质与存在的使命,这的确是居功至伟的,她不愧为"一座沟通东西方文明的人桥"。

赛珍珠在中国生活的30余年里,中国正在酝酿和进行着种种启蒙运动。无疑,有被挤出地球之虞的中国需要一场前所未有的启蒙,以使她能获得生机、争得独立、改善民生。但是,应该采用什么样的启蒙方式,启蒙者与被启蒙者应该是什么样的关系,这就很难在众多苦苦寻求救国救民之路的先知先觉者那里达成一致了。赛珍珠不仅受到尊重和喜爱中国文化的父母的熏陶,也在与普通中国百姓水乳交融似的共同生活中,能够真实体验和分享众多普通中国人的思想感情,并形成了"大多数的平民才是中国的生力、中国的光荣"②的观念。由此,亲历过兵燹战乱的赛珍珠能够对普通中国人

① 鲁迅:《致姚克》,郭英剑《赛珍珠评论集》。

② [美]赛珍珠:《赛珍珠对江亢虎评论的答复》,郭英剑《赛珍珠评论集》,第569–572页。

需要什么样的启蒙有她切实而独立的思考。鲁迅曾有个关于“铁屋子”的颇有警醒意义的比喻：“假如一间铁屋子，是绝无窗户而万难破毁的，里面有许多熟睡的人们，不久就要闷死了，然而是从昏睡入死灭，并不感到就死的悲哀。现在你大嚷起来，惊起了较为清醒的几个人，使这不幸的少数者来受无可挽救的临终的苦楚，你倒以为对得起他们么？”①这个比喻事实上道出了当时中国的启蒙者所面临的窘境：一方面他们清醒地意识到了自己无法推卸的唤醒民众的使命与责任并竭力为此奔走呼告，另一方面他们的启蒙话语却并不能在广大的被启蒙者那里产生预期的效果，所谓一人振臂高呼、众人云集响应的情景，也许要在幻梦中才能看到。五四以来的中国新文学作家们在作品中常常揭示了启蒙者和被启蒙者之间存在的巨大鸿沟，他们之间的对话往往无法开展和进行下去。以在这方面体验最深的鲁迅来说，他笔下的启蒙者、那些大士天才就往往不被愚民庸众所理解，不管是看破封建道德吃人本质的狂人（《狂人日记》），还是要放火熄灭社庙里长明灯的疯子（《长明灯》），抑或是身在狱中仍不忘鼓动宣传的革命者夏瑜（《药》），他们的言行举止都不被周围的人包括亲人所理解，往往受尽嘲笑。启蒙者的血只能被百姓当作“药”吃掉，甚至这“药”连疗治肉体疾病的功能都没有。这种种残酷的事实展示了启蒙者与被启蒙者之间的巨大隔膜，因而这些“在寂寞里奔驰的猛士”内心中都同样充溢着魏连殳（《孤独者》）那样的精神苦闷和“寂寞的悲哀”②，因为他们所操持的话语、他们所付诸的行动在广大民众那里无法得到相应的回响。即使在后来的解放区文学作品中，如《太阳照在桑干河上》中的知识分子白采所宣扬的革命理论也与接受者农民之间存在着巨大差异，小说笔锋当然是讽刺前者的，但是也从一个侧面昭示了这种启蒙者与被启蒙者各行其是的严酷事实。简言之，启蒙者昂扬向上的姿态与广大民众理解上的歧义，形成了极大的反差，这导致了启蒙事实上的失败。也正如鲁迅曾悲观预想的那样，他的寓意深远的小说在现实生活中的确无法在广大的农民读者那里得到反响，这甚至还直接促成了20世纪40年代作家赵树理的文艺转向：立志做一个小摊子文学家，为百分之九十的群众写东西。尽管解决启蒙者与被启蒙者之间巨大差异的路径在鲁迅那里并没有被具体指出过，但是这却成为不同时代其他作家喜欢探究的迷思。在后来出现的一系列革命文学、“左翼”文学乃至新中国成立后的主流作品中，启蒙者往往能把启蒙意图亦即暴力革命的意识有效地传输给被启蒙者，从而掀

① 鲁迅：《鲁迅全集》（第1卷），人民文学出版社，1981年，第419页。

② 同①。

起一浪高过一浪的革命斗争。启蒙似乎并不是什么难事。

赛珍珠很早就意识到了在中国启蒙者与被启蒙者之间无法沟通的尴尬情形。在答复批评她作品的一篇文章中，她除了一再坚称"我只是依着我所见所闻的写述而已"之外，更清楚无遗地指示出中国知识分子（启蒙者）与广大平民（被启蒙者）之间关系的脱节："中国平民与知识阶级间的鸿沟太可怕了，已成为互不相通的深渊。我曾和平民相处很久，过去十五年中又生活于知识分子的队伍里，因之我晓得所说不致失当。"①在中国居住多年，赛珍珠已经谙熟中国文化，能够在既看到中国文化的悠久灿烂、"中国民众的忍耐、俭约、勤劳等这些优秀的品质"②的同时，也看到中国所存在的落后、闭塞、野蛮的一面。对此，赛珍珠在作品中多有揭示，同时她也有意识地对如何改变中国旧貌、弘扬中华文明乃至于如何开展有效的启蒙加以思考。因此，她的作品中就经常同时出现这样几种不同形式的启蒙。

第一类是宗教启蒙。这一类文化启蒙者往往是来自西方的传教士，他们所带来的"福音"其实是西方进行文化侵略的一部分，西方试图以此独一的文明覆盖取代其他一切国家的文明，以这个单一的宗教来麻痹别国人民的神经。赛珍珠对这种霸权的做法是持否定态度的。《大地》三部曲中的王龙从一位传教士那里得到一张耶稣受难图，但他无法理解其准确内容，家人也一致认定图上的耶稣是一个坏人，这幅画的命运也是可笑的：它被阿兰缝进了鞋底，使鞋底更为结实。再如王龙的孙子王源后来去国外学习，玛丽的父母——一对虔诚的教徒，一心想劝导他入教，常常带他去做礼拜，文中有这样具讽刺意义的描写："那教士讲完之后，便大声向上帝祈祷，这时他要求大家低下头来。源又一次不知所措，他看到那对老夫妇虔诚地低下了头，可在他旁边的那个姑娘依然高傲地昂着头，因此他又没有低头。他睁大眼睛看那教士是否能唤出神的形象，因为人们都低头准备膜拜神灵，但那教士并未唤出任何形象，到处都看不到上帝的影踪。过了一会儿，他讲完了，这时人们不再等上帝降临，而是动了起来，站起身来回家了。源也回到了自己的住处，他对所见所闻一点也不理解，而他记得最深的就是那高傲的女人的头的清晰的轮廓。那头从未低下来过。"③很显然，这些叙述都对传教士们不无揶揄和挖苦。在其后，作者通过开明的白人女子玛丽之口对这种传教士试图给"异教徒"洗脑的启蒙方式直接提出了严厉的批评，对以宗教改变别

① ［美］赛珍珠：《赛珍珠对江亢虎评论的答复》。

② 同①。

③ ［美］赛珍珠：《大地三部曲》，第798页。

国文明面目的企图持不以为然的态度:“对我说来,想到你可能被宗教改造成另一种样子,我便感到这是多么专横!你属于你的民族和时代。别人怎能将异国的东西强加在你身上呢?”[①]这事实上也正是赛珍珠当时的真实想法。《龙子》中白人修女在安慰因为儿媳被日寇强奸致死而伤心无比的林嫂时说的有关上帝的话语倒是把林嫂吓跑了;在7个妓女自告奋勇要舍身饲虎(日寇)救助其他妇女不被蹂躏时,白人修女说的“上帝会祝福你们。上帝一定会为此而送你们进天堂”一类话,从见多识广的妓女那里得到的回应却是“你的上帝不认识我们”[②]这样斩钉截铁的回答。《群芳亭》中的吴太太只是因为同情孤单空虚的白人修女夏小姐,才允许她屡屡登门为自己祈祷,而夏小姐反倒以为是自己的虔诚换来了良果。这种阴差阳错的现象可谓最大的讽刺了。关于中国人不理解或者不相信西方传教士传教的描写,既是其时客观的存在,也体现了赛珍珠对海外传教的鲜明立场,就像她后来在演讲中提到的那样,“正规的传教士,对他们所谓要拯救的人民如此缺乏同情;对除他们自己国家的文明以外的其他文明,如此不屑一顾;对一个高度文明、十分敏感的人民,竟如此粗暴鲁莽,我直感到自己的内心因羞愧而在滴血。”[③]在她看来,任何在中国传教的行为都是没有必要的,也是可笑的,欲以一种文明去覆盖其他文明的做法属于文化帝国主义行径。即令把赛珍珠的相关思考放在今天全球化的背景下来看,也仍然是有见地和借鉴意义的。各个国家、各种文明之间理应相互尊重、相互了解、互补共济,而不应该是借助自己的军事或者政治强权来灌输散播自己的独家文明观念,凌驾于其他文明之上。

第二类启蒙方式是革命启蒙。这一类启蒙者是身份不很明晰的革命者,如《大地》三部曲中的王孟、《群芳亭》中的泽镆、《同胞》中的张山、彼得等人,他们是号召从上到下彻底清除的激进改革社会的人士,主张暴力革命。但是他们的结果看来并不好,泽镆因为驾驶飞机失事而丧生,张山、彼得则是在稀里糊涂中被政府的密探杀掉了。从这种安排中我们可以感觉作者是在暗里贬斥这种变革社会的激进做法的。《大地》中,赛珍珠较为欣赏的王源在参加王孟等人所从事的革命行动时是勉强和消极的,内心里更有许多抵触情绪,显然,作者很不赞成这种诉诸暴力的做法。在《群芳亭》中,赛珍珠借助安修士有更进一步的陈词,“处在最低发展水平线上的人才会有

① [美]赛珍珠:《大地三部曲》,第802页。

② [美]赛珍珠:《龙子》,丁国华,等译,漓江出版社,1998年,第127页。

③ 刘海平:《赛珍珠和她的中国情结》,[美]赛珍珠《同胞》,第23页。

争斗和战争”，“无论在哪个国家，真正参战的人总是少数，打起仗来也总不会心甘情愿地全身心投入。不开化的人才喜欢战争”。① 小说描写到当泽镆高谈阔论部队、坦克、轰炸机时，吴太太却表示厌烦，“她觉得让年轻人为战争和死亡去操劳一辈子，实在太愚蠢，无论对个人还是对家庭，都毫无价值。生命是胜利的力量。对于敌人和死亡的回答，应该是生命和更多的生命。”②可以说，这些都代表着赛珍珠对这种暴力革命的启蒙所持的拒斥态度。在目睹近现代中国的频繁战争给民众带来的无休止灾难后，赛珍珠不赞成以革命这种暴力方式改变社会形态，这是完全可以理解的。当今天回首20世纪以来的中国历史进程时，我们的确发现：假各种名号的革命在最终都背离了原先的宗旨，前人所说的“革命在实践上的成功，往往意味着革命在理论上的失败”的论断竟一再地由活生生的事实得到证明。在几乎所有的“改朝换代”中，民众只是牺牲品，一俟革命成功，民众就被无情地抛开，就像鲁迅小说中一再出现的场景一样，“风波”结束，民众的生活依旧，一切都没有改变，“兴，百姓苦；亡，百姓苦”的历史在不断地循环绵延着。

在相继否定了宗教启蒙和暴力启蒙的方式之后，赛珍珠对中国最需要什么样的启蒙方式有她自己的考虑，这便是文化教育启蒙。赛珍珠笔下的这一类启蒙者往往是具有西方文化背景的提倡渐进改革的人士，他们代表着作者的文化理想和社会理想。《东风·西风》中桂兰的丈夫是有着西方教育背景的西医，在新婚之夜就以温婉的口气向妻子宣传自由平等的思想，后来他又带桂兰出外见识，开阔她的视野，结交洋人朋友，并还鼓动她放足，他的启蒙方式得到了作者的认同，其结果也是良好的：桂兰最终认定是丈夫改变了自己，在对待哥哥娶的外国女人的态度上发生了质的变化，并对哥嫂所生的孩子充满期望：“对他们的孩子，我有两种猜测：他会独创自己的天地，他既不是纯粹的东方人，也不是纯粹的西方人，没人会理解他，他会被两个世界所抛弃。但我想，他吸取了父母的精华，他一定会理解两个世界，会更坚强，更聪明。”③融汇东西方文明之长也正是赛珍珠对未来人类文化建设发自内心的愿望。《大地》三部曲中的王源最终选择的是去田间劳动，把自己在海外学到的知识运用在为广大乡间百姓的切实服务上。《群芳亭》中吴太太请来的家庭教师意大利人安修士不同于那些一心要以自己国家的文明取代其他文明的传教士，他充分尊重被启蒙者的文化、信仰，也是因为此，他

① ［美］赛珍珠：《群芳亭》，第279页。

② 同①。

③ ［美］赛珍珠：《东风·西风》，第522页。

被正宗的传教士视为异端，安修士的启蒙也是成功的，他以自己的博大爱心感化和改变了吴太太，甚至这种影响在其死后也能继续作用于吴太太。《同胞》中的归国华侨青年詹姆斯依照中国的传统习俗，由母亲包办代他娶了一字不识且从不相识的乡村姑娘玉梅，并在日后的家庭生活中不断向她灌输新思想，教她识字，还通过她"启蒙"了冥顽不化的焘大叔做手术。他的这种扎根中国乡村、致力于那里的文化改造和社会建设的启蒙方式是赛珍珠所认同的。在赛珍珠笔下一再出现的这种启蒙者融入广大平民中间的情景，正代表着赛珍珠对中国所应采取的启蒙方式的看法。启蒙者做的都是极为扎实的基础工作，非常贴近民众。这正仿佛赛珍珠写作小说的主旨正是为广大的人民一样："一个小说家决不能把纯文学作为他的目的。他甚至不能对纯文学了解得太多，因为他的素材——人民——并不在那里"。[①] 她的这种平民立场使其在对启蒙的认知上始终把平民放在首先考虑的位置上。启蒙不应当采取激烈的斗争方式，也不应该完全拜倒于其他文明的脚下，而应该以和缓、渐进的方式进行。在赛珍珠的作品中，有无数类似中西通婚的例子，这当然显示了她的融通中西的文化理想，但她更是以此来让启蒙者与被启蒙者建立和谐的关系，尽可能弥合他们之间因为文化、信仰而存在的种种鸿沟。同时我们发现她是以家庭作为启蒙的场所的，在家庭这一社会的最小单元组合中，完成自己逐步改变社会的计划。这是富有阴柔风格的解决启蒙困境的方式，是一个对中国充满深厚感情的异国客对如何改变中国现状认真思考的结果。而同时期的中国作家则常常以叛离家庭的表达来显示启蒙的成功，像巴金在《家》《春》《秋》中就屡屡让他笔下的青年冲破封建家庭的樊笼。赛珍珠理想的启蒙方式是不需要鲜血和暴力、也是不需要全面背离自己的文明，而是一种渐进的、良性的改变，尽管在有些方面她的想法、她的书写是可笑的，甚至也只是作者的一厢情愿和美好想象而已，但是对宁静、幸福生活的渴望，却会是那些饱尝战火忧患的普通中国人共同的心声。

"我身处中国却非其一员，身为美国人却依然不是它的一员"。[②] 在两种异质文明碰撞中生存的赛珍珠，也因此能穿越国界、文明的界限，看得更深远更广大。历经了无数苦难的中国太需要一种和平的、渐进的有益改革，而不是一而再再而三的暴力革命，也不应该是全副身心俯首于西方文明而摒弃本土文明。正是从这个意义上来说，赛珍珠的作品值得我们深思：扎扎

① [美]赛珍珠：《中国小说》，《大地三部曲》，第976页。

② [美]赛珍珠：《我的中国世界》，第51页。

实实而不是好高骛远地启发民智，启蒙者真正地融于民间而不是与平民截然分开、对平民指手画脚，认真地实践20世纪初鲁迅提出的“立人”思想，这或许才是启蒙题中应有之意。

（本文原载于《江苏大学学报（社会科学版）》，2003年第2期）

朱刚

无形中的有形

——赛珍珠论中国小说的形式

首先界定一下本文的标题。“无形”和“有形”首先指的是作为一种艺术形式的中国小说。本文将进一步指出，赛珍珠对中国小说形式的讨论反映出她对中国传统文化“形式”的态度，她的这种态度又基于她对中国知识分子思想和心态的理解和思考，是她对20世纪上半叶中国知识界对中国传统文化进行重新定位、对中国文化何去何从这个严肃的问题进行思考的反应。本文涉及的大多只是现象，没有进行深入的探讨；但是希望本文能对了解现代中国思想史的某个阶段提供一个视角，对赛珍珠研究有所启示。

1932年2月，赛珍珠在华北联合语言学校作了两场报告，后来以“东西方和小说”（“East and West and the Novel”）和“早期中国小说的源泉”（“Sources of the Early Chinese Novel”）为题发表。[①] 正如这两个题目所揭示的那样，赛珍珠在报告中通过比较中西方小说的异同，试图证明中国小说具有独特的、和西方小说截然不同的艺术形式，并且试图从中国文化里挖掘出这种形式的“渊源”。我不清楚这两个讲话涉及的内容是不是在赛珍珠其他的作品中出现过，也不知道这两个讲话是不是已经收入她的文集。但可以肯定的是，赛珍珠在这里表达的思想贯穿在她一生的著述之中，尽管这些著述直接涉及的不一定是小说艺术。有两点需要说明：第一，这里的“早期”指的是20世纪以前。这段时期中国小说没有受到西方小说的影响，即使后期

① “华北联合语言学校”系“the North China Union Language School”的英译。这两个讲话由华北联合语言学校和加州学院（California College）在北平联合出版，没有注明出版日期。以下的引文均出自这个版本。

受到过一些影响,在程度上也微乎其微,可以不予考虑。赛珍珠这么做的原因是:排除了外来文化的影响,这个时期的中国小说可以看成纯粹是中国文化的产物,代表和反映的也是中国的文化传统。第二,赛珍珠集中讨论"源泉"问题,因为正是中国小说的源头——中国文化——赋予了看上去缺乏形式的中国小说以一种特殊的艺术形式。更加重要的是,和西方传统不同,这些"源泉"不可能像西方小说那样在小说本身或小说艺术甚至文学传统里得到完全的挖掘,而是体现在源远流长的中国文化中,体现在世代相袭的中国文人精神里。

用西方小说艺术标准衡量,20 世纪之前的中国小说看上去的确没有清晰的表达形式,如果我们把"形式"狭隘地等同于西方小说的叙事手法的话。但是赛珍珠却明确指出:中国小说确实具有自己独特的表现形式,只是这种形式和西方小说形式十分不同。首先,中国小说的一个明显的形式特征就是在中国文学的发展中没有出现"小说的突然繁荣"。虽然小说的雏形在欧洲可以追溯到古罗马时代,但是一般认为当代西方小说的鼻祖是 17 世纪初期西班牙作家塞万提斯和他的小说《唐吉珂德》。此后工业革命的兴起和资本主义经济的发展给欧洲社会带来巨大的变化,小说这种文学样式由后台迅速挤到了前台:英国文学中 18 世纪出现了一大批小说家,像斯威弗特、狄福、斯特恩、费尔丁、戈德史密斯等。美国小说的兴起则是在 19 世纪,尤其是 19 世纪下半叶,这段时期法国、俄国的小说创作也达到了高潮。和欧洲一样,小说这种文学样式在中国开始时也处于边缘,到了西汉仍然是"不合大道的琐碎之谈""盖出于稗官,街谈巷语,道听途说者之所造也"。魏晋南北朝时中国的小说出现繁荣,"写作小说几乎成为风气"。① 但无论是"志怪小说"还是"轶事小说",其表现的内容都和文艺复兴及启蒙运动的西欧大相径庭,表现形式上也几乎没有可比之处。中国小说的另一个形式特征,就是和民间传说密不可分,它的形式由不同时期的民间艺人继承和发展。因此,小说在中国不是某些小说家们的独创,而是不同时代不同艺人众多创作版本的集合体。由于中国小说更多地表现出集体乃至整个文化的产物,其存在一直绵延了两千年,所以在发生学上没有出现过西方那样的"突然繁荣"。从这个意义上说,中国小说的内容和叙事方式(这两点决定了中国小说的形式)比西方小说更加依赖本土的文化传承,更集中地反映出中国人的思维方式,尤其是那些讲述或者记录下传说的艺人的心态。

中国小说的独特形式引出赛珍珠的另一个论点:中国小说的"形式"并

---

① 游国恩,等:《中国文学史》(第 1 册),人民文学出版社,1984 年,第 296 - 308 页。

不是可以用诸如“高潮”“结尾”“连贯情节”“人物发展”等这些西方小说必不可少的形式因素来加以描述或者衡量。如果从这个角度衡量，中国小说在整体上则显得十分难以把握，内容上缺乏连贯性，主题上很少有明确集中的表现。但这种形式的“缺失”恰恰就是中国小说形式的明显特征。赛珍珠认为，中国小说家十分注重小说对生活的模仿，在这一点上他们要远远甚于西方的小说家——小说结构上之所以会出现不完整乃至支离破碎，因为这是生活本身的特征，而这一点在西方小说家看来就是缺乏艺术性。问题是，结构上如此“不严密”的作品是否属于艺术品。赛珍珠的回答是肯定的：

> 我没有现成的艺术标准，也说不准它（中国小说）是不是属于艺术；但是以下这点我却深信不疑，即它是生活，而且我相信，小说反映生活比反映艺术更加重要，如果两者不能兼得的话。

赛珍珠在这里并不是说早期的中国小说没有艺术表现形式。相反，她认为，早期的中国小说同时包含了生活和艺术，这种艺术和生活水乳交融，达到了难以区分的境地，即使它“越出了（西方）艺术技巧界定的规则之外”，也完全有理由得到承认。因此，中国小说的内容和形式“丰富多彩，具有优越性”，更加“真实地展现了创作出这种小说的人们的生活”。

赛珍珠在这两篇讲话里试图做两件事：第一，证明在西方人看来“缺失”形式的中国小说的确具备某种形式；第二，从中国文明和中国文化的悠久传统里向西方人展现中国小说的这种形式特征。赛珍珠并没有如我们期待的那样，对中国小说的形式特征进一步加以具体的罗列和说明，她甚至几乎没有提及中国小说的具体创作手法。接下来，她的论述转向了她所熟悉的那部分中国文化和中国人的心态。这是因为，她虽然长期生活在中国，对博大精深的中国文化毕竟只是刚刚有所了解，没有能力从整体上去把握它；另外，她虽然喜爱诸如《水浒传》这样的古典小说，但要深究中国传统小说的叙事形式也绝非易事。她所了解的只是她经历过的那部分中国农村的现实生活，以及她所接触过的那部分中国文化，基本上还停留在感性认识阶段。她热爱中国小说，为中国小说的形式辩护，出发点还是她对中国文化的欣赏。但是她所了解的中国人民、中国文明和中国文化毕竟十分狭隘，不妨以《大地》为例。《大地》是这位美国女作家最知名的小说，而且出版于上文所提到的两篇讲话发表的前一年。她笔下的小说人物是中国最贫困地区的一些普通的中国农民，她本人曾经在那里生活过，对这些中国人的生活和世界观十分了解。在赛珍珠看来，正是在这些普通的中国人身上，中国人的品格和中国文化传统才得到最好的保留和最明显的表露。例如她笔下的阿兰就是中国妇女传统美德的代表:无论环境多么严酷,她都支撑着家庭,相夫教子,保证家族的血脉绵延不断,正如她第一次和王龙相见时老夫人对她说的那样:“服从他,给他生儿子,越多越好”。① 正因为如此,赛珍珠笔下的中国人(如王龙、秦和梨花)表现出的大多是诸如逆来顺受、忍耐、漠然这样的品性。这种品性当然自有有利的一面,如逆来顺受是弱者生存的必要手段。但需要指出的是,在赛珍珠写作这部小说及发表这两个讲话的时代,这种品性正被视为国人的所谓“劣根性”而遭到中国进步知识分子的批评。越来越多的中国人意识到知足常乐的小农思想常常导致自欺欺人,不思进取;对土地的过分依恋也会导致漠视危机,反对变革。赛珍珠本人在作品里对这种落后的小农思想也表露出某种怀疑。

当然赛珍珠无意对中国人的这种心态进行夸耀。她只是告诉她的外国读者,这种对待世界的方式有优点也有缺点,但它是中国悠久文化传统的积淀;要了解中国这个泱泱大国,中华民族这个伟大的民族,不了解中国人的传统心态是不可能的。赛珍珠坚信,这种生活在中国这块大地上已经绵延不息了几千年,小说家有责任以最接近这种生活的方式来反映它,这种反映方式也就成了中国小说所具有的形式。进入20世纪之后,国内的一些小说家在西方文化的影响之下对中国人的传统心态持越来越激烈的批判态度,越来越瞧不起中国小说的表现方式。他们的小说或许因此看上去更加接近西方的“形式”,更加具有西方式的“艺术性”,但是赛珍珠对此却感到极度的失望。与此同时,一些青年小说家已经感觉到为他们的父辈所痛心疾首的某种文化缺失,开始“重新发现他们自己国家的现实”,填补由中西文化交流而造成的“巨大的思想沟壑”,②赛珍珠对此又感到十分兴奋。

赛珍珠意识到,五四之后有一批青年人和他们的前辈不同。他们留洋海外,接受了西方教育,却同时对中国文化有了新的感受,返回祖国之后,急迫地想重新肯定自己文化的价值,重新树立自己文明的传统,赛珍珠对这一代青年知识分子十分青睐。这些年轻作家转向“乡村僻野或小城小镇的生活”,那里的生活对赛珍珠来说就是“本土中国人真实生活”的源泉,是小说创作的“新鲜灵感”所在。赛珍珠把林语堂、沈从文这样的小说家称为“少数精灵”,却“思想精深,不会迷失在时代的混乱里”,认为这些人写出的才是关于中国的“真实”故事,才是“真正”的中国小说。

但是赛珍珠的这些看法在当时显然不合时宜。20世纪20年代末(赛

---

① Pearl S. Buck: *House of Earth*. The John Day Company, 1935:19.

② Pearl S. Buck. Preface. Lin Yu-tang. *My Country and My People*. The John Day Company, 1935.

珍珠正在撰写《大地》)和30年代初期(她在华北联合语言学校作报告的时候),中国知识界仍然在反思中国落后的原委,把之归结为儒家传统的负面影响和中国传统文化中的糟粕所致,尤其对国人的懦弱性格和不思进取的心态深恶痛绝。"20世纪中国思想史的一个最显著的特征就是出现了对中国文化遗产进行深入持久的偶像破坏式的批判"。这种文化革命的第一个高潮出现于1915年至1927年之间,也即赛珍珠在美国获得学士学位一年后来到镇江任教之际,和她开始构思写作以中国为背景的小说之时。"偶像破坏"的含义是"从思想上拒绝一个传统",而赛珍珠时代中国知识界有人主张"对传统的中国思维进行彻底的改变",以使"腐朽衰败的中国重新焕发青春"。① 当时中国知识分子的任务有两个,一是和唯唯诺诺的儒家道德传统决裂,二是通过文化变革促使社会变革,以改变国人对"整个宇宙和人类现实的总体看法"。文学尤其是小说为此负有重要的责任,正如鲁迅在世纪初所说的那样:"导中国人群以进行,必自科学小说始"。② 相比之下,赛珍珠倒是主张对中国传统进行恰当的保留和重新挖掘,不主张采取过于偏激的态度。因此,20世纪30年代思想激进的文学家并不理睬她的呼吁,她的作品看上去也和偶像破坏的主流十分不和谐。鲁迅和茅盾也曾因此批评她对中国的现实一知半解,对中国和中国人的表现十分浮浅,对中国大地上发生的事情多有歪曲。③

有意思的是,争论双方面对的是同样的中国社会现实,一方把它看成中国文明的价值所在,另一方却把它看成中国落后的主要原因。鲁迅对中国农民的小农意识进行过入木三分的批评,认为这种意识造成国人的狭隘和懦弱,阻碍了中国的发展。在他描写乡村的小说里,中国"大地"培育出的不是王龙那样的成功故事,也不是阿兰那样醉心于土地的农民,而是阿Q那种可笑的幻想,狂人那种幻想的破灭,以及一个血淋淋的人吃人的社会。鲁迅要竭力寻找的,不是象征中国传统文化的小农,而是知识分子里"勇猛的斗士",并且为其人数稀少而扼腕。有人指出,1927年至1937年这个"现代中国文学的第二个十年"出现了截然相反的两种诗歌,一种是激进的"左翼"诗人的创作,另一种则追随西方现代主义,醉心于纯粹的诗歌形式,把自己

---

① Lin Yu-sheng. *The Crisis of Chinese Consciousness, Radical Antitraditionalism in the May Fourth Era.* The University of Wisconsin Press, 1979:3 – 27.

② 陈鸣树:《20世纪初期鲁迅的人文精神》,《鲁迅研究月刊》,1996年第10期。

③ 刘龙:《赛珍珠研究》,第368页。

关在象牙塔里。[①] 这种情况或许也发生在小说创作中,因此像赛珍珠这样的小说家就没有多少可以施展的空间。从某种意义上说,赛珍珠所看好的改良派们更具有传统中国知识分子的气质:他们"执着于发展和使用思想,相信道德价值的重要性",甚至"不管前面有多少障碍,都无所畏惧地追求自己的原则和理想"。但是他们毕竟和西方的知识分子不一样,表现不出"独立批判"的能力,因为他们主要关注的不是"确凿的怀疑",而是对自己文化传统的"再次信仰"以及修补"墙上的裂缝"。[②] 中国知识分子的偶像破坏心态,以及知识界的"偶像破坏"运动持续了多年,但是赛珍珠的态度却一直没有改变,对中国传统文化一直情有独钟,尽管其中可能会有一些误解,但是她的精神即使在今天也不得不让人感到钦佩。

20 世纪 80 年代以来,国内学者开始重新认识赛珍珠以及赛珍珠在两篇讲话里赞扬的一批文人(如林语堂、沈从文,尽管她没有提及任何人的姓名)。与此同时,随着改革开放的不断深入,学术界对中国近当代思想史也进行了更加深入的研究,尤其是文化思想界的"偶像破坏"运动,体现在当代对盲目崇洋的批判,对全盘西化的质疑,对工业化弊端的认识以及对全球化的警惕。与此相伴随的,就是对儒教文明和中国文化道德传统的重新认识和强调。越来越多的海内外学者意识到"西方文化的负面影响不仅仅只是常常谈到的经济上的剥削,还有在西方教育体制下对中国文化的整体忽视",而且这种忽视已经产生了一定的不良影响。[③] 学者们指出,20 世纪上半叶,那场有关中西文化的争论中有一些言论过于偏激和空玄;中国国土辽阔,每一个地域都有自己独特的文化传统,但是我们对中国文化的多样性一直重视和研究不够。[④] 所有这些都有助于解释为什么人们对赛珍珠会产生新的兴趣。"赛珍珠热"还和西方后结构主义在中国的传播有关。福科的知识考古学使人们关注起知识间的内在联系,以往由于各种原因而遭到忽视的那部分历史重新得到关注,以往一些简单化的结论也得到重新阐释。多元文化的介入使人们对主流文化之外的地域文化产生了更加浓厚的兴趣,并且把以往被排斥在主流文化之外的地方特色重新纳入整个中国文化的框

---

① 张同道:《火的呐喊与梦的呢喃——三十年代的左翼诗潮与现代主义诗潮》,《文学评论》,1991 年第 1 期。

② Wang Gung-wu. *The Chineseness of China*. Oxford University Press, 1991:284 - 286.

③ Franz Michael. *China Through the Ages*. Westview Press, 1986:174.

④ 陈百鸣:《近来国内对文化激进主义的批评》,《文艺理论与批评》,1997 年第 1 期。

架之中加以重新认识。①

当然,赛珍珠乃至中国文化传统的重新再发现并不一定意味着赛珍珠在文学史上的地位会发生明显的变化。赛珍珠是一个十分复杂的人物,她在作品里所反映的只是特定的历史时期中国农民生活极其有限的一个侧面,并不一定具有典型性,她本人对中国文化的看法现在看来也有简单化、理想化之嫌。但是重读赛珍珠的这两篇讲话可以使我们更加清楚地认识到,赛珍珠时代中国人的思想正如当时中国小说采纳的形式那样十分复杂。不论这种思想会以什么形式出现,它的首要责任就是“在中国人群里发现中国的力量所在,使中国人民重新充满道德信心,相信自己文化价值的优越性,从而重新找回对自己文明的信心”。② 从这个意义上说,赛珍珠 80 年前有关“无形中的有形”的论述,不管她指的是中国小说还是中国文化,都值得我们去仔细思考。如果说首先来华的那些传教士们曾经帮助西方人发现了中国文明,赛珍珠则不仅帮助西方人而且帮助中国人来重新找回中国文化传统——这样的传教士的确少见,而且赛珍珠可能是最后一位。

(本文原载于《江苏大学学报(社会科学版)》,2002 年第 2 期)

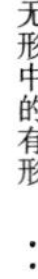

① Michel Foucault. *The Archaeology of Knowledge and the Discourse of Language*. Pantheon Books, 1972:8.

② Wang Gung-wu. *The Chineseness of China*. 4.

赛珍珠与中英小说比较研究

——评《东方、西方及其小说》

姚君伟····

一提起赛珍珠,人们就会想到她那明显带有中国文学风格的中国题材小说。这是对赛珍珠小说家层面的理解。其实,除开这一层面,赛珍珠还有其作为学者(虽然是作家型学者)的一面,而这一方面,至今似乎还没有引起中国赛珍珠研究界的足够的关注,已有的研究充其量还只是集中在《中国小说》(*The Chinese Novel*)上面;当然,这一带有局限性和片面性的认识的产生倒也是十分自然的事情,毕竟,在赛珍珠之前抑或之后,都还没有哪一位诺贝尔文学奖得主在瑞典学院诺贝尔文学奖授奖仪式这样深具历史意义因而非常隆重的场合选择别国小说为题来演讲的。印象太深刻了,况且又是那样的赞美之辞:"……我属于美国,但是恰恰是中国小说而不是美国小说决定了我在写作上的成就。我最早的小说知识,关于怎样叙述故事和怎样写故事,都是在中国学到的。"这是赛珍珠出于个人对中国小说感激之情而作出的一番坦诚的表白。与此同时,她认为"中国小说对西方小说家具有启发意义"。[①] 在这篇演讲中,赛珍珠如数家珍地就中国小说侃侃而谈,涉及《三国演义》《水浒传》《红楼梦》《儒林外史》《西游记》《封神演义》《野叟曝言》《镜花缘》《金瓶梅》,等等。说她在这里提供的全然是一部中国小说简史,也许并非过甚其词。

"赛珍珠""1938 年""中国小说"3 个关键词在这里联缀在一起,给人以某种独特的整体感,但也会起误导作用。我们切莫以为赛珍珠到了例行演讲时才就中国小说高谈阔论一番,更不能认为她对中国小说没有多年的研

---

① [美]赛珍珠:《中国小说》,《大地三部曲》,第 1083 页。

究积累而匆匆浏览几部中国小说史便草成急就章，敷衍了事。客观地说，赛珍珠与中国小说的情缘可谓深矣。她长期浸淫于中国小说，时间起自其开蒙之时。后到成年，她在中国小说方面的研究成果早在1938年之前就不断面世。请看以下几则材料：

1. 1930年2月，赛珍珠的《小说反映的中国》("China in the Mirror of Her Fiction")发表在《太平洋时事》(*Pacific Affairs*)2月号上，3月1日该文转载于《中国一周》(*The Week in China*)第8卷第257期第227页—236页。

2. 1931年6月，她的《中国早期小说》("The Early Chinese Novel")发表在名刊《星期六文学评论》(*The Saturday Review of Literature*)第7卷第46期。

3. 1931年11月，赛珍珠的《东方、西方及其小说》("East and West and the Novel")在美国大学妇女协会的《通讯》(*Bulletin*)上发表。几个月后，她在华北联合语言学校作同题演讲。

4. 1932年，赛珍珠将《中国早期小说》的文章略作修改，以《中国小说的早期来源》("Sources of Early Chinese Novel")为题，在华北联合语言学校演讲。

5. 1932年8月20日，赛珍珠在《星期六文学评论》第9卷第5期上发表《吾又安所用其眷念哉!》("Why…Should I Care?")

6. 1933年6月，赛珍珠在母校毕业典礼上发表题为《论小说创作》("On the Writing of Novels")的演讲，载伦道夫—梅肯女子学院的《校友通讯》(*Alumnae Bulletin*)，1933年夏季号。

7. 1933年6月，赛珍珠的《水浒传》英译本以《四海之内皆兄弟》(*All Men Are Brothers*)的译名分上下两卷由约翰·戴公司出版。

不难看出，赛珍珠对于中国小说所怀有的兴趣、所表现出的热忱，而且，细读她20世纪30年代初的文章，我们感到赛珍珠对中国小说的认识和研究也有一个不断发展和深化的过程，表现出认识上的承继性和连贯性特征。在关于中国小说的论述中，赛珍珠提出了许多她后来不断重申的、当然也不断完善的观点，发展到1938年，便有了《中国小说》的演讲，集其阅读与研究中国小说之大成，代表了她对中国小说的全部认识和理解。

不仅如此。由于赛珍珠自小就同时广泛阅读中英文小说(英文的尤其是英国小说，她特别喜爱狄更斯的作品)，所以，在她的阅读中，不可避免地(尽管一开始也许是不自觉地)要作些比较意义上的欣赏。正因为她有着双重的文化视野，才促成了她日后的中英小说比较研究，这样的研究应该说是水到渠成、顺理成章的自然结果。正如某比较文学家所说，比较文学是有了文学，才有比较，而非相反。在赛珍珠这里，情况是，有了对丰富的不同国别和不同文化背景下的小说的阅读经验，便有了她的比较小说研究。限于篇幅，本文讨论的中心主要不在于她阅读、宣传中国小说以及主动接受中国小说所施予的影响的情况，而力图集中评述赛珍珠以“东方、西方及其小说”为题所写的中英小说比较研究的特点（包括比较的内容、比较中存在的局限等）以及她的这一比较研究在当下语境中的价值和意义。

可以说，赛珍珠对中国小说既有对具体文本的阅读经验，又有史的了解。1933 年 11 月 28 日，赛珍珠曾与来访的章伯雨说起她非常重视鲁迅先生的《中国小说史略》，并称她将来愿意做一部《中国小说史》。① 这话初听起来，似乎不无狂妄的意味。中国学者自己要做小说史，尚且不易，何况一美国人？但是，笔者校阅、细读了《东方、西方及其小说》之后，感到她的这一想法也绝非一时之冲动，应该说，她具备治中国小说史的素养，尽管果真做起来，她还有大量的史料需要研读。遗憾的是，我们最终没能如愿见到这样一部出于饱读中国文学典籍、至少在文化上已经不能完全算外国人的外国人之手的《中国小说史》。有时，面对赛珍珠关于中国小说的系列论文和有关演讲，我们不禁揣摩，假使赛珍珠真的执笔撰写出一部《中国小说史》，情形又会是怎样的呢？她撰出一本比较小说史（指采用比较的方法撰成），兴许也是可能的事情：不管怎么说，赛珍珠毕竟为我们留下了一些有关论述，多少消除了一些缺憾。赛珍珠的这篇演讲《东方、西方及其小说》，实际上是中英小说比较，因为范围过大，为言而有物，以免大而无当，自须有所限定。中英小说之间可以比较的内容很多，赛珍珠并不希冀面面俱到，相反，她只是择其要者，作些提示性比较。

首先，她比较研究了中英小说不同的发展途径。她的这个切入点是颇有见地的。从小说的起源和历史发展谈起，极有必要，因为中英小说是在各自的土壤上成长和发展起来的，无论是它们的内容还是艺术特性都不可避免地受到本民族种种文化因素、文化传统的制约。这是了解中英小说特征的一个基本常识和前提，然而，我们发现，西方的一些中国小说学者忘却考虑的正是这方面的差异，缺乏必要的中国文学的传统和文化背景方面的知识储备，也就不能了解中国小说那特殊的局限性和独特的魅力。赛珍珠在两种文化背景里长大，清醒地意识到文化背景方面的深刻差异对于各自小

---

① 章伯雨：《勃克夫人访问记》，《现代》，1934 年第 4 卷第 5 期。

说的发展所产生的巨大影响。

赛珍珠客观而正确地指出，中国小说的起源大大早于英国小说，可发展则要缓慢得多，英国小说出现很迟，到了18世纪才羽毛丰满起来。我们知道，中国小说的形成以唐代传奇为标志，与中国小说相比，欧洲小说的诞生几乎要迟四五百年。欧洲小说在文艺复兴前后获得了很大的发展，18世纪的英国文坛贡献给世界文学的是其“虽姗姗来迟，却迅速绽放，并立即为时人所注目，受到大众的喜爱，在文坛上占据主要地位的”①小说。赛珍珠特别指出，“英国文学从史诗、随笔到冒险故事，继而到小说，发展迅速，每一步都得到文学界的承认，然而在中国，小说却长时间被排斥在文学大门之外。”确实如此，中国小说起步早却发展慢，根本原因在于中国文人学士心目中所持的小说观。赛珍珠从小就清楚小说在中国根本没有地位，赛珍珠的家教孔先生精心指导她阅读了大量的中国经典，却向来反对她读小说。小说在中国算不上文学，《庄子·外物》里说：“饰小说以干县令，其于大达亦远矣”，意思是，“修饰浅识小语以求高名，那和明达大智的距离就很远了。”②东汉桓谭认为小说不过是“合丛残小语，近取譬论”的短文而已，③而班固在《汉书·艺文志》中的小说定义一经刊布，立即成为一种难以撼动的经典观念，对中国古代文人的小说观产生了根深蒂固的影响，他说：

> 小说家者流，盖出于稗官，街谈巷语，道听途说者之所造也。孔子曰，“虽小道，必有可观者也，致远恐泥。”是以君子弗为也，然也弗灭也。闾里小知者之所及，亦使缀而不忘，如或一家可采，此亦刍荛狂夫之议也。④

道听途说的东西自然也就不足观了。小说被孔子斥为“小道”，根本无法担当起“载道”的重任，《汉书·艺文志》中的“诸子十家”的排列顺序为：儒家、道家、阴阳家、法家、名家、墨家、纵横家、杂家、农家、小说家。在这个序列中，小说不仅叨陪末座，无甚可观，而且与“通万方之略”毫不相干。在这样的观念下，“中国的小说家们总是害怕别人知道自己会堕落到去写小说的地步”。⑤ 所以，从前的中国小说家进行小说创作时，往往托古人，隐姓名，给后来的小说研究者添了不少乱，后者索引考证，叫苦不迭，有些小说

① [美]赛珍珠：《东方、西方及其小说》，张丹丽译。以下有关引文均出自该译文，不再另注。

② 石昌渝：《中国小说源流论》，三联书店，1994年，第2页。

③ 同②。

④ 鲁迅：《中国小说史略》，上海古籍出版社，1998年，第2页。

⑤ 林语堂：《中国人》，郝志东，等译，浙江人民出版社，1988年，第236页。

(甚至是名著)的作者至今仍难以落实。① 赛珍珠对小说家隐姓埋名以至身份不明的现象很是关切,说是她心里一直思索的问题,并认为这是一个非常有趣的问题。事实上,在《吾又安所用其眷念哉》中,她专门谈过这个现象,对像《水浒传》和《三国演义》这样的名著的作者都不能判明感到有些困惑难解,但她也明白既然人们认为小说家们不配划归文学家之列,那么,他们不在乎自己的小说创作及其命运,就好理解了。为了让世人知道小说(家)在中国文坛上无地位这一历史现象和现实状况,赛珍珠饶有兴味地将贯华堂所藏古本《水浒传》前序整篇译成英语,该序结束时有一段话颇能表明中国小说家的心态:

> 呜呼哀哉!吾生有涯,吾呜乎知后人之读吾书者谓何?但取今日以示吾友,吾友读之而入,斯亦足耳。且未知吾之后身读之谓何,亦未知吾之后身得读此书者乎?吾又安所用其眷念哉!②

在《东方、西方及其小说》中,赛珍珠指出小说作品著作人身份不详,原因就在于对小说的轻视。她比照说,“在西方,作者的名字和他写的书名一样重要,要研究此小说,其中的一个方面就是研究其作者,他的个性,他是否写出了他的时代特征,他本人要传达的思想,他的个人风格,等等,他和他的书是不可分割的。”关于作品的真实作者的问题,其实早已成为中国小说史研究的一大课题,但往往众说纷纭,莫衷一是。赛珍珠在文章中还特别提到胡适博士和鲁迅先生当时在这方面做的收集资料、整理研究的工作,只是她断言“目前还不可能研究得很深,因为供研究的原始材料如此支离破碎,”她担心有一些“只是猜测而已”。③ 不过,赛珍珠也发现,在中国,看重作品,而非某个作家,迄今为止一直是中国人阅读和研究的一个特性,她认为这是个

---

① 周珏良在论文 On and around the Dream-A Survey of Recent Scholarship of *Hong Loumeng*[1976—1982](《〈红楼梦〉研究概述》)中,列出专节,讨论作者和续作者传记、作者真伪等问题,见《周珏良文集》,外语教育与研究出版社,1994 年,第 350—375 页。这是作者方面的情况,而另一方面,“有趣的是,不仅中国小说家不署名,连有些中国古典小说评点人物(如叶昼)都不署名,或署他人之名,以致于终被埋没。”叶朗:《中国小说美学》,北京大学出版社,1982 年,第 26 页。

② 《第五才子书施耐庵水浒传》(上),金圣叹评点,文子生校点,中州古籍出版社,1985 年,第 26 页。赛珍珠的译文收入“Why……Should I Care?”及 *All Men Are Brothers*(vol. I)。

③ 赛珍珠显然是知道鲁迅先生的《中国小说史略》的,她在来访者面前提及此书,后来还引用该书中的一些观点,但她这里只是说出了部分真情,不知她是否知道或者读过鲁迅先生为准备写小说史而费力辑成的资料书——《古小说钩沉》《小说旧闻钞》和《唐宋传奇集》。假如读过,她下断语时也许会更谨慎些。

"值得羡慕的特性"。①

关于中英小说的发展，赛珍珠特别提到独创性问题。她认为，自小说诞生之日起，独创性在西方（当然包括英国）就是一件大加褒扬的东西，或者是一个小说家的素质，"一个作者不能泰然地盗用另一个作者的已为人知的情节或风格"，而在中国却并非这种情况，"最著名的小说都已在以前以很多形式出现过……许多作者又会从这些小说中吸取素材，进一步发展成别的小说"，她举《金瓶梅》为例，并下结论说，"抄袭被看成是件光荣的事，而非丑事，独创性得不到鼓励。"赛珍珠这里的论断当然存在可以商榷的地方（下面还将涉及），但像作为中国章回小说的平话本身旨在讲述历史，评述历史人物的功过，在叙述上仍停留在史事和传奇的层面上，平话抄袭历史不仅顺理成章，更是势所必然。受说书人话本的影响，中国的章回小说在成书方式上也还有一个逐渐累积的过程，当然也有独创型小说，如《金瓶梅》《红楼梦》等，但像赛珍珠本人喜欢又翻译的《水浒传》在成书的过程中就有一个聚合联缀的步骤。西方的中国小说论者也时常指责中国小说的"抄袭"，殊不知，这里面有中国小说特定的发展的原因在。就中国小说家的"抄袭"手法而言，赛珍珠的论述并不尽然正确，像《金瓶梅》的作者也只是从《水浒传》中抽取片断情节，然后展开出去，对原作的发展是显然的，并作出了创造性的贡献。

赛珍珠循着中英小说发展途径不同这一思路，在第二部分对中英小说的结构与形式作了初步的比较研究。她注意到，与中国小说相比，英国小说在结构上更具整体性，更注意整个故事情节的形式和衔接，而在中国小说中，"没有高潮也没有结局。常常连个主要的情景都没有，如果情景中还有那么一个人物或主要事件的话，只是一些发生在所谓的主要人物周围的事件。"她指出，这种小说的结构在西方评论家看来，"常常是拖沓冗长，毫不协调，有时是一团混乱"。然而，正是在小说的结构上，西方评论家眼里的缺憾，在赛珍珠看来却是优点，原因在于，这一结构里蕴含着与生活的极大相似，生活并无主要情节和次要情节的区别，生活没有统一性，没有形式：

> 我们不知道我们会变成怎样，不知道背景对我们有什么影响，实际上，除了目前这短暂的瞬间，我们的存在，我们对自己一无所知。我们与一些人相遇是因为在这短短的一刻，他们的时间与我

① 赛珍珠在《自传随笔》(1933)中说："我希望不是本人而是我的作品被人们注意。"由此可见中国小说观对她的影响程度之深。参见拙作《论中国小说对赛珍珠小说观形成的决定性作用》，《中国比较文学》,1995年第1期。

们重合,他们一旦走出我们的生活,我们就再也不会遇见他们,也不会知道他们的结局,当然,我们对自己的结局也并不心知肚明,一清二楚,这种支离破碎就是中国小说留给我们的主要印象。一个个事件发生又结束,人们登上舞台,又退场,也许还会回来,也许不再相见。

赛珍珠认为,这样的小说结构(这确实也是结构)实际上反映了中国人的实际生活情形,可以说,它已经不仅仅是什么供作家自由驱使的文学技巧,它不啻是中国人认识周围生活、把握世界的一种方法,一种哲学。针对人们可能要对这种结构的艺术性提出质疑,赛珍珠毫不含糊地回答道:"我不知道艺术的定义,我也无法断定这是不是艺术,但我却很清楚,这就是生活,我相信小说中如果无法两者兼得的话,含有生活比含有艺术更好。"①赛珍珠在这里不仅仅就中英小说的结构和形式作比较,其比较中分明包含了自己鲜明的价值判断。她认为,"我们西方人要知道故事的结局。这篇小说有了结局,用不着再多去想了",中国人不一样,他们不轻易满足于这样或那样的结局,而愿意乐此不疲地推想下去。在她看来,"一个人一旦习惯了中国小说观的口味,西方许多小说读起来对他来说,显然就像是吃一种易消化的食物一样"。也许,赛珍珠希望通过比较中英小说结构,说明无固定形式的小说,以及散漫的或者叫缀段性结构(episodic)倒更称得上是人生的写照,人生无所谓高潮,抑或结局,一部小说读过或者听完,理应帮助读者或听众更深入地了解生活,而非远远地逃离生活。②

赛珍珠在文章的第三部分比较了中英小说中对素材的处理手法以及小说的创作宗旨。她使用人们所熟知的两个术语即浪漫(主义)和现实(主义)来表示小说家们所采用的两种主要的手法。她发现,英国小说有着明确的浪漫主义时期和现实主义时期,手法上的互相借鉴的例子是存在的,表现为具有浪漫主义色彩和写法的现实主义,也有借鉴现实主义手法的浪漫主义,但两种手法大体上相对独立,而赛珍珠认为中国小说如《红楼梦》是第一

---

① 1979年5月9日,钱锺书先生随中国社科院代表团访美期间,在加州伯克莱分校的座谈会上,曾有人问他《围城》中的唐晓芙为什么最后下落不明(fade out,也作"不了了之"或"淡出"解),钱先生的回答是"人生不正多的是'下落不明'的情形吗?像我们今天在这里聚首碰面,明天我们各自西东,而我的影像,在你们脑中逐渐模糊,不就是'淡出'的一个定例吗?"《钱锺书研究》第二辑,文化艺术出版社,1990年,第323页。钱锺书先生对诺贝尔文学奖态度淡然,对得奖人如"黛丽达、海泽、倭铿、赛珍珠之流"更是不屑(《文艺报》1986年4月5日),但是他上述的回答倒与赛珍珠对中国小说与生活的关系的分析以及她本人的价值判断有相通之处,足资参考。

② Pearl S. Buck. Literature and Life, *The Saturday Renew of Literature*, August 13, 1938.

部现实主义小说，但更多地带有浪漫主义色彩，基调是浪漫主义的，她后来在《中国小说》中认为《红楼梦》将现实主义和浪漫主义合为一体。她又结合自己的阅读经验分析说，她所熟悉的中国小说，无论貌似多么的现实主义，几乎都带有浪漫主义色彩，很多完全就是浪漫主义。赛珍珠还提炼出中国小说中为表现浪漫主义的内容而采用的两大手法，即运用超自然现象和宣扬宿命意识。也许，浪漫主义和现实主义这两个理论概念本身就具有兼容性，而作为手法，它们运用起来，也并非就具有多少绝对的排他性。

在这篇文章中，赛珍珠特别指出中国小说中故事的展开及众多角色的塑造，主要依靠的是小说家对于动作和对话的重视，很少有对于内心世界的描写。她的这一把握是准确的。后来，赛珍珠在《中国小说》中，对中国小说人物塑造方面的特点有更多的分析和阐述，她发现，人物描绘的生动逼真，是中国人对小说质量的第一要求，但这种描绘是由人物自身的行动和语言来实现的，绝非靠作者出面来解释。① 确实，借助于人物的行动和语言来描写人物性格，在动态中塑造人物形象，采用质朴而纯厚的白描表现手法，是优秀的中国小说家的看家本领，如《水浒传》中为了写武松的勇猛就通过他打猛虎的动作性情节来呈现，作者没有站到前面来讲述，这正如有研究者指出的那样："没有人物行动，就失去了说话艺术的精髓，也失去了中国小说的精髓。如果用一句话来概括，行动性正是中国古典小说民族特色的集中表现。"②至于心理描写，在中国小说里，人物的内心世界已经外化为行动、语言等种种形态；换言之，中国小说里也不是没有心理描写，只是采用更蕴藉、更含蓄的方式罢了。

《东方、西方及其小说》篇幅不算长，内容却十分丰富。由于原先是一篇演讲稿，有时间限制，便只能说就中英/中西小说的一些相异之处给个扼要阐述。但是，她终究还是大致成功地展现了中英小说的过去、现状，同时，她对中国小说的未来也作了乐观的预见。

毋庸讳言，赛珍珠的中英小说比较研究是有其偏颇之处的。已有学者在评价《中国小说》的时候提到她对中国小说史的描述有欠准确的地方（惜未能明示）。就《东方、西方及其小说》中的一些观点而言，笔者认为有几点是可以提出来的。需要说明的是，这篇演讲稿发表于60多年前，从20世纪30年代到2000年的今天，中英小说的比较研究成果累累！我们以后来者的优势指出其偏颇乃至偏见之处，绝无否定全文的意图，正相反，在本文最后

---

① 赛珍珠：《中国小说》，《大地三部曲》，第1089—1090页。

② 饶芃子，等：《中西小说比较》，安徽教育出版社，1994年，第136页。

的篇幅里,我们还拟就此演讲稿在当下语境中的价值作出评价。

中英小说汗牛充栋,就此提出的任何一个结论都可能会具有以偏概全的缺陷。早在1937年,钱锺书先生就指出过:"……中国固有的东西,不必就是中国所特有或独有的东西。"(着重号为笔者所加)①这一提醒至今仍有指导意义。从事中西文化比较研究的学者,必须真正对比较对象所在的文化取得透彻的了解,作出深入的研究,他们得出的结论也许才会令人信服,否则,理由不充分,"固有"遂成"特有"或"独有"。就赛珍珠《东方、西方及其小说》而言,也存在类似的问题。

一、中国小说的独创/抄袭问题

赛珍珠在文章中谈到,在中国,"最著名的小说都已在以前以很多形式出现过,现在我们采取的形式只不过是最后或最好的一种。许多作者又会从这些小说中吸收素材,进一步发展成别的小说,比如《金瓶梅》,讲的就是《水浒传》中较有名的片断之一,抄袭被看成是件光荣的事,而非丑事,独创性得不到鼓励。"其实,除开赛珍珠,西方还有不少评论家作出这一指责,认为中国小说过多地依赖原始材料,因而缺乏独创性。典型的例子就是赛珍珠提出的《金瓶梅》。其实,正如有研究者指出的那样,"依赖原始材料虽是中国传统小说的一个基本特征,但在多数情况下,由于经历了一个缓慢的演变过程,它已获得了最终的形式。在这漫长的演变过程中,众多的原始材料被采用了。毫无疑问,利用早期的作品作创作素材是中国白话小说创作非常普遍的手段。可是,很少有西方的批评家认识到,这种原始材料在《金瓶梅》中只占很小的一部分。"②著名的《金瓶梅》研究专家帕特里克·韩南(Patrick D. Hanan)指出,这些原始材料只占作者用来写其小说的文学背景的很小部分。《金瓶梅》与任何在它之前写作并留存下来的小说相比,不是更多在依赖它的原始材料,而是对故事叙述得更紧凑。③ 准确地说,中国小说家的独创性已经寓于其"抄袭"之中,他们在"抄袭"中求发展,他们的这一文学创作行为带来的成功的作品已经超越了其所借鉴的部分。这是不争的事实。其实英国文学史上也不乏这样的佳例,如莎士比亚的作品,尽管文

① 钱锺书:《中国固有的文学批评的一个特点》,《文学杂志》,1937年第1卷第4期。

② 杨立宇:《西方的批评和比较方法在中国传统小说研究中的运用》,屈德纯译,李达三,罗钢主编《中外比较文学的里程碑》,人民文学出版社,1997年,第297页。

③ 同②,第294页。

类上不能划归在小说里面。赛珍珠本人后来在《中国小说》的演讲里提到中国历史早期有许多小说的原始资料,“这类书如果让莎士比亚去读,他很可能会全力把里面的卵石取出让它们变成珠宝。”为什么中国小说家不能这样做呢?

二、 中国小说的说教问题

在《东方、西方及其小说》中,赛珍珠谈到,“如果是处在一个注重道德的清教徒时代,就让小说成为说教宣传……但现代情感似乎认为艺术不是清教的东西,生命之伟大足以为自身讲话,艺术和说教一旦混在一起,即产生一种糟糕的混杂物,失去原本各自的目的。”赛珍珠断言,不肯通融的(rigid)西方人反对说教小说,而在中国,“小说几乎都有说教的一面”。赛珍珠这里确实指出了局部真理。中国传统小说的确存在着明显说教成分,常为西方批评家所诟病。但谈到中国小说中的说教,则必须考察中国封建社会的伦理状况。事实上,在中国历史上,“君为臣纲、父为子纲、夫为妻纲”的“三纲”和“仁义礼智信”的“五常”在西汉就被确立为道德的根本和规范。单看明朝中叶冯梦龙编撰的“三言”这套短篇小说集的标题——《喻世明言》《警世通言》和《醒世恒言》,就能感到其中充满了教化至上的意味。“正如这三部小说集的标题所暗示的强烈的说教意味那样,这些集子里许多故事的确露骨地宣扬了忠、贞、孝等儒家道德。”①鲁迅先生曾经指出:“以意度之,则俗文之兴,当由二端:一为娱心,二为劝善,而尤以劝善为大宗。”《金瓶梅》中的说教则更是“赤裸裸”:“奉劝世人勿为西门庆之后夺可也。乐极生悲,否极泰来,自然之理。西门庆但知争名争利,纵意奢淫,殊不知天意恶盈,鬼录来追,死限临头”,作者自觉地担负起了指导读者的重大使命,明摆着的是在说教。然而,西方文学中何尝没有说教?只不过更多地表现为“寓教于乐”罢了。也许,这样的说教由于掩盖在娱乐的外衣下面而较难为人所觉察,影响显得潜移默化,而不像中国传统小说中那样表现得公开的强硬。而就英国小说而言,像赛珍珠在本篇演讲中提及的小说家理查森和菲尔丁,也都带有明显的说教成分,而且,这两位小说家的作品,都已经是英国小说繁荣的标志了,还晚于《金瓶梅》和《三言》,因而完全更有条件避免说教,有

① 杨立宇:《西方的批评和比较方法在中国传统小说研究中的运用》,《中外比较文学的里程碑》,第294页。

学者要得出“露骨的说教几乎是所有早期东方和西方的小说共有特征”①的结论也就不足为奇了。这里,赛珍珠又犯了将中国小说固有的一个成分理解成特有或独有的成分的毛病。不过,赛珍珠指出了说教与艺术之间的隔阂,虽属常识,也是共识。说教味过浓,何异于嚼饭哺人,徒使读者口味寡然,乃至索然。

三、 中国现代小说受西方文学影响的问题

对于中国传统小说,赛珍珠怀有由衷的敬仰,并不断为之辩护,甚至由喜爱发展到偏爱(如《水浒传》)。另一方面,她极不赞成中国现代小说家一味地学西方,认为这些作家年轻、情绪化,笔底写不出自我的自由表达。她指出“他们摒弃了旧的,可又为新的所束缚”,认为这是悲剧;正因为如此,赛珍珠对中国特别是现代的小说只在结束前略提了几句,她唯一希望的是中国现代或未来的小说家以更完美、更健康有力的笔触来表现他们本民族的生活,尽管可以从西方作家那里吸取某些技巧。中国现代小说与西方文学的关系是一个大课题,无法在这里细加说明。这里需要指出的是,赛珍珠对未来中国小说的发展怀有美好的愿望,但如果她的评价是作为对中国现代小说的成就的总体概括,那是绝对片面的,虽然中国现代小说家队伍中不乏盲目照搬西方小说的情节、技巧,希望“洋为中用”的情况。客观地说,20 世纪的任何作家要想留下有影响的作品,就已不可能将自己隔离于世界性文学交流的时代之外,将自身封闭在民族文化传统里已无法成为真正意义上的现代作家,独创性的概念已被赋予新的时代内涵。借鉴,甚至模仿,不仅不可怕,相反还很有意义,一个成熟的作家是并不讳言自己的创作接受外来的影响的。赛珍珠推崇的鲁迅先生就指出:“新文学是在外国文学潮流的推动下发生的,从古代文学方面,几乎一点遗产也没有摄取。”(鲁迅《集外集拾遗补编》)老舍这位曾受到赛珍珠的热情帮助并被赞曰“当今中国最主要的作家”到了英国以后读了狄更斯,终于找到他第一位文学导师,从而完成了不少后来成为讽刺文学经典的小说作品。钱锺书的文学创作也受到西方文学(包括英国 20 世纪 30 年代讽刺作家)的深刻影响。② 谈到文学借鉴,他直截了当地指出:“有人不必要地担心,以为一谈借鉴和影响,就似乎会抹

---

① 同①,第 295 页。

② [美] E·冈恩:《美国作家评钱锺书》,张家译,《译海》,1986 年第 3 期。

杀作家的独创性,贬低他作品的价值,这其实是一种狭隘的偏见。”①

当然,赛珍珠的反对在某种意义上也不无道理,盲目照搬西方小说的技巧、模式并不可取,完全的模仿不会产生文学上的伟构,文学杰作离不开民族精神,尽管模仿难以避免,尤其在一个作家的起步阶段,我们不能因噎废食,而应如鲁迅先生所倡导的那样,“放出眼光,自己来拿”。一个具有创造力和自信心的作家绝非是要亦步亦趋地去学外国的东西,“反之,我们所要学的,却正是那种不学人的、创造的、自由的精神。”②这是施蛰存当年在介绍现代美国文学以帮助中国新文学建设的“现代美国文学专号”的“导言”中所说的一番话,是66年以前的事了,可仍有现实意义,值得参考。

同时,可以稍微提一下的是,赛珍珠本人也是十分明显地接受、借鉴了中国文学尤其是中国小说的积极影响,她的中国题材的代表作,如《大地》三部曲,被学术界认为是具有“中国风”的作品。③ 当然除开中国小说的影响,赛珍珠也吸收了英语文学作品的精华,如《圣经》、狄更斯的小说,④等等,也许,仔细探究下去,这可算是关于赛珍珠的成才学研究(the making of Pearl S. Buck),此不赘述。

《东方、西方及其小说》不是学究式的考证,也有别于经院派的高头讲章。对于中国小说,赛珍珠有着浓厚的兴趣,这一兴趣带动了她的感悟,她又同时阅读英美小说,就此打下了足够的联想基础,她长大成人后又有了当作家的躬行实践的体验,她对中英小说的研究曾下过功夫,但是,她到底主要还是个作家,她所作的研究更多地像中国旧书上的眉目、评点、随感,时有彼此矛盾、话说过头的问题存在,而不像专业性强、论证严密的学术论文,然而,有趣的是,这类异于纯学术论文的文章在很多方面都更有见地、也更多性灵。⑤ 尽管赛珍珠的这篇文章在局部观点上有些偏颇之处,但文章本身却仍有多方面的价值。它们大致在于:

1. 用英语发表文章,向世界宣传中国小说。众所周知,用英文直接发表研究成果,更容易为世界文坛所了解。上文谈到赛珍珠1938年在世界讲

---

① 张隆溪:《钱锺书谈比较文学与“文学比较”》,《读书》,1981年第10期。

② 施蛰存:《现代美国文学》,《现代》,第5卷第6期。

③ 赵家璧:《勃克夫人与黄龙》,《现代》,第3卷第5期。

④ Pearl S. Buck. A Debt to Dickens, *The Satunday Review of Literature*, April 4, 1936.

⑤ 钱锺书曾在《十七世纪英国文学里的中国》和《十八世纪英国文学里的中国》里谈到,当时的英国文人可以轻松随便地谈论中国,不是学究的考证或实际利益的盘算,而更多带着人文精神的兴趣。见张隆溪《非我的神话——西方人眼里的中国》,《文化类同与文化利用》,史景迁讲演,廖世奇,彭小樵译,北京大学出版社,1990年,第204页。

坛上宣传中国小说，其实，那已不是首次，而且，把本文前面所提及的单篇目录与《中国小说》对读，会发现它们之间直接的联系，一些观点只不过是得到了进一步的重申和发挥。当然，由于场合不同，《中国小说》的影响力无疑更为深远，意义更加重大。但在《中国早期小说》中，赛珍珠就指出："西方学者对于中国小说的了解几乎接近于零。文学史里包括的是中国诗词和学术文章，就连大型的汉学目录书藉分配给小说的仅有薄薄几页的篇幅。"赛珍珠掌握的情况是准确的。我们知道，尽管19世纪中国文学就逐步介绍到西方，但小说这个文类只有寥寥数种，直到第二次世界大战之后，中国古代小说才大量翻译成欧洲各国文字，逐渐为西方批评家所重视。① 在时间上，赛珍珠比大多数西方批评家要早出十多年。是否可以因此说，赛珍珠是中国小说研究的先行者呢？1996年出版的《赛珍珠文化传记》里，作者彼德·康加了几百条尾注，其中一条是："不幸的是，她在半个多世纪所作的演讲中讨论并赞赏的中国小说在西方很可能同样不为人知，多元文化课程尚无空间留给中国小说杰作。"②无论如何，这种现状并不能说明赛珍珠努力的无效；恰恰相反，考虑到世界上介绍中国小说的努力的薄弱，她的努力显得更加难能可贵。

2. 将中国小说置于跨文化的视野之中进行较具规模的比较文学研究。乐黛云在《中国比较文学的现状与前景》的文章里明确指出过："比较文学在中国的复兴是以钱锺书的巨著《管锥编》1979年在中国的出版为标志的。"③复兴后的20年间，比较文学在中国学术界成为一门显学，海外学者的比较文学/文化的声音由远而近地迅速传来，像列文（Harry Levin）、孟而康（Earl Miner）、雷马克（Henry Remak）、佛克玛（Douwe Fokkema）、谢佛莱尔（Yves Chevrel）等国际学者逐渐成为圈内熟识的人物。列文有篇文章，标题是《文学如果不是比较的，是什么？》（"What Is Literature If Not Comparative?"）他这里所谓的"文学"，指"文学研究"。的确，学术研究离不开比较，但是，国际比较文学第一个学派——法国学派是以欧洲为中心来讨论比较文学的性质与任务的，他们认为比较文学主要研究欧洲诸国之间的文学关系，强调的是事实联系。20世纪50年代末，美国学派崛起，因为韦勒克在《比较文学的危机》一文中，大胆挑战法国学派，斥之为"文学外贸"。美国

---

① 杨立宇：《西方的批评和比较方法在中国传统小说研究中的运用》，《中外比较文学的里程碑》编者按。

② Peter Conn：*Pearl S. Buck：A Cultural Biography*，Cambridge University Press，1996：419.

③ 张隆溪：《钱锺书谈比较文学与"文学比较"》。

学派强调不同文学间的平行研究，注重文学性，然而，他们的研究对象仍以欧美文学为中心，美国和欧洲国家虽然地理上分属不同的洲，文化传统上却是一脉相承的。这样的比较文学研究将包括中国文学在内的东方文学排斥在外，因而现在看来，不难理解他们研究的成果和结论并不具有真正的世界有效性，有悖于比较文学的精神。正是在这样的语境下，近年中国大陆及台港等地一些学者大力提倡以跨文化为总体特征的比较文学“中国学派”。[1]令人颇感惊喜的是，赛珍珠早在20世纪30年代就做了不少完全属于跨文化层面上的比较研究，尽管也许并非是纯学术意义上的比较。须知，在中国，比较文学作为一门学科是在20世纪20年代末、30年代初才得以建立的。[2] 我们无意于在这里“比较比较文学家”，[3]只是希望据以事实说明赛珍珠在比较研究方面的成绩及其价值之所在。是否可以说，赛珍珠也是中英/中外小说比较研究的先行者呢？

3. 更重要的是，赛珍珠在比较中，力争避免将西方的小说批评标准强加在中国小说头上，对于西方评论家的一些苛评能以中国小说发生、发展的实况给予以理服人的反驳，为中国小说赢回公道。她不仅就中英小说进行比较，而且比较中有价值判断。比较并非为了比个高低，但实际上，比较究竟还是有个立足点的问题。[4] 当然，合理的价值判断必须有个事实的基础。赛珍珠利用公开的场合表明自己对中国小说的态度：“是的，中国小说与西方小说在技巧上不同，但和西方小说一样，包含了有生命力的艺术的固有品质。”我们在后来的《中国小说》中，读到与此相类似的断语：“中国有可以和世界上任何一个国家相媲美的伟大作品。”“……我想不出西方文学中有任何作品可以与它们（指《水浒传》《三国演义》《红楼梦》——引者）相媲美。”赛珍珠一再重复这些观点，是希望向欧美读者展示一个内容丰厚却被西方所忽略的中国小说传统，因为这些作品在重要性上绝不亚于无论是狄更斯还是托尔斯泰的小说。读《东方、西方及其小说》，不难发现赛珍珠是希望用不同的文学标准来评判不同文化背景下产生并发展起来的不同文学，用当

[1] 这方面的文章散见于《中国比较文学》《中外文化与文论》等学术刊物，另见黄维樑，曹顺庆《中国比较文学学科理论的垦拓——台港学者论文选》，北京大学出版社，1998年。

[2] Yue Daiyun. Comparative Literature in China, *Comparative Literature Journal*, 1997.

[3] 钱锺书在首届中美比较文学学者双边讨论会上的“开幕词”中说：“这个会议有双重目的：比较文学，同时也必然比较比较文学学者……”（“This conference will serve a twofold purpose: comparing the literature and inevitably, comparing the comparatists…”）。这篇“开幕词”的中英文底稿同载《中国比较文学》创刊号，浙江文艺出版社，1984年。

[4] 范存忠在《比较文学和民族自豪感》中明确谈到，推动他的比较文学研究工作的除开“个人对比较文学有所爱好，还有工作中逐步发展起来的民族自豪感”。《人民日报》，1982年10月5日。

下的语汇来说,她赞成的是文学评论标准的相对性而非绝对性,倡导多元而非一元,标举对话而非独白,由此在文化上踏上"撤除中心""和而不同"的坦途。

赛珍珠是一位在多元文化世界中成长起来的多元文化主义者,她赞成文化相对主义①(在《东方、西方及其小说》中,她发现了"异"),然而她也追求异质文化之间交流、互补乃至最后可能的融合(在她的小说创作中,她表现了"同")。异同之间,貌离而神合。赛珍珠是个乐观主义者,她企盼也相信异质文化最终可能的融合,因为有"同"为基础,但融合绝非意味着需要消灭"异",差异不仅是先天的必然,而且有后天的必要,同步易成单调,参差方显丰美。异与同原本对立,在赛珍珠这里却得到了切实的统一。异质文化的共存与互补是否可能,这是个大题目,而赛珍珠则在《东方、西方及其小说》中提出了肯定而有力的小例证。

(本文原载于《镇江师专学报(社会科学版)》,2000 年第 1 期)

---

① "文化相对主义"这个术语,赛珍珠头脑里也许没有,但是它所包含的实际内容,她却是把握住了。

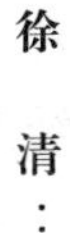

徐清

赛珍珠小说与30年代中国乡土小说比较研究

当赛珍珠的同胞斯坦贝克正扎根于土地探寻"美国精神"的时候,她也在土地上挖掘着另一个民族的精神气质。正如她本人曾说过的,美国人爱读《大地》,"并非因为它是'中国的',而是因为其中有许多的'人',事实上,有许多读者绝不喜欢其中的中国的成分。他们真正喜欢的,乃是其中的与他们自己有些相似而还可以了解的人类;他们所以喜欢那故事,乃是因为它与无论什么地方的故事都有些相像。他们不爱那些中国的成分"。① 这些"无论什么地方都有些相像"的故事便是人与土地的故事。赛珍珠创作的目的是向西方人介绍中国,其《大地》三部曲、《母亲》将恋土意识作为中华民族(主体是农民)的共同价值取向和心理结构,给了西方人"某种中国心"。②

赛珍珠牢牢把握住了几千年农业文明和封建文化整合而成的中国人的传统生存状态——植物生存,③其笔下的农民世界自足而完整,几乎完全没有被现代化所触动。土地之于农民,远远超出了求生本能、小生产者私有心理等功利性和物质性的关系,它是诗,是歌,是宗教。《大地》中的王龙坚信土地是真正的财富、唯一不能被人偷走的抢走的东西,只要守得住土地,人就能活下去。土地的意义进而延伸到了小说的价值观或道德世界,与土地关系的亲疏成为衡量人物美丑善恶的唯一标准。黄家地主家族颓败是因为他们躺在土地上坐享其成,受到鸦片、金钱的诱惑而割断了与土地的血肉关

---

① [美]赛珍珠:《忠告尚未诞生的小说家》。

② [美]赛珍珠:《受奖演说》,刘龙《赛珍珠研究》,第63页。

③ 徐剑艺:《中国人的乡土情结》,上海文化出版社,1993年。

系。王龙最初靠租种地主土地生活,极度贫困,但是,一种对土地的古老而弥新的信念使其生命格外昂扬。他忍辱负重与天灾人祸搏斗的全部动力就是购买土地。为买地付出的艰辛、逃荒进城后土地之梦的不灭、买到土地后的兴奋、耕耘时的满足、丰收时的喜悦、遇灾时的悲哀,皆因他与土地浑然一体的关系而显得颇富诗意。王龙突然发财正表明了小说的价值观,他抢得的富人家的钻石是一种假财富,只有转化为真财富——土地,家族才能兴盛。在全家濒临饿死的时候,王龙也坚决不卖地,他表示:“我要把地一点一点挖起来,把泥土喂给孩子们吃,他们死了以后我要把他们埋在地里,还有我、我老婆和我的老爹,都宁愿死在这块生养我们的土地上。”这种执著源自王龙所恪守的信念:“一切好东西都来自土地,最终也回归到土地。”“躺在垄沟里将肉贴着自己的土地”的生活造就了王龙吃苦耐劳、纯朴善良、富有同情心的美好品质。富有之后的王龙远离了土地,但是,淫逸放浪的生活很快便使他感到空虚,“一个比爱情更深沉的声音在他心中发出了呼唤。他觉得这声音比他生活中的一切声音都响亮。他脱下穿着的长袍,脱去丝绒鞋和白色的长筒袜,将裤管挽到膝盖,热切而有力地走了出去,他大声喊道:‘锄在哪里?犁在哪里?种麦的种子在哪里?……我要到地里去。’”即使老态龙钟了,对春天的感受迟钝了,王龙的根仍扎在土地上,每年春天来时他总要去地里看看。赛珍珠似乎被王龙的土地之恋所打动,屡屡为他开脱说:地主也不好当啊。对王龙身上的诸多劣根性,她也抱以理解、宽容的态度,同情代替了批判。另外,坚忍沉默的阿兰、温柔顺从的梨花,全因了她们对土地的虔诚之心,便被赛珍珠赋予了许多恒常美好的人性,连其根深蒂固的奴性也给予了肯定。王龙的儿子们是与土地分离的一代,他们联手将父亲的土地一块块分割一块块卖掉,使家族昔日的和谐与富足荡然无存。《母亲》中的“母亲”日复一日、年复一年地在田地里播种、锄草、收割,过着风吹日晒却无比充实的生活。土地能化解她在生活中遇到的所有的困苦与不幸,刚生完孩子便去地里干活,与丈夫吵架后也去田里恢复平静。“母亲”嫁女儿的要求是找一个有一点地而无多少钱的人,而不愿找一个有钱却无牢靠土地的人。大儿子是个死心塌地守着土地过日子的传统型农民,也有王龙那份对土地的执拗,即使在弟弟被捕急需用钱时,他也坚决不卖地。享乐型的丈夫厌倦农村单调的农耕生活,向往做个城里人,在把“母亲”的私房钱换成一件蓝色大袍后就出走了。酷似丈夫的小儿子从小就不做农活,长大后参加了共产党组织。因其与土地的疏离,丈夫和小儿子都成了赛珍珠鞭挞的对象。

赛珍珠书写着亘古不变的土地之恋,她是从审美意义上来审视中国农

民和农村生活的。从这个层次上分析,《大地》《母亲》都可以还原为古老的原始神话。这样的神话在东西方都有。中国远古的盘古开天辟地,身躯化为大地,女娲又抟黄土造人,两个土性神话互逆互释,恰好说明了人与大地或土地是同源同体的。古希腊神话中,普罗米修斯知道"天神的种子"埋在泥土里,便用泥土按天神的样子造人。《创世纪》中说:"上帝用地上的尘土造了一个人,将生气吹进他的鼻孔里,于是人就成了有生命的东西。"这是从苏美尔人的神话中转借而来:"洪荒时代的泥土混合成了你的心脏,泥土干了以后你就会有个好看和庄严的模样,你还会使自己长出手足,尼妈(地母神)将在你上面把你做成,在你庄严形象身边神将与你并肩而立。"①王龙、"母亲"等与土地生死相依的关系宛如东西方土性神话的现代版。王龙恋土又像是古希腊神话中巨人阿尔库俄纽斯故事的变异。阿尔库俄纽斯从大地母亲那儿获得了永不枯竭的力量,王龙也通过劳动表达了对大地的敬重,并从大地那里获取报酬与精神安宁。王龙离开土地去南方逃荒就像阿尔库俄纽斯被逼离开地母一样。阿尔库俄纽斯被赫拉克勒斯的箭射中,从山顶跌落,一触到大地的瞬间便又复活了,当赫拉克勒斯把他从大地上举起,他就死去了。王龙离开土地到了城市,他的生命力就开始萎缩,生存本能远不如昔,"一定要回到土地上"的信念支撑着他度过了那些难耐的日子。苦难——作为人与土地关系的考验——渐渐消除之后,带有神话原型意味的人与土地关系便进入了一种和谐状态:生命来自土地,心灵安宁来自土地。

20 世纪 30 年代的中国乡土作家对于"土地"也表现出特别的关注,纷纷去写"关于土壤的故事",致力于"写出土壤的历史"。② 同是以农村和土地为题材,赛珍珠的小说与 20 世纪 30 年代的中国乡土小说在创作角度、思想内涵、审美意蕴方面存在着很大差异。对二者进行比较并非是为了分出高下,而是旨在提倡对话意识,拆除横亘在赛珍珠小说与中国乡土小说之间的界墙,生发出二者相互容纳、互相交流的边缘地带,从而使双方全部转化成一种动力,都达到新的超越。

中国乡土作家带着强烈的历史使命感和社会责任感,真实地反映了 20 世纪 30 年代帝国主义的侵略所导致的农村经济破产和阶级矛盾激化,展示了半殖民地半封建社会的中国农民在沉重的压迫与剥削下悲苦的处境。在一系列描写"丰收成灾"的作品(如叶圣陶的《多收了三五斗》、茅盾的"农村

① [英]R·G·柯林武德:《历史的观念》,何兆武,张文杰译,中国社会科学出版社,1986 年,第 13 页。

② [日]端木蕻良:《我的创作经验谈》,《万象》,1944 年第 5 期。

三部曲”——《春蚕》《秋收》《残冬》、叶紫的《丰收》、蒋牧良的《高定祥》、荒煤的《秋》等)中,可以清楚地看到农村土地关系的变化给乡村带来的躁动、几千年安于土地的农民如何失却了对土地的信念、农民的精神和性格如何发生了变化。这些在赛珍珠的小说中是很难见到的。叶圣陶提出“农民为谁种田”“农民出路何在”(《多收了三五斗》)这个极端尖锐的问题,喊出了动荡中乡村农民的愤怒。新一代觉醒的农民开始起而回应这一呐喊。他们不再像老一辈农民那样安分守己地与土地牢牢系结在一起,终年劳作,老死乡土,而是重新选择道路。老通宝的儿子阿多(茅盾“农村三部曲”)摆脱了父辈的陈旧观念和精神负累,敏锐地意识到“单靠勤俭工作,即使做到脊骨折断也是不能翻身的”。他先领导了“抢米囤”“吃大户”的农民自发斗争,后来更是开始了武装斗争。立秋(叶紫《丰收》)同阿多一样,看到“拼了这条性命也不过是替人家当奴隶!”他坚决摒弃了云普叔用拼命劳动获取家运好转的幻想。另外,奚大有(王统照《山雨》)、长青(萧红《夜风》)、刁佑权(马子华《他的子女们》)、大圆(沙汀《酵》)等都属于这一类形象。赛珍珠小说中有类似于中国乡土小说的情节。《大地》通过描写王龙的发家史间接反映了地主兼并土地、出租土地的情况和农村的贫富对峙,也写到了饥民哄抢王龙一家以及王龙在南方逃荒时参与的饥民“抢大户”事件。《母亲》里也描述了农民交租的场面,写了收租人二东家贪婪、伪善、狡黠的嘴脸,甚至写到农民大摆“庆丰宴”,实际上就是《丰收》中云普叔家安排的那种“打租饭”,希望借此乞求地主减轻租税。然而,在形象塑造上赛珍珠小说与中国乡土小说却有不同。王龙发财前与老通宝、云普叔这些旧式农民一样,勤劳俭朴、忠厚而又迷信保守,具有深沉的恋土情愫和坚韧的求生意志。但是,老通宝还能隐约地感到世界之所以“越变越坏”,是因为有“洋鬼子”的缘故,云普叔在丰收成灾的残酷现实中也最终见出了优劣,病重之时对于立秋的抗租行动说出了“你去吧,愿老天爷保佑你们!”王龙没有经历这样的觉悟过程,仍旧稚拙如初民般地认为老天爷不下雨是灾难的根源。“母亲”则坚信谁穷谁富都是天意,只能听天由命,甚至认为加入邪恶的团伙是穷人变富的唯一办法。至于类似阿多、立秋那样的年青一代,“母亲”的小儿子勉强可算。然而,赛珍珠并不是从正面表现他的觉醒与斗争,而是把他当做好逸恶劳、背离土地的角色去描写,他被塑造得幼稚可笑而又盲目轻狂。他充其量告诉“母亲”未来的一天“大家都拥有同样的东西”,“将不再有贫富之分”。虽然中国乡土小说作家对觉醒的新一代的刻画远不及对老一辈农民的刻画来得丰满,但我们能从这些青年身上看到深沉和坚韧的生命被反复磨折后终会迸出反抗的生命之火的希望,这是赛珍珠小说所欠缺的。赛珍珠更重

视的是具有数千年文明历史的传统中国，她不能也不愿深入地理解20世纪20年代末至30年代中国尖锐的阶级斗争与动荡的社会状况，现代乡土小说中构成主题的东西，在赛珍珠作品中只是被次要地、间接地反映。

赛珍珠笔下的人物就像是一直从远古走来的，他们生于土地，作于土地，死于土地，生命来去似皆有定时。赛珍珠以其天性的单纯诚挚，抓住了"生"与"死"这样基本得无法再基本的生命环节，以春夏秋冬这样现成而纯粹的自然现象为节奏形式写出了乡村生命圈永恒的生死循环。她很像萧红。然而，她又不像萧红。在《生死场》《呼兰河传》等小说中，萧红描写的是中国农民的群像，关注的是人物的命运。她写"大片的村庄生死轮回着，十年如一日"，"糊里糊涂地生长、乱七八糟地死亡"的一个"生死场"，这里有一群蠕动在自然暴君和两只脚的暴君脚下的蚁子臣民，按着其固有的、无需教化就已根深蒂固的某种潜在信念在生死之间愚顽地挣扎着。字里行间充满了同情、愤怒以及她对"国民性"的批判。赛珍珠描写的是农民家族（庭）与农民个体，更关注人物的性格而非命运。她把复杂的人物抽象成单一的性格，以其与土地关系的亲疏作为衡量标准，只不过是为了突出她本人的价值判断而已。她不从批判农民本身提升到批判封建宗法制度，而是从环境的丑恶（如天灾）角度为农民的人性堕落寻找理由。萧红以直觉逼近哲学，将百年如一日生死轮回的病态村民的生命活动性质在一个"生"与"死"、"人"与"动物"类特性的隐喻结构中透视出来，在赋予人某些动物特性的同时，也赋予动物人的某些行为方式；在展示生不如死、生得如死般麻木的同时，也赋予死某些生的品格，死即如生般无聊而沉寂。赛珍珠的作品在哲理意蕴上不比萧红。她借"母亲"之口诠释了乡村生活："谁说不变？田地天天在变，从播种一直变到收割，该种时要种，该收时要收，还要把打来的粮食分出一份交给东家，每年还有几个节日，还有新年。孩子们一天天地长大，每天我有干不完的各种各样的活，这一生要忙着生更多的孩子。叫我看这世上有的就是变化，我就喜欢这种变化。为了这种变化，我能从天明一直干到天黑。"这样的"变化"是封闭圈中的"变化"，赛珍珠看不到这种百年孤独式的生活方式怎样窒息了乡村，她充满乐观地相信人的归宿便是回到无可逃遁的生死循环中。"母亲"经历了丈夫出走、被二东家始乱终弃，打胎、女儿远嫁后病死、小儿子参加革命被杀等种种苦难，最后以高高兴兴地抱上孙子结束，回到了自然的节律中。王源传承着祖父血脉中恋土的血液，在国外学农，回国后重新回到祖父的土地，把引导农民过上幸福生活作为自己的使命，这里形成了一个人为封闭的循环——来自土地，归于土地，只是这种循环中加入了新的质素。但是，总的来看，赛珍珠小说的叙述逻辑只是因历史的介入(如革命、西化)而被暂时打断,过后仍旧是基于四季循环与自然灾害变动而形成的。

“土地”,天然地与乡村生活相连,背离土地往往趋向于城市生活。在20世纪30年代的乡土小说尤其是“京派”小说中,“乡”与“城”是作为两种精神象征的载体出现的,在二者的对比与冲突中,作者流露出贬“城”颂“乡”的价值取向。赛珍珠亦如此。她认为,“农村里的生活才是中国底真实而原来的生活。这种生活欣幸地尚未沾染上驳杂的摩登习气而能保持她纯洁健全的天真”。[①] 赛珍珠的笔触一涉及城市,便显得生涩干枯,一涉及乡村,则充满了脉脉深情和浓浓诗意。这在《分家》中表现得尤为突出。逛妓院、进赌场、泡舞厅是灯红酒绿的城市生活的象征,表兄王盛出入于交际娱乐场所,妹妹爱兰沉迷于爱河情海,他们“像无根的浮萍,飘浮在都市生活的表层”。王源则在田野、泥土、天空及灰蒙蒙的荒山中懂得了家乡的美,他穿上农民编的草鞋,体会着踏在泥地上的坚实感,甚至能从种子发芽中发现诗情。即使在参加革命活动被捕后,他仍梦见了田地;豌豆在结荚,大麦长绿芒,呵呵大笑的老农在近旁……王源通过田地和作物根系有了联系,土地给了他安宁和根基。“京派”作家也是在土地上寻找根基,他们在“城”与“乡”的选择中包含着更加复杂的文化情感。作家身处城市,回望故乡,如蓬飘萍寄,对于城市有种强烈的异己感,他们站在原有的“乡下人”的立场观察城市的生存环境,批判都市文明,将原始纯朴的乡野作为自己的精神家园。其笔下的乡土是实体性的,就是作家的故乡。沈从文看云摘星,构造“心与梦的历史”,芦焚“带着一点泥土气息”,为“空空的心”寻觅失去的乐园,他们的怀乡恋土更适于看成一种文学梦幻,只是他们的精神需要而非现实需要,对乡村的怀念使其有种情感的完整,对城市的固守则保证了其生活的完整。如“京派”作家一般,赛珍珠也属于精神流浪者,但前者从故乡流浪到异乡,情感回归自有接纳之地,赛珍珠却是既无故乡又流浪他乡,她不习惯生活在美国的都市,可中国的村镇也不是她真正的故乡,其情感失去了依托,只能寄予辽阔的大地。从这个角度讲,对于“中国”的土地,她有的是一种局外感。

然而,无“家”的赛珍珠并不是那种乘船环游世界时在中国靠岸的观光客,她像20世纪30年代中国乡土作家一样在创作时倾注了真挚的情感,其笔下的农家生活有时被升华到田园诗境。赛珍珠也像乡土作家一样往往自

---

① [美]赛珍珠:《为1935年出版的林语堂〈吾国吾民〉作的序》,中国戏剧出版社,1991年,第4页。

己扮演着抒情诗人的角色。沈从文写《边城》时说:“自己的过去痛苦的挣扎,受压抑无可安排的乡下人对于爱情的憧憬在这个故事上得到排泄与弥补”。[①] 萧红的《小城三月》《呼兰河传》等作品都有作为抒情主角的自我形象。《大地》三部曲中,王源几乎就是赛珍珠的化身,他在异国人中觉得自己是局外人,回到祖国后又像个陌生人,这种无归属感是赛珍珠式的,只有在祖父的土地上,王源才重新找到归宿,这种土恋也是赛珍珠式的。《母亲》中,赛珍珠通过刻画“母亲”来疗治自己由性爱和残疾女儿带来的心灵怆痛,“母亲”的孤独感、绝望感和性压抑,要么在与土地相依相偎的关系中得到疏解,要么伴着四季更迭、岁月流转而或强或弱。

从人与土地的亲疏能够衍生出作家对“城”与“乡”的情感态度之外,我们还可以想到,土地归属于自然,从人与土地的关系能够衍生出对人与自然关系的思考。自然作为人的生命活动对象时,已成为主体人生命意识的印证,它实现了人的生命潜能,成为人的“无机身体”,同时,自然也使自己进入了人而成为非疏远人的纯粹的“物”,人与自然相互印证。随着现代文明进程的发展,“人与自然相渗透、相转化、相依存的巨大课题,即外在自然(自然界)与内在自然(人作为生物体的自然存在和它的心理感受、需要、能力等)在历史长河中人类化(社会化)的问题,亦即主体与客体、理性与感性、人群与个人、‘天理’(社会性)与‘人欲’(自然性)……在多种层次上相互交融合一的问题”,[②]显得十分迫切而严峻。20 世纪 30 年代的乡土小说作家将情感赋予自然,借自然表现对生命本意的追寻,芦焚描写“自然美好,人事丑陋”(刘西渭《读〈里门拾记〉》),艾芜表现“灰色阴郁的人生和怡悦的自然诗意的对照”(周立波《读〈南行记〉》)……他们从贴近自然的人们的生存形态中去挖掘理想的生命形式,在远离都市文明的带有某种原始性的人们身上发现了雄强健旺的生命力,如艾芜《芭蕉谷》中的姜姓老板娘、芦焚《牧歌》中的印迦姑娘、茅盾《水藻行》中的财喜。尤其是沈从文,他的由《边城》《萧萧》《丈夫》等作品所建构的湘西世界,其雄奇伟岸、妩媚秀丽处都潜藏着一种关于“合理人生”的“自然存在”的愿望,他把大自然中包孕的和谐导向了另一种和谐,即“人作为生物体的自然存在和它的心理感受、需要、能力等”的和谐,并进而关注人的生命形态与人际关系,那种回荡着牧笛般清越谐和音响的人与人之间的关系既不同于现代文明社会,也不同于封建宗法社会,而是作者的一种理想重构。赛珍珠对人与自然关系的思考源自她对

① 沈从文:《水云》,《沈从文文集》(第 10 卷),花城出版社,三联书店香港分店,1984 年,第 280 页。

② 李泽厚:《中国古代思想论》,安徽文艺出版社,1994 年,第 321 页。

第一次世界大战后西方商业都市里人性沦落、物欲横流的状况的反思，她在与自然保持高度和谐的中国农民身上找到了理想的生命形式。赛珍珠深受中国传统文化影响，信奉“人与天调，然后天地之美生”(《管子·五行》)，即天地无私化育万物，其特性可以影响到人的本性内里，宇宙中生命之流生生不息，一切至善的价值理想也随生命之流得以实现。王龙、阿兰、梨花、“母亲”等与生命的本源——土地唇齿相依，其磨折不摧的生命力连同纯朴、仁厚的本性皆由与自然保持和谐而来，不同的是，沈从文作品中包含反文化倾向，正是通过对文化的消解达到反封建的目的，通过对原始生命形式的张扬达到对现代文明的某种不由自主的和无可奈何的认同。赛珍珠所认同的生命形式实际上是中国封建宗法制农村文化造就的，与现代文明相去甚远。

赛珍珠努力寻求中西方尤其是中美之间的理解与沟通，她曾孜孜不倦地探讨中美两国人的共性，认为“中国人的气质是酷似美国人的”，“他们的劣根性与美德之相同，实在令人觉得惊异”，于是，这就更“易于互相认识，互相了解，互相信任了”。她也看到20世纪30年代“中国人挣扎着所要解决的问题也正是美国人殚精竭虑所要解决的问题”，如水灾、谷贱之苦、匪盗等。① 赛珍珠通过自己的作品把普通中国人展示在西方人面前，紧紧地抓住了“恋土”这一人类共通的情感。由于创作动机迥异，赛珍珠的小说与20世纪30年代中国乡土小说在总体风貌上呈现出不同的特色。只要不抱着一种过分苛求的阅读期待，我们便会承认赛珍珠的作品自有其存在的价值，她的叙事策略在当时的中国的确显得不合时宜，她本人的思想局限性也使得她在理解中国社会时显露出肤浅的一面，但是，她的小说一到外国读者那里，空间上的陌生感便会冲淡乃至掩盖时代感的不足，某种“永恒”的东西比之现实问题会更加深入人心。从这个角度讲，赛珍珠是成功的。

(本文原载于《镇江师专学报(社会科学版)》,2000年第2期)

---

① [美]赛珍珠:《美国人与中国人》,《西风》,1937年第12期。

张春蕾 祝诚……

赛珍珠对狄更斯小说创作的借鉴

——兼论赛珍珠研究中的西方文化因素问题

作为一个长期生活在中国并自觉接受两种文化影响的美国作家，赛珍珠的创作具有中西方两种文化的双重特质。但近年来，国内学者就中国传统文化与文学对赛珍珠创作的影响进行了比较纵深的研究，对西方文化与赛珍珠创作之间的关系却很少涉足。就笔者有限的阅读所了解到的，近年来国内专论赛珍珠与西方文化关系的文章，只有顾钧的《赛珍珠创作中的美国因素》（原载于《镇江师专学报（社会科学版）》，2001 年第 4 期）。从大力弘扬民族文化的情感上来说，这种情形的产生是可以理解的，但是，对于赛珍珠这样一个在跨文化的背景下进行创作的作家，要对她作出全面、客观而公正的理性批评，这种疏忽是欠妥的。诚然，中国文化是赛珍珠十分推崇的文化，中国题材也一直是她创作中最重要的组成部分，她在《受奖演说》中曾说过："假如我不按照自己完全非正式的方式也提到中国人民，我就不是真正的我了"，①但同时她更强调自己是"为我的国家美利坚合众国领奖"，她"代表所有美国人"，"大家都分享着这一荣誉"。② 她在另一篇题为《中国小说》的受奖演说中更明确地提到"恰恰是中国小说而不是美国小说决定了我在写作上的成就"，③但同时她在《东方、西方及其小说》中也如数家珍地介绍了英国文学的历史。赛珍珠酷爱中国传统文化，但她对中国传统文化和文学的学习，除了儿时的家庭教师孔先生的教导和崇实女中中文科非正

① ［美］赛珍珠：《受奖演说》，刘龙《赛珍珠研究》，第 63 页。

② 同①，第 62 页。

③ ［美］赛珍珠：《中国小说》，刘龙《赛珍珠研究》，第 65 页。

式的学习以外，大多是通过她自己的自学、观察和思考来完成的，与之相反的是，在西方文化和文学方面，她经过了很系统的训练。赛珍珠从小在母亲的耳提面命下开始学习英语，阅读英语文学作品，家中藏有《莎士比亚全集》和《狄更斯小说集》。1909—1910 年，她又在当时被认为是亚洲最好的英语学校——上海朱威尔小姐学校学习过，1910—1914 年，她在美国伦道夫—梅肯女子学院完成了她的本科教育，1926 年，已为人妻母的赛珍珠获得美国康奈尔大学的英语文学硕士学位。这些教育不可能不成为赛珍珠的知识结构、心理结构乃至思维、判断方式的重要组成部分。同时她的读者对象也是美国人或西方人。她选择中国人的生活为她创作的主要内容，是因为她从小生长在这里，熟悉中国的风土人情，但当她思考、评价这些生活时，西方的价值观恐怕仍在她思想中占据着重要地位。也就是说，中国题材是其作品中的显在成分，而西方思维方式则是潜在的成分。正是从这个意义上讲，我们认为，鲁迅说“看她的作品，毕竟是一位生长中国的女教士的立场而已”①是有其合理性的。笔者这番论述绝无否定此前研究成就的意思，仅仅是想再一次提醒一下，我们在关注赛珍珠作品中的中国因素或中西方相融合的因素的同时，也要深入关注其作品中的西方因素。之所以说“再一次”，是因为郭英剑先生早在 1992 年就曾提醒过：“研究赛珍珠……要重视赛珍珠所受中国传统文化影响的因素，但不能忽视西方文化对其创作思想的影响。这两方面是相辅相成的。”②

在众多的西方作家中，狄更斯是对赛珍珠产生过极大影响的作家。赛珍珠从小就酷爱阅读狄更斯的小说，对狄更斯小说中描写的许多场面都十分熟知，并在以后的小说创作中多有借鉴。她在《我的中国世界》中曾描述过狄更斯如何给童年时代的她带去欢乐：“……在南面走廊阳光照得到的一个角落里，有一个冬天，我花了好几个下午独自在看书。我在那儿反复阅读我家那套查尔斯·狄更斯小说集。有时一边看书，一边吃着橘子和花生，悠然自得。”③1936 年，她还写过一篇题为“感谢狄更斯”的文章，登载在《星期六文学评论》第 13 卷上。她家中那套狄更斯小说集陪伴了她一生，几十年来，不论她搬迁到哪里，不论是辗转于中国各地，还是漂洋过海回到美国，总把它们带在身边。赛珍珠临终前几个月，“作了一个古怪却感人的临别姿

① 刘海平：《总序：赛珍珠和她的中国情结》，[美]赛珍珠《赛珍珠作品选集》，漓江出版社，1998 年，第 20 页。

② 郭英剑：《对赛珍珠研究的几点思考》，《赛珍珠评论集》，第 199–205 页。

③ [美]赛珍珠：《我的中国世界》，刘龙《赛珍珠研究》，第 17 页。

态。她躺在床上,请德瑞柯(她的私人秘书——笔者注)把她的旧的狄更斯小说摆在周围,再次表达她对自己文学蒙师的崇敬。她抚摸着那些曾给稚子和少女的她如许欢乐的书,重温旧事"。① 她的妹妹格蕾丝对此作了一个意味深长的解释,说她"是在试着回到源头"。她还曾多次表示,是狄更斯史诗般的小说激发了她幼年时的想象,使她萌发了当一个作家的念头。本文拟从小说主题、艺术手法及创作活动等方面比较一下赛珍珠和狄更斯风格的异同,以期抛砖引玉,引起大家对这方面问题的关注。

一

赛珍珠与狄更斯的相似之处,首先体现在题材的选择和主题思想的确立方面。他们的小说都可称为社会小说,他们首先都是作为时代的观察家,关注整个社会的发展变化,而对作为个体存在的人物的内心世界挖掘并不深,体现出明显的外倾化特征,因此,从总体上讲,他们的作品都具有史诗性。在狄更斯的笔下,英国的议会政治、司法界、教育界、济贫院,乃至伦敦的负债人监狱、贫民窟,不同社会阶层都被作了一次全景式的扫视,全面展现了19世纪中叶维多利亚时代英国社会的完整画面。赛珍珠的阅历没有狄更斯那样丰富,在才思的广博上也逊色一些,但她同样在自己的作品中展示了20世纪初期到中期中国社会波澜壮阔的历史画卷。《大地》通过王龙一家三代人的经历,把中国人民尤其是农民在水旱蝗灾、列强蹂躏、军阀混战、兵匪抢劫等种种苦难中辛苦挣扎的生活,以及他们寻求科学救国的历程大体真实地再现了出来。《龙子》比较准确地再现了抗日战争时期日本侵略者给中国人民带来的深重灾难,以及中国人民机智勇敢的抗争行为。他们在选材上的另一个共同特点是关注的对象大多是处于社会底层的广大劳动民众。在狄更斯笔下,虽然也有贵族、议员、资本家,但这些形象大多是作为受批判的对象出现的,他把自己全部的同情都给了济贫院的孤儿、负债人监狱中的关押者、穷苦的洗衣妇和许许多多在贫困线上挣扎着的人。生长于传教士之家,从小就在仁慈、博爱等基督教思想熏陶下的赛珍珠继承了这一传统,她把占中国人口绝大多数的农民作为自己描写和歌颂的主要对象——为此,她和中国学者江亢虎之间还发生过一场广为人知的笔战。此外,对妇女、弱智儿童和孤儿等弱势群体的同情和关爱也是她作品中十分重要的内容。

① [美]彼得·康:《赛珍珠传》,第190页。

与题材的相似密不可分地联系在一起的是主题思想的一致。赛珍珠和狄更斯从来都不是唯美主义者,他们的创作有强烈的干预生活的倾向,因此他们的作品都有鲜明的主题,这个共同的主题就是人道主义思想。有的评论家把狄更斯的人道主义称为行善施爱的"圣诞精神",我们也姑且把赛珍珠的人道主义称为悲天悯人的"基督精神",她的人道主义思想是基督教思想世俗化的体现。在他们的作品中,人道主义主要体现在对底层人民苦难命运的同情、对他们身上体现出来的美好品德和聪明才智的颂扬以及对革命的暴力行为的思考。

首先,赛珍珠和狄更斯作品中的人道主义思想体现在他们对底层人民苦难命运的同情上。他们真实再现了一幅幅悲惨的生活图景,他们对社会环境的再现达到了典型化的高度。赛珍珠在她的作品里,也以深切的同情描写了中国人民遭受的巨大苦难。《大地》中刚刚和阿兰像燕子垒窝似地建立起一个温馨小家的王龙,就遭受到一场罕见的旱灾,他的幸福在旱魔的巨掌中脆弱得像片风中的枯叶。整个乡村饿殍遍野,人烟渐灭。为了减少吃饭的嘴,人们虐杀女婴,最终不得不四处逃荒。中国农民就这样不断地在旱灾、涝灾、蝗灾、兵灾、匪灾的重重打击下苟延残喘。作为一个女性作家,赛珍珠还对妇女和儿童表现出极大的关注。《东风·西风》中倔强而孤独、寂寞的"母亲"是封建传统道德的牺牲品,《大地》中的阿兰为丈夫和家庭耗尽了一生,最终换来的是被遗弃的下场,作者对她们不幸的命运充满怜悯和叹息。而她写于1950年的《永远长不大的孩子》,则是对智障儿童的慈母之心的真挚告白,该文发表之后,不知打动了天下多少母亲的心。同样,我们也在狄更斯的《奥利佛·退斯特》中,看到了暗无天日的济贫院中那群骨瘦如柴、衣衫褴褛的小叫花子,他们不得不为争取"再添一点儿"稀粥而冒着被毒打、囚禁的危险;在《尼古拉斯·尼克尔贝》中,看到他满怀义愤地把私立学校描写成摧残儿童身心的活地狱;在《双城记》中,巴黎圣安东尼贫民区狭窄、肮脏、满是积水的街道两旁,贫民们的房子活像一个个耗子洞,而那些低贱的贫民就是出没于洞穴的一群群耗子。

同时,赛珍珠和狄更斯还从人道主义的立场出发,对这些普通贫民身上体现出来的美好品德和聪明才智加以热情颂扬。赛珍珠慷慨地赋予了笔下人物许多美德,《大地》中的阿兰、《龙子》中的林嫂、《同胞》中的梁太太等都是没有接受过任何教育的农村妇女,但是,她们凭借天然的智慧生活,比她们的丈夫更具聪明才智。阿兰不仅在大饥荒时帮助一家人逃脱了死亡的袭击,还凭借自己过去的生活经验帮助丈夫发家致富;林嫂在兵荒马乱的岁月,体现出男人一般的沉着冷静和勇敢智慧。梁太太虽然大字不识几个,但

她是家庭的主心骨，是一个比丈夫真实得多的女人。在《龙子》中赛珍珠甚至说："一个有学问的人断不会有一字不识的人勇敢。"①显示出她的平民主义立场。而狄更斯在《圣诞欢歌》中，着力渲染了小职员鲍勃·克拉吉一家寒酸而温馨无比的圣诞晚宴，体现出的是骨肉间相濡以沫的挚爱深情；《大卫·科波菲尔》中保姆坡勾提和她的哥哥纯朴、善良、无私、忠实，集中体现了劳动人民的优秀品质。他的笔下还有一群体现人道主义精神的"圣人"——《小杜丽》中的小杜丽善良、仁爱、高尚，是"黑暗王国里的一线光明"；《艰难时世》中的西丝以一颗充满温情的心感化了顽固的功利主义者葛雷梗，用爱的魔力给那个死气沉沉的家庭带去生气；仁爱精神的最高代表是《双城记》中的卡尔登，他为了心爱的女子能幸福生活，代替自己的情敌走上断头台。这里，卡尔登和断头台构成了类似基督耶稣和十字架的象征。

赛珍珠和狄更斯的人道主义立场更为惊人的相似体现在他们对待恶势力所采取的态度是一致的。他们都怀着无比憎恶的心情揭露了种种恶行败德，但是，如何处置这些代表恶势力的个体？如何改变这个充满恶的社会？在这个令人棘手的问题面前，他们也像许多需要为社会出路开药方的作家一样，变成了庸医。能否运用暴力手段处置恶人、变革社会呢？二人的答案都是否定的。革命斗争在他们的意识中变成了以暴易暴、以红色恐怖代替白色恐怖的代名词。狄更斯的这种思想集中体现在《双城记》中关于18世纪末法国大革命的扭曲的、漫画式的描写上，他无限同情遭受贵族蹂躏的法国贫民，但是，当他们站起来，运用暴力的手段替自己报仇雪恨、找回公道时，他们立刻就成了嗜血狂、刽子手。《双城记》中有一段关于如何处罚叛逆罪犯的叙述："先由囚车把他拉去吊得半死，然后放下来，当着他自己的面用刀割开他，然后取出他的肚肠来烧，叫他看着，然后砍下他的头，把他劈成四块。这就是判决。"②这段令人发指的描写竟然是由书中一个人物津津有味地讲述出来的，那麻木的态度简直比刑罚本身更可怕。革命暴力的集中化身是得伐石太太，革命爆发以后，她腰间别着短刀，和男人一样狂热地杀人，复仇的烈焰把她由善变成了恶。而与之相对立的则是宽恕一切的梅尼特医生，作者将前者无意中的自戕行为和后者宁静安详的晚年进行对比，借以表明自己的立场。

赛珍珠对革命和暴力的否定态度则散见于她的几部长篇小说《分家》、《龙子》和《同胞》中。在这些作品中，赛珍珠描写了几个近乎变态、怪异的

① ［美］赛珍珠：《龙子》，第190页。
② ［美］狄更斯：《双城记》，罗稷南译，上海译文出版社，1983年，第64页。

革命者形象。《分家》中的王孟是个革命者，但作者通过一个洋车夫的口对他作了彻底的否定：那个洋车夫遭到洋人欺负，王孟怒责洋人之后，转而“怒车夫不争”，又把他痛揍一顿，挨了两次揍的车夫说他“比哪个洋人都揍得更狠”，革命给百姓带去的竟是更深重的痛苦。王源的女同学、一个“总是穿着直统统的深蓝色或深灰色的旗袍”、苍白严肃的姑娘也是革命者，可她竟因王源不接受自己的爱而诬告他是共产党，致使他锒铛入狱。《龙子》中的三儿子在遭到日寇的污辱后，上山参加了抗日游击队，但他的形象更像一个土匪。复仇的暴力把他变成了魔鬼，他竟以杀人为乐，以至于其父林郯认为，“为了百姓，一个喜爱杀人的人应该死掉，纵然他是我的亲儿子”。《同胞》中的彼得是个面目更加模糊的革命者，在作品中倒更像某个恐怖组织或秘密组织成员。他认为，“唤醒人民的唯一途径是对他们使用暴力”。① 从此他性情大变，从一个有几分憨直的小伙子，变成暴躁易怒而阴郁的人，作者最终以他的死来宣告他的暴力理论的破产。与他们相反的是仁爱、善良、以具体踏实的工作帮助人类、改变世界的梅琳、玉儿、詹姆斯和玛丽等人。他们才是赛珍珠理想中社会变革的中坚力量。

二

赛珍珠和狄更斯的另一层联系是在作品的艺术手法方面。他们共同的特点是内容广泛、题材多样，在艺术手法的运用上倾向于传统。与他们在内容上取得的成就相比，他们对艺术手法的运用总体来说都不为评论家们看好。狄更斯被说成“缺少艺术的自觉”，而身处20世纪现代主义盛行时期的赛珍珠则被说成“把自己视为说书人，而非艺术家，从来就没有对自己写作的美学成就自信过”②的通俗作家。评论家们认为她喜欢采用边缘的、甚至轻浮的题材，对人物缺乏深刻的心理分析，结构上爱用章回体而非复式结构，同时也不是一个措词讲究的文体家，等等。但这些偏激的评论并不能说明他们在艺术上没有自己的成就。赛珍珠对中西方传统小说的某些手法的自觉运用，狄更斯对流浪汉小说形式的充分再现及其机智、诙谐的文风，都为大多数评论家首肯。本文将主要就二者在人物形象的塑造和情节结构的设置等方面的异同进行比较论述。

狄更斯在人物形象塑造方面的成就，历代评论家的态度褒贬不一，且贬

---

① [美]赛珍珠：《同胞》，第237页。

② [美]彼得·康：《赛珍珠传》，第268页。

多于褒。主要集中在如下几点:其一,狄更斯笔下的人物往往是扁平化、简单化的,性格单一,因而缺少艺术力量:“我们从一侧朝匹克威克先生看去,会发现他的厚薄不超过一张留声机唱片。”①其二,他的人物是夸张的、漫画化的、不真实的,他常常将人物身上某一显而易见的特征加以夸大,而使人物整体失真,“他们的鼻子比身体还要大”。② 其三,性格静止不变,他创造了一些年龄会长大而性格和心理不会长大的人。其四,人物概念化,人物只为宣讲作家的主观思想而存在,缺少自身的性格逻辑和历史,“狄更斯所描绘的角色没有一个是真实的人。他赋予他的傀儡一种魅力,凭借这种魅力,他可以不顾这些傀儡是否具有人的本性”。③ 当然也有一些褒扬,如爱伦·坡称赞他的夸张手法是艺术上的“创造”,20 世纪初英国小说家吉辛则称道这种夸张是“炽热的创作热情的表现”,显示了狄更斯作为一个理想主义者的特点。笔者认为,完全否认狄更斯在人物塑造方面的成就是有失公允的,因为我们无法否认他创造出来的形象所具有的强烈的艺术感染力,无法抹去人物留给我们的鲜明印象。运用夸张手法,可能使他的人物出现漫画化、类型化倾向,但同时也使人物个性突出,形象鲜活生动。性格单一不代表性格浅薄。在塑造人物上,狄更斯更多地运用了古典主义喜剧的夸张手法而非现实主义的分析解剖。

相比之下,赛珍珠在人物形象塑造上对狄更斯有借鉴也有超越,总体来说创作态度要理性得多,虽然其中也不乏主观意志的产物。依据真实性和审美性的原则,我们把其中主要的或特征比较明显的人物大致分成三类:第一类是比较客观、真实、丰满因而也是比较成功的艺术形象,如《东风·西风》中的桂兰,《大地》中的王龙、阿兰,《龙子》中的林郯、林嫂和玉儿,《群芳亭》中的吴太太等,他们的性格展现与各自生活历史的描述是紧密相依的,因而具有较高的可信度,也在不同程度上体现出一定的审美价值。其中阿兰的形象可称得上是集旧中国劳动妇女的主要性格特征和命运特征于一身的文学典型。阿兰的寡言少语、沉着冷静、吃苦耐劳、勤俭持家、克己忍让、逆来顺受,以及每至人生的关键时刻而愈加凸现出来的那些与生俱来的天然智慧,都赋予了这个人物相当厚重的内涵和很高的艺术品位。作者始终把她放在“大地”这个大背景下进行描写,人物和她生活的环境紧密相连,融

---

① [英]E. M. 福斯特:《小说面面观》,罗经国《狄更斯评论集》,上海译文出版社,1981 年,第 99 - 104 页。

② [英]丹纳:《狄更斯》,罗经国《狄更斯评论集》,第 35 - 42 页。

③ [英]安东尼·特罗洛普:《查尔斯·狄更斯》,罗经国《狄更斯评论集》,第 49 - 51 页。

为一体。同时围绕着她的也不乏一些逼真的细节，如生孩子、做小衣服、搭席棚、纳鞋底等，这一形象是赛珍珠对中国农民和中国劳动妇女长期观察、透视的结晶，也凝聚着作者对下层人民和劳动妇女深厚的感情。第二类是相对缺少生活基础，因而其真实性和审美性受到局限或部分受到局限的人物，如《儿子们》里的王虎，《分家》中的王源，《同胞》中的詹姆斯等。对这些形象的刻画某些局部比较成功，但就整体而言则不够完整。如王虎，虽然他身上带有旧中国军阀的一些特征，但由于作者与人物生活的环境距离较远，这个形象总体是模糊的，甚至有些变形。第三类人物则基本是一些概念化的形象，如《分家》中的王孟、年轻的女共产党员，《龙子》中的林老三、梅琳，《同胞》中的彼得、玉梅等，有些形象几乎可以看做是狄更斯作品中某些偏执狂的移植或翻版。王孟和彼得的狂躁和阴郁，体现了作者对革命的反感；而林老三的嗜血成性、杀人如麻则和得伐石太太等法国大革命中的起义者如出一辙，他最后的转变也带有狄更斯小说中那种童话般的神奇色彩。狄更斯由于其驾驭语言的超凡能力，常常用新奇的比喻和幽默夸张的语言把那些并不真实的形象展现得活灵活现，从而赋予那些傀儡一种迷人的魔力；而赛珍珠在语言的运用上是难以望其项背的，所以这些形象只能苍白地存在于作品中，甚至没有一块掩饰他们缺陷的面纱。在人物形象塑造方面，赛珍珠和狄更斯同样的不足表现在缺少细致的心理分析，从而使人物显得缺少深度。

就作品情节而言，赛珍珠和狄更斯在对社会总体特征作出较准确的把握的同时，在具体情节的展开、细节的刻画和结局的处理上都有许多失真之处，都有以理想主义的浪漫幻想代替现实主义的冷静剖析的倾向，结尾往往是以大团圆的喜剧场面收场，或留下光明的尾巴，从而把复杂问题简单化，给读者一个玫瑰色的梦。狄更斯常常为了迎合读者的口味，或因为缺少创作悲剧的深沉气质而忽视生活真实，编造一些虚假而浅薄的情节，批评家称之为“廉价的乐观主义”。他们甚至挖苦说，如果让狄更斯去写《欧也妮·葛朗台》，葛朗台在最后三页一定会变成慷慨大方的人，如果让他写《红与黑》，于连最后会和玛特儿小姐结婚，德·瑞那夫人还会参加婚礼。类似情况在赛珍珠的作品中也有体现，她或是由于对生活本身的复杂性缺乏了解，或是出于对生活的信心或期望，从而对复杂问题进行了简单化处理，给人以草草收场的感觉。《分家》以王源的艰难求索人生和社会出路始，以他最后得到梅琳的爱终，小说色调顿时为之焕然一新，但作为气势宏阔的三部曲的收尾，则显得过于简单，与整部作品不大相称。《龙子》的结尾把整部小说抗战的主题转移到拯救林老三被扭曲的灵魂以及爱情、家庭等问题上，西方美人救东方英雄的故事新奇得没有丝毫逻辑。作品中林嫂对梅琳的态度比较现实而冷静，她接受不了一个洋媳妇，因为“不信她能给我们生个孙子来”！这句话倒无意中道出了这个形象和这个结尾的虚假不实。

在小说结构方面，赛珍珠和狄更斯也有共同之处。赛珍珠的作品被称为章回体单线推进式小说，而不采用比较复杂而构造精密的复式结构，基本是依事件发生的先后一步步写来，当作品内容纷繁密集时，就会显得琐碎，当作品中的事件延续较长时，作品又会显得拖沓。早期小说《东风·西风》《大地》等作品的结构还是比较讲究的，而后期的作品表现得比较明显，在那些非小说的传记作品中体现得更加充分。而狄更斯创作小说之初因多采用报刊连载的形式发表，常常是今天的内容发表了，明天会发生什么故事还不知道，因此作品的结构是以松散著称的，如《匹克威克外传》等作品都是如此。当然他有时也会写出如《双城记》这样结构精致的佳作。

三

作为一种文学现象，赛珍珠和狄更斯在文学创作活动方面也有许多相似之处。他们在自己国家中都是卓越的通俗作家，或可称为畅销书作家，其作品成书之时就很受普通读者的欢迎。赛珍珠的代表作《大地》被每月图书俱乐部选中后，1931 年、1932 年连续两年成为该俱乐部推出的最畅销的书（她共有 15 部著作被选中），她的创作不仅使她自己成了美国家喻户晓的人物，而且救活了庄台出版公司。这些小说对公众产生了深刻的影响，许多美国人都承认他们对中国乃至亚洲的认识是通过赛珍珠的作品完成的。而狄更斯的许多作品开始都是以连载小说的形式面世的，为此报刊的订数一再攀升。据统计，在英国，狄更斯的小说是除了《圣经》和莎士比亚作品之外发行量最大的。不仅如此，他们的多部作品都曾被改编成电影上映，还被翻译成不同语言，在许多国家传播，扩大了他们的影响。他们都积极参与国内大事，同时也对本国的时政产生过深刻影响。赛珍珠不仅以她创作中贯穿始终的态度，而且以她的游说、疏通等不懈的努力，成功地改变了美国在移民、收养孩子、少数民族权利和精神健康等方面的态度和政策（前言）；①狄更斯则用他的作品，“在很大范围内塑造了这个民族”，“一些道德方面的原因使英国免除了一场革命，狄更斯在这方面起到了一定的作用”。②

① ［美］彼得·康：《赛珍珠传》，第 14 页。
② ［法］莫洛亚：《狄更斯评传》，朱延生译，山西人民出版社，1984 年，第 2 页。

而在评论界,他们又都是有争议的作家,在他们诞辰后的一百年里,对他们的评价都是起起落落。赛珍珠的作品在美国和中国的评论界中都经历过复杂的沉浮过程。在美国,从《东风·西风》《大地》等作品问世之初读者圈和评论界的热情,到1938年她获得诺贝尔文学奖之后,评论界对她的评价戏剧性地陡转直下,二战后,她的声誉降到极点,"文学界大多数人已把赛氏从正文贬到脚注的地位",她被大多数美国文学史排斥到边缘地带。而在中国,20世纪30年代《大地》问世之初,人们对她的评论就是褒贬参半,意见不一。由于她的民主立场,她受到中国旧式知识分子的攻击;由于她对共产主义的口头贬抑,她又受到共产党政府的冷落。但是,1992年赛珍珠百年诞辰之际,她的母校——美国伦道夫—梅肯女子学院和中国都举办了大型研讨会,这位卓越的女性在她的两个故乡都在逐步恢复声誉,并引起东西方人民更多的关注。狄更斯在世时,是"家喻户晓的经典",是"几乎神话化的民族意识"。① 可他在1870年去世以后,又被自然主义和唯美主义评论家贬为不真实、没有艺术自觉的浅薄、逗乐的通俗小说家,直至20世纪初期,对他的褒扬才重新回升。今天,狄更斯仍是英国民族文化中不可或缺的组成部分,而赛珍珠和她的文学导师一样,也是公认的美国文学史上杰出的女性之一。

(本文原载于《江苏大学学报(社会科学版)》,2003年第1期)

① 朱虹:《狄更斯小说欣赏》,山西人民出版社,1984年,第4-5页。

张春蕾

赛珍珠短篇小说的结构模式及其创作心理

文学作品往往是作者的心灵自传，无论其表现形式单纯明朗抑或婉转晦涩，传达出来的信息都是作者精神世界某一层面的反光。同一作者的不同作品，犹如一母同胞的兄弟姐妹，尽管年龄不同（如作品篇幅有长有短）、性别各异（如作品格调有悲有喜）、相貌有别（如情节有平淡有奇特），但因血缘纽带的维系，彼此之间便不可避免地产生千丝万缕的联系，带有或显而易见或不甚起眼的相似之处。而要准确解读作者，就应该通过作品的共同表征，探寻构成它们生命的共同基因密码，从而找到打开作者心灵的钥匙。

短篇小说是赛珍珠创作的重要组成部分。细读文本后不难发现，其短篇小说中存在着十分明显的结构模式，比较突出的至少有旧与新的理念冲突的文化模式，爱与恨、悲与喜情感交织的情节推进模式，日常生活与超常规传奇相交错的故事模式，等等。这些模式的迭现并非偶然，文学作品是作家的自我表达，罗兰·巴特说："文体是一种凝结作家气质和他的语言的必然。"在它那里，作家"找到了与本人过去的亲近关系"。① 弗洛伊德也认为，文学作品都是作家自我的"自居"，或某方面本质的"投射"，或某种思想感情的"移情"，所有的文本背后都有一个作为作家自我心理的潜文本。文学作品的魅力和价值就在于，通过作品使读者感受到创作者的本质力量之所在。因而，归纳文本创作模式的最终目的，就是通过对文本表层结构的认识，进而考察沉潜在表层结构背后的深层结构，包括作家的创作心理、文化

① ［法］罗兰·巴特：《写作的零度》，朱立元《当代西方文艺理论》，华东师范大学出版社，1997年，第239页。

立场、美学追求等,这是我们全面了解这位作家的重要依据。

一、温馨祝愿:旧与新冲突中的文化融合

赛珍珠的短篇小说为数不少,非几个简单的结构模式所能完全涵盖。限于资料和文章篇幅,本文仅列举几种与东方文化关系密切、在笔者阅读过的小说中出现频率较高、比较具有代表性的结构模式。其中较为突出的是旧与新的理念冲突的文化模式。赛珍珠第一部短篇小说集《元配夫人》的上部即题为"旧与新",包括《元配夫人》《老母》《归国》《雨天》等 6 篇小说。其实,这个标题也可涵盖后来创作的诸如《神圣的葬礼》《心有灵犀》(*Beyond Language*)《优雅的风度》(*With a Delicate Air*)等另外一些作品。这类作品的结构一般由三个方面组成:即"旧"文化、"新"文化以及沟通两者之间的中介或桥梁。当"旧""新"文化体现为东西方文化时,"旧"即指代东方文化,"新"则指代西方文化。在"旧"与"新"力量构成的冲突中,主要又可分为三种类型,即"新"征服"旧","旧"挫败"新","旧"与"新"通过中介达成和谐共处的局面。

先看"新"征服"旧",这种类型主要以《结发妻》和《老母》等为代表。《结发妻》冲突的焦点是留学归来的李渊与他没有文化、只知三从四德的妻子之间的婚姻关系,"新"与"旧"的最大分野体现在对好妻子的标准理解不同。妻子是个贤妻良母,"深明内则,受过良好的庭训"①,她侍奉公婆,抚育儿女,在丈夫面前低眉顺眼,按照旧的道德标准,是个无可挑剔的好媳妇。可是,在受过西风熏化的李渊看来,能与丈夫并立而平等的知识女性才能成为称心伴侣,而结发妻仅是一个"半奴半妾之旧式妻室"。② 作为中介的父亲曾试图调解夫妻二人的关系,于是夫妻(新旧力量)之间有了三次交锋:第一次交锋,李渊提出,若要保持夫妻关系,妻子必须先进洋学堂学三年文化,妻子第一次让步,抛家别子,去做学生,却因接受不了新知识、新思想而败下阵来。第二次交锋,妻子主动让步:让丈夫娶二房,陪他在京城生活,自己则留在乡下侍奉公婆,但遭李渊拒绝,因为新式女性不能接受姨太太的地位,他逼进一步,要与妻子离婚,剥夺其名分。第三次交锋,李渊当面告诉妻子,她不但必须和他离婚,而且必须离开他的家,另居他处。作为一个没有新文化知识的女性,她甚至没有教育亲生儿女的资格,这些孩子将由他未来的新

---

① [美]赛珍珠:《结发妻》,商务印书馆,1934 年,第 8 页。

② 同①,第 38 页。

妇教养成人。妻子在丈夫的第三次进逼面前,作了最后一次退让:自杀身亡。《老母》中的冲突发生在母子两代人之间:冲突起于饮食卫生习惯,发展于对孙女的抚爱,激化于母亲欲自杀而儿子阻止她在自己家中采取这种行为,母亲试图在对孙女的抚爱中找到与儿子、媳妇情感的沟通,但这种努力也遭到抑制。在这两篇小说中,作为旧文化、旧习惯的代表——妻子和母亲始终处于弱势地位,而作为新文化、新观念的代表——丈夫和儿子则咄咄逼人,步步紧逼,中介调解工作失败,“旧”的一方彻底败下阵来。

再看“旧”挫败“新”,以《雨天》《归国》和《优雅的风度》等为代表。《雨天》中的李德俊是个成绩优异、对前途有很高期望的留美学生,一心希望回国后能做对国家有直接贡献的工作。但从祖父、父亲直至伯父、堂兄的庞大而古老的家族对他的要求则是多挣钱、高额回报为他留学所付的投资,和从小定亲的女子结婚,传宗接代,而县长等官员则对德俊改造家乡公共卫生状况的建议毫无兴趣。德俊的理想抱负很快被冷漠的社会环境粉碎了,被那些贪婪巨口吞噬掉了,他感到未来的岁月只有“肮脏的女人,作牛马,永远的空虚”,终于吞下鸦片烟泡自杀,结束了这场力量悬殊的“新”“旧”对峙。“新”的思想试图寻找出路,寻找沟通,而“旧”的一方却以磐石般的顽固与保守阻断了这种努力,西方新思想在这片古老土地上没有找到生长的土壤和季节。

在“旧”与“新”角力的过程中,无论哪一方获胜,其结局都是悲剧,都不圆满,因而不为作者所欣赏,唯有“旧”与“新”通过中介达成和谐共处的局面,才是赛珍珠真正心仪的做法。在《心有灵犀》和《神圣的葬礼》中我们体会到赛珍珠给新旧文化交接指出的比较完美的路径,两篇小说的共同之处是作为中介或桥梁的人物都极有智慧,能将“旧”与“新”两者巧妙地沟通、串联起来。《神圣的葬礼》中的“新”“旧”冲突的焦点是父亲的葬礼究竟应该采用印度传统的火葬还是英国式的土葬,哈佛留学生赖熹尔与李德俊一样,也是势孤力单地独自面对整个家族,所不同的是,其父是个胸襟宽广、极有预见、对印度传统文化和西方现代文化都有深刻理解和热爱的人,生前以书信的形式说出了对儿子的忠告:“我们的国家需要改革,但是它必须缓缓地进行,不可操之过急,因为我们的人民愿意被引导而不愿被强迫。”①赖熹尔终于明白,他们这一代人应该“像一座桥,一部分在那里,一部分在这里”②,架设在“旧”与“新”的彼岸和此岸,他最终顺应家族意愿,按传统方

① [美]赛珍珠:《神圣的葬礼》,《宁静的庭院》,维新书局,1971年,第262页。

② 同①,第261页。

式举行葬礼,但他实行新思想的决心却更加坚定:当他自己成为父亲时,一定要给儿子一片自由的天地。

顺着赛珍珠短篇小说"旧"与"新"的理念角力这根藤蔓,我们可以触摸到她文化立场的清晰的根脉,了解到在西风东渐的时代大潮中,她对受到强烈冲击的东方传统文化所怀有的深厚感情。在《结发妻》中,作者带着欣赏、爱怜的目光细细打量、描摹着"结发妻",那个集中国传统妇女应有的美德于一身的娴静、温柔的东方女子,她是那么小巧、洁净、窈窕、端庄,轻妆淡抹,她天天用柔和的声音慰老抚幼,用细致的心思和纤纤素手把各种家事安排得妥妥帖帖。但是,赛珍珠并没有给予东方文化不切实际的溢美,相反,她十分客观公正地描写了传统文化的种种弊端:封闭、保守、因循、停滞、迷信、肮脏、缺少活力。在《结发妻》中,赛珍珠不止一次地强调"结发妻""欠缺一些活跃的生气,她是太冷静了"。① 在《雨天》《归国》等作品中则屡次写到中国人的肮脏、懒散的生活习惯。传统文化有时还会表现出野蛮、恐怖的狰狞面目,《雨天》中死水一潭的传统观念窒息了有为青年李德俊的生命。相反,新文化则表现出开放、文明、活力的一面,接受过新文化教育的女性有学识、有见地,思想敏锐,谈吐文雅,治家有方,显然是更具生命力的一代人。因而,在两种文化的交锋中,传统文化遭遇失败和淘汰的命运几乎是必然的。赛珍珠打量东方传统文化的目光十分复杂,既有欣赏也有惋惜。同时,对于汹涌而来的西方文化大潮,她的态度同样冷静和审慎,既看到它生机勃勃的一面,也看到它破坏性、毁灭性的一面。《结发妻》中的李渊排斥了父亲的孔子之道、母亲的宗教信仰,以为这些已经僵化,代之而起的信仰却是"造出枪械给每一个国人,兵船装着巨炮,飞机占据天空,把死亡抛给地面上的人类"。②

因而,"新""旧"文化应该携手合作,以贯通、融合为原则实现对接和过渡,《宁静的庭院》中的乡绅陈思、《心有灵犀》中的吴良父,以及《神圣的葬礼》中的赖熹尔的父亲和妹妹,都是作者这种思想的代言人。他们以沉着的态度坚守传统,同时以开放的胸襟迎接新文化,这种兼容并包的恢弘气度是东方大国的固有姿态,这种客观公允的理性立场同样符合传统文化的中庸精神。而对于赛珍珠来说,这种思想则体现了她的跨文化立场,这种立场超越了包括她父亲在内的许多西方人士。赛珍珠说:"我感兴趣的是人类的心灵和行为,而不是哪个国家的人的心灵……我们只有理解和欣赏全人类的

---

① [美]赛珍珠:《结发妻》,第 17 页。

② 同①,第 30 页。

基本的人性，才能向一个民族阐释另一个民族。”①这种跨文化立场的形成与她的经历有关。赛珍珠不同于她的父亲和其他传教士，他们做出来中国的决定是一种主动选择，是带着固有的文化立场和文化优越感来的，而赛珍珠没有这种主动选择的过程，她是在思想观念未养成时就被带到中国，并在中国的人群中长大的，其观念中没有那种根深蒂固的文化偏见，因而她的思维方式具有与众不同的世界性，其开放的心态直接导致对人类未来的美好祝愿——东西方文化融合的和谐社会。

二、心灵关爱：爱与恨情感交织中的人文情怀

爱与恨情感交织的情节推进模式，也是赛珍珠短篇小说相当明显的结构模式。这类小说往往发生在日常生活中，通常以恋情、夫妻情，有时也以亲情、友情等作为描写对象，这种模式也可概括为喜与悲的感情交替模式。属于这类模式的短篇小说为数众多，主要可分为这样几种类型：

第一类故事是冲突双方以相爱开始，中间因流言、嫉妒、误会、性格差异等原因发生冲突而产生龃龉、隔阂，经双方当事人的努力，最终化解矛盾，和好如初，也即经历了一个爱—恨—爱的过程。他们或是正在蜜月旅行的新婚夫妇（如《斗鸡》《蜜月布鲁斯》），因为正处于磨合期，彼此之间因性情、习惯的陌生产生摩擦和隔阂，经过自己领悟或他人开导，终于找到与爱人交流的方法；或是结缡多年的夫妻（如《痛苦的教训》）、相处多年的朋友（如《金钱与友情》），因贪图虚荣、浮华或生活琐事而产生矛盾，以至于分离或绝交，经过真诚忏悔、长期等待或不懈努力，又破镜重圆或言归于好。这类作品以明朗、喜悦的语调开头，也以团圆、欢欣的语调收尾。

第二类故事则开始于矛盾或隔阂，结束于矛盾化解，双方重新获得和谐、相爱的情感，即经历了一个恨（或悲）—爱（或喜）的过程。有的是一方单恋而另一方无意（如《少女之恋》）或不知情（如《友情》），造成彼此情感的距离并因此而痛苦，当双方通过沟通终于达到情感同步发展时，圆满的结局随之产生；有的因生活目标不一致而彼此疏远，有的因生活中的琐事而造成夫妻关系紧张，问题一旦解决，则云开日出，彩霞满天；比较严重的情况则是夫妻矛盾发展到分手的边缘（如《高楼孤灯》）或已经分手（如《圣诞故事》），却由于对他人的关心，最终前嫌尽释，和好如初。

在惯于以大团圆收场的短篇小说里，赛珍珠偶尔也会写出一些以悲剧

① ［美］赛珍珠：《向西方阐释中国》，《江苏大学学报（社会科学版）》2002年第1期。

或哀怨收场的作品,即按恨(或悲)—爱(或喜)—恨(或悲)的模式创作的作品。这类作品数量不多,但在表现人性、情感方面却显出了深刻的一面。如《生命与爱》中,性情孤僻的收藏家葛莱辛是个单身汉,“他从来没有爱过人”,在他“幼年的记忆中,并没有父母兄弟姊妹以及任何近亲的印象存在”,①到了孤寂的晚年,也只和他的收藏品为伴。但他自从收藏到一个精致的木偶屋(家的模型)以后,整个人都发生了改变,他发觉这就是他一生中所寻求的东西——一个真正的家,还有听从他的孩子们。他给每个木偶孩子起了名字,每天用快乐和气的声调和他们说话,安排他们吃饭、睡觉、游戏。可是,这个在现实生活中没有体验过真正爱的人,却不懂得怎样做父亲,终于失去了他和木偶孩子之间和谐、愉快的关系,最终在一种极度失望、空虚的狂乱情绪下砸碎木偶屋后死去。作者通过这个带有神秘色彩的结局告诉人们:爱是生命的必需,体验过爱又失去爱的生命是无法存活的。

现代社会是以所谓的理性为行为准则的,其直接代价是对生命本原最初的温馨的毁损,于是在庸常的生活中多的是爱恨情仇的人间活剧。作为精神世界的漫游者,作家的使命与其说是描写生活、再现生活,不如说是希冀创造生活,也就是通过对心灵家园的追寻,构建人类可以诗意地栖息、安妥心灵的生存空间,其中的核心元素是对心灵的关爱。在赛珍珠短篇小说爱与恨情感交织的情节推进过程中,我们能够感受到她深切的人文主义情怀。这种情怀体现在她不仅将关注的目光基本聚焦于弱势群体或普通平民,而且满腔热情地展现他们虽不完美却有血有肉、鲜活生动的人性。以“结发妻”为例,赛珍珠给予她的同情是建立在深刻理解的基础上的。她是旧式礼教严格训练出来的传统女性,以压抑个性换取到受人赞扬的美德,但在新潮丈夫面前反而成为剥夺她幸福的致命缺陷。旧文化要求她作出牺牲,新文化又毫不怜惜地再次要求她作出牺牲。

人类进化史中的断层或变革常常是用血色写成的。历史车轮滚滚向前,旧的循环必然为新的过程所取代,这是人类社会演进的必然规律。但是,这种发展总是以牺牲那些处于历史转折点的许多无辜者的个人幸福为代价的,在历史更迭的峡谷中,永远有无所依傍的孤魂在徘徊游荡。他们的观念、信仰、行为准则是按照旧的价值体系铸成的,然而,当旧的标准在一夜之间被宣布废除时,他们当中的一些人或许能够蹒跚着追上时代的脚步,而另一些人则因深深沉浸在过去难以自拔而无法逃脱被时代大潮淘汰的命运。那些在传统文化中浸染得越深的人,转向时往往越难调整步伐来适应

① [美]赛珍珠:《生命与爱》,林俊德《生命与爱》,贵州人民出版社,1982年,第50页。

新时代的节奏。历史学家和社会学家往往关注社会主潮,而充满人文主义精神的文学家们则更多地以体察入微的敏锐目光捕捉零余者的人生踪迹,以悲天悯人的关爱情怀谛听个体灵魂发出的叹息和呻吟,细心阅读零余者心灵的轨迹,赛珍珠就是其中的一个。她以多感的心灵、同情的目光体察、关注着时代大裂变中弱小者灵魂的搏击和伤痛,关注着人们内心的悸动。

在赛珍珠的短篇小说中,跃动着她的生活理想,这个理想的核心就是拥有爱的人生。这一思想主要体现在她后期创作的西方题材的作品中,但她所宣扬的爱却主要是中国式的家庭之爱。中国文化的主旨是家庭精神,赛珍珠把这种家庭观念移植到美国土壤中,同时又将基督教的核心教义——"爱"作为理想家庭的核心和纽带,这种家庭观念又一次体现了赛珍珠的跨文化立场。在爱与恨的情感交织的家庭模式中,赛珍珠不厌其烦地编织了一个又一个情感故事,恋情、友情、夫妻情、亲子情——所有美好、幸福的婚姻和家庭的基础必定是心心相印的真诚情感,他们唯一的烦恼是缺乏爱,失去爱,或原本相爱的心受到阻隔。家庭是赛珍珠笔下人物最温馨的港湾,而爱则是这些家庭中至高无上的主宰。爱情使普通的家庭变成宫殿,使平凡人物变成了世界上最幸福的人。在小说《痛苦的教训》中,作者通过女主人公的口表达出这样的心声:"有爱情、有体贴丈夫的女人是多么幸福!爱情能使你成为世界上最富足的人,因为爱情是至尊的,远非任何财富所能购换的。"①

我们不难从赛珍珠的个人经历中找到她如此珍爱情感和家庭生活的心理基础。其母因为生活在缺乏爱情的家庭中而终身痛苦,她自己也曾有过一次失败的婚姻,失败的原因据她称是因为布克"感情鲁钝,不理解人"。②父亲和布克都是忽视家庭责任的工作狂,他们给赛珍珠母女两代人造成的痛苦使赛珍珠对那些口口声声把工作放在第一位的男人充满反感,自己也决不做离开普通人的幸福生活、在人生的空白中撰写故事的作家。"我学会了为丈夫、孩子,无论写再重要的东西也能够把工作中断的方法。"③在短篇小说《寂寞》里,她则以讽刺的笔法写一个与布克身份相似、性格相近的丈夫,兴趣只在他的小麦新品种和各种农事上,"一只畜生的腿比起任何女性的曲线更能使他发生兴趣"。④ 尽管赛珍珠是个事业上取得辉煌成就的女

① [美]赛珍珠:《痛苦的教训》,赛珍珠《赛珍珠短篇小说选》,星光出版社,1986年,第313页。

② [美]彼得·康:《赛珍珠传》,第206页。

③ [美]赛珍珠:《衷心地写给我的女儿们》,暖流出版社,1986年,第132页。

④ [美]赛珍珠:《寂寞》,赛珍珠《赛珍珠短篇小说选》,第100页。

性,但是她绝不赞成把工作变成家庭生活的主要内容,更不赞成把事业凌驾于家庭生活之上。在《衷心地写给我的女儿》一书中,她对爱、婚姻、家庭大唱赞歌:“无论对男人或女人,更没有像爱、成长的爱、真正的爱那么丰富的成长之粮了。”①“心灵沟通的婚姻是人生之树所结的最佳果实。”②“家庭是大地,我在此落根,彼此吸收心灵的营养。家庭是生活的中心。”③她谆谆告诫女儿的是如何做现代家庭中的贤妻良母,认为家庭主妇的作用遍及一切生命,因而极其重要。

三、美学追求:日常生活与超常规传奇间的审美旨趣

赛珍珠短篇小说还有一个明显的结构模式是,日常生活与超常规传奇相交错的故事模式。这类作品是指那些取材于超越日常生活的传奇故事,主要有两种类型,一种是从常规生活开始,经历超常规历险,最终回到常规生活中,另一种是从超常规经历开始,复以超常规行为结束。前者一般都有造成超越常规的内在因素或外来机缘,原有的平衡或规范被打破,经历一番不平凡的曲折经历后,在一个新的层面上复归于常规秩序中。如《虎窟奇缘》《宁静的庭院》等;后者则在开始时即打破生活常规,中间往往出现重建常规的努力,但终告失败,最后在超越常规和读者预料中结束,主要代表作品有《老鬼》《西藏风云》等。

第一种类型可以《虎窟奇缘》为例。抗战时期,富商的独女、美国惠斯利大学留学生朱茉莉小姐学成回国,但却不能有任何作为,只等着父母给她找个好丈夫(传统状态下的日常生活),她感到百无聊赖(超越常规的内在因素);这时,占山为王的土匪“老虎王”和“小虎王”要趁乱征“虎税”的消息传来(超越常规的外在因素),茉莉父和城里富商带头征集税资,并送茉莉母女去上海避乱,茉莉半路出走深入“虎穴”,意在劝说“小虎王”改邪归正,不料对立双方却一见倾心,结成良缘(打破常规);最后,茉莉劝说“小虎王”投诚政府,做合法公民,把部下整编成政府军队,共同抗日,为国家和民众服务(回归常规),完成了一个大团圆故事的完整构思。

第二种类型可以《老鬼》为例。故事同样以抗日战争为背景。日本人的飞机把黄河边的王家村炸成一片废墟,村里人全都跑了(打破生活常规);只

---

① [美]赛珍珠:《衷心地写给我的女儿们》,第32页。

② 同①,第65页。

③ 同①,第142页。

有年事最高的王老奶奶没跑，她亲眼目睹一架飞机坠毁的过程，看到那个几乎还是孩子的年轻飞行员受了伤，还试图去救他，喂他水，给他找食物（重建常规生活的努力）；但当她得知日本军队炸死了她唯一的亲人哥哥一家，还要来霸占他们土地时，十分愤怒，决定惩罚这些东洋人，她打开水闸，让滚滚黄河水冲向敌军，自己也被湍急的水流卷走（彻底打破常规）。

借助这几种类型，我们可以对赛珍珠的创作心理进行一番管窥蠡测。通过赛珍珠的短篇小说，我们看到了她努力模仿中国小说所体现出的美学追求。赛珍珠曾不止一次地谈到中国小说对她创作的影响，在诺贝尔文学奖受奖演说《中国小说》中，她强调“恰恰是中国小说而不是美国小说决定了我在写作上的成就”。[①] 彼得·康也这样评价过她的行文风格：“她写小说离不开程式、套语，在表面化叙述和心理深度之间选择前者，喜用插叙，效果上力求娱乐，手法上采用自然主义。”[②]并断言这些习惯都是受《水浒传》等中国古典小说长期影响的结果。

赛珍珠在她的短篇小说创作中的确体现出她模仿和学习中国小说的自觉和努力，但这种模仿是表层化的。比如她的小说往往都是单线推进，没有西方小说错综复杂的人物关系网；她那些描写爱与恨情感的家庭小说和传奇故事类小说往往都以夫妻和好、恋人情定、皆大欢喜的大团圆结局告终，也留有中国通俗文学“私订终身后花园，落难公子中状元，奉旨完婚大团圆”模式的深深印痕。赛珍珠短篇小说情节的发展常常因缺乏令人信服的事实而显得突兀，她常常在情节发展最紧要处简单宣称矛盾的解决，使故事因缺少内在逻辑而失去感染力。本来难解难分的矛盾就像孙悟空的猴毛一样一转眼就被收回去了，读者的审美期待心理有一种一脚踏空后的失重感。而其人物性格往往也不是一个同一的整体，许多互不相干的侧面被生硬地捏合在同一个人物身上，人物被降格为某种隐喻或象征符号，由作者按照需要牵扯着他的手脚机械地移动。《虎窟奇缘》中的“小虎王”就是这种人物的典型。茉莉父母面对女儿以大家闺秀的身份不仅私订终身，且委身于寇的超常举动，只是干瞪一会儿眼睛，就筹划着给他们办结婚酒席了。外部行为的极度反常和内心反应的超常平静极不协调地凑合到一起。“在同一抉择关头，当外在动作差距淹没了内在心理差距时，小说的艺术形象就患上贫血症了。”[③]在赛珍珠短篇小说中，这种贫血症患者为数不少。

---

① ［美］赛珍珠：《中国小说》，刘龙《赛珍珠研究》，第 65 页。

② ［美］彼得·康：《赛珍珠传》，第 157 页。

③ 孙绍振：《文学创作论》，春风文艺出版社，1987 年，第 167 页。

对赛珍珠短篇小说作一巡礼，尽管在结构模式中存在先天性的硬伤，在一定程度上影响了作品可能抵达的思想深度和审美高度，但是，综合其文本审美价值和内含的人文精神感染力，应当论定，作为小说家的赛珍珠依然是非凡的。她的另一番话体现了她对自己创作的准确定位："我不知艺术的定义，不能说它（指中国小说——笔者注）是艺术抑或不是。但我知道它是生活。我相信小说如果二者不可得兼，最好还是舍生活而取艺术。"①赛珍珠的非凡之处也许并不在于她是个小说家，而在于她那极其丰富的精神世界，她那由善良、真诚、热情、率真等构成的人格魅力；赛珍珠创作的目的并不是要把它们当做艺术品供人赏鉴，而是要把它们作为生活的记录和复本让人认识；其作品的价值，也就在于这些作品为我们提供了认识赛珍珠丰富的外部世界和内心世界的蓝本：当这个世界的许多人还没有注意中国和东方时，赛珍珠已经发现了它们的价值，并不遗余力地以其作品把这个发现向世界传播；当这个世界被霸权主义、民族主义等种种狭隘观念分割得四分五裂时，赛珍珠就以超越民族、宗教、文化的平等、博爱的胸襟告诉人们："天底下，我们都是一家人。"②

（本文原载于《江苏大学学报（社会科学版）》，2005 年第 5 期）

① [美]彼得·康：《赛珍珠传》，第 155 页。

② 同①，第 345 页。

论小说创作[1]

赛珍珠 著

姚君伟 译

我得承认,我自己本来的演讲题目是《女性与国际关系》。之所以选择这个题目,原因就在于,对我来说,这是个既明智又严肃的题目,是很多大学同学可能会感兴趣,至少是他们应该感兴趣的话题。可惜,对这个题目,我没有做过多少思考,而一旦开始思考,我便发觉这个话题愈发漫无边际,令我难以把握。我想象得出,这个题目绝妙不凡,可以写出整整一排书来。但是,我越是想象着这排书,对此羡慕不已,就越是确信,我绝非这些书的作者,而且,尽管这个选题非常好,但对我来说,它永远只是个题目,仅此而已。我无法在那个骨架上添加血肉。因此,很遗憾,我将这个题目留给了那排想象之中的著作。

实际情况是(不妨实话实说),我对《女性与国际关系》这个题目一窍不通。除了碰巧了解的作为个体的女性与人类的关系,我没有怎么将女性作为整体来思考过,甚至对国际关系也思考得不多。我越是思考这一漂亮的题目,就越感到自己的无知,同时也深信不懂装懂是愚蠢的。因此,如果我选择了一个在气势上要弱许多的题目,一个我自认为略知一二的题目——也许是唯一的题目,即小说创作,那么,你们会谅解的。

当然,我可不敢接着声称小说创作是什么重要的话题,至少,没有我颇

① 本文为赛珍珠的中国小说系列专论之一,原系赛珍珠于1933年6月在母校伦道夫—梅肯女子学院毕业典礼上发表的演讲,后改定发表在该校《校友通讯》1933年第4期。文章结合自己的创作,从情节、人物、形式、风格以及艺术中的说教诸方面,充分发表了自己对小说创作的见解,对于我们认识赛珍珠的(中国)小说观,颇有价值,但迄今未见中译,故译出,以供赛珍珠研究者参考。

为遗憾地放弃掉的题目那么重要。我得补充一句,我并不认为写小说或者看小说是生活中一个必不可少的内容。至少,无数的中国人不看小说,当然更不写小说,却活得明明白白、开开心心;对他们,我怀有最大的钦慕和尊重,我甚至非常嫉妒他们。

必须承认,我这么说的时候,我自己碰巧是个有点奇怪的人,根本不能视作典型的人类成员,当然更不是一个可取的普通人,因为事实上,不写小说我就郁闷,根本不管我的小说有没有读者。很遗憾,我属于那种不幸者之列,即假如不在写小说,或者准备写,便无法完全发挥作用。我很不好意思地承认这一点,因为今天人们还思考康德的绝对命令(我上大学时极其痛苦地背了下来,所以,现在还约略记得一些)的话,那么,我会恐怖地意识到,要是我的情况变得适用人类所有成员的话,小说创作将会是一种怎样的情形!我意识到,根据康德的标准,写小说的时候,我是在做一件不道德的事情,因为我知道,我并不希望每个人都来写小说——确实,这想法本身就足以让人绝望。另外,出版商会干什么?一旦动笔写小说,写的人就根本不看小说了。这是一个人所共知的事实。所有的小说家都会告诉你(如果他讲真话),他们从此绝不看别人创作的小说。

所以,亲爱的校友,请允许我以一句忠告来介绍一下我要向你们讲述的主要部分,即可能的话,千万别写小说。首先,写小说是一种彻头彻尾的非社会行为。写小说会使你在亲朋好友眼里变得面目可憎。小说家在那里,一坐就是数周、数月,最糟糕的时候甚至数年,而且处于一种麻木状态。甚至完全是因为写得恼怒不堪或者精疲力竭,你掷笔而去,那可恶的作品仍萦绕在你脑海中,无法释怀。小说中的人物一如既往,在继续过日子、聊天、思考,直到有一天,你就如同漫游奇境的爱丽丝一样,渴望大喊一声:“你们充其量不过是一副纸牌!”因此将他们推开,从梦中醒来,发现树上飘下的几片黄叶落在你的脸上(*Alice's Adventures in Wonder-land*);你再次醒来,回到真实的人群中。

整天为这些梦中的人物所困扰,那他就永远都不可能感到幸福。除开自己的生活,他同时还得过着上千种别样的生活,遭受上千次的痛难,真实得仿佛这些苦难是被称为真正发生过的痛苦一样,而且他一次次死去活来。他注定要为各种精灵附体,以至到最后,他都说不清楚他本人是什么样的,他真正的灵魂和精神又是什么样的。他是一仆千主。他身心疲惫,一个个人物靠着他的存在而获得生命,利用他一个人的肉体、他一个人的精神,来表达他们众多的思想,因此,他可怜的唯一的躯体不得不成为耗费所有那些能量的媒介。无怪乎,他大部分时间都呆呆地坐在那里,一声不吭,筋疲力尽。

因此，如果你愿意成为自己，自由自在，不受制于人，那么，千万别想着去当小说家，甚至连写本小说玩玩的念头都别有。如果你产生了这个念头，以为是一种可能的生财之道，那么，请毫不犹豫地放弃这个念头。走出去，去挖，去偷，去抢，如果有必要，让自己身陷囹圄，你都该为自己感到庆幸，因为你摆脱了缠绕着你的小说。首先，正如所有的出版商都会告诉你的那样，靠写小说来挣钱，可能性小之又小；其次，挣不到钱你还什么东西都学不到。相反，你会沾染上赌徒的趣味，会怀抱希望，以为下一部小说肯定不同，肯定会让你赚钱。但是，更糟糕的是，你私下想写一部小说，却完全不是为了赚钱。如果有这种想法，那么，你可真就处于一种毫无希望的状态之中。你无法放弃这一想法，因此，到头来，只有死路一条。写小说的第一步就说这些。概括一下就是——别写小说。

但是，如果已经开始，必须继续写下去，那该怎么办？如果是这样，那么，唯一能做的事情就是认真严肃地直面小说写作，就像任何不可避免的个人行为一样，没有人能告诉你如何做。真动了笔，所有小说创作指南方面的书籍都不管用。至少，我是这么认为的；我觉得它们没什么用处，所以，从来就没读几本。重要的是，你得有那份决心，认定你的命运不仅不可避免，而且必须靠创作小说才能圆满；有趣得很，一旦有了这份决心，你就本能地知道小说该如何起承转合；如果没有这种不可避免性的感觉，这种本能，那么，小说无论如何都写不出来。

然而，就小说创作而言，还是有一些总体看法的，尽管我深信没有什么比定几条规则更荒谬的事情了。每位作家都有一套自己的方法，别人则用不起来。一旦决定写小说，你自己就会发现，根据你的想法的种类，你会老是想着以下两件事情之一：想着对你来讲似乎是人际之间一种独特的、非同一般的情景，或者——用一个古老但仍然是很好的词，即情节；要不就是你会老是想到一个或数个人物——或者像它们通常被称为的人物。

如果你以情节为主，那么，你的任务即在你凭空想象的事情中间而非在所谓的真实生活中寻找这些人物的时候，紧紧抓住情节不放。你会发现，现实中没有人尽善尽美，即真实地能够原封不动直接放进小说。如果你把某人照搬进来，那么，他会不可避免地丧失他原来拥有的那一点生命，然后死去，这样，你会不断遇到障碍，因为你得一次又一次地安排他那些已丧失了生命的肢体，使它们拥有你记忆中生命的外貌。你会不断地为你对他的记忆所束缚，而非获得你的想象的辅佐。而且，你绝对没有勇气将他完全扔开（其实你应该如此），因为你永远会自言自语（说的时候还纳闷）：“但是，他应该有生命力；他是个真实的人，我是把他从生活中搬过来的。”对极了！你的确是把他从生活中搬过来了，所以，他到了一个陌生的环境，便不能存活。到了你的书里，他就来到了一个陌生的世界，于是，他死了，正如谚语中所说的那样，鱼儿离开了水。

不，你的情节所需要的男女必须既比实际生活中简单，同时又比他们复杂。比他们简单，因为我们人类对于真正的艺术来讲，都太复杂。在艺术作品中，选择和裁剪是基本的。小说家必须营造气氛，选择主题，设置场景。任何改变那种气氛、分散主题以及有害于场景的东西必须马上统统剔除掉。人物也是如此。小说家必须简化角色；他必须对适于情节的某些特征加以强调，使人物变得真实，使他们在他为其选择的新环境中鲜活起来。一个人物，其本身千万不能是什么重要的东西——他独自想的或做的并不重要；重要的是他与所选择的场景和情节有关的思考和行动。因此，小说家必须简化其人物；他必须压制住他们本性中的某些细节甚或主要部分，使他们在现实生活中变得令人信服——从而赋予他们生命。

同时，小说中的人物必须比普通人更复杂。我还是深信，有创造力的艺术家绝不能从现实生活中把一个人拽过来，原封不动地来塑造他。他一旦将此人拽出生活，不妨说，成千种想象便开始萦绕在他心中；所有丰富的想象、潜意识记忆（这是艺术家天赋的一部分）都开始发挥作用，赋予普通男女以深度和色彩，并丰富人生的意义——所有为了他在书中的新生活而需要提供给他的意义。这是一种非常确定的创造行为，生活中的人类只是上帝取一块粘土，捏成人形，对着它呵口气，土便有了生命。

因此，对于一位小说家来说，最让他感到沮丧的事情莫过于经常问他"你小说里的人物是真实的吗？"说"是"不可能，因为写小说并非给人照相。真正的小说家是艺术家，而非摄影师。要他拷贝什么人是不可能的。他会说："嗯，如果说他不是这样的，那他应该是这样的。"他这么说，就是不由自主地加进一些笔触，为自己辩护。然而，说"不是"就更不可能了。小说家将他本人的真实生活加到了他笔下人物的身上。这些人物是真实的，他们成形于他自己的经历，以及他整个生活的梦想与想象。说这些人物不真实，那分明是骗自己。这样一个愚蠢到家的、不可理喻的问题，你无法做出回答。在那些说了也不明白的人面前，你又会感觉到那种熟悉的灵魂的萎缩。你只能苦笑笑，然后保持沉默。

但是，小说还有第二种攻击你的办法。你会发现自己为一个或数个人物所扰，挥之不去。总体说来，这比起为情节找到合适的人物，更是折磨人。或许，我就属于这种情况，因为这是我独有的困扰方式。一个个角色均萦绕在我脑海里，他们一直等在那里，我知道。他们准备就绪，等在那里，但是，我还要再写两到三部小说才能用到他们。我在撰写一部小说的时候,不得不一再将他们推回去。结果,这个人物,要不就是那个人物大叫起来:“看看我吧!我都已经整整等了两部小说了,我渴望你写我。这次难道还是不能用我吗?”

我必须严格、公正,于是,我说:“不行,你并非真正属于这部小说。你属于下下一部。还得再等上一两年。”

也有可能,一个人物,他的生活及其所表现出来的急切让我非常着迷,所以,我很不情愿地说:“好吧,我想这部小说能用你,但你得记住,你只能是个配角。”于是乎,不知不觉中,我的小说就塞满了配角,他们中的任何一位都是生命勃发,完全能成为主角的,结果,他们的表演总是过头,不断地炫耀他们那些个花哨技巧,希望占据舞台中心。这样,控制他们的唯一办法就是让我的主角极其明确地、强烈地、无法抗拒地表达其生活及其主宰的决心,以至于他们迫使那些次要人物臣服于他们,并各就各位,不越雷池半步。

这种写小说的办法,即人物第一,还有个困难。你必须把这些不耐烦的人群拦住,一直到你找到途径,能让他们合作、能将他们的行为引导到某种统一性之中。他们所有人都在摆造型、走台步,急切地希望开始表演。但是,“戏才是重要的事情”。由于统一性是一切艺术的基本要素,那么,在什么情形下,这些人才能结合在一起,拿出某种统一的能成为艺术的东西来呢?

必须重点注意主角。配角无论多么迷人、多么招人喜欢,小说家都必须挡住他们,而将心思集中在主要人物身上:能够领衔主演的这个男人、这个女人,或者他们俩。你必须把他们与其他人分开一阵儿,而将他们留在心里,和他们共同生活,思考他们,观察他们,对他们进行深入调查。他们独处时,行为举止如何?他们的秘密生活又怎样?考虑到他们那已知的、特别的性情,他们最大的悲剧是什么?最大的快乐是什么?最深刻的斗争又是什么?他们最爱什么?最怕的又是什么?

于是,小说家在等待,很快一个个人物便开始变得鲜活起来,开口讲话,自己形成情节。于是,小说家开始动笔,时而狂热,时而缓慢,有时又整个地停下来一会儿,直到那些人物更清晰地展示他们自己为止。渐渐地,就需要一个又一个次要人物,主角于是就招呼他们,用他们,然后又一次将他们搁在一边儿。这样,书稿就杀青了。远在最后一页写出来之前,整个的谋篇布局就已经非常清楚。就我而言,在动笔之前,最后一幕就已十分清晰,甚至最后说什么话都已经明确;当然,在别的小说家那里,小说在创作过程中才逐渐展开。但是,在细节上,方法不是基本的。重要的是主要人物必须真正苏醒、行动、讲话,构筑自己的命运、创造自己的生活。

这下,小说家又要面对那个可怕的、经常有人问起的问题:“你小说中的

所有事情都真的发生过吗?"这是个无法回答的问题！当然,它们确实在某地、以某种方式发生过。但是,真正的小说家回答这一问题,在某种程度上,用得上圣保罗的话。圣保罗在讲起他的伟大经历时说道:"就是这样。但是,是否亲历,不得而知。"

当然,在小说创作方面,有个问题特别常见,同时困扰着无论是重情节还是重人物的小说家。这个问题即情节、人物以何种方式呈现出来? 换言之,什么形式、什么风格适合它们?

现在,我不想定下任何规则,正如我上文所说,对任何规则,我都十分厌恶,我也不想采用我在通常的文学讲座中听到的那些陈词滥调,譬如"意识流""传统的、现代的潮流",等等。它们不能激发起我的兴趣,对我来说,它们根本不是什么重要的东西。所有这些形式,无论是传统的,还是现代的,都不过是我们可以选择,或者不选择的模式。它们类似于一个织布工在织机上织布时可能选择的图样一样。她看看这种图案,瞧瞧那种图案,然后,选用她认为最适合其材料的那一种,或者把所有这些图案都扔在一边,而设计出自己的新图样来。

富有创造力的艺术家也绝不受什么模式的摆布。没错,在一定程度上,他受制于自己的性情。也许,在心理上和精神上,他属于那种热爱秩序的人,因此,对他来讲,艺术与美最基本的构成就是秩序。所以,他认真细致地剔除掉那些非基本的成分,而将基本的要素安排在他的设计之中,仔细地计划着,由引子到高潮,直至结局。或者,以他的性情,他是讨厌秩序的,反对有条不紊的安排。他甚至于走向詹姆斯·乔伊斯和格特鲁德·斯泰因①那样的极端。

但是,我要说的是,这两种均是性情的,而非历史的、演化的,一种方法并非内在地好于另一种。自有小说创作以来,两种方法均采用了很长时间,尽管名目不同,尽管在某些时期,某一方法比另一种方法流行。唯一的检验标准是,作家运用的某一方法是否适合材料? 这种方法是否为某一作家用得更自然因此也更为熟练的方法? 真正的艺术家并不关注流行的格言,他清楚自己的天赋所在。一如他选择自己的素材,他也选择自己的方法,以满足他内心希望表达他认为的最高现实之美和形式之美的要求。

这里,我不禁要表达我内心强烈感到的一种信念,即无论何时你听到某个小说家,或文学专业学生谈到小说创作的现代方法对于老方法来讲是一

① 斯泰因(Gertrude Stein,1874—1946),美国作家,提倡先锋派艺术,主要作品有《三个女人的一生》等(译者注)。

种进步，你听到的便是一派胡言。不可能有朝着盖世的小说的演进。甚至对于最急切的人来说，都没有明确标示的道路等着他去发现，在路的尽头没有什么盖世的小说等在那儿，也没有什么盖世的理想。如果让小说家整天想着这个，那么，他就会发现他的长处已经弃他而去，因为他丰富的想象关注的是形式本身，不是人物，而人物才是他唯一真实的原始材料。换言之，他不再是创造性的了，而变得仅仅是发明性的，因为他变得主要是对形式感兴趣。不，小说家研究形式、选择形式（如果他做出有意识的选择的话），一如艺术家看着他的画笔，以决定哪支是他用以安排与生活模式相协调的色彩的最佳媒介。我相信，最优秀的小说家在开始写小说的时候，心里根本不会考虑什么形式。如果他真是一肚子故事，他的故事、他的人物本身会以最适合他、他们的形式出现。

这就自然地把我带到风格的问题上。我猜想，在所有文学问题中，风格是为人们谈论得最多的。事实上，这是小说家有意识地考虑的最不重要的东西了。小说家要么有风格，要么没有。如果他没有风格感，那么，他对此就毫无办法。对词语的意识，对一个词，单单的一个词甚至没有上下文，有时连意义都没有，而凭借其自身品质产生的美与魅力的意识，如同音乐天赋一样；如果不是禀赋的一部分，那么，你就无法在那里出现。是的，通过阅读和实践，或许通过依样画葫芦，你也许可以提高写作技巧，但是，我不相信，这样的模仿曾经给斯蒂文森①真正带来过什么好处。相反，我倒以为这是在大量地浪费时间，除非他在为模仿而模仿的过程中找到了乐趣。假使他未沉醉于模仿，也许他就会写出某些杰作。当然，人生来有眼睛，去看一些漂亮的、充满真情实感的作品，并全凭乐趣，去潜移默化地掌握风格的含义，也是非常有益的。但是，风格本身必须是优秀的小说家自然装备的一个有机的组成部分。风格是其媒介，也是衡量一个小说家伟大与否的尺度之一。

至于风格是什么，我回答不上来。几乎每位作家、评论家都尝试给风格下定义，但是，对我来讲，这些定义都不能令人感到满意，因为风格是不可定义的。这是艺术一个不可精确解释之处，无法下定义。在我看来，维吉尼亚·伍尔夫②在《论不懂希腊语》中使用过的一个短语在说明风格为何物方面倒可比任何定义更明确，尽管她用该短语本意上并非要将它作为定义看

① 斯蒂文森（Robert Stevenson，1850—1894），英国作家，19世纪末新浪漫主义的代表，主要作品有《金银岛》等（译者注）。

② 伍尔夫（Vinginia Woolf，1882—1941），英国作家，作品多用内心独白和意识流手法，主要作品有《到灯塔去》等（译者注）。

待。她的确也根本不是在谈论风格,她讲的是希腊语、希腊词汇是如何比任何其他语言中的词汇表达的含意都要多。她称这一特性为“语言之边缘”(the far side of language)。语言之外——即,为了拥有风格,写作须传达出非语言可以表达的情感和意义。看着这些词语,我们的心灵应该瞥见天外的景观——生命的、情感的空间无比广袤,不可能拘于词语之中。往往,最简单的词汇能够最轻松、最明确地做到这一点。所以,看到这些词语,不知为什么,我们会对自己所不知道的东西感到心痛。如以下这些词语:

或者银绳松开,
或者金碗打坏,
或水罐在泉边打破,
要不就是轮子在水池边上转不起来,
于是,尘土回归大地,正如原先一般,
灵魂回归赋予其生命的上帝。

绝妙而且音乐性强的好辞,其本身承载着深刻的人生意义——这便是语言的边缘。

真正的小说家——“真正的”小说家,即那些不管有没有读者,也不管出版商接受不接受他的书稿都情不自禁要写作的小说家——必须拥有三大天才:形式感、人物感和语言神奇感。形式感允许情节在他心中展开,这样,通过他的想象,情节便成为一个统一的、上升的结构;人物感会使他不费吹灰之力,就能赋予笔下人物以生命力和真实性;而有了语言魔力的感觉,他就会找到正确的、美妙的词语来使用,否则,他永远寝食难安。

但是,在结束演讲之前,我还希望提及小说家可能会有的另一种迷恋,即对道德教诲的迷恋。在当今的情形下,我想,人们会说,旨在道德教诲或说教的小说口碑极差,因此,对主要是艺术家而非布道者的小说家来讲,再也不可能创作这类小说了。然而,我对此还没有多大把握。厄普顿·辛克莱还在写,更重要的,他的书还在卖。我收到很多信件,要求我回答为什么这样写,不那样写,我这才意识到,这个世界上有许多人真的反对我的作品,甚至反对我这个人,因为我相信,真诚的艺术家并不能专注于说教什么。甚至还有像桑顿·怀尔德①这样的优秀作家,他们以最微妙的方式,确实还在通过他们的作品表明,对于最高艺术来讲,说教是必要的,生活本身还不是

① 怀尔德(Thomton Wilder,1897—1975),美国小说家、剧作家,主要作品有长篇小说《圣路易·莱之桥》、剧本《小城风光》等(译者注)。

那么尽善尽美,不妨借用一个术语说,纯小说家还得关注说教这一宗旨,而且应当通过作品给读者以教益。

关于说教是小说家的一个基本职责,至少是一个可能的职责的观点,尚有许多可议之处,即是说,还有许多可以从理论的角度言说的东西。你可能听人说到:“我看完一本书,希望自己变好,而不是变糟。”也可能听人说过:“我不希望看的东西激发起自己较为低俗的感觉。”也可能有人指责你的小说把年轻人引入歧途;无疑,也许真有少儿不宜的一类书籍。你还可能听人讲,小说应当用以训诫,因为不愿意听布道的人却愿意看小说。换言之,小说应当发挥一些教导作用。

当然,对纯艺术以外的所有问题,明显的答案是,没有什么比生活本身更能教导我们的了。如果我们不能从生活原貌——无杂质的、简单朴素——中学到东西,那么,从抽象的道德理论的虚假的再现中当然也学不到什么。试举例说明。如果我认识一个因对生活不满而躁动不安、意欲开始一段灾难性的、无望的风流韵事的女人,她不能充分享受她那也许不完全令其满意的生活,那么,我不该去做什么说教。我应当给她那本常被视为不道德的书——《包法利夫人》。在这部小说里,福楼拜无情而真实地描写了一个无害的、懒散而骚动不安的女人的生活;她屈从于一种激情,这一激情根本不是低下的,却是没有结果的、无聊的。但是,激情一而再、再而三地燃烧的时候,它就变得低俗,弄到最后,对她来说,家庭、孩子和正常生活的快乐都变得陈腐乏味和不可能。需要各种肉体之爱变成一种可怕的毒品,最后,这个可怜的人儿被彻底毁灭,不是被罪恶本身——因为,谁又知道罪恶本身究竟为何物?——而是因为沉溺于一种——一旦沉溺其中就会与生活的其他内容失去和谐——东西之中,就像正常的细胞生长会变得失去比例,而发展成一种癌症并吞噬掉整个机体的生命一样。年轻姑娘不可避免地会接触到这种事,所以,我应当把这本书放到她们手里,而不是不让她们碰,但我同时会注意让生活的其他图景——也许是不那么阴暗的图景——也展现在她们面前。

因此,如果艺术能够完整地、执著地描写生活,那么,它可以是、甚至也许应该是有意识地说教。但是,运用说教却需要有绝对的天才。不过,绝对的天才从来都不这样运用说教,因为他们总有那种强烈的和谐意识;这一意识防止沉迷于一种理论,而总是保持一种比例,一种对艺术而言是一个基本要素的比例。我们当然有像戏剧家尤金·奥尼尔这样的作家,其作品教给我们的教训极其可怕。如果一部作品一定要有说教,那这里面有的是艺术说教,一幅幅可怕的场面无情地展现出来,却没有一个说教的字眼。

这件事的要旨在于,道德家绝非真正的艺术家。一旦开始思考道德,生活的图景就被扭曲了,以适合教诲。有趣得很,天生的说教者从来都不会改变他的道德准则,却会为了保留其道德理论而毫无道德地改变生活。他有自己的理论,并且编个故事来阐释这个理论。真正的艺术家恰恰相反。他不会扭曲生活,也不会以生活作为什么东西的例子。他观察生活本来的样子,不带有色理论。只要是生活,任何东西对他来讲,都是真实的。如果这一生活似乎有这样一种意义,很好啊。但是,真正的艺术家的和谐观会永远阻止他抓住这一意义并使之脱离生活场景,以赋予它本身某种地位和重要性。我认为,一切原则、一切道德理论,一旦脱离生活便毫无意义。只有生活能够教导我们。小说当具有生活——一种或多种生活——的全部意义。不可避免,总有东西要教,因为只要有人愿意接受教导,任何东西都能给予教导,但是,教导者不是小说家,而是生活。小说家篡夺了教导者的位置,那么,他所教导的便是虚假的——他便是一个伪艺术家,其作品也是虚假的。他凌驾于作品之上,僭取了权力。严格说来,这不是他的权力。无论是作为艺术家还是教导者,他都不可信赖。

如果说小说家需要一种信条,那么,这个信条应当是:"我只相信生活——悲惨的、快活的、荣耀的、难以理解的生活。我相信人类,相信在我们所有人身上善恶是交织在一起的。我相信艺术,相信艺术应当为了其唯一神圣的用途而保留,即忠实地描写生活本身,也只描写生活,因为唯有最为纯粹的艺术才能做到这一点。"

以上我非常粗浅地讨论了与小说家有关的内容,即情节、人物、形式、风格以及艺术中说教的运用。讨论这些,不是因为它们对你们中的任何人来说是新东西,它们当然不是什么新内容。从上大学起,在大学英语课堂里,这些都是我们大家熟透了的词语。但是,如同我们耳熟能详的大多数事物一样,它们也是基本的东西,尽管是旧辞,却代表了构成小说的明确的部分。至少,对于小说家来说,它们是必要的思考题。如果你们对此没有专门的兴趣,因而我在这里显得过于噜苏的话,请原谅我的自私,原谅我在这里专讲自己最感兴趣的事情——我本人的工作。同时,我为自己挑选的迷人的题目还在那里,依然很迷人,依然没有谈及。也许,这个题目会吸引你们一些人将来去做些研究。果真如此,那么,请相信,没有人会比我这个仍旧只会是个小说家的人更急切、也更羡慕地去看你们要写出的那排书了。

(本文原载于《江苏大学学报(社会科学版)》,2007 年第 3 期)

东方、西方及其小说[①]

赛珍珠 著
张丹丽 译
姚君伟 校

我选了一个很大的题目，大得根本无法在短短的一小时里谈清楚，当然，也大得远非我的学问和理解力所能及。因此，我得先设定个范围，东，我是指中国，西，指英国。我还要设定一个界限，即时间界限。也就是说，在这两种情况下，我将限定我所说的，东、西方特别现代的小说都不谈，我只会在结尾处略提一二。我不多谈，是因为在中国和西方，现代小说近几年来已是变化不定，也许，我应该说，是混乱。比起西方来，在中国更是这样。因为中国的艺术、社会、政治生活均没有小说受西方的影响来得那么强烈。而西方，小说中作者所作出的各种各样的实验让你觉得大多有些熟悉，用一些诸如人生的片段、意识流之类的陈腐语句来表述，而我们目前的兴趣，不该主要集中在我们正在结束的阶段，也就是这些语句所代表的，而应该集中在刚刚开始的这阶段，它太新了，甚至尚未被人提到，仍处在预言范畴而非真正存在。因而，在这篇关于中国及英国小说的简短的然而又只好是粗浅的讨论中，我的重点必须在东西方小说最现代处打住。

此题目既大又无固定形式，如果选了这么一个题目，那不仅要限制时空，而且也要主观地为其架起框架，或者确切地说，是要将并不全面的观察纳入其中，正如有人已经做的那样。因此，我将把我的演讲分为三大部分，并在其中指出中、英小说之间的差别。首先是东西方小说发展途径的差别；

① 译者按：本文是赛珍珠的中国小说系列专论之一。全文从发展途径、结构与形式、意义和目的等方面，就中英小说之异作了跨文化比较研究。文章虽不无局限乃至偏颇之处，但对于我们认识赛珍珠的中国小说观以及她本人的文艺观，均有价值。

其次,东西方小说的结构和形式的差异;再次,它们的意义和目的的不同,也许用"强调点"这个词而不是"目的"更确切。

那么,世界上这两个相距甚远的国家,其小说是如何发展的呢?有什么历史沿革,什么源泉,作者是谁?用不着我说,它们是独立发展的。英国小说受益于法国、俄国、西班牙及其他一些国家,但早期中国小说既未得益于这些国家,也未对它们的小说有所影响。我记得一些假托的东方作品,诸如歌尔德密斯的《世界公民》,以及约翰逊的《阿比西尼亚国拉塞拉斯王子传》,然而,在这些作品中我看到的只是时髦时代的流行想象,而非内在本质上的真正智慧,因为作者缺乏真实的认识。中国小说自身成长,壮大,具有了生命,只是到最近几年才受到别国文明的重大影响,这几年中,西方的影响已深深地渗透到中国日常生活的方方面面。但我将这限制在我讨论的范围之外。我所说的真正的中国小说,是一种正宗的产品。毋庸置疑,它受到来自本土各地众多因素的促进,诸如元朝时,强健、半开化的蒙古人的进入。追溯中国小说的发展,我们能看出,大众在新条件下产生了许多变化,注入了新的特征,但我们并未发现中国小说受到来自异国的强烈影响,而英国小说受域外影响却很深。

也许我该把来自印度的佛教影响看成是一个可能的例外。佛门弟子早就知晓凡夫俗子爱听故事,就在他们的教义内编进许多故事,然后扩充成书。实际上,受佛教影响颇深的六朝时期,佛教的母题似乎渗透了所有的小说,出现了许多复活再生的故事及神话传说。而今,妇女仍尤其喜爱这些故事,诸如《天雨花》《笔生花》《梦姻缘》等,因为富有韵律的写作方式使得故事易于吟唱。这些书前后连贯,不像其他许多中国小说那样。但是,我认为即使是这种佛教影响也不能称之为外来的影响,因为佛教开始渗入到中国文学之中时,已经完全被中国同化,基本上不再有外国味了。今天我们只是从一些相当正式的小标志,诸如文章段落的结尾、开头等,才看到印度经文对中国文学影响的印迹。

各位对英国小说的历史当然是熟悉的,我也无须赘述其发展阶段。

至于中国小说,无论按怎样的顺序,其历史都颇难弄清。像中国很多事情一样,小说的成长似乎未引起注意也未有记载,甚至到了我们这一代,才有人尝试要去写小说史,目前,我们发现这样的书仍寥寥无几,然而这几本书提供的原始资料残缺不全,而且太具个人主观臆断,因而无法满足现代评论者。但任何此类尝试都是令人兴奋的,只是读完这些书后的主要结果是使人希望得到一些更令人满意的东西,而且这个愿望也会适时带来更好的东西。然而,在中国小说史上,有几点似乎是明显的。

首先，中国小说的起源大大早于英国小说，可发展则要缓慢得多，英国小说出现很迟，18世纪才羽翼丰满。英国小说的花朵在文学花园里虽姗姗来迟，却迅速绽放，并立即为时人所注目，受到大众的喜爱，在文坛上占据主要地位，我们可以举出两个名字来标识这繁荣的时刻——理查森和菲尔丁，而中国小说的发展却没有类似的时刻。

我很清楚，在讲上面这句话时，我是在得罪几位著名的汉学家，他们已经说过，中国小说是在元朝勃兴的。它的兴起如此突然，因此他们认为准是那时巨大的国外影响的推波助澜，一些人甚至认为其影响也许来自蒙古。

我才疏学浅，然而我认为，至少到目前为止，我们尚未证实蒙古文学对中国小说有任何真正的影响，因为它本身就是微不足道的，不可能在一属国促进一种重要的文学形式的迅猛发展。结论是小说在一种被人忽视、压制的状态下默默发展，经历了几个漫长的朝代，就如同许多别的事物在中国发展一样，总是不为人们所认识，得不到知识阶层的青睐和赞赏，于是当彪悍而野蛮的蒙古皇帝进入中国，他们对古典文学的无知，对全新的、陌生的事物的贪婪，出于政治目的企图对他们占领国的发掘，由于朝廷的支持，这种对小说的压制一下子去除了，得不到文人学士认可的小说的发展顷刻公开化了，甚至流行起来。

英国文学从史诗、随笔到冒险故事，继而到小说，发展迅速，每一步都得到文学界的承认，然而在中国，小说却长时间被排斥在文学大门之外。这一代中国人的主要贡献就是将小说摆到了它在文学中应有的位置上，而这一进程，如果不能说是由于他们目睹了小说在西方所处的重要地位而直接促成的，至少应该说是得到了加快。因为中国在过去几个世纪中并不把小说视为文学。孔子明确表示故事就其本身而言毫无价值，只有教导或说明道义时方有其价值。过去，有声望的学者是不会去写小说或看小说的，直到18世纪乾隆统治的晚期，小说才在中国正了名。

造成小说不被赏识这一状况有诸多因素。正如我所说过的，孔子表明了他的反对：小说被视为有败坏道德的影响，会令人背离伦理、美德，会令人意志不坚，等等。它对读者没有什么现实意义，因为官方的考试是有关古典文学，而考题范围之广，足以令人花上一辈子的时间去温习，因此，一个严肃的、有雄心的人无暇旁及。而且成功地通过这些考试是一个有能力的人获得升迁的唯一途径，他当然必须搬走那些阻碍其直达目的的绊脚石。因此，我们发现，在中国，人们都致力于古典作品的研究并加以评注，而我们在英国小说史中所看到的，是最尖锐、敏感、有力的思想转向小说，把它当做表达的一种方式。

但事情发展总是这样,会有其相反的方向,我想,我们一些人有时甚至违背自己的意愿和判断仍爱着中国,其原因之一就是她是一个如此纯真的民族,无论有种种道义上的限制以及"该是如何"的声明,仍能理解她、宽容她。因此,尽管在中国百姓中对小说的发展有种种外在的限制,它还是不可避免地发展了,就像是他们人性的自然流露一样。

因此,我们发现,数个世纪以来,故事,也就是后来小说的构成要素,就这样在大众之中出现并生长起来。

而今,中国的村寨和小镇中,江湖说书人搭起了草台子,只要你去过这些地方,你就能发现,中国的平民百姓喜爱听故事。这些故事和以往粗具雏形时的内容大多相同,只是在一些精彩处,打打榧子,敲敲锣鼓加以伴奏。

最早的几部小说只不过是这些古老故事的扩充物。英国小说是以较新鲜的形式出现在脑子里写出来的,而中国小说是人们写了一次又一次的,一次比一次长,先是口头流传,然后写成短篇,最后以小说的形式出现,加上了许多这样那样的内容。那些很简单的民间故事,开始时只有数句描写,情节通常是半真半仙,经过辗转相传,原先是仙人的角色成了半人半仙,然后几经改写后完全人化了,并随着时间的推移又增加了对话和角色。同样的故事情节被一代又一代人反复采用,只不过每次都加上了时代的新的印记。中国小说几乎没有一部巨著本身是独立的,它们都是对历史、说书人、朝廷政变、戏剧故事的进一步发展,起先它们只是支离破碎的拼凑,随着时间的推移,新的作者对这些故事开始着墨于某个具有中心环节作用的人物并形成某种统一。如果要表达小说的基本特征,那就该说第一部真正的小说是宋朝时一个七拼八凑的故事,这故事描写了宋朝的崩溃、皇帝悲剧性的结局。我说的是《宣和遗事》,它在中国小说不易捉摸的形成过程中是一本非常重要的书。

把这一过程比作星云说是最恰当不过的了,在这宇宙内所有旋转的粒子最终都形成了一个整体。其中部分过程就是后来的情节故事向最早的角色故事的发展,这一情况在约 150 年前《红楼梦》问世后尤为明显,尽管在我看来,中国平民百姓仍旧偏爱小说的情节而非人物。

关于中国小说的历史过程就谈到这里。在这么短的时间里,我无法详谈每个故事的细节,这些成千上万的细节构成了一个个故事。它们出现在一些巨著中,诸如元末明初的《水浒传》,同时代或稍晚的《三国》(《三国演义》——译者按)和《红楼梦》,还有许多别的,我现在不提它们的名字了,因为我现在的目的是让你们对照而不是提很多中国的书名以及作者名。

但在结束历史这个问题前,我必须简略地说一说作者,这是一个东西方

小说间有很大区别的话题。在西方，作者的名字和他写的书名一样重要，要研究此小说，其中的一个方面就是研究其作者，他的个性，他是否写出了他的时代特征，他本人要传达的思想，他的个人风格，等等。作者与他的书是不可分割的。这和中国小说不同。在中国，即使是一些非常有名的小说，也几乎说不出它们的真正作者，这已经成了各文学流派争议的起因，有人相信是这样，说这位是这本著名小说的作者而又有人认为是那位。这令我们想起是莎士比亚还是培根的那些古老的争论，不会有什么结果。形成此现象大都是因为对小说的轻视。一位著名学者在夏日的闲暇里，为自娱而写下的一篇故事。让他在此书上署上他的大名，他会踌躇再三的，生怕损害他作为一学者的身份，因此他署上一个笔名。另一方面，某些暴发户生怕他们自己的名字无足轻重，于是冒署名人的大名。小说经常是匿名或署的假名，那是因为写小说的目的要么是排遣个人心头的悲伤，要么是通过故事的教谕来警示皇帝或达官贵人，可能还有其他目的。这导致了无法考证作者的混乱，而现今的学者们，如著名的胡适博士和鲁迅先生，已经开始着手此类中国文学批评分析的研究，然而目前还不可能研究得很深，因为供研究的原始材料如此支离破碎，而且我担心有一部分只是猜测而已。毫无疑问，另一个原因是，看重艺术，而非某个艺术家，直到当今，还一直是中国的一个特性，一个对我来说是个值得羡慕的特性。中国人对艺术家个人的事并无很大的好奇心，而那倒似乎是西方人的天性。

我讲到作者方面时，东西方一个很有趣的区别表现在独创力方面。西方，至少是自从小说诞生以来，就有一个明确的准则，独创力是件该大加褒扬的东西，一个作者不能泰然地盗用另一个作者的已为人知的情节或风格。而在中国却不是这样。最著名的小说都已在以前以很多形式出现过，现在我们采取的形式只不过是最后或最好的一种。许多作者又会从这些小说中吸收素材，进一步发展成别的小说，比如《金瓶梅》，讲的就是《水浒传》中较有名的片断之一，抄袭被看成是件光荣的事，而非丑事，独创性得不到鼓励。这造成了一些令人遗憾的情况，因为我们发现现在偶尔有些年青的作家从西方作品中全部或几乎全部剽窃情节，移花接木，写进自己的作品中。在不同的传统熏陶下的西方人通常对此深恶痛绝，但我们应转念想想，我们的传统不是中国的传统，在中国照搬另一作品的格式或情节是对它的一种赞赏，数百年以来，照搬古典作品和伦理故事的内容已有其特殊的原因。

我现在必须讲第二部分，即东西方小说的结构和形式——它的风格和外形。

为时间所限，我又只能大致说一说。在我看来，英国小说的结构历经了三个发展阶段。最初的阶段是漫长且无形式的阶段;然后逐渐演化为更为传统的、更具格调的小说,这一时期的小说注重主要情节,次要情节也往往必不可少,小说中的背景恰到好处,故事中的转折和结尾也不可避免,而且跟小说格式无关的内容均毫不留情地删掉。我们反对这种程式化的小说,赞赏近年来那种不太注重程式,我最好是说注意不讲程式的小说,这种小说是对生活抗争的描述而不只是片断和不完整的局面。

然而,在所有这些阶段,从18世纪所谓的第一部真正的小说起,虽然英国小说冗长,鸿篇巨制,娓娓道来,但比中国小说更具整体性,更注意整个故事情节的形成与衔接。中国小说不太注重背景描述。也许会提到某镇、某省地名,但在后来故事的发展中,不会对此细加描写。实际上只会零零散散地写上几笔,决不会像夏洛蒂·勃朗特或托马斯·哈代那样,为渲染故事的场景而多费笔墨。

而且,中国小说没有真正的情节,一般来说,你指不出一处地方可以说,此处故事情节到了高潮,较量达到了白热化,问题在这一两页内将有个决断。没有高潮也没有结局。常常连个主要的情景都没有,如果情景中还有那么一个主要人物或主要事件的话,只是一些发生在所谓的主要人物周围的事件。也没有形式上的次要情节。在西方评论家看来,这种小说的结果常常是拖沓冗长,毫不协调,有时是一团混乱。这些是中国小说结构的缺憾。可一旦你习惯了,其优点就显现出来了。

首先,在这无格式之中就蕴含着与生活的极大相似。生活就无主要情节与次要情节的分别。我们不知道我们会变成怎样,不知道背景对我们有什么影响,实际上,除了目前这短暂的瞬间、我们的存在,我们对自己一无所知。我们与人相遇是因为在这短短的一刻,他们的时间和我们重合,他们一旦走出我们的生活,我们就再也不会遇见他们,也不会知道他们的结局,当然,我们对自己的结局也并不心知肚明、一清二楚。这种支离破碎就是中国小说留给我们的主要印象。一个个事件发生又结束,人们登上舞台又退场,也许还会回来,也许不再相见。一环扣一环,但不作了断,很多悬念任其悬着。没有统一性,没有形式,那么,人们会说,这能是艺术吗?我不知道艺术的定义,我也无法断定这是不是艺术,但我却很清楚,这就是生活,我相信小说中如果无法两者兼得的话,含有生活比含有艺术更好。

中国人幽默的天性中,也许有一些使人抑郁、嘲讽的成分,可以在这种无结局、解不开的纠结中得到满足。这是东西方之间最大的差异。我们西方人要知道故事的结局。我们要搞清楚谁和谁结婚了,谁死了,每个角色身上发生了什么事。然后我们满意地合上书,随即把它忘了,继而去看另一本书。这篇小说有了结局，用不着再多去想了。但中国人喜欢继续想下去。他们不会轻易就满意。他们合上书，会想很多问题：这个故事的结局可能是怎样呢？那个故事呢？他不知道，只能猜测。许多中国人一遍又一遍地阅读一部部名著，乐此不疲，并总能从中发现新的东西，也许原因就在此。我必须承认，一个人一旦习惯了中国小说观的口味，对他来说，西方许多小说读起来显然就像是吃一种易消化的食物一样。

我还是这样来说明我要说的问题：西方小说中几乎所有的情节均能用笔在纸上图示出来。即使我们那些无形式的小说也不真正是无形式；缺乏程式主要是表面现象，仅仅是由作者通过遣词造句造成的。撇开文学不谈，格式往往是最基本的设计。而中国小说几乎无法图示。中国小说有太多的线索，它们有的各自发展，有的平行发展，有的交叉发展。就仿佛一个人从空中俯视，偶然看到地球上的一块土地，注视了一会儿，不能用图表和格式来表示。当然，造成这种现象的部分原因是由于中国小说的历史以及小说源于民间传说、故事和历史事件而逐渐形成，融入了一个半混乱的整体。即使一本书在一定程度上是独立的构想，我们仍能发现同样的漫无边际，繁忙拥挤的故事场景，似乎是作者简单且毫不经意的想象。读者常常会因其冗长且缺少明确的整体感而看得筋疲力尽，然而我们搁下书本，却并没有结束。数不清的问题萦绕在脑海里。这就是生活。

我已将东西方小说结构、形式的差别给大家讲了大致的印象。这其中有许许多多有趣的内容，我在这儿来不及谈。我想为你们追溯中国小说的风格的发展和变迁，以及每个朝代、每个流派的学者在文学上这种未被承认的形式上留下的独特的特征。整个问题对研究中国小说的学者来说尤为重要。但在这一个小时里，也许太专业、太难懂了，我只能讲两点。

由于中国小说在很大程度上源于民间的传说故事，小说的媒介是早期的“白话”，或百姓口语。一半是由学者们的态度造成的，他们写作所用的语言是标准的，或者讲是文言文，这与小说语言是不同的。不错，最早的小说就是用文言文写的，可那是因为那个时代文言文就是口语。而且在那个年代本身很少有几个真正意义上的故事。小说和历史、伦理、宗教的作品混合在一起，使阅读它们的希望化为泡影。普通百姓不识字，为他们而写是无用的；读书人都能看懂文言文，因而所有书面文字都应用文言文写。文言文之所以能持续那么久，即使是在小说中，另一个原因是中国的方言多种多样，文言又作为书面语能让所有识字的人均看得懂。白话文并不真正像一些学者试图让人们相信的那么先进。它在中国文学中已有一千多年的历史，首先，诗歌，实际上就是押韵的长故事，接着是剧本、故事，最后是小说，都是用白话文写成的。到了汉朝,文言文已经是一种死语言了,已有明显的平民白话倾向。那个时期有本有趣的书,这是一本半历史性的书,描述的是一些无法无天、极端自私的政治家,该书开始赞颂平民百姓。它是有意义的,因为许多早期小说讲的都是帝王将相、宫闱轶事,到这里有了转变,到了宋代变化更大,到了元朝,小说的主题已由平民百姓的事完全替代了宫廷轶事,语言也几乎口语化了。但从汉朝起,文学的分界就出现了,一种是得到公认的文学,具有固定的风格,模拟传统的固定模式,涉及宗教、伦理主题,另一种是以劳动人民的语言寓于歌曲和诗歌生动多变地展示文学本身。

下面我简略地谈第三部分,即中国小说区别于西方小说的方法和宗旨。

我想,我今天采取的原则是以简洁平常的方法来涵盖很广的范围,我应该使用两个人们熟知的词语——浪漫和现实,来表示小说中采用的两种主要的方法,或者说处理素材的手法。在英国小说中,无需我重申,这两种流派各有其明确的定义。英国小说有浪漫主义时期和现实主义时期,期间,特定时期的风格和兴趣影响了小说家,使他们写出了浪漫主义或现实主义的小说。各个时期都有浪漫主义和现实主义流派,或此或彼占主导地位,现实主义的思想会冷不丁地出现在浪漫主义的思想中,出现在浪漫主义阶段,并试图重塑自我,这不利于分析。我们有论述浪漫主义和现实主义风格的书,所有这些书都试图说明其中的区别。我们有浪漫主义写法的现实主义,也有现实主义写法的浪漫主义。但我认为除了分析,主要一点是这两者毕竟是独立的,通常从内容和风格上,每一部英国小说均可归入浪漫主义或现实主义流派。

对中国小说就不能这么清楚地下定义了。正如我已讲过的,中国小说源于生活而非有意识的文学发展进程,中国小说不那么容易分类。现代中国学者称《红楼梦》是第一部现实主义小说。在描写一个败落的大户人家深宅大院内的生活时,它确实有现实主义的成分,但更多的是带有浪漫主义的色彩。基调就是浪漫主义的。我们可以看到,第一回中,年青的男主人公是由具有象征意义的神的力量造就的——具有象征意义,也许,除了象征主义,浪漫主义是什么呢?我熟悉的所有的中国小说,无论多么貌似现实主义,几乎都带有浪漫主义色彩,而且其中很多完全就是浪漫主义。

但是,这种浪漫从来就不是我们所说的浪漫。中国小说中采用的最纯真的浪漫主义是以注重事实的现实主义手法表达出来的,这种手法令浪漫主义看上去平常无奇。最奇异、最不可能的事情的描写方法令我们怀疑自己的眼睛,它们是那么真实。我们明知它们不可能是真的,可它们听上去就是那么真。如果我们必须对之进行概括、分类,那我们该说中国小说在手法

上不像英国小说变化那么大，主要的手法就是以现实主义的手法来表现浪漫主义的素材。《简·爱》中的浪漫主义在中国小说中是找不到的。神明们行踪不定，可他们也平凡，只比人类略高一筹，他们也会狂怒，但都是短暂的，只在某些情况下才助人一臂之力，风暴一平息，我们也就将其忘却。

中国小说中的浪漫主义是如何表达的呢？我认为主要有两个方法：第一，是用超自然现象，第二，是认命的意识。

在中国小说中，超自然现象的地位本身就是一个主题，我无法在几分钟内将它阐述清楚，只能稍微谈一谈。我对此一直很感兴趣，因为它是中国人内在本质的一个方面的一种表现形式，它在小说中出现，意味着它在日常生活及人们心中有其真正的位置，且大多是无意识的。有一句谚语说：书没写完，神会写完它。在很多小说中，一碰到关键的和明显的无望时刻，线索不是被人的力量所理清，而是被介入的神所斩断。

让我来讲一讲相反的情况，在很多英国浪漫主义小说中，尤其是早期的小说，我们感到鬼怪、神灵，或可怕的原始人，被刻意描写，意在表达人类的恐惧和无望。然而在这样的描写中，我们都能感到不可信——这不过是小说家的伎俩，我们从不相信。可在许多中国小说中，这种情况甚至持续到现代，人们相信生命的轮回，有时死去的人，又以另一种形象出现，仍然活着。这些鬼怪都有人性——即使是神灵们也曾经是人，所有的人都能希望：一旦哪天我们修炼成仙，毫无疑问，神仙们没有忘记当人的滋味，其中的甘苦。即使是在现代人的有意识的怀疑态度中，我也常常感到，不，这是真的，这些东西和以前一样被接受，不过就像是在不可知论的思维方式中，有一种潜意识的信念，在这一代人中无法除去，这就是我所指的中国小说的浪漫的现实主义。如果时间允许，我能用许多方法来说明这一点，但现在我只好从略了。

宿命感因此而产生。很多西方作家都有一种人类本身的渺小无力感，命运控制着我们。我们有诸如《无名的裘德》之类的书，书中男主人公似乎在无望地和一张网搏斗。在刚刚过去的这些年代里，出现了许许多多小说，在这些小说中，只要行为主义存在就起到破坏作用，男男女女都被他们血液、细胞、骨骼、纤维、大脑的结构命定为某种生命——一种唯物主义的命运，这是英国小说已经历过的文学中最悲伤、最消沉的阶段。

但在中国小说中，命运决不会来自个人的内心。它是从外界强加到他身上的。他的生活方式是命定了的，当死神在他面前降临，如果轮到他，他就会死，如果不该是他，他就会死里逃生，所有这些在于他是否尽一举手之劳。能把事情处理好，他就继续快乐地生活下去，内心很平静。当然这是佛教影响的结果。现在我们都会说，即使中国年青的一代也会说，佛教已不再能统治人民。我要说,佛教真要从这些人的血液中、骨髓中消失,那可得要许多代人的时间。许多人已有意识地反对它,声明他们自己是无神论者,是无宗教信仰的。可他们身上仍然有缘于命运的情感。我见过一个被俘的土匪,他穿过嘲笑他的人群向刑场走去,我见他调转头朝人群喊:“20 年后我又是一条好汉!”命该他死,但同样他又会重新投胎,他也许不信神,但他信命运,信运道。

简要地谈了英国小说和中国小说浪漫主义与现实主义手法之间的反差,我要来谈谈这主题手法的另一个要点,即小说的种类。所谓种类,我指是冒险小说,还是社会风俗小说,抑或是心理小说,直到现代,英国小说都能很容易地被归入其中的一类,我认为在打破这种刻板,使其转变为我们称之为现代小说的这一形式多样的东西的过程中,巴尔扎克起了推进作用。但中国小说不能被归入任何一类。有很多描述冒险故事,但书中有那么多社会风俗小说的成分,伴带着各种各样的人类社会情景,因而无法确定该归于哪一类。中国根本就没有什么纯粹的心理小说或意识流小说,然而,却有充满了有血有肉、栩栩如生的人物的小说。

如果没有这么明确的分类,那么中国小说主要用什么方法来描写生活呢?我可以提两点:视角,着力于情节和人物的故事。

我相信所有的人都读过这样的书和文章,论述一个作者采取、已采取或应该采取什么样的视角,是主角的视角、旁观者的视角还是全知视角,等等,在文学从业者当中,这实际上是个很妙的讨论。可在中国小说中却没有这样的讨论。作者总是无所不知的。也可以说没有作者。故事的展开就像生活是在我们面前的显微镜下发生的。我们看到一切,知晓每个人,清楚五六个不同地点的情节。我们先这儿看看,再那儿望望。看了以后,就开始明白所有这些情节甚至都是同时发生的。也许我们会停下来介绍几句某个角色的来历,也许没有必要,但通常是为了说明情节和活跃气氛。或许作者会隐去片刻不当全知者,而是随着某个角色的命运发展,但他不会自始至终采用同一手法,因而一旦有第二个人物出现,他又自认为此人物很有趣,那么他就会偏离原来的情节。除了没有肉体、时间或地点的限制,这几乎是从一个旅行者的视角描写。它似乎是一个不为任何艺术原则所限制的方法,然而却像许多看似简单的东西一样,艺术性很强。

那么,有了这样的视角,故事是怎样继续展开并展示出一个个角色的呢?现在答案就容易说了,主要方法是动作与对话。正如我前面说过的,中国小说中很少采用描写。常见的诸如描写一下角色稀奇古怪的外表、简单的服饰、身材、个头,也很少有关于内心世界的长篇描写。我们因其所作所

说知道他们所思所想。他们也不对自己作出长篇描述性的言论。总的来说，他们平平淡淡地谈话，而且谈的也常常是看似平常的东西。然而，从谈话的方式、遣词用字及精妙的含意中，我们可以了解这个角色，知道他是干什么的，因此一个通晓文字的人会发现，一句看似简单的话立刻就能将书中的角色摆到适合他的社会阶层和职业，而且几乎总能流露出他当时的内心世界。书中似乎一直有对话，故事的继续就是由人们相互讲述所发生的事情，如果同时有两个角色出现，总是以他们间的对话使故事继续——对话非常幽默有趣，这就构成了对话本身存在的理由。这和伊迪丝·沃顿给对话下的定义可不同，她说除非标示情节高潮的来临，否则都不该用对话形式，正如一个浪头卷起，掀到最高处，然后落下碎成了泡沫，所以人物角色用对话形式来处理所有高潮情节的关键时刻，然后结束。

指出了东、西方小说方法的几点不同后，让我来谈谈目的。我想，除了对生活的描写以外，小说是否应该有其目的，关于这方面的讨论，就像其他方面的讨论一样多不胜举。这个问题主要按时间顺序，已从多方面得到回答。如果是处在一个注重道德的清教徒时代，就让小说成为说教宣传，现在我们有些作者，其实该称他们为传教士。但现代情感似乎认为艺术不是说教的东西，生命之伟大足以为自身讲话，艺术和说教一旦混在一起，即产生一种糟糕的混杂物，失去原本各自的目的。简而言之，说教小说是不肯通融的西方人所反对的东西，在西方，我们希望知道的是我们所拥有的东西，而非说教。

在中国，这可就不同了。小说几乎都有说教的一面——我不能说有说教的目的，因为除了那些明显旨在传达宗教意义的佛教故事，我不相信有纯说教的小说。实际上，我们可以说小说的主要目的是娱乐。但小小的有关道德的格言无所不在。例如，读者先是对发生的一场罪恶的凶杀感到恐惧万分，然后发现这是仇杀，因为被杀者可能曾经杀害了凶手的父亲。立刻，这场凶杀不再是罪过，而是孝顺的行为。再如一段私情出现在读者面前，我们目睹其情节发展，继而结束，结局却有了寓意，罪过的一对双双死去，或者即使他们仍然活着，因其罪过，他们的头顶上便永远笼罩着受人蔑视的乌云。换句话说，中国小说基本上是辛辣的、有人性的，但同时它又顾及方方面面，令所有人满意，是令人满意——不是让人觉着上了当，请记住，是让所有人满意。这也是一种性格的表露。

然而，即使像我这样泛泛而谈，今天下午我也不能无限期地讲这个主题，毕竟范围太广了。我只能给你们指出中国小说和英国小说之间一点最明显、最常见的差异。我得请你们很多人原谅，尤其是在场的中国人原谅，因为给你们讲的是你们早就耳熟能详的简单的东西，但我希望我说的足以向你们表明,到目前为止,中国小说是极其丰富多彩的一种文学形式,它是非常忠实于创造它的人民的写照,我想这是最了不起的。

事实上,在中国,在其他地方也一样,我们得花上一段时间,来关注瞬息万变的生活的各个方面,来考虑一切问题中这个最大问题的重要性,它将来会怎么样?

我们都知道,英国小说在现实主义方面经历了一个实验阶段。那段极端的现实主义时期现在似乎已告一段落,种种迹象表明,我们已开始了一个新时期,而且有与之相反的运动的标志出现。又开始注重形式,许许多多发生在空中、海上、新国家的冒险故事中,甚至在新兴的侦探故事中,又出现了浪漫故事,我在此无法给大家细谈这些情况,毫无疑问你们自己已经看到这些,但在这过去的数年中,我们已知道一些,也许就是一旦艺术过分自由就不称其为最高的艺术,如果生活摒弃了最基本的准则,也就不称其为最深层的最真实的生活。

但现代中国小说还没有滑回另一头,它正挣扎着摆脱旧小说的影响。也许是因为很多作者年轻、情绪化,在他们生活的时代有种压抑感,我现在在他们所做的事情中还看不出有什么自由,也就是说,自我的自由表现。事实上,他们表露出来的并非是他们意欲表露的,这才是悲剧所在。他们摒弃了旧的,可又为新的所束缚。在读新小说时,他们总有压抑感,因为缺少幽默,缺少以往中国小说中所蕴含的那种古老的、深邃的、宽容的幽默,那种自在的、普通的、日常的中国人生活中的幽默;因为效仿西方某些流派一种骄矜、不健康的自我分析,也许尤其是一些骄矜的苏联作家。人们不会因为人性或生活本身而对其感兴趣(而以前这是许多中国小说的主旋律),而是走向某种忧郁的内省,与过去的小说相比,在我看来,这至少是不可同日而语的。

然而,我很清楚,这不过是一个阶段。目前,大多数新作家属于社会某个群体,一个局限在他们自己之间的群体,过着一种完全是受西方和外国影响的一种混杂的生活。一旦这个阶段结束,这群人开始他们真正的生活,当作家又出自民众(当教育普及,作家一定会出自民众),我可以断言,我们就会看到这样一本中国小说:它也许从与西方的交往中吸取一些技巧,但它会以更完美、更健康有力的笔触来表现其本民族的生活。

(本文原载于《镇江师专学报(社会科学版)》,2000 年第 1 期)

赛珍珠 著
张丹丽 译

中国早期小说源流[①]

中国小说在它自己的国度里素来地位不高。如此看来,清教主义从来就不为西方民族所独有。[②] 在中国,多少世纪以来,人们总是认为,写小说、看小说,都不是学者应做的事情;小说作为整体很晚才被收入权威的中国文学目录之中,也只有到了现代,学者们才公开地阅读和研究小说。这期间的变化大抵是受西方影响的结果。年青的中国学子在西方接受教育,又从那里将西方小说观带回国内,在西方,小说是文学的一部分。

即使是现在,肯承认自己看小说的老辈学者仍是寥寥无几,更别提写小说了,除非是自娱自乐。这就使人难以探讨小说和小说源流这样的问题,因为只有老辈学者才了解早期时代的情况,因而具备必要的研究条件。中国的青年学者很少对他们本国的文学有透彻的了解,他们承认自己偏爱西方小说或西方式的小说。日前,有位青年人在回答问题时说:"对旧小说,我们不感兴趣。"这就很有代表性。

那些去西方求学的人很可能更了解狄更斯、萨克雷的作品以及伊丽莎白时代的文学,而非施耐庵、罗贯中或汉代早期鼎盛的文学。不过,这也有好的一面,它让学子们清醒地意识到别国是很看重小说和故事这种文类的,新一代中国学者理应对中国小说的精华给予更多的关注。事实上,现代学者已经在重新发掘中国小说的精华,并尝试写出有关的现代评论。中国的

① 本文是赛珍珠的中国小说系列专论之一。本文在翻译过程中,有幸得到薛亚军博士、王成军博士的热情帮助,谨此致谢。

② 指清教主义反对文艺创作。

出版社也正在推出古典小说的新版本,附加了新序言并重新作出阐释。这其中最佳的当然是出自胡适博士之手。

迄今为止,西方学者对于中国小说几乎还是一无所知。文学史里包括的是中国诗词和名人语录,就连著名的汉学家在涉及小说及故事的问题时,也仅是三言两语,一带而过。他们接受的是中国固有的小说观,认为小说不值得去认真对待,小说充其量不过是人们无聊时的消遣,或者只是女人看的玩意儿。

但是,一旦扫除了语言障碍,中国小说就能向西方读者展现出一个迷人的新天地。中国学者的态度终究未能压制住故事在民间的"生长发育",事实上,学者们对此不鼓励也没兴趣,最终倒是件大好事,文学的这一样式的发展焕发出勃勃生机,它是那么生机勃勃,贴近生活,着实让人吃惊。中国人生哲学经典著作中的人物均是中国人自己所希望成为的模样,换言之,那是理想的境界,而在故事和小说中,人们发现的才是真实的中国人。真想发现和了解活生生的中国人的话,就不能忽略这么多对中国人所作的浪漫而现实的描写——而且,大体上又是自己写自己。

中国小说写来极其坦率,其忠于生活的程度是西方小说因为考虑艺术技巧而很难企及的。这里有几个原因。首先,写小说而不署名的做法为小说家创造了良机,使他们得以对一些境遇作出揭示或自我揭示。学者们个人遇上什么伤心事又无法向他人倾诉,就可以用化名写个故事,排遣一下个人心头的忧伤。当然,匿名也引起了麻烦。在一个闲暇的夏日,一位名学者也许一时兴起,写了篇故事,却羞于署上大名。而一些名不见经传的无名之辈觉得,作为作家,自己的名字无足轻重,便毫不内疚地签上前朝某位作家的大名,让人以为是以前的作品。这是一种失,但有失也有得,而且也许得更大,因为表达可以随心所欲了,对生活和激情的表现也更为深刻了。

之所以能够随心所欲地去表达,另一个原因在于,大多数小说和故事至少从宋朝开始几乎已经用白话或百姓语言写成。能这样,不仅是因为学者们不想用书面语去写小说,而且也因为接下来的几代皇帝都恩准使用白话。早期的故事首先是口头的,皇帝也总是喜欢宫廷里的职业说书人,这批人给皇帝逗乐,给皇帝讲逸闻趣事。宋朝有位皇帝——宋仁宗——特别喜欢听故事,他让手下的臣子讲故事,然后把讲的记下来。元朝的皇帝是不通汉语的蒙古人,所以,朝廷里使用口语或简单易懂的汉语一时间便成为一种时尚,朝廷这样做了,民间也就能效仿。

在中国,正统文学迥异于从普通人心底流淌出来的狂放的、未被认可却生机盎然的俗文学,这两者之间的差异之大,恐怕在世界上都是绝无仅有的。正统文学纯正、冷静、典雅、拘谨,所思所行规矩很多。故事和小说则不同,这里到处都是随心所欲、个性张扬、充满激情的男男女女,盗贼与仆人、和尚、农夫、游手好闲之徒、听差、妓女、小家碧玉,这些人因为生活圈子狭窄,完全处在原始的本能状态之中。他们说话、行事、嫁娶、生死,一切顺其自然。由着他们的本性,他们杀人会容易得像呼口气,他们同样也会因为爱或者失望的缘故而轻易自杀。对于西方人来说,看这些书就像揭开蒙在欧亚大陆之间的面纱,并终于明白,揭开文明的所有面纱,普天下的男男女女都是一样的,其生活中包含了同样的基本内容。

尽管文人雅士和道学家对小说并不赞许,但在中国仍然有大量的小说写出来并有人看。人们会发现柜台后面的店主,坐在太阳下抓紧时间休息一会儿的货郎儿,占卜桌面前坐着的算命先生,还有走在上班或上学路上的年轻人——所有识字的普通人都盯着字体很小的纸面装订的小书,摇头晃脑地念着与他们相仿的一些人的冒险故事。因为多数人不识字,村里有职业的说书人。他们把乡下和街上的男男女女召集在一起,一讲就是几个小时。他们讲起故事来口若悬河,绘声绘色,听得人如痴如醉。我见过一群身着蓝布褂的百姓,他们一边两眼盯着身子扭曲、神情紧张的说书人,一边泣不成声,泪流满面,只见说书人动情地表演着,声音喑哑,泪如雨下,悲苦万分的样子,他是在讲述一个虚构的、或者也许是历史上发生过的某男某女的故事。但等到故事讲到太凄惨的地方,说书人却会直起身子,抖擞精神,神采飞扬,爆发出一阵让人感到宽慰的爽朗笑声,转眼间,大家都跟着他哈哈大笑起来,眼睛里却还泪水涟涟呢。

也有艺人在乡间各地作露天巡回演出,成千上万的人闻讯而来。真的,看到不识字的百姓也有这两种听故事的途径,想想老辈学者试图通过对故事这种文学形式表示不屑来遏制它的发展,真是无聊之极!中国人幽默、热情,多少个世纪以来,他们尽管受到传统宗教和思想枷锁的束缚,因而行为举止受到压制,然而,就如河岸挡不住暴涨的河水一样,他们挣脱了束缚,以更大的力量和激情表现在他们的小说和戏剧中非传统的行为和想法上。他们像所有激情澎湃的人一样,很快就遨游于想象的天地之间。

尽管在中国普通百姓中间流传着这么多故事,老百姓又大都十分着迷,但小说本身的发展却比较迟缓。我们发现,到了元代,小说形式才有了充分的发展,因此也才有了名副其实的小说。元末明初才出现时至今日仍代表中国小说最高成就的三大小说。因此,中国小说的源头必须从其达到发展高潮前的几个世纪起一直追溯到元代。

中国的著作中很早就开始包含故事素材。除了说书人和巡回演出的艺人,多少世纪以来,也一直有写下来的故事。中国史学家认为,这些故事最早的记录可追溯到传说中的黄帝时代。黄帝尽管是个传说人物,但很了不起,因为似乎是他正式设立了史官机构,并把它分成左右两史,就此朝故事的形式正式迈出了第一步。右史负责编纂国史,不管他们写什么,人们都认为他们作了调查并确证是真实的。其结果被称为"正史",或真实的史料。这一部分演变成历史。左史负责记录所有国内奇闻轶事,这些可能是完全真实的,也可能不是,记录超自然的或者非同寻常的事件,还有就是关于奇人的描写,这样的著作被称为"野史"或外史,最早的故事就是源于野史。① 早期把正史与野史区分开来,这很有趣,因为这也许导致了日后视小说为不真实的作品这一歧视小说的情况的出现。

故事的另外一个来源是稗官,或朝臣。他们的职责是逡巡于城乡街头,然后回来向皇上禀报所见所闻,这批人被称为"皇帝耳目",皇帝豢养他们,尽管本意是去探询是否有人要谋反、百姓当中是否有怨言。不过,有足够的证据表明,皇上很喜欢了解外面的世界,于是乎,为了邀宠,稗官们禀报起来仿佛说书一样,皇上龙颜大悦。

还有一群类似的人,即职业谈天人,也即"说客"。这批文人长于谈天说地讲故事,并借此谋生得势。他们周旋于达官贵人之间,穿梭在宫廷内外,凭着对人情世故的敏感,对权贵们性情脾气的悉心揣摩,他们常常控制了国家的命脉。言谈中,他们往往穿插一些寓言和教谕故事,这些故事由百姓之口得以流传、辗转,故事变得更长。

小说素材还源自孔子编纂的《书经》和《诗经》。在大致是关于尧、舜(中国历史上的好皇帝)统治时代的叙述中,在关于一直到公元前 8 世纪的历朝历代的皇帝的叙述中,孔子收集了这些时期的故事,尽管他未能收入最为神奇的故事,因为他认为没有道德价值。他宣称,故事是仅仅适合于眼下的东西,没有永恒的文学价值。他日后对国人生活的影响十分深刻,后世学者断言小说及其相关形式无甚价值的看法很可能与孔子有关。

中国的宗教对小说故事的发展贡献巨大,尤其是道教,成了许多包含超自然因素的故事的来源,佛教则在散文和说唱艺术形式方面有所贡献,如:其寓言和教谕故事。在道教故事中,泛灵论随处可见,神灵出没其间。人们常说:"书没写完,神会写完它。"换言之,作家依靠超自然因素来取得出奇制胜的效果。

---

① 此即所谓"左史记言,右史记事"之说。参见刘知几《史通》卷十一外篇"史官建制"、王国维《观堂集林·释史》、徐复观《两汉思想史》"史学"等。

小说素材的早期来源先简述到此。现在,可以问的是:小说是如何从这些迥异的一堆材料中萌生出来的?迄今为止,人们习惯于认定小说形式严格说来并不属于中国,它是由蒙古人从外邦带入中国的。

然而,仔细研究一下蒙古时期以前的故事,人们就会相信,元朝小说形式的出现并非像以前被认为的那样突兀。小说已经在故事中萌芽了。

比如,随着时间的推移,故事中的情节和人物明显地复杂起来。早期的故事开始只是些提供一个情景引子的几个句子,像"犹抱琵琶半遮面的一个女子"就是一个例子。但是,随着时间的推移,更多的人物出现了,情节也不止一个,最后对话也加了进来。叙述松散的短小故事逐渐集中到一个主要人物身上,最后到了宋朝,我们就看到人物贯穿始终的长篇故事,缺乏的只是使故事在形式上成为正宗小说的高潮和动作峰点。《宣和遗事》就是这样一本书,它讲述了宋朝一位皇帝的事情。他生活奢侈糜烂,他的王朝被饥馑和违法乱纪之徒彻底摧毁,大好河山受到外族蒙古人的威胁,《宣和遗事》讲述的就是这个衰败王朝结束的故事。皇帝的性格被刻画得入木三分。他与下层社会女子苟合,借着夜色溜出皇宫去幽会,他手下的忠臣给他的进谏使他似乎有那么一刻儿感到要回头了,但他的佞臣别有用心地问他能否随心所欲当皇帝时,他又将进言抛诸脑后。所有这些都刻画得淋漓尽致。他那些豪华铺张的排场、穷奢极欲的生活,终于使国家蒙受灾难,而这一切早有陨落的星宿和自然界反常现象预示着国家要遭难了。形势逼迫之下,他感到了绝望。他把江山交给了小皇帝——而这个孩子艰难地从父王手上接过的是这样一副重担。与此同时,蒙古人正从北方步步逼近,中国人战败了,小皇帝成了人质,最后,父子俩被迫随征服者去了蒙古并客死他乡。该书在一片凄凉的气氛中收尾,象征着一代王朝的结束,这次国家落入蒙古人之手。

中国小说发展缓慢的另一个标志是,同样的情节被许多不同的作者反复采用,只是每次都加进一些新情节和新观点。这里应该解释的是,中国作家对采用他人观点的做法,在态度上迥异于西方:在西方,一个作家借用另一个作家的材料,必须加以说明。这是一个惯例。中国作家对过去的作家过分依附,他们努力去模仿,结果,自己的作品大多毫无新意可言,这种依附和模仿使他们完全采用别人的情节或情景,改编扩充后就自认为是一部新作品。这种情况在中国被认为是完全合乎道德的。实际上,所有的名著在定本之前均以多种形式出现过。唐朝一位不知名的作家写成的闻名遐迩的故事《白蛇传》就是一例。这是一个神话故事,主人公是一条大蛇。故事在三个作者笔下有各不相同的形式和标题。第二个版本中,蛇变成了女妖,但第三个版本有了作者同情的笔触,女妖变为忠贞的妻子,她为丈夫找到了一种长生不老药,并给他生了个儿子。故事里不仅增加新的人物,它的性质也改变了,结果就不再是超自然的传说,而成了一个洋溢着人性的故事。

中国小说从其早先的形式中摆脱出来并获得发展,表现在,研读这些故事,可以看出一个事实,即元朝前每个朝代均对发展中的小说形式作出了特殊的贡献。

在周朝,人们首先看到的是简短的故事,人与超自然合为一体。到了周朝后期,凭空想象作品,尤其是寓言式的长故事和有着超自然人物的故事大量涌现。当时的中国人还处在远古时代,和其他国家相仿,中国最早的文学与像凡人一样行事的神有关。粗略说来,该时期的作品可分为人生哲学著作、道教著作和中国北方的享乐派著作;第一类著作的写作纯粹是出于道德和思想方面的考虑,这里面插入的故事完全是作为教谕和说明的材料,第二类著作的创作在中国南部很繁荣,充满了超自然的成分,代表人物是庄子,第三类作者的写作宗旨在于娱乐。这三种故事均无情节,也无高潮,故事中作者引入神和超自然成分,是为了让读者感到惊奇。

《山海经》是这个时期的名作,其作者已不可考。起初,本书被视为一本法律书,在隋朝才重新归入地理书,辗转多少朝代,直到乾隆年间,这本书才被定位为故事书。这些故事讲神和女神,尤其是西王母,据说,凡间的皇帝常和她嬉戏。故事发生在昆仑山,主神是位可怕的人物,他虎身而九尾,人面而虎爪、虎牙,长发飘飘,说话如同虎啸。西王母,也即女神,有豹尾。

对故事而言,接下来一个重要时期是汉代,在汉代,故事显然是虚构的,却特别具有现实主义风格。故事没有高潮,也还不是章回体。

佛教在汉代传入中国,尽管佛教的影响以后才重大起来,但是,它一开始就对故事的兴起作出了贡献。一些中国学者认为,短篇小说和故事现在开始发展成篇幅长、经常还讲究韵律的故事,这里面有佛教的影响。来自印度的佛教其影响确实有迹可寻。譬如,在日后的长篇小说中,每个回目均以意思是"话说"两个字开始,这一习惯源自印度。在中国北方,富有韵律的故事现在还能找到,这些全部来自佛教,处理的也大多是佛教素材。这些故事很长,经常由街头艺人吟唱。它们似乎是在民间成熟起来的,一如民间故事,无人知晓这些故事最早出自何人之手。故事处理的题材多种多样,像《妙笔生花》,叙述一个默默无闻的作家,某夜梦见他的竹笔开花,醒来发现自己成了天才作家的故事。佛教对中国小说的贡献究竟有多大还有待于进一步的考察,但它至少通过给小说提供一种新的意图而推动了故事形式的发展。在民间赢得信徒,这一愿望使故事形式得以采用,以此来阐述佛教的原则和神谕。

汉代的故事风格上很有特点，它们用词简洁、生动、有力、活泼，如同“骏马奔腾”。故事以其为中心的题材也同样是轰轰烈烈的，描写的经常是国家大事或是围绕一个伟人和重大事件来展开。汉代是中国的黄金时代，当时，国家富裕，国力强大，衰败的种子尽管已经播下，但还处于萌芽状态。到了六朝文人的笔下，故事写得苍白无力，题材与体裁相比已经变得不那么重要，文人关心得更多的是怎样写而非写什么。六朝的故事在文风上具有音乐性、软弱无力的特征，题材也狭窄，像“一个女人、一头长发，或者一只小鸟”这样的琐屑之事。

唐朝是故事写法得到高度发展的时代。唐代传奇以集中描写一人、一事为特征，故事时常运用动作峰点和收场的手法。一个传奇本身就是一个整体。传奇以爱情和冒险题材为主，而冒险故事主要是描写一群长于使魔剑的人。此外，还有许多童话故事。爱情故事围绕宫廷轶事来展开情节。这是有名的美女杨贵妃生活的朝代。这些爱情故事中最哀婉动人的是《梅妃传》。故事是描写美女梅妃深得皇上的宠幸，后来杨贵妃占据了他的心，遂使梅妃失宠于皇上。梅妃善诗文，性情温柔、谦卑。当她感觉皇上不再宠爱她的时候，精神崩溃了，人变得憔悴不堪。皇上听说后，命人送去一斛珍珠，梅妃未接受，但就此作诗一篇，呈皇上：

桂叶双眉久不描，
残妆和泪污红绡。
长门尽日无梳洗，
何必珍珠慰寂寥。①

当时，有许多故事描写这两个绝代佳人为取悦皇上而争风吃醋，最后都死于安史之乱。

唐代另有一类有趣的故事是描写斗鸡。一些皇帝喜欢斗鸡，于是斗鸡就成为当时一项重要的娱乐活动。这些故事中写得最好的是陈鸿的《东城老父传》，讲有名的斗鸡手贾昌如何博得皇帝和百姓喜爱的故事。

唐朝末年，朝廷极度腐败，大量的故事肆意渲染性内容。中国大多数这类故事是关于男人婚外与烟花女子有染。

中国一位著名学者谈到唐代这些故事时说道，“我们一定要看唐代传奇，尽管它们讲的是琐屑之事，却写得哀婉动人，读来催人泪下。”

① 承南京师范大学文学院薛亚军博士从《全唐诗》卷五中检出，谨此致谢（译者）。

到了宋代,故事的篇幅大大增加,部分原因也许在于使用了印刷。据说,因为天下太平,无事可做,皇帝宋仁宗就命令大臣们给他讲以前的故事。故事越来越长,一天讲不完,第二天接着讲,最后,就有了后来的长篇小说的篇幅,然而,这些故事除了开始分章分回以外,实际上只是长篇故事而非长篇小说,其作者有一个很有趣的习惯,即每回结尾处总要加上一两句话,对叙述过的事情从道德方面来褒贬一番,这不禁让人想起古希腊戏剧中的合唱词,但这一习惯似乎是来自印度。

随着蒙古人的侵入,故事的篇幅在继续加长,自然而然地成了长篇小说。这个时期的小说在风格上比以前的朝代粗犷、少雕琢,因为蒙古人欣赏不了中文作品的精妙。到那时为止,故事大都写百姓始终很感兴趣的上层和达官贵人阶层的生活。现在,故事开始关注普通人的生活,从此一直这样。这个时期三部出色的长篇小说是《西游记》《三国演义》和《水浒传》。因为它们代表了中国小说的巅峰,所以,多说几句有关的很有意思的事情。

不妨提一下《西厢记》,因为该书介于长篇小说与戏曲之间,因为这个原因及其他的原因,产生了中国小说源于戏曲的理论。长篇小说显然与戏曲有关,两者采用同样的情节。然而,要证明孰先孰后,目前还嫌证据不足。也许,两者齐头并进、平行发展。《西厢记》大多被视为小说,仅仅是由于它更宜于私下阅读而非公开上演。

故事内容很简单,讲一对母女到寺庙敬香拜佛,结果落入一帮强盗手中,一位正好在那里潜心攻读的年轻秀才搭救了她们。两个年轻人相爱了,母亲为报答救命之恩而将女儿许配给他,但后来反悔。聪明的丫环设法玉成了他们的姻缘。

《西游记》是一部更为浪漫的长篇小说。喜欢听神奇故事的中国人最喜欢看《西游记》。《西游记》写的是玄奘到印度取佛经的故事。其实,这是讲故事的绝妙机会,因为除此之外,情节与经历之间关系并不密切。主人公是个妖猴,在道教圣地成了猴王,他甚至要亲自推翻玉皇大帝的统治。佛陀被请来管教他,并向他证明他根本无力统治天上人间,猴王最后皈依佛教,并助玄奘西天取经,接下来的故事让人联想起《天路历程》①中的某些段落,尽管后者在风格上更为有力。

比《西游记》更有名的长篇小说是罗贯中的《三国》或称《三国演义》。这是一部历史小说,描写大约 3 世纪初三国时期魏、蜀、吴为争霸天下而发

---

① 《天路历程》(*Pilgrim's Progress*, 1678)是英国散文作家 J·班扬(John Bunyan, 1628—1688)所写的一部讽喻小说。

动的战争。小说是多卷本巨制，讲述了无数战役和计谋。人物形象的塑造是一流的。其中的一个主要人物曹操刻画得极其成功，这是个狡黠的、厚颜无耻的奸雄。因为他的战术，就有了个谚语："说曹操，曹操就到。"西方也有同样意思的谚语。① 书中最有趣的人物之一是医生华佗，他医术高明，能做无痛剖腹手术，并能诊断出种种疑难杂症。

我特地将《水浒传》留到最后讨论，因为在三大小说中，《水浒传》正在重新引起人们的兴趣。据说，这部小说由一个署名施耐庵的作家创作，不过，除此之外，有关他的情况人们一无所知。

简单地说，这是一个讲述藏身于山东省内一个"匪窟"——梁山——的强盗的故事。他们共有一百零八将，这是个刻在星宿上的神秘的佛教数字。全书写的就是他们中间大多数人物的身世故事，写社会上各种不公和不平，正是因为社会上存在这些不公与不平，他们才成为逃犯，被逼上梁山，加入土匪行列。书中有许多有趣的场面，譬如有一个五大三粗的乡下汉②，他喜欢大碗喝酒、大块吃肉，一次误杀了人，只得逃到寺院，剃度当了和尚，总算才得到庇护。有趣的是，要他恪守戒酒戒肉的誓言极其困难，他头脑简单，不明白他们为什么不让他随心所欲地喝酒吃肉；他走出山门，在半山腰抢一个酒保的酒，喝了个烂醉，回到寺院后面对的是长老和众僧要他遵守的清规戒律，后者看到他魁梧的身板、大胆的天真感到惊悚不已，一筹莫展。

小说讲述了许多悲惨、绝望的故事。有个故事讲一汉子③，他的娘子被一个与官府勾结、仗势欺人的恶少看中，后者略施小计，抓了他并将他刺配，接着便来调戏其娘子。发配那天的场面特别感人。汉子执手对岳丈说，因为他无力再保护妻子，就立纸写下休书，任从改嫁。这些绝望的人物饱受生活磨难，最后被迫啸聚山林，反抗社会。

现在，处在革命时期，共产党影响着中国青年的思想，《水浒传》又有了意义。小说作者在前言中说他写这部书并没有什么严肃的宗旨，他只是因为晚上朋友们走了或者下雨天他独自呆着，才写小说自娱自乐。他称谁看这本小说都只当是娱乐好了，其中没有什么寓意，小说也只是随手写来，未加雕琢。写这部小说成了他的一个习惯，一种他已经习惯的消遣方式。他坐在那儿，凝视前方，满脑子都是早上醒来后躺在床上想到的人物素材。整

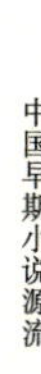

① 即 Talk of the devil and he will appear.

② 指鲁智深，参见《水浒传》第三回"史大郎夜走华阴县　鲁提辖拳打镇关西"、第四回"赵员外重修文殊院　鲁智深大闹五台山"。

③ 指林冲，参见《水浒传》第七回"花和尚倒拔垂杨柳　豹子头误入白虎堂"、第八回"林教头刺配沧州道　鲁智深大闹野猪林"。

篇序言风格精巧,读来引人入胜。

新版序言由一个激进分子用笔名写出,他一本正经地认为这本书是一篇声讨帝国主义和资本主义的檄文。

对西方评论界来说,这三部长篇的缺点和优点同样明显,主要的弱点在情节方面。情节特别复杂,还有很多次要的情节处理得很糟糕。人物众多,出现了一会儿,就从接下来的几章中消失,一直到小说结尾处才又不经意地露面,或者干脆都不再露面,有关线索就断在那里。结果,小说变得拖沓冗长,毫不协调,有时是一片混乱。但是,一旦对某种东西因为不习惯而产生的厌恶感消失后,人们就会停下来思考一个问题,即这种支离破碎本身是否就是对生活的模仿。生活中并没有仔细安排或组织好的情节,人们生生死死,根本不知道故事有怎样的结局,又为何有这样的结局;人们登上生活舞台,又走了下去,没有解释,上场与退场之间也没有明确的因果关系,以后也许会被人说起,也许不会。因为中国小说缺乏情节连贯性,也许就是一种技巧。这种技巧如果不是精心考虑的,无意中却也是对生活本身的不连贯性的模仿。

在这些早期长篇小说中,没有特别好的描写,尤其是自然描写。在像《红楼梦》等后期小说中,描写是作品一个更为有机的组成部分,但在元代小说中,对话和动作才是最主要的。

另一方面,人物形象塑造常常是一流的。一个词,轻轻一笔,举手投足之间,人物就栩栩如生地出现在我们面前。《水浒传》尤其是这样。在那里,有语言天赋的只凭人物的用词习惯就能感觉到他要说的内容。所有这些小说最迷人的特点就是自发性。作家好像成竹在胸,掌握了丰富的素材,随之而来的是精湛的技巧、幽默的风格和哀婉的主题。

材料的丰富也许是因为小说的情节以前曾被多次采用。《水浒传》当初显然不是现在这个样子。从与它同时代的元剧中,可以清楚地看到两者之间有一个共同来源,因为剧本和小说中描写的是相同的事情。但是,元剧与元剧之间也是各不相同的,元剧在人物塑造方面也有别于小说。《水浒传》中的花和尚鲁智深在一些剧中是有家室的,并有一子。在这种情况下,剧本写作在时间上当早于小说。

但是,重要而饶有兴味的是,这些小说为我们提供了中国人的生活和思想的图景,这些图景内容丰富,充满了迷人的变化和对照,与此相比,中国小说在西方评论家眼中的优缺点便显得微不足道。人们为一点天真和实在的幽默发出笑声,书里多的是这种幽默,就像幽默的中国人一样。但转眼间,人们又吃惊地看到小说中写到的对道德问题持有的一种明显的、麻木不仁的态度，而对西方人来说，这些道德问题是社会得以运作的基本要素。从《三国演义》和《水浒传》这样的小说可以看出，人们再不会相信中国人像古代伦理书里所理想化的那样爱好和平。正如一位老先生说过的那样，“严格地说，这两部书写的只是杀来杀去，我们中国人最佩服打仗有本事的人”。

尤其是在《三国演义》里，有对阴谋诡计的宽恕，有对不免有失人格的欺骗的肯定，结果，这种事情实际上受到了赞许。有一点值得注意，时至今日，中文里“老实”和“好”这两个词隐含了“愚蠢”的意思。

但是，用不着表扬或者原谅这一切。如果我们对早在13世纪就在风格上发展到顶峰的这些古老的故事进行研究，能够看到一幅反映伟大而富有创造力的中国人民的真实生活图景，我们就达到目的了。

（本文原载于《镇江师专学报（社会科学版）》，2001年第2期）

1931年东方人用英文撰写的关于赛珍珠《大地》的三篇书评

叶公超 陈衡哲 康永熙 著
郭英剑 译····

反映中国农民生活的史诗

——评赛珍珠的《大地》①

叶公超

当听说一部描写中国的小说出自一位西方人之手的时候,能够阅读英文的中国人心里明白,假如他不得不信的话,那他也只是将信将疑,从阅读此类作品的经验看,他可以料想到,在众多的角色中不难找到这样的人物形象:首先,是一位达官贵人,他相貌威严、不苟言笑,是一位大阴谋家,当然如果作者高兴的话,他还应该是一位儒士。其次,是一个妇人,常常是逆来顺受、注定要倒霉的东方女性,她寡言少语、唯命是从。她冷若冰霜的美貌面对私情与罪恶也只能听天由命。再次,犹如只有中国人似乎难以使故事情节发展下去一般,小说一定还要加上外国人,诸如:美国商人、中国通、失望的传教士以及寻欢作乐的水手等。另外,我们懂得英文的中国人还能预期:这篇故事充满神秘色彩,配以慢条斯理而又富于浪漫色彩的背景,还有数不清的会意的微笑与点头称是。而且,尽管人物活动的场景肮脏不堪,但从中国人口中说出的古代的警言妙句却是必不可少的。这样的作品已经多得数

① 该文原载于北京英文杂志《中国社会政治科学评论》(*The Chinese Social and Political Science Review*),1931年第3期,第448-453页,系为《大地》书评,作者所依据的版本是London,methuen,1931年,全书339页。文章末尾的作者姓名后署为"国立清华大学"。

不胜数，就连最敏感的中国人对此也已见怪不怪了。所以，当一位西方人无论是将中国旧有的美德过分理想化，还是用其他一些什么人物以取代实际生存在那块土地上的人们，中国人对此除了付之一笑，还能怎么样呢？

然而，赛珍珠在《大地》中所写的某些东西却与众不同——如果我们对此给以充分理解的话，它们是我们必须认真接受的；因为我们在一页页翻看这本书的时候，它迫使我们去思考我们自身的许多问题。赛珍珠忠实地刻画了中国人在中国背景下的生活，她完全了解他们的思想与感情。一个外国小说家没有沉溺于自己的幻想之中，而是深入地描写了我们昏暗的现实社会的底层，这是唯一的一次。《大地》是这块国土的史诗，并且将作为史诗铭记在许许多多阅读过它的人们的心中。小说中的主人公、安徽一位贫穷的农民王龙，从城里的黄家大院领回了一个女佣阿兰为妻。此后他们就与王龙的父亲一起在农村过着俭朴的生活。由于连年丰收，家境逐渐富裕起来，王龙有了更多的土地，妻子给他生了几个孩子。不久遇上持续不断的干旱，从此家道衰落，一贫如洗，最后被迫离乡背井搭乘“火车”去往一个南方的城市，希望在那里干些体力活得以生存。他们在南方城市的生活构成了本书最重要的一章。王龙在这里最初是拉人力车，当有被强征入伍的危险时，他改为夜间给人家托运装满箱子的货车。每天夜里他在漆黑的街道上用力拉着绳索，痛苦地呻吟着，赤身露体、汗流浃背，赤脚踏在大鹅卵石上，石块潮湿黏滑就像潮湿的黑夜一般。当他这样卖命的时候，他的妻子、儿女、年迈的父亲则在街上向行人乞讨。他们就这样勉强维持生计。城市并没有真正吸引王龙的东西，他唯一的愿望就是回到家乡，踏上与自己血肉交融、属于他自己的土地。于是，仿佛他的祈祷得到了回应，他们邻近的一家大户遭到了抢劫。王龙不知道事件是怎么发生的，也不认得那个鼓动民众抢劫的勇敢的人。他只记得自己的邻居有一天曾经对他说：“情况往往是这样的，富人越来越富，穷人越来越穷。”当时他太累了，也就没有去多考虑这话的含义。现在，还没有来得及去想，他和妻子就被人流卷入了那扇大门。在人流中，他们的脚甚至无法落地。人们就像饥饿难耐、愤怒不已的野兽狂叫不停，宽大的院落到处是号叫与跑动的人们。随着喧闹的人群，王龙和妻子也开始洗劫财物。当他们带着掠来的财物回去以后，王龙惊魂未定地说：“我们回到田地去——明天我们就回到田地去！”一旦回归到自己的田地上，王龙辛勤劳作、阿兰忙于家务，王家又开始连年获得了丰收。伴随着每季在谷物市场上得到的收入越来越多，王龙也拥有了越来越多的土地，他变得越来越富有。不久，王龙开始享受到拥有财富带来的快感，他纳了妾，送自己的大儿子去读书，要他做有学问的人，让二儿子去谷物市场当学徒，买下了黄家大院。他现在养尊处优,把管理权交给了自己的两个儿子。时光流逝,王龙年老了,但仍心系土地。有一天他无意中听到二儿子正慢条斯理地跟他哥哥说:"这块地我们把它卖了,得的钱我们两人平分……"老人无法抑制自己的愤怒,颤抖着声音喝断他们:"败家子呀,要卖地?谁卖地,谁家就到了末日。"儿子们多方劝慰才把他扶到床上,并且保证不卖地了。但背着老人,孩子们相视而笑。

合上小说,读者首先回想到的自然会是王龙,想到他对土地的挚爱,哪怕是抢劫也未能在他心中留下悔恨的痕迹,只要它能帮助他回到自己的土地上。就王龙自己简单的想法来看,一个人财富的锐减往往源于离开了土地,因为是土地、也只有土地才使他一度获得了众多的金银财宝。当然,还要托"老天爷"的福。如果告诉他其他的发财之道,他一定不会信的。在他与土地的关系中,我们看到的不仅仅是一个对自己的劳动成果引以为豪的、独特的农民,而且,我们还见到一个果敢之人的品性,他对土地的占有欲被描述得无以复加。在原始社会,正是土地,给了人类最初的占有欲与现实感。作为中国农民,王龙在这块土地上显然比他的大多数同胞们过得好。事实上,人们会同作者争辩:假如不是因为王龙抢劫得来的金子,仅仅是靠诚实的农耕,今天的农民是否能够像他一样变得富有呢?中国的农民要抵御连年的国内战争与大自然的无情打击,因而往往是智穷计尽、不知所措。如果能够略有丰收、可以维持自家的生计,那就会被认为是运气不错,更不要提像王龙那样的兴旺发达了。然而,大自然的变幻不定——水灾、旱灾与蝗虫灾害——甚至远不及国内的战争以及军阀们征收的高额的土地税带来的危害大,这一点,赛珍珠在小说中没有提及。主要因为战争与税收,才使安徽、山东、河南、河北这些省份的大部分土地所有者在最近几年里,只要可能,就出售土地。在山东的某些地方,土匪横行,税收高得令人无法承受,以至于没有人敢拥有几亩土地,大地主要么使用假名把土地出租给佃户,要么干脆让土地就此荒芜下去,哪怕是肥沃的土地,也只能如此。所以,今天我们已经几乎很难听说到富足的农民了,即使听说了也差不多会认为是怪事。如果今天的中国农民正在远离他们的土地,那是因为土地没有收益,或者说还没有能够收益到以维持他们的生计,而不是因为——像作者所认为的那样——城市生活更具吸引力、这个国家的人口在向城市流动。在美国是这样一种情景。当然,这一天也会到来的,那时中国也会使她的农村城市化,从而缩小城市与乡村之间的社会差别。但到目前为止,这个问题还没有搅得我们寝食不安。当务之急则是提高我们农作的方式与普及农村教育。

回过头再来看小说,作者几点有关中国的知识似乎还有必要加以修正。

例如,大户人家的女佣通常受到的待遇比作者所描述的要好。在有些家庭,女佣的地位与养女的地位相仿,是其女主人的总管与知己。《红楼梦》中的女佣们就是如此,尤其在南方的一些省份更是这样。因此,阿兰的终身大事似乎操办的过于简单了,令人难以置信。在作者所描写的这个大户人家,一个女佣的婚礼至少要举行某种仪式,虽然可能是非常简单的。小说中有关厨房中的女佣的描写似乎也是个疑点,除非主厨是个女人,而这在大户人家并不常见,也许还会有人问,有没有聪明的农民会让自己的儿子去娶一个大户人家的女佣呢?除非她们天生头脑灵光、运气不错而被主人纳作妾,否则女佣们通常都是嫁给男仆、小商贩这类人的。还有作者对妓院的描写匪夷所思。这类事情今日依旧存在,但都在非常雅致、高级的地方,因为在中国,它不仅仅是普通的卖淫场所。

尽管有这样那样的瑕疵,这本小说还是应该引起中国人更大的兴趣与关注。在中国的小说中,农民心理研究至今还是个鲜为人知的主题。中国农民生活在自己独自的环境中,对此,有关他们的文学作品至今还没有给以恰如其分的表现。所以,对于中国的读者来说,《大地》至少可以被认为是:照亮了农民昏暗生活的一个侧面。

合情合理地看待中国

——评赛珍珠的《大地》①

陈衡哲

外国人笔下的中国,已经形成了三种不同的态度,每一种都反映出外国心理演变过程中在不同的历史阶段对待中国人民与中国文化的看法。第一种态度是误解与蔑视。认为中国乃异教之地,仍处于半文明时代。因此长期以来,中国在艺术上被描写成一片黑暗,同时通过那些对中国文化似通非通的诠释者们的演讲,这一点也得到了公开的宣扬。第二种态度是对第一种态度的反驳。由于急欲纠正后者的错误,并且以超乎想象的热情将中国人理想化,这些作家可能给予了中国她自身难以承受的、过高的赞誉之辞。

然而,中国既非恶魔之地,也不是天使之国。她有着普普通通的民众,有欢笑,也有眼泪;有爱,也有恨,同地球上的人类别无二致。这就是目前在

① 该文原载于《太平洋时事》(*Pacific Affairs*),1931 年第 10 期,第 914 – 915 页,是《大地》的书评。作者所依据的版本为纽约:约翰·戴出版公司,1930 年。文章发表时作者署名为 Sophia Chen Zen。

作品中显露的对中国这个持久热门话题的态度。这是唯一合情合理的科学态度,它有助于国与国之间的理解和沟通。而最能展现、同时也最忠实地反映了这种态度的作品,无疑当属赛珍珠的小说《大地》了。

但赛珍珠远不仅仅是展示了一种态度,她有自己实质性的内容,那就是她熟知中国下层百姓的生活,而这源于她对他们日常生活细致入微的体察。其中的一些观察惊人的准确,令人信服,如:妯娌之间的争吵、叔叔的自私自利以及王龙在城市中经历的磨难等。然而还有其他一些场景,如:那位地主婆在大厅当着一个陌生农民的面抽鸦片烟;像荷花这类歌女出身的姑娘居然心甘情愿跟自己的农民丈夫住在乡下的茅舍中,让人情不自禁地怀疑赛珍珠有关中国生活的知识完全是她自己想象出来的。但总的来看,赛珍珠书中的观察不仅仅是逼真的、人们所熟知的,而且显示出了深切的同情与深深的理解。

很可惜,赛珍珠的本旨也仅限于观察。尽管她深怀同情之心,但在中国人看来却只会感到:《大地》的作者终究是个外国人,毕竟没有融入中国人之中,她同中国人的关系也仅限于小姐与阿妈、学生与家庭教师而已,不可能有心智之间的密切联系,而这是需要在日常生活中通过与中国人自由自在和坦诚相见的交往才能达到的境界。尽管赛珍珠曾长期居住在中国,但她似乎忠实地坚持了自己日耳曼人的传统:永远置身于自己所描写的国家之外,决不融入其中。这种置身其外的结果是:《大地》中几乎所有的人物都是类型,而非个人。

对人物缺乏个性的描绘、过于专注情节的发展以期符合预期的格调无疑是阻碍《大地》成为一部伟大小说的两大因素。凡是熟知中国社会生活的人,都会感到黄家与王家两大家族的图解式的兴衰、时来运转的轮回所带有的人为因素。他们太像一种道德类型了,让人难以相信他们的生活是一种有机的社会生活,而有机的社会生活有着更多的、更为复杂的因素,而绝不仅仅只有两个家庭!

以上评述了该书的优缺点,现在,笔者要向《大地》的作者表示祝贺:一来因为她深怀同情之心地描绘了中国农民的生活以及他的家庭;二来因为她创作了一部引人入胜的小说,读者会发现你很难不把它一气读完。小说之所以具有这样的特色,只能源于一种忠实的创作意图、对人物持有真正的同情之心、脱离了做作的文风与腔调的束缚,以及作者沉浸于创作之时的真正的喜悦。

中国决非如此

——评赛珍珠的《大地》[①]

[朝鲜]康永熙

王龙,一位穷苦农民的儿子,需要个老婆,这并非因为他是个准备虔诚地遵奉祖先的中国人,反倒像个西方人那样,因为他渴望爱情、希冀获得好运。他走进地主大院,然后得到了一个奴隶……就这么简单!将一个女人带回家,没有任何仪式,也没有长者指点,就这么度过了新婚之夜,你得承认,这未免也太原始野蛮了吧。这哪里是结婚嘛!作者无非是在暗示,中国还没有婚嫁的体面礼仪而已。

这对夫妻是《大地》中的主人公,他们的生活飘泊不定:经受过饥荒;流落到南方,在江苏一带靠乞讨为生;遭遇了革命,虽然他们不理解,但革命却使王龙发了意外之财;他们因此得以回到了家乡。同样出于爱情与希求好运,他带回家一位"妓女",纳她为妾,这使得他的原配妻子痛苦不堪,因为她一样渴慕爱情与好运。作为一个女人——"女人"这个词在赛珍珠的笔下等同于"奴隶"——阿兰除了死掉之外别无选择。她确确实实死了,"像男人头一般大的一颗石头压在她的心上、心乱如麻",就这样一命呜呼了。从中国人的角度来看,作者把她描绘成一位贤妻良母:忠贞不渝、具有牺牲精神、颇有生育能力。赛珍珠笔下的王龙耽于声色、冷酷无情,虽然她称他为"心底善良"。用马塞尔·普鲁斯特在书前的话说就是,作者在暗示:小说没有任何寓意。而王龙无疑要比阿兰得到了更多的爱与好运。

对一位西方读者来说,小说一定感人肺腑。不过,有一个障碍,浪漫的爱情是心理上的一个虚假中心,它被置于典型的东方男人或女人的身上,但东方人完全生长在一种传统的束缚之中,有着截然不同的理念。尽管对西方的妇女来说,浪漫的爱情是其第二天性——要知道这是千年的文化传统使然——但对一个旧式的中国妻子来说则完全是不可思议的事。如果一切以浪漫的爱情为中心,那么,儒家的社会无疑会堕落成一座滑稽的地狱。仔细想想:一个男人带走了一个相貌丑陋的女人(因此她一定是个处女),有一

---

① 该文原载于美国《新共和》(*The New Republic*),1931年7月1日,第185-186页是《大地》与《阿桂的悲剧,及其它当代中国故事》(*The Tragedy of Ah Qui, and other modern Chinese stories*)的书评。《大地》所依据的版本为纽约:约翰·戴出版公司,1930年。《新共和》杂志的编辑在文章后面加了编者按。在该杂志后面的"作者简介"中,对康永熙的介绍如下:"康永熙,纽约大学英语系讲师,《东方诗歌》的译者。他最近出版了一部小说,名为《绿草屋顶》,其背景为他的出生地朝鲜。目前他正在创作一部有关东方学生在美国情景的小说。"

天他发现自己的儿子呆在自己小老婆的闺房中成了自己的对手；他劝慰了企图在父亲眼皮底下强奸屋主的女儿的堂兄弟；他最终在自己小儿子嫉妒而仇恨的目光中，把自己家中最年轻的女佣占为己有。在儒家传统的社会中，所有这些情节都令人触目惊心、毛骨悚然。设想一下：一个男人把自己家的女佣拉到了自己的床上，在这一点上，人们有着巨大的思想压力，乃至在未来的几百年里，羞辱感都会伴随着他的整个家族而阴魂不散。一旦这样的事实公之于众，儿子们甚至会毫不犹豫地选择自杀来洗刷耻辱。而且在中国，一个女人在结婚之前始终是处女之身。女人们，是的，甚至包括女佣们，都对这个问题讳莫如深。如果她们的贞洁受到怀疑，她们很可能自杀以维护自己的声誉。（参见《阿桂的悲剧》第62页，就是女佣在这方面的一个例子。）

由于赛珍珠不了解儒家的男女有别及其各自领域的含义，所以，她就像某些根本不了解骑士制度的渊源与基督教体制的人一样，非要苦思冥想地去创作一部欧洲中世纪的故事。除了次要的细节之外，她所有重要的描述都毫无正确性可言。总的来讲，中国人的成长靠的是礼节，或者是“礼”，这个词最好还是用黑格尔的“道德”（Sittlichkeit）来翻译为妙。为人处世的方式是至关重要的。因此，一位孕妇就不大可能吃一些尚未切好的面包。……作者在过多的生养孩子问题上颇费笔墨，但她的描写夸大其辞。虽然计划生育在远东尚不为人所知，但自我节制生育则是中华文明的一个基本原则。赛珍珠笔下的人物，说话像西方人，言辞激烈、不讲“道德”，却保留了西方人唯一的一种美德：坦率，而坦率对传统的东方人而言则是令人深恶痛绝的。另外，小说中出现了一个大的时代错误：王龙出场时是一位农民，后来却成了封建贵族中的一员。这种事情可能更容易发生在英格兰而不是中国。在中国，每个家庭祖祖辈辈都属于同一个阶层，假如人们期望飞黄腾达，那也只能仰仗礼式与学问。

《大地》尽管缺少幽默成分、没有深厚的史诗般的激情，但它依然显示了娴熟的技巧与广泛意义上的艺术的真实。正因为如此，我们会发觉小说趋向于混乱而不是清晰，这不免令人感到沮丧。小说对东、西方二者不言而喻的比较，对东方来说是不公平的。对一些受过教育的东方人而言，基督教在展示个人以及社会对个人极为关注方面显然优于儒教。但是，因为我自己也算是受过东方文明熏陶之人，因此，我不愿过于激烈地表述自己的观点，说：赛珍珠这位传教士的女儿，从她的小说一开始就拒绝承认有儒教这样一种文化——或许因为她确信：人与人之间只有涉及爱情、好运与灵魂慰藉才是、也才能够促成婚姻。

与《大地》相比较，这本薄薄的小册子、由中国人写的故事集（先由中文翻译成法文，然后又从法文翻译成英文）更见其意味深长之处。读《阿桂的悲剧》时，只有意识到当代中国人所引发的天翻地覆的变化，你才知道小说并不完美，甚至令人难以置信，更谈不上壮观了。由于受到了胡适之流的蛊惑，这些作家成为了新思想、新艺术形式的实践者和皈依者。使用口语化的方言——即白话——他们在模仿西方的复杂性。他们被迫与古典主义和儒家的人道主义论战，并且开始狂热地、大规模地宣扬浪漫的个人主义，好像人们急不可待地在西方寻求避难所一般。然而，他们将会如何改变、如何诠释这正在消亡的西方浪漫主义，人们还要拭目以待。

> 我们认为，康先生对作为一部小说的《大地》的评价有失公允。他对自己所称的儒家社会的虚假图画所表示的义愤完全忽视了叙述的文学性。在过去的一个季节里所出版的大量的文学作品，《大地》是引起人们极大兴趣且持久不衰、为数极少的几部作品之一。但也正由于此——因为故事情节如此简单明了、感人至深，所以没有人怀疑其描述的准确性——《大地》理应从一个熟知中国人生活准则的东方人的角度来加以讨论。
>
> ——《新共和》编者

（本文原载于《镇江师专学报（社会科学版）》，1999 年第 1 期）

从赛珍珠的《大地》三部曲谈“史诗”精神

朱希祥

我对赛珍珠及其作品发生兴趣是在10年前,那时我正不自量力地想通读获得诺贝尔文学奖的所有作家的主要作品,作一专题的系统的研究。这一研究受客观物质条件和现实社会诸因素的影响,自然难以成功。但大量的阅读作品并受到其中经典的感染和感动,促使我拿起了笔,写下了当初最直接和真切的感触与思索。

赛珍珠《大地》三部曲的“史诗”精神,就是我研究的第一课题。当时,我并不知道赛珍珠的得奖遭到许多人的反对和非议,有人也好心地劝我改变一下写作角度(即与中国一些作家的比较)。但我觉得我的一些观点和评论还是能言之成理、自圆其说的,因此,也就顾不得去反驳什么、与什么人商榷了,只是想一吐为快。10年后的今天,我整理了自己的一些资料和论述,再以赛珍珠的《大地》三部曲为典型,结合国内外的有关文学作品及其评论,作一番横剖纵析,以求教于大家。

我最初的立论基础有三点:其一自然是因为赛珍珠主要作品《大地》三部曲(《大地》《儿子们》《分家》)于1938年获诺贝尔文学奖,而这“三部曲”又同电影《末代皇帝》一样,题材完全是中国的,但都得到了全世界文学和艺术最高奖的殊荣,这并不纯是一种偶然和偏颇。其二,据美国波士顿大学著名教授杰姆斯·C·汤姆森介绍说,赛珍珠赢得了千百万忠实的外国(尤其是美国)读者。在很大程度上,正是由于有了赛珍珠,一代代的美国人才带着同情、热爱和尊敬的目光来看待中国人。美国20世纪50年代在政府、新闻界、商界和大学里供职的主要决策者,都深受赛珍珠笔下正面刻画的中国

人的影响。① 其三是诺贝尔奖评委会对赛珍珠作品的评论:“对于中国农民生活史诗般的描述,这描述是真切而取材丰富的。”

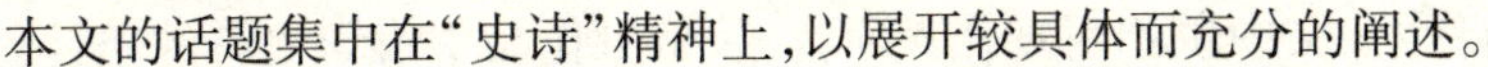

本文的话题集中在“史诗”精神上,以展开较具体而充分的阐述。

一

“史诗”精神不只是为赛珍珠所特有,也是历届诺贝尔文学奖得主共同的特征之一。如1919年得主瑞士的卡尔·史比德勒、1924年得主波兰的雷蒙特、1955年得主冰岛的哈尔多·纪德·拉克斯内斯、1958年得主苏俄的波里斯·巴斯特纳克、1961年得主南斯拉夫的伊佛·安德里奇、1965年得主苏俄的肖洛霍夫、1990年得主墨西哥的奥克塔维奥·帕斯等的得奖评语中都突出了这一点。这种“史诗”意识和精神也是许多中国作家和评论家鉴赏、评论的原则和思索、探讨的内容。所谓“一个震颤读者心灵的‘我们国人的魂灵’”(评《阿Q正传》)、“30年代初期中国社会生活的广阔画卷”(评《子夜》)、“历史和人的全面凸现”“历史的道路和乌托邦的幻想”(评《古船》)、“一部昨天中国人的艺术编年史”(评《断桥》)、“历史感:历时性与共时性的统一”“强烈深沉的历史感”(评《瀚海》),等等,依据的价值标准和取向也就是这种“史诗”精神,虽然这中间有赞赏、评判,也有呼唤和思索。

用“史诗”意识来鉴赏和评议作品,是一种与美学观点相并列的衡量作品的最高标准。恩格斯用这个标准批评过拉萨尔的作品,他用“较大的思想深度”和“意识到的历史内容”来概括“史诗”精神。鲁迅则指出文坛“这种一时代的纪念碑式”的作品“不常有”。我国目前在理解和对待“史诗”意识中仍处于矛盾和两难之中。一方面觉得产生有“历史感”的鸿篇巨制的各方面条件不成熟,因此,“史诗”类作品极难问世。以前曾被赞为“史诗般的长篇”《子夜》《暴风骤雨》《红旗谱》《创业史》《艳阳天》《三里湾》等作品的“历史感”的可靠性和准确度受到了质疑。新创作的作品更难用“史诗”这把高水平的尺子来进行衡量。另一方面,人们又不甘心,如此伟大的时代、社会和改革,为何就出不了“史诗”性作品?当然,还有人担忧若过分强调“史诗”意识会受制于史官文化,反而不利于文学的发展。

鉴于这种态势,我以为,当前最迫切与重要的是对以往的创作作一纵深的、宏观的审视,看看我们在“史诗”意识与对“历史感”的理解和表现上的某些疑惑、困顿以至偏执、误解。在此,诺贝尔文学奖获奖作品,特别是赛珍

① 《文艺报》,1989年3月18日。

珠的《大地》三部曲,可以作为我们的镜鉴和参照。

什么是"史诗"精神?诺贝尔奖委员会主席霍尔斯陶穆曾在《雷蒙特和〈农夫们〉》一文中说:"对现代人而言,从叙事作品中辨识史诗的条件是:完整的体裁、程序而一贯的格局,以及统筹全局的气象,更重要的,还得描写受苦与奋斗的故事。"①这还仅仅是从较表层而狭义的范围上界定的,还未触及更深层的意蕴。本文是从广义和深层的概念来理解"史诗"精神的。这种广义和深层,正如前苏联奥夫相尼柯夫等主编的《简明美学辞典》所指出的:其"中心是艺术家对人的个人命运以及个人同人民的关系的理解、对历史过程的实质的深刻认识"的艺术作品,"在这个意义上,故事的史诗性这个概念具有一般的审美意义,而且远远超出了仅仅是艺术文学和作品的结构组织的范围"。

因此,我们所理解的"史诗"意识,是指反映和表现人类的历史活动、过程和规律的意识,体现这一意识的基本条件并不是伟大的思想、观念或时代精神,而是基本的生产物质生活本身、生命的个体的发展和物质生活的条件(生产方式和交换方式)。这似乎只是唯物史观的常识,然而正是在对这三个基本条件的具体理解、观察、体验和表现的创作过程中,我们的一些作家和作品是偏离和背驰的。而又是在这些方面,20世纪初波兰雷蒙特所著的《农夫们》、20世纪五六十年代苏联巴斯特纳克所著的《日瓦戈医生》和肖洛霍夫所著的《静静的顿河》则显得更为现实、丰满和厚重,在中国孔子帝国的洪荒年代里长大的荷裔美籍作家赛珍珠的《大地》三部曲也更具客观、真切和深沉。

具体地说,赛珍珠和诺贝尔文学奖得主的一些作品,艺术地处理和包含了三个方面的"史诗"精神:(1) 生命的意识与创生的过程;(2) 温暖的人性与坚定的信念;(3) 社会的背景与生存的时空。

二

乡村农民的生活和命运是世界上许多文学作品主要表现与反映的题材。然而,如何理解和描述这种生活和命运,我们的一些作品却受着两个既定主题的限制:一是反映旧时代农民从自发反抗到自觉斗争的历史过程;二是表现新中国农民在新中国成立后走上社会主义道路的历程。前者如《红旗谱》《暴风骤雨》,后者如《三里湾》《山乡巨变》《汾水长流》《艳阳天》等。

① 陈映真:《诺贝尔文学奖全集》,台湾远景出版事业公司,1981年。

"文革"后的新时期又加上了一个主题——表现和反映改革开放后农民新面貌或处于改革形势下的农民面目,如《古船》等。这些作品在一定的历史阶段中适应了一定的政治宣传的需要,起到了激励和鼓舞人心的特殊作用,也有着某种艺术追求和审美效应。但其中鲜明突出的社会和政治的功利性又往往淹没了生动丰富的生活内容,其中尤为缺乏的是对广大农民强烈的生命意识和艰难的创生过程的叙述与描绘,而这却比某次革命和政治思想运动有着更广泛而深刻的底蕴。

获诺贝尔文学奖的一些作品却较真实而细腻地写出了乡村农民这一曲折、琐碎的历史过程。

在雷蒙特的《农夫们》中,作者着笔的是现实环境里的群体生活以及人与自然间的关系,主要描绘的也就是农夫们的田地生产与男女爱情生活。他们日常谈论的几乎都是牛、地、施肥、收割、伐木、娶亲等。例如老地主、老鳏夫波瑞纳时常思忖的是:"家里没有个女人,我要么完蛋,要么就得把田地移交农家孩子们……",想到要娶年轻的媳妇,他就想到:"她是个活泼的姑娘,美得像图画。我最好的母牛今天又完蛋了,谁知道明天又会有什么损失?也许我该找个继室,我太太留下不少穿戴的东西。不过多明尼的老遗孀……她是个坏女人!——三个子女,十五英亩地;雅歌娜可以分到房屋和牲口。五英亩田——就在我的马铃薯田隔壁。跟我的并在一起,总共将近三十五英亩。好大的一块地。"诺贝尔奖委员会主席因此而对《农夫们》评论道:"作者笔下的波兰人纯朴、率真,颇具原始面貌,这些正是史诗人物必具的条件……全书中,我们所看到的生命意识是村人们对共同土地的维护。"

赛珍珠的《大地》三部曲中,大量篇幅描绘的也是这样一些内容。作品的主人公王龙,原是个一贫如洗的农民,连在开水里放几片茶叶也要再三踌躇、反复斟酌,但在两件大事上却表现得极为执著与顽强,那就是生儿子与买土地。他的娶妻、攒钱、吃苦、劳作,全是为了这两项终极目标。儿子是他的希望,土地是他的命根。妻子长得如何,什么东西味道更好,等等,在他成为富农以前,都是没有奢望的。即便在他变成了富农、地主后,再无须下地干活时,他内心还深藏着对土地的热爱与虔诚。例如小说写到他与二房吵嘴后,突然想到要去田地干活时,有这样一段文字:"他并不是为了有什么必要,却是为了他这样做,从中似得到纯粹的喜悦。当他疲倦的时候,他躺在田地上睡觉,土地的健康气息,渗进他的肉体去,便治愈他的病。"土地与他休戚相关的潜意识表现得非常精细和微妙。

类似这样的笔调和角度在中国作家笔下就很少见到。生儿子之事,除鲁迅写阿Q有过那种突发的“应该有一个女人,断子绝孙便没有人供一碗饭”意识而想与吴妈睡觉的悲喜情境外,一般作品都是这种哀叹:“又多了一张吃饭的嘴,以后的日子怎么过”的声调,更多的则是将其作为主人公舍弃家庭、远离儿女去干事业的背景处理。对于土地,中国文学表现出的革命意识更强烈,因为不少作家是将中国革命是农民革命、农民革命是土地革命这一观念化为形象和故事的。于是就出现了以赵树理的《地板》(即土地)为代表的主题意识,也就是突出农民与财主间的土地争执、纠纷和抗斗。从观念上看,这似乎是重人的劳动而轻土地本体,实际流露出的则是对物质生产本身的鄙视和对历史本来状态的游离与漠然。

诚然,在社会政治动荡和阶级斗争剧烈的年代中,纯粹描写“生产资料的生产和人类自身的生产”(恩格斯语)的过程,也并不能说是全面地表现了历史。诺贝尔文学奖提出的“描写受苦与奋斗的故事”这一史诗条件,是较高标准的条件,它使人类区别于其他生物,优秀作品区别于一般作品。在《农夫们》和《静静的顿河》中,都较淋漓尽致地表现出了人在自然面前的某种无可奈何的苦难和无能为力却又竭力奋争的情态,同时也表现了人与人之间在生产资料分配和男女情爱等方面的激烈斗争,而这后一种争斗描绘得更惊心动魄。例如《农夫们》里农民与贵族抢夺森林的血战,《静静的顿河》中哥萨克之间、哥萨克与沙皇军队以及布尔什维克之间反反复复的冲突、矛盾与战争,等等,都是这种性质的。这种出于对不同社会利益集团之间争斗的亲切体认(而非出于对“阶级”观念的简单而粗糙的领会)而来的描述,成为一种有磅礴气势的主流,将人与自然、情爱等冲突和矛盾一并卷入、裹缠,使之互相映衬、互为动力,综合成一股更强大的历史激流。

“儿子们也不是令人喜欢的角色。老大纵情于空虚的生活,老二当商人,放高利贷,沉迷于贪婪中。最小的一个变成耗尽这个不幸的国家的军阀之一。中华民国在创生的过程中被撕得粉碎,而这种创生过程是我们这个时代那般切肤感受的。”诺贝尔文学奖给赛珍珠的这段颁奖词,叙述和概括的是赛珍珠的《儿子们》的主要情节和题旨。这也是上面我们所说的那种社会矛盾、冲突和斗争。实际上,这种情境在《土地》中已有所显露。其中有自然的命运遭际和打击,如旱灾、虫虐、逃荒等,也有贫富差异所引发的阶级冲突和暴乱。这些使王龙一家颠沛流离,吃尽苦难;也使他因祸得福,一下子成为暴发户,由贫农变为富农,由富农变为地主。《儿子们》着笔的王虎(王龙的三儿子)当军阀的过程,更突出了这一阶级矛盾。这个军阀并不是作恶多端、恶贯满盈的,但依然使许多无辜百姓丧生、田地荒芜、民不聊生。饥荒、苛税、兵、匪、官、绅等构成了当时中国社会的基本的黑暗状况。这个社会，既造就了王龙和阿兰原先的呆讷、愚笨和贫寒，也成就了王龙后期的发迹、奢侈和豪富。然而，整个中国社会和民族的正常的创生过程由此被“撕得粉碎”，这种“切肤感受”具有深远与广阔的时代和世界意义。

这种社会性的创生过程与个体的生命意识的结合是密不可分的，中国的一些作品往往将两者游离开来：“文革”前忽视生命意识而突出社会意义，“文革”后又渲染生命意识而淡化或掩盖社会意义，这都会削弱作品的力度和深广度。鲁迅的《阿Q正传》和《故乡》等作品，比同类描写农民的作品更有历史感，原因也在于将两者自然地融合在一起。

三

150年前，马克思已告诫我们：“人们的社会历史始终只是他们的个体发展的历史，而不管他们是否意识到这一点。”①对这一点的认识，我们是有个过程，也有过偏差的。我们以前注重和强调的是群体的力量和价值，漠视和藐视普通的个体，而天才和英雄又除外。近年来，文学创作和研究日趋深入至普通人的本体和个体的各个层面，然而又有点过分强调以至有点热衷于人的偏执的个性和隐私，而忽略人的多向性和群众性，人的完整性和多面性得不到体现。赛珍珠的《大地》三部曲却较好地处理了普遍的“抽象人性”与独特的形象个体之间的关系。她在诺贝尔奖受奖辞中说：“当有人问我他们（指中国人——引者）是什么样的人时，我无法回答。他们不是这样或那样的，他们只是人。”这种对于“人”的关注，使得赛珍珠的作品中“始终保持着深刻与温暖的人性”（《颁奖辞》）。这种“人性”构成了“史诗”精神的内在的心理和情感因素。

在《大地》三部曲中，我们可看到“人”和“人性”的丰富而生动的表现。其中，既有亲属间的舐犊之情（如王龙对傻女儿、王虎对儿子王源）、穷苦人间的友情（如阿金在灾荒中把仅有的一把干赤豆分给王龙家），也有不同阶层和阶级间的恋情（如王虎对另一强盗头目豹的女人）。这些关系相互交错，呈现出较复杂的情愫，而不是简单的、单向的非爱即恨、非此即彼的感情，因而，作品的人情味浓郁，且抒发自然、顺畅。这种关系和情感的描写在“文革”前的中国作品中，是不可想象的。虽然“文革”后有所突破，在《古船》等作品中有较充分的表现，但仍较生硬。

① 马克思：《致巴瓦安年柯夫（1846年12月28日）》，林兆荣《马克思主义哲学著作选读教程》，厦门大学出版社，2002年。

在赛珍珠笔下,个体发展历史表现得较突出的是阿兰。作者在她身上"同情心表现得最强烈","对她整个一生虽着墨不多,但却刻画得十分深刻"。诺贝尔文学奖给赛珍珠颁奖辞里特别指出了这一点。因为这是"中国女人的地位"的"最严重也最沉重"的问题,阿兰原是地主家买来做丫环的穷苦人家的女儿,她在王家所起的作用和所作的贡献比之王龙有过之而无不及。但她的命运又如何呢?王龙致富前,她还有点人的生活;王龙变富以后,便将她搁置一边,似乎家已无此人。她自己则不声不响,默默承受着一切,仿佛一架旧机器,再没人给它擦洗加油,却仍一味地让它运转工作。阿兰这样的女性形象在中国旧社会中较为多见,但如赛珍珠这样,能极其冷静而又深含同情地对她们在社会和家庭中的处境作全面的表现与展示的,似乎并不多。因此诺贝尔文学奖对其赞赏与评论说:"杰出的作品使人类的同情心越过遥远的种族距离,并对人类理想典型做了伟大而多变的艺术上的呈现。"①

当然,伟大的作品并不只是使人有同情心,它还需要有"理想主义倾向",即不沉湎于伤感和悲哀,而是对人生、对未来充满坚定的信念和真切的期望。这是诺贝尔文学奖重要的评奖原则,具有史诗精神的作品同样也体现了这一原则。

赛珍珠在与中国人多年的交往中,最欣赏中国人的性格和素质之一是不多愁善感。她在20世纪50年代告诉一位她的作品的分析家说:"中国人以平常心来对待一切。在处理所有的事务时,他们与伤感相距甚远。"美国加州大学教授劳伯·A·魏根金斯在评论中说:"《大地》受到欢迎不难了解。那时美国正遭到前所未有的经济不景气,她的书则坚定了一般人的信念,就是人有力量忍受这个灾难,终将胜利。节俭、勤劳,与泥土的接近,都在美国人的心中引起深刻的回响。"②

赛珍珠受到曾是驻中国传教士的父母的理想主义和人道主义的影响,将这两者紧密地结合在一起,用宽容的心灵和艺术的手法将它们表现出来。《大地》三部曲中王龙的生命历程及他的孙子王源的寻求自由过程,就是这么一种有信念、有理想、努力奋进的过程。

《土地》中写了两个大场面,一是农村的生活,一是逃荒至城市的生活。王龙在这两个场面中表现出的都是那种有韧劲、有耐力的性格本质。特别是在农村旱灾异常严重的形势下,人们的生活陷入了绝境,王龙则毅然决定

---

① 陈映真:《诺贝尔文学奖全集》(第23卷)。

② 同①。

逃荒至南方的城市中去重新谋生。这是拖家带口的大逃荒,其艰难程度可想而知。但他们顽强地活了下来。以后王龙虽靠运气成了富农,却仍得与虫灾、冰患、兵匪等周旋、抗争。在《分家》中,作者又写了王龙的孙子王源为寻求自由所经历的曲折。赛珍珠从特殊的边缘人的地位,看到了中国人这种对于自由的热爱和为追求自由所进行的奋斗精神与美国及世界的某种相似性,她"真切而取材丰富"地描述了这种精神,使西方人用更深广的人性洞察力了解了中国这个陌生而遥远的国度和国民。

赛珍珠找寻和表现这种中西相似性的成功,可以给我们不少启迪。因为就理想主义和人道主义而言,我们的文学创作存在着两种倾向:一是喜欢加上革命和阶级的内容,许多作品还以此为主,舍弃其他。这实际上反而削弱和局限了历史的深广度,因为与人们的生存环境即大自然和社会的抗争,并不囿于与人的奋斗(所谓一个阶级推翻一个阶级)。《大地》三部曲却较完整而全面地表现了从人与自然的奋斗到人与人的奋斗的整个历史情节和情景。二是施舍一种较浅薄和廉价的理想主义与人道主义。这种倾向在"文革"后的作品中表现较为突出。其根源是不能正确而辩证地处理历史的东西与日常的东西之关系。马克思和恩格斯在《德意志意识形态》中批评过旧历史观的那种"将历史的东西说成是某种脱离日常生活,某种处于世界之外的和超于世界之上的东西"的错误。作为以形象性为标志的文学作品,更需注重从日常生活中自然而然地引发出历史意识。从这一点看,我国评论界有人提出不要史诗要凡俗的观点是有一定的道理的,但它将历史与日常生活对立起来也未必正确。此外,在评论王蒙的《活动变人形》上,还出现了另一种误差。有人将它看做是"史诗",因为作品用倪吾诚这个形象来承载和体现近现代知识分子面临文化冲突及走过的精神历程,还因为作者在作品中议发了不少具有历史感与文化哲理的警句格言。笔者以为,这也并不能称得上是"史诗",因为作品缺乏特别丰满的人物形象和生活场景,只是试图用不断的抽象分析和议论来完成历史任务。从凡俗中体现历史感,这点赛珍珠做到了。因为她做到了王蒙和王干一次对话中讲到的:写普通事情"可以凝结着那么多的人生经验的思考,将透明的叙述与深邃的底蕴结合在一起"。(《文学报》,第 419 期)

四

社会背景与生存时空的设置和艺术处理,是把握和体现"史诗"意识的另一个重要的问题。赛珍珠的《大地》三部曲包含了这一内容。但因理解这一内容并不那么轻而易举,所以,我们先从近说起,从其他作品说起。

在文学艺术界,我们一直有这样一种看法,即认为一个有特定意义的历史段或时代,必定要有史诗性的作品出现,不然这一时期的文学艺术便是平庸可怜的。这是一种急功近利的焦躁情绪在创作和评论中的反映,也是一种狭窄的和陈旧的唯物史观在文学中的表现,它较脱离文学的和人类历史的本性。

基于这种错误的看法,便产生了文学史分阶段和分时期界说上的简单化。尤其是在现代文学史或现代作家(有时也包括对外国作家与作品)的研究中,不少著作用历史(主要是阶级斗争史)的阶段和时期来划分文学史。如将中国现代文学史分为"反封建的呐喊""革命风云的投影"和"民族解放的凯歌"三个阶段等。这明显是将文学史写成了革命史或革命从属史。

这种错误看法的另一根源是对恩格斯典型环境说的一种绝对化,即将典型环境理解为后来才认识到的那种革命性质的阶段环境和背景。于是,写农民,总是写这么一个过程:革命未发动时,没觉悟;革命发动起来了,农民也就从不自觉到自觉,从软弱到坚强。这样的作品就可称为表现出了"典型环境中的典型人物"?就算是具有"史诗"性?恐怕问题没有这么简单。

历史进程与发展是极其微妙而复杂的,任何历史书籍和理论著作都难以穷尽这种微妙与复杂,其中人类的社会发展历史这一特点表现得更为突出。被称为"一部不朽的史诗"的巴斯特纳克的《日瓦戈医生》,对历史的这一特点有过极形象而精彩的描述。书中写道:"他(指主人公安德烈耶维奇)又想到,对历史,即所谓历史的进程,他与习以为常的看法完全不同。在他看来,历史有如植物王国的生活,冬天雪下得阔叶树林光裸的枝条干瘪可怜,仿佛老年人赘疣上的汗毛。春天几天之间树林便完全改观了,高入云雾,可以在枝叶茂密的密林中迷路或躲藏。这种变化是运动的结果,但植物的运动比动物运动急剧得多,因为动物不像植物生长得那么快,而我们永远不能窥视植物的生长。树林不能移动,我们不能罩住它,窥伺位置的移动。我们见到它的时候永远是静止不动的。而在这种静止不动中,我们却遇到永远生长、永远变化而又察觉不到的社会生活、人类的历史。"

《日瓦戈医生》写的是十月革命前后的一系列重大历史事件,揭示的也是这样的一种社会生活和人类历史。它描绘了那个时期较为隐蔽的种种一时说不清道不明的知识分子的理想、希冀、期待、欣喜、沮丧、失望、悲伤、痛苦等心态和情感。这对于表现人类历史上那么一个震撼世界的重要时期,不失为一种独特的视角,它对于揭示一些知识分子对革命的不理解、疑虑甚至一时的不满状况是真实的,虽然其中悲剧和伤感情绪还较重。但从世界

范围和意义上看,在这点上它更具"史诗"精神。

笔者的结论是:历史的进程与社会的背景互相融合,将典型环境扩展为社会背景与生存时空这样广义的历史观,这是把握"史诗"意识的又一个方面。

话题可以回到赛珍珠的《大地》三部曲上来了。

《大地》三部曲所写的王龙家族史的具体时代背景是模糊的,它没有标明年份。《大地》的前半部几乎没写社会面貌,着眼点只是王龙生活的那个农村。后半部才让人感到有贫富、城乡、中外等一些差别,但作者也没有刻意突出,只是在似乎漫不经心的叙述中将其显露出来。到了《儿子们》和《分家》中,才比较多地写到了军阀的割据和社会革命的一些迹象,但仍较少作正面渲染,更多的还是作为淡淡的背景处理的。作者着力描绘的依然是王龙家族生存时空的变化与发展。这种人生形式和生存时空的表现方法,既不同于我国作家沈从文描绘的远离近代文明的偏僻、闭塞和神秘的人性小说,又不同于那些撇开人的一般生存形式而急于卷入社会潮流的革命历史作品。这也许更能体现一种全面的、完整的历史观,即恩格斯所说的"他们是在制约着他们的一定环境中,是在既有的现实关系的基础上进行创造的"历史观。①

作者对王龙由贫农变成富农情节的设计和构思也值得我们注意。这个情节受到了诺贝尔文学奖评审委员会的特别赞赏。那是一次突发的暴乱(何人领导、如何组织、什么性质等,作品均未作揭示与说明),王龙在大街上被潮水般的人群涌动着卷入了进去。自然,他也没有任何明确的动机和目的,他的心灵深处虽有对富人的一种神秘窥视与出自本能的嫉妒与不满,但那仍是一次纯粹偶然的机运:一个富人急于逃命而将一把金币像强迫似地塞进了他的手里。他的妻子阿兰因为有当奴婢的经历,跑进富豪大宅院,趁乱中找到了一把宝石,本能地收藏了起来。于是,王龙的家庭一下子变样了:有地位有面子,由富农至地主,放债屯粮,讨小娶妾,供儿子上学,等等。

赛珍珠作这样的构思和描写,本意也许仍在揭示农民与土地的情感系连,表现农民与土地的疏离而引起的不安、不谐的情状。我们看到的却远远不止这一点。从社会政治角度看,吃大户、抢大户、劫富济贫是那个社会和时代的必然,但王龙的参与和介入却属个别与偶然。这种必然与偶然的处理,却是文学作品中难以理顺和构画的一对矛盾。在我们的一些文学作品

① 恩格斯:《致瓦博尔吉乌斯(1894年1月25日)》,林兆荣《马克思主义哲学著作选读教程》,厦门大学出版社,2002年。

中,写必然的大大压倒了写偶然的。自觉的参与或是由不自觉发展为自觉革命的写法,实际上只是一些革命家的表白性的自传,或是经过提纯和艺术加工的传记文学。其实,无论哪次革命,大量的普通农民或工人、市民,总是像王龙那样在旁观望的多,被潮流不自觉地卷入的多。诚然,真正由此而成为暴发户的也不多。作者就是选了这么一个既代表着多数、又有着独特个别意义的人物经历来叙写,颇值得我们再三寻味。

(本文原载于《镇江师专学报(社会科学版)》,1999 年第 2 期)

倪春生 尤志心

《大地》评议

美国作家珀尔·布克(中文名赛珍珠)少年时代曾随做传教士的父亲来中国镇江"崇实女校"学习。她酷爱中国灿烂的古文化,攻读过中国的经书。1914年在美国攻读心理学,毕业后又回到母校"崇实女校"教授英文。可以说,镇江是她的第二故乡。她对镇江人民一直怀有深厚的感情。1931年,她发表了成名作《大地》,1932年该书获普利策奖。以后又发表了《儿子们》(1932年)、《分家》(1935年),合称《大地》三部曲。1938年,她荣获诺贝尔文学奖。

对于她的名作《大地》,多年来国内外的评价迥然不同。瑞典文学院认为"由于她对中国农民生活史诗般的描述,这描述是真切而取材丰富的"(瑞典文学院《赛珍珠得奖评语》),因此,获得诺贝尔文学奖自是理所当然。但在我们中国,对她的评价则是贬抑甚多。是非究竟如何呢?历史已经过去大半个世纪,中美关系的解冻,中美文化沟通的日益加深,现在有必要对她的作品重新认识,作出实事求是的评价,以促进中美两国人民进一步了解,促进中美文化进一步交流。

一

列宁说:"在分析任何一个社会问题时,马克思主义理论的绝对要求,就是要把问题提到一定的历史范围之内。"(列宁《论民族自决权》)《大地》成书于1931年,它反映的时代是19世纪20年代。这个时代我国农村面貌的特征是:"由于帝国主义和封建主义的双重压迫……中国的广大人民,尤其是农民,日益贫困化以至大批破产,他们过着饥寒交迫的和毫无政治权利的生活。中国人民的贫困和不自由的程度,是世界所少见的。"(毛泽东《中国革命和中国共产党》)鲁迅先生在《故乡》中也以艺术形象告诉我们:在这个年代里,闰土式的中国农民,由于"多子、饥荒、苛税、兵、匪、官、绅"的压迫,"苦得像一个木偶人了"。这就是《大地》产生的"一定的历史范围"。现在,我们再看看赛珍珠笔下的中国农村面貌吧:"玉蜀黍的蔀,他们已晒干吃掉了,他们还剥了树皮。全乡间的人们吃着野草"。孩子们饿得"青紫的小嘴唇好像落了牙齿的老太婆的嘴。深陷的黑眼睛只是眯着"。① 有的地方甚至出现"易子而食"的惨景。这是华北农村的情况。那么在"繁华"的南方城市,劳动人民的处境如何呢?作者的笔触又随着逃荒的主人公王龙伸向了南方城市。作者透过繁华的表象,给我们揭示了城市贫民痛苦的真实境况。那里并不是穷人的天堂,而仍然是人间地狱。靠求乞、做苦工糊口的,"这城市里有几千几万"。由此可见,《大地》较真实地反映了旧中国贫穷苦难的农村面貌,形象地反映了广大劳动人民,特别是农民的悲惨遭遇。字里行间洋溢着作者的同情和愤懑,从而反映了作者的人文主义立场。

《大地》不仅艺术地揭示了中国农村乃至城市中广大劳动人民的贫困面貌,而且在某种程度上客观地反映了农村的阶级矛盾和阶级冲突,我们在小说中看到了一边是瘦骨伶仃的农民,一边是"皮肉油润得发光"的地主,一边是衣不蔽体、食不果腹、易子而食、饿殍遍野的惨象,一边是"连当差的也用镶银的象牙筷吃饭",身上"裹着丈把黄绸","拇指上是一个大大的金戒指嵌着玻璃片也似的绿石子"的富豪。② 这种贫富悬殊造成了穷人和富人的矛盾。穷人诅咒:"这些有钱人,心肠也同老天菩萨一样硬。""在年青人中间有着不满,有着愤怒。"还有人在街头宣传革命:"中国必须有一次革命,必须要排外。"有一位年轻先生借耶稣图象启示农民道:"这个死人就是你们自身,那个当你们死后,还不知道你们已死,还在戳你们的凶手就是富人和资本家,他们甚至在你们死了之后,还要残害你们。你们为了富人占了一切,便穷苦着,受着压迫。"③作者借这位年轻先生的口,揭露了富人和资本家对穷人的剥削和压迫。一位教士家庭出身的外国作家,居然能发出如此大胆的声音,实在是难能可贵的。

当然,由于赛珍珠深受西方思想文化、教会精神以及中国传统道德观念

---

① 陈映真:《诺贝尔文学奖全集》(第 23 卷),第 59 页。
② 同①,第 90 页。
③ 同①,第 99 页。

的长期熏陶,加之,中国旧民主主义革命不彻底性的影响,因此她对中国的了解并不深刻、全面,她只能凭着一个西方作家的道德、良知、责任来观察中国社会,描写中国旧社会局部的、个别的社会现象,不可能触及社会的实质问题。其实,当时在中国共产党领导下,农民运动已在一些地区如火如荼地开展起来,农村革命根据地已在局部地区创立。作为一个并非阶级论者的她,不可能从更深更广的意义上来认识、来反映这一伟大变革,从而揭示中国革命的实质问题是农民问题,更不可能懂得只有在中国共产党领导下,进行新民主主义革命,中国广大农民才有真正的出路。所以鲁迅先生评价她说:"她只了解一点浮面的情况","只有我们做起来,方够留下一个真象"。今天,我们认识这一局限,绝不是为了否定《大地》这部著作的重要意义和艺术价值,也不应看做是对作者的一种不切实际的苛求,而恰恰是为了以历史唯物主义的观点给赛珍珠及其作品一个恰如其分的评价。

二

赛珍珠在《大地》中以她的独特方式塑造了一个栩栩如生的中国旧式农民的艺术典型,这就是"粗糙"而又"平凡"的王龙。

首先,王龙是一个勤劳的农民,他具有中国农民所共有的优秀品质。尽管他靠着偶然的机遇发了财,尽管他后来也沾染了不少地主阶级的恶习,但是,不畏劳苦和善于经营是他基本的一面。"他的苍白的肉体在太阳下转变为紫酱色",两手是厚厚的"胼胝",他以劳动来治愈对荷花的恋爱病。他虽然没有文化,但能像列夫·托尔斯泰小说中"善于经营的农夫"那样,懂得"一般拥有农具、牲畜、机器、种子储备和资金等的人才能独立经营"的道理。① 所以,他拼命购买土地,添置农具,积累资金,筹划农事,他晚年总结自己的一生说:"哦,虽是大户人家,也是靠努力耕耘才行呀。"王龙这种艰苦奋斗的精神渗透在《大地》的字里行间,至今,还有值得重视的认识意义。

其次,王龙还是一个热爱土地的农民形象,具有中国农民所共有的对土地的深厚感情。中国有着960万平方公里的土地,"从很早的古代起,我们中华民族的祖先就劳动、生息、繁殖在这块广大的土地上"(列宁《无产阶级农民》),中华民族自古以来,对土地就有着特别深厚的感情。《左传》中有这样一段文字:"出于五鹿,乞食于野人,野人与之块(土块),公子怒,欲鞭之,子犯曰:'天赐也。'稽首,授而载之。"在人们心目中,土地代表着粮食与

① 陈映真:《诺贝尔文学奖全集》(第23卷),第96页。

财富。所以，自古以来，中华民族特别推崇土地神，乞求土地神赐给他们以五谷。他们亲自在土地上播种五谷，对土地怀着强烈的感情，把土地当做命根子，把土地比喻成哺育自己的母亲。中国是一个农业国，从古代起，农民就把自己牢固地绑在土地上；在大地上有自己的血汗足迹，有生生不息的父父子子。这种感情是一种特殊的民族感情。王龙爱自己的土地，在灾荒年代，他什么都肯卖掉，就是不愿卖掉自己的土地。“田地，我们一定不卖的，如果卖掉，等我们从南边回来，靠什么吃？但是桌子，四只板凳，两张床，连被铺还有锅子，我们要卖掉。只是铁耙、锄头和犁儿，我们不卖，田地也不卖。”他逃荒在南方更是念念不忘自己的田地：“回去总要回去的，不是今年就是明年，有田地在那里！那浸润着春雨的田地，正在那里期待着他的耕种。”当他成了地主，一度沉浸在色欲之中时，是大地唤醒了他：“他看见大水退尽了，在干燥的西风和热烈的太阳下，田野肥美地展开着。”“那时他心中一个呼叫，比爱情还深切的呼叫，他觉得这呼叫响于他生命中的一切声音，于是他脱去长衫，脱去丝绒鞋和白袜，卷上裤管到他的膝部，挺一挺壮热的胸，呼叫道：‘锄头在哪里？犁呢？有麦种？喂，老金——叫佃工们来——我到田头去！’”王龙在临死时，作者饱蘸感情写下了感人至深的场面：“那老头（王龙）脸上泪痕纵横，泪水便在那儿干结着。于是他俯下身去，捞一把泥来，捏在手里，喃喃地说道：你们要卖田地，那就完结了。”“两个儿子每人搀着一只臂膀，他手里紧捏着温暖而散松的泥土。”这个惊心动魄的画面给读者留下了难忘的印象。

再次，王龙也是一个爬上去的小生产者的艺术典型。他具有小生产者那种顽固往上爬的自我意识。王龙原是一个贫苦农民，靠自己的勤劳节俭，买下了财主家的“小坝土地”，成了小生产者。小生产者的特点是：“发财观念极重，对赵公元帅礼拜最勤，虽不妄想发大财，却总想爬上中产阶级地位。他们看见那些受人尊敬的小财东，往往垂着一尺长的涎水。”（毛泽东《中国革命和中国共产党》）但正当王龙做着财主梦的时候，偏偏遇上了特大旱灾，结果被迫逃荒要饭、离乡背井。一次偶然的机会，在“抢大户”时，他获得了一些金子，他的老婆阿兰又获得了财主家藏在墙壁洞里的一些珠宝，这使他一下子成了富翁。他回乡买下了300亩田地，造了屋，购置了农具和牲畜，还雇了佣工和管家。5年后，王龙成了不折不扣的地主。必须指出，在半殖民地半封建的中国，像这样爬上去的小生产者只是个别现象，决不能成为中国广大农民的真正的代表。

值得一提的是，作者通过王龙这一艺术形象，不仅深刻地揭示了几千年封建社会所固有的农本思想，还从王龙让孩子读书将来好做官，好算账，与经商者联姻，支持二儿子学生意等，反映了中国农村资本主义因素的萌芽。

最后，我们还必须清楚地看到王龙身上也具有地主阶级的污垢，如雇工剥削，放高利贷，一度追求享乐，鄙视曾与自己同舟共济并作出重大贡献的糟糠之妻。"原来的单纯，以及跟土地的和谐都消失了。"(诺贝尔文学奖《颁奖辞》)这体现了地主阶级的本质特征。当王龙的小儿子说："从未有过的战争就要来了——革命呀，打仗呀，就要来了，我要争本国的自由。"他非常惊愕："我不懂你的话，我们的田地已经自由了——我们的好田地。我要租给谁，我就租给谁，有洋钱有好谷给我变出来，你们靠这吃，靠这穿，你还要什么自由。"他不能理解，所以站在革命的对立面。如果他不死去，还会成为革命的对象。

可见，赛珍珠笔下的王龙并不是一个完人、超人。在王龙身上既有中华民族所共有的勤劳节俭、艰苦创业、热爱土地的传统美德，又沾染了雇工剥削、放高利贷、保守自私、反对革命的剥削阶级所共有的丑恶思想。王龙性格的多重性和复杂性，是社会生活曲折的反映。他所达到的艺术真实程度是无可置疑的。外国人民重视《大地》这部著作，借以了解中国农民的历史道路，也是完全可以理解的。

三

生活是创作的基础。赛珍珠之所以能写出《大地》这样反映中国农民生活的成功作品，首先是因为她曾长期生活在中国，尤其生活在镇江长达 18 年之久。她仔细观察过中国的风俗民情，很多中国人成了她"最好、最亲密的朋友"。她说："使我感到最大的乐趣与兴趣的总是人民"，"由于我住在中国人之间，这人民便是中国人了。当有人问我他们是什么样的人时，我无法回答。他们不是这样的或那样的，他们只是人。我无法给他们下定义，就像无法给我的亲戚朋友下定义一样"。"我跟他们太近了，生活得跟他们太密切了，以致无法这样做。"(诺贝尔文学奖《颁奖辞》)她听着中国人的谈话，就能深刻体会他们的生活。中国人的欲望、中国人的要求，这一切都深入了她的心灵。她在中国经历过好年景，也经历过大荒年，经历过"血海成河的变革时期"，这些丰富曲折的生活经历，为她创作《大地》打下了深厚的基础。

其次，是因为她具有坚实的中国文化基础。她早年就受到中国文化的熏陶，她从乳母王妈那里学到许多中国文化故事，她不仅读过中国经书，而且用了 10 年时间研读了几乎全部的中国小说。她说当地的方言，说得像本地人一样,因此她认为:“中国话是她的第一语言,而英语第二。”(劳伯·A·魏根金斯《赛珍珠及其作品》)正因为她具有熟练阅读中国作品与驾驭中国文字的能力,她才能采用中国传统的艺术手法,写出《大地》这样的作品来。

再次,是因为她有较强的把中国介绍给西方的使命感。她曾说过她如何发现了她的使命,要把中国的性质及存在的状况向西方人解释。她并不是为了要做文学工作者而转向这一题材的,这个使命降临到她身上是非常自然的。《大地》问世以后,对沟通东西方文化发挥了积极作用。《大地》几乎被译成了世界上所有的文字,在60多个国家翻译出版。她使西方人能通过她的小说用更深的洞察力来了解中国、了解中国社会。据说,《大地》中关于王龙度过艰难岁月的精神,曾经坚定美国人民的信念,鼓励他们度过了那“经济不景气”的岁月。

(本文原载于《镇江师专学报(社会科学版)》,1991年第3期)

徐秉忱 刘龙

封建土地制末代家族的兴衰

——评赛珍珠《大地》的思想艺术得失

美国女作家赛珍珠描写中国辛亥革命前后淮河北部农村生活的长篇巨作——《大地》《儿子们》《分家》三部曲,1938 年曾以其“对中国农民生活的丰富而真实的史诗般描写”而获得诺贝尔文学奖,先后被 60 多个国家翻译出版。然而它的命运却像作品中的主人公那样,在半个多世纪中历经坎坷,争议不一,毁誉不同,这就给文学研究提出了一个长期悬而未决、有待重新认识的课题。特别在当今世界上各国、各民族文化交流日益扩大和加深,中国文化历史积淀深厚,目前又处于改革开放的新时期,外国尤其是西方许多国家的人士,都希冀以文化作为窗口了解中国人民的历史,进而认识中国的现实。真正反映生活的文学作品,是综合显示一个民族文化的重要方面,它提供给人们的认识也是生动形象而又丰富具体的。因此,我们研究评析反映中国人民生活的文学作品,无论是中国人写的还是外国人写的,对人们更好地了解和认识中国,应该说都是具有重大的现实意义的。

赛珍珠在中国大地上先后生活了 30 多年,可分为两个不同的阶段,前一阶段是童年和少年时期,后一阶段是她在美国受完高等教育后再次来中国。由于她父母长期在旧中国担任传教士,接触面较广;她本人在教会学校供职,除了较多地往来于中国知识阶层人士之外,对动荡的社会、风云变幻的形势也有较多的感受,特别是对各种天灾人祸都可以任意加害的农民所身受的空前苦难,更是目有所视、心有所动。她的如此经历,当然比没有在中国大地上生活过、与中国普通人民毫无情缘的外国人感受要深得多。正因为如此,所以她才有胆量说她“发现了她向西方介绍中国的本质与存在这一使命”。① 无疑《大地》三部曲就是她企图完成“这一使命”的重要成果。

鉴于《大地》三部曲卷帙浩繁,内容比较丰富,我们将分专题研究。本文仅对三部曲的首部——《大地》进行必要的探讨。

一

《大地》着力向我们展示的是主人公王龙艰苦奋斗,由贫到富、从农民到地主的曲折历程。当王龙告别人世时,他的三儿子虽然还没有成家,大儿子、二儿子已为他生了11个孙子、8个孙女;他还有两个妾,一个傻女儿,一个已出嫁的女儿。在封建社会来说,可谓富贵乡里,儿孙满堂。然而在王龙断气前一段时间,家族已经是矛盾迭起,衰象显露。王龙死后,儿孙们将走什么路?命运如何?《大地》结尾部分有这样一个意味深长的场面:

王大、王二知道父亲王龙将不久于人世了,他们暗暗策划,来到王龙苦心经营、视为命根子的地头,王二说:“我们把这块地卖掉,还有这块。我们把卖来的钱平分掉。你那一份我想用高利贷借过来。因为现在有铁路经过这里,我可以把稻米运到沿海一带。”他们没有想到王龙悄悄跟在后面,当听到“把地卖掉”这句话时,王龙气怒地骂他们“可恶的懒汉”,随即抽泣得要倒下去。两个儿子一面假意地安慰他:“不要担心,爹,这一点你可以放心——地,决不会卖掉的。”一面却“隔着老人的头顶,他们互相看了看,然后会心地笑了”。这个富有喜剧意味的结尾,在客观上昭示着,在时代的门槛边,对两代人的命运作了一个界定。王大追逐享乐,挥霍懒惰;王二经营粮行,他从铁路的延伸,已陶醉于资本主义商品经济的诱惑。而王龙从祖祖辈辈承袭下来的以大地为根的传统也就将随着他的死而中断了。

我们对《大地》的剖析,之所以先拎出其喜剧性的结尾加以透视,旨在证明:其一,《大地》以王龙一生的奋斗为内容,起讫分明,因此在三部曲中具有较强的相对独立性;其二,王龙的死,意味着一代人生命价值取向的终结;其三,《大地》中王龙的整体形象和有关形象体系寓含着超越个体的深刻意蕴。也就是说,作品的客观存在,所能提供我们认识的,不是个别农民或一般农民的命运和道德价值问题,而是封建土地制必然生发出来的家族命运问题,也正是在这一点上,折射出时代的辙印、历史的趋向。

《大地》中作者是怎样塑造王龙形象的呢?

王龙的上代有父亲、叔叔。叔叔一家虽然与他们分门立户,但由于血缘

---

① [瑞典]佩尔·哈尔斯特龙:《授奖词》,[美]赛珍珠《大地三部曲》。

关系，始终与他们利害相连、生死与共。王龙的父亲作为大房长子，虽然因年迈老朽无用，但按照封建家长制的体统，其权威还是绝对存在的，不仅王龙要听命于他，就是王龙的叔叔也惧怕他。王龙的父亲虽生过10多个子女，而剩下的只有王龙一人。王龙父亲从先辈手上承接的一块地，经过他的手又传承给王龙，它是王龙与祖祖辈辈生活道路一脉相承的纽带；现在老人虽然已不能再从事田务，也无力承担任何家庭琐事，但他的存在却是绝对需要的，他要用先辈那里千百年来形成的一套传统，严格地规范着王龙的生活。譬如持家要勤俭，不可乱花钱，喝水不应用茶叶。尽管年轻人纷纷剪掉了头上的辫子，而王龙头上的辫子没有老人的批准是不敢随意剪掉的。他为王龙择亲，目的只在传宗接代，只要求能劳动，会过日子，至于是否好看，王龙是否满意，那是不容儿子考虑的。这一切无不处处显示出长期形成的封建传统制对大地之子的一代农民顽固的约束力量！

王龙在先辈划定的框架中成家立业，开始人生的起步。他是家庭的脊梁，拼命劳作，向大地索取生活的资源，他期望妻子一个又一个地生子；为嗣育后代，他甚至不顾吃饭，不吝血汗地勤恳劳作。他更深情地眷念着大地。对此，赛珍珠带着深深的同情，合乎人性地揭示了在封建制度下中国农民顽强拼搏的生存意识和生命观念。就王龙来说，正是出于这种生存、生命观，他两脚深深扎在大地上，只知道按照先辈的足印去丈量自己的人生旅程，规划儿子和家庭的存在。当他们第一次遇到旱荒，在死亡的边缘挣扎时，他举家逃到远离乡土的城市，这时，另一种生存之路，仿佛是考验而且也确有可能引诱他去开辟，而他日思夜想的还是那片乡土。城市宛若另一人生世界的灯红酒绿，充满着形形色色人的欲望需求，他全然抱着视而不见、充耳不闻的态度。他认为只有那片土地才是他的家庭，才是他全家人的安身之所。大地就是他家庭、家族绵延不绝的根！

王龙对自己和家族之路的选择，以及那种超越一切的执著追求，表现为一种自觉的满足。他一次又一次地砌房造屋，经营得宛如一座庄园，他不断从镇上迅速败落的黄姓地主家族手中买进优质的土地，他雇用足够耕种他所有田地的破产农民为长工，他买奴纳妾……于是他从农民变为地主，儿孙满堂，一切如愿，悠然自得。由于生活状况的改变，他的意识也有了变化。他不仅忘记了自己昔日贫穷时遭富人轻贱的伤痛，转而鄙视眼前的穷人，而且竟然嫌弃曾同他一起吃尽辛苦创家立业的妻子。但是与这一切变化足以形成对照，或者说这些变化有力反衬出的另一面，却是他对土地的始终不能忘怀，因为他知道现实的一切全是大地的恩赐。以至于他不愿住在城里向黄姓财主买下的轩敞庭院，而是留恋乡土，常常走进田间，充满陶醉之情，他甚至把耘田耙土当成纯情的享乐。在王龙身上已经“变”了的一切，和始终没有“变”的那一面，是否意味着王龙形象与性格的两极分裂呢？否！应该说，“变”与“不变”两者强烈的对照，深刻地表明了王龙身上不变的一面，正是千百年来农民以土地为命根的传统在他身上形成的潜在意识成为根深蒂固的群体无意识，这也正是农民顽固保守劣根性的深层缘由。

二

《大地》以王龙为主体的形象塑造，所能提供给我们的认识究竟是些什么呢？当然从不同的角度来说，可能是多方面的，譬如：农民的历史命运问题，文化传统问题，个体农民勤恳劳作是否必然能致富问题，在封建制度下不同类型的妇女命运问题，人伦道德观念问题，等等。无疑，这些都可以做为《大地》作品不同侧面的专题评析。但是如果把这些方面的任何一点当做《大地》最主要的生活本质的反映，这就很值得商榷。譬如有人企图通过对王龙形象的概括，说明作品的主要意蕴：“他和土地原本是互不可分的，两者将随着他平静地迎来死亡而重新合为一体。他的工作也是一项已尽的义务，这样他的良心便得到了安宁。由于欺诈丝毫无益于他的追求，他变得诚实正直。这就是他的道德观念的总和。”① 前面我们所展示的《大地》喜剧性的结尾，清楚地表明，王龙偷听到两个儿子要以瓜分的方式出卖土地，他受到强烈的刺激，满腔愤怒，从而加速了他告别人世：实际上他并不“平静”。王龙的一生也不是一般的“道德观念”所能涵盖的。应该说，王龙在承接先辈的传统中，原是充当了正剧的替身角色，在与儿子两代人的冲突中，是以喜剧的形式演出了悲剧的内容，只不过历史在演进的过程中，总是要以喜剧向行将消逝的过去挥手告别。正剧也好，悲剧、喜剧也好，是“时代”以严峻的面孔导演了人间的悲喜剧。

因此，我们认为，《大地》反映的最主要的生活本质，就是以王龙为代表的封建土地制家族必然衰落以至分崩离析的历史命运。这个历史发展的规律，任何人都是无法抗拒的。作品的客观效果超越了作者的主观自觉，这是形象大于思想的结果。

这里，我们只要对王龙发家的过程以及发家之后隐藏的和已经显露的种种危机稍加剖析就可以清楚了。

王龙一生的时间跨度，从作品隐约显露的蛛丝马迹检索，大约是 20 世

---

① ［瑞典］佩尔·哈尔斯特龙：《授奖词》，［美］赛珍珠《大地三部曲》。

纪初的20多年中,当时中国正处在旧民主主义和新民主主义革命的交替过渡时期。帝国主义列强的入侵,封建制度的根本动摇,天灾人祸,使民族矛盾、阶级矛盾空前激烈,整个社会动荡不安。时代既给人民投下了灾难的阴影,又给一部分人提供了机遇。在这样的背景中,王龙的发家是由这些因素促成的:

第一,他继承了先辈勤俭持家、顽强奋斗、吃苦耐劳的精神财富。然而单靠这些还不行,因为人多地少,家底不厚,挡不住水旱虫荒的交替危害。因此第一次大旱灾就险些吞噬了他们全家人的生命。如果说这是作品情节不经意的暗示,那也是达到了非常准确的真实。

第二,王龙一家逃荒到城市,由于灾荒和战乱的影响,城市动荡不安。在一次穷人哄抢大户时,王龙夫妻随人潮涌入,他本无意争拿什么,财主唯求安命,主动赠他两捧金子,他妻子得到许多珠宝。这些为他全家顺利回归故乡、购置田地、厚实家底、进一步积累财富提供了最大的"资本"。后来当再一次水灾、虫灾袭来时,他们就安然无恙了。

第三,王龙的叔叔是"红胡子"土匪帮的第二号人物,由于王龙以同宗关系供养他们全家,土匪对王龙也就不敢抢劫。否则王龙即使舍命劳作,财产再多,也会身家难保。

以上几点,对王龙发家来说都是非常重要的,有些看似偶然,但从时代特点来看,偶然之中蕴含着必然。

王龙发家之后,外表看似堂皇,实际是危机四伏:他本人不惜耗财买奴纳妾,寻欢作乐;勤俭持家的妻子早离人世,失去守家的帮手;能以传统德行规范王龙的父亲也命归黄泉;两个儿子不守祖训,成了消耗家财的漏洞……王龙一生总结的主要经验就是:人要勤劳,地是命根子,"当人们开始卖地时……那就是一个家庭的末日……"可偏偏在王龙还有一口气时,两个儿子暗自盘算卖地的主意就已经回旋在他的耳际,冲击着他的心门了。王龙不知道当铁路已经划破大地,资本主义商品经济的车轮呼啸而来时,死守住封建主义土地制的祖传陈规是没有什么用的。

值得注意的是,《大地》中写王龙苦心追求发家时,总是以黄姓大地主家曾经达到过的鼎盛为目标,同时又写黄家迅速地败落,田地、房产不断转入王龙手中,而造成黄家衰落的原因,在王龙家族中也初见端倪。这难道不是预示着王龙家族也必然要重蹈黄姓家族的覆辙么?因此,这也就更加证明,在"明代"高手的导演下,同一历史舞台是演不出两样戏文的。

三

我们坚信,就像庄稼总是在大地上生长出来一样,任何有价值的艺术作品,都是时代、生活这样或那样的折射。离开时代和生活,奢谈一般的道德、人性,把道德、人性作超越时空的抽象化,这都是有意或无意地对艺术的亵渎。

文学作品一旦问世,应该说它就是客观存在的实体,我们无权去猜度作者的主观意图,忠实的读者只能根据作品实际作出力所能及的评说。从前面的剖析中,我们认为赛珍珠的《大地》是有一定的思想深度和艺术力度的。但同时我们也认为《大地》存在着不容忽视的缺陷。

第一,时代特点缺乏必要的明晰度。在20世纪的前20多年中,在中国大地上社会矛盾错综复杂,其中既有辛亥革命的曲折起伏,又有大小军阀的混战,更有在中国共产党领导下的波澜壮阔的新民主主义革命。如果说因为北方农村比较闭塞,感受不到时代动荡的气息,那么,当王龙一家逃荒到大城市时,感受就应该强烈和明显了。可是作者只是惜墨如金地作了些许点染,如学生演说、不明旗号的军队拉夫。似乎这些写与不写都无关紧要的,而读者却如坠入云雾之中。

第二,故事情节丰富性不够。无论从作品的史诗性来说,或是从通俗作品的特点来说,这一点都显得欠缺。因为情节的曲折丰富,不仅关系到对生活的涵盖程度,而且直接关系到对人物形象的塑造和性格的刻画。《大地》共34章,其中有些章似乎调换编排亦无不可。个别章抽掉亦无关大局。文学作品构成情节的场面也是值得重视的,它既能丰富情节,又能增加风俗化的色彩,像阿兰和王龙父亲的殡葬,写得就比较粗疏,没有给读者留下较深的印象。

第三,在语言方面,不少地方过于琐碎,有累赘感。试举两例:

1. "王龙要提供肥料,豆饼和芝麻经过榨油之后剩下的油渣。"

2. "打下谷粒后他们就扬场,用大簸箕把谷粒扬进风里,好的谷粒就近落下,杂物和秕子则一团团随风飘落在较远的地方。"

从文学作品的语言要求来说,这类叙述性的文字不够简洁明快,也谈不上传神。

(本文原载于《镇江师专学报(社会科学版)》,1991年第1期)

顾钧……

《大地》中赛珍珠的宗教立场

1931年，赛珍珠的《大地》在美国出版后，很快被译介到中国，前后有8个译本之多。同时，中国的评论家也对这部以中国为题材的小说进行了评说。大体上来说，褒大于贬。[①] 然而大多数人的叫好甚至是溢美之词有时并不能淹没少数批评者的声音，赛珍珠作品在20世纪30年代中国的遭遇便是这样。原因在于，这少数人当中有当时文学界和批评界的重要人物鲁迅、胡风和伍蠡甫。有趣的是，三个人批评的焦点都集中在赛珍珠的宗教立场上。下面是他们在这一问题上的阐述：

> 即如布克夫人，上海曾大欢迎，她亦自谓视中国如祖国，然而看她的作品，毕竟是一位生长中国的美国女教士的立场而已。[②]
>
> 因为作者只是一个比较开明的基督教徒这个主观观点上的限制，她并没有懂得中国农村以至中国社会。[③]

另外，《大地》第一个中译本的译者伍蠡甫也持有相似的看法。在这当中，鲁迅的意见是影响最大的，他短短的几句评语实际上一直到今天还在影响着赛珍珠在中国的接受。如陈辽1997年在《鲁迅研究月刊》上发表的一篇文章，题目就是《还是鲁迅对赛珍珠〈大地〉的评价正确》，对此郭英剑在同一本杂志上发表了商榷文章，对于鲁迅的观点进行了以下三点辨析：第

---

① 刘海平：《赛珍珠与中国》，《外国文学评论》，1998年第1期。

② 鲁迅：《致姚克》，《鲁迅全集》（第12卷），第191页。

③ 胡风：《〈大地〉里的中国》，《胡风评论集》（上），第191页。

一,在20世纪30年代初,赛珍珠的作品受到人们的欢迎和赞许,引起了鲁迅的关注。由此可见赛珍珠在当时的影响力是非同寻常的。第二,鲁迅的话是在1933年说的,而当时赛珍珠才仅仅出版了4部有关中国题材的小说,即《东风·西风》《大地》《儿子们》和《发妻和其他故事》。第三,鲁迅是在一封私人书信中提及赛珍珠的,即非专门评论——也就是说,它不是对赛珍珠的创作进行的全面的考察与评论——更非定论,我们没有必要将其作为评价赛珍珠文学创作的唯一根据。① 对于上述三点,我基本同意。但需要补充的是,有迹象表明鲁迅晚年要对赛珍珠做重新的评价。鲁迅在1936年9月15日给日本友人增田涉的信中写道:"九日手书奉到。关于《大地》的事,日内即转胡风一阅。胡仲持的译文,或许不太可靠,倘如是,对于原作者,实为不妥。"② 但遗憾的是,鲁迅很快就去世了。所以除了上述两封私人通信外,鲁迅确实始终没有公开地评论过赛珍珠的作品。而与此不同的是,胡风与伍蠡甫是专门撰写长文来摆出自己的观点,而对他们的观点到目前为止还没有人进行过辨析,所以本文以下将主要从事这一工作。

赛珍珠的传教士身份使她笔下的传教士最容易引起关注,《大地》中直接描写传教士的只有一处:

> 王龙这辈子从未学过纸上的字是什么意思,因此这种贴在城门或城墙上或者甚至白给的盖满黑字的白纸对他毫无意义。但这样的纸他得到过两次。
>
> 第一次是一个外国人给他的,这人和他那天偶然拉的那个人差不多,只不过给他纸的人是个男的,瘦高个,像是被狂风吹过的树一样身子有点弯曲。这个人长着像冰一样的眼睛,满脸胡子,当他给王龙纸的时候,王龙见他手上长满了毛,而且皮肤是红的。另外他还有一个大鼻子,像从船舷伸出的船头一样从他的脸颊上凸出来。王龙虽然害怕从他手上拿任何东西,但看到这个奇怪的眼睛和可怕的鼻子,他又不敢不拿。他抓住塞给他的那张纸,等那人过去以后他才有勇气去看。他看见纸上有一个人像,白白的皮肤,吊在一个木制的十字架上。这人没穿衣服,只是在生殖器周围盖着一块布,从整个画面上看他已经死了,因为他的头从肩上垂下,两眼紧闭,嘴唇上长着胡子。王龙恐惧地看着这个人像,但逐渐产生了兴趣。这个人像下面还有些字,但他一点不知道是什么意思。

① 郭英剑:《如何看待鲁迅先生对赛珍珠的评论》,《鲁迅研究月刊》,1998年第6期。

② 鲁迅:《鲁迅全集》(第13卷),第669页。

晚上他把画带回家去，拿给他父亲看。但他也不识字，于是王龙和他父亲及两个男孩便讨论起它可能是什么意思。两个男孩子又兴奋又害怕地大声喊道：

"看，血正从他的身子一边往外流呢！"

接着老人说：

"肯定是坏人才被这样吊着。"

但王龙对这幅画感到害怕，他仔细想着为什么一个外国人把这幅画给他，是不是这个外国人的兄弟曾被这样对待而其他同胞要进行报复呢？因此他避开遇见外国人的那条街。过了几天，这幅画被忘却以后，阿兰把它和她从这里那里捡来的一些纸一起缝进了鞋底，从而使鞋底更为结实。①

对这一段的描写，胡风的评论是："这说明了作者自己也晓得救主基督和中国群众底灵魂不能起什么变涉，反映着传教士底烦恼，同时也说明了她把在另一意义上的基督教对于中国社会的重大作用轻轻地掩盖了。②"伍蠡甫的评论是："作者若不是同情于宗教的宣传，自然不会写出这一段，更不必添上这个 item：阿兰还把圣像和破布做了鞋底呢！"③ 对于这两位的评论，我不能完全同意。因为在我看来，赛珍珠在这一段中既没有表现出"烦恼"，也没有什么"同情"可言。她有的只是对传教士以及耶稣基督的揶揄。为此她特地从原先的叙事者的全知全能的视角转换成小说中人物王龙的视角来描写传教士的外貌和耶稣受难图。这两者在目不识丁的王龙看来是那么可怕和不可思议。我们知道，赛珍珠的父母、丈夫以及她本人都是传教士。她这样写是冒着得罪家人、同事以及亵渎基督的危险的。其实，为了避免这种危险，她完全可以不采用王龙作为中心人物来叙事。她之所以这么做我认为有特别的用意，正如胡风正确地指出的那样，她想告诉西方读者的是，"救主基督和中国群众底灵魂不能起什么交涉"——企图用基督教来改造中国人在赛珍珠看来是行不通的。同时，她在《大地》中描绘了中国人按照自己的方式祈丰、求子、祭祖等情形。例如下面关于新年之前王龙各种活动的描写便是一例："他还买了给土地神做新衣用的红纸。尽管老人的手有些颤抖，他还是精巧地把纸衣服做了出来。王龙拿了这些纸衣，到土地庙给两尊神像穿在身上。为了新年的缘故，他还在神前烧了香。王龙还给自己家里买

① ［美］赛珍珠：《大地三部曲》，第 99－100 页。

② 胡风：《〈大地〉里的中国》，《胡风评论集》（上），第 194－195 页。

③ 伍蠡甫：《评福地》，《福地述评》，黎明书局，1932 年，第 23 页。

了两枝红蜡烛,准备除夕点在神像前的桌子上,那张神像就挂在堂屋中间桌子上方的墙上。"[1]通过这类情节的描写,赛珍珠意在真实地展示中国人在长期的历史发展中所形成的与基督教完全不同的信仰体系。耐人寻味的是,这类描写没有引起胡风、伍蠡甫两位的注意和反应,但是却触怒了一些传教士读者。彼得·康所著《赛珍珠传》中有这样的记载:

> 3月下旬,赛珍珠收到一封对她大加指责的来信,写信人是纽约传教董事会负责中国事务的执行秘书长考特尼·芬恩。他用父亲般的口吻坦称自己对赛珍珠的书感到"失望、伤心"。芬恩肯定此书从文学角度来看首屈一指,但是责备她没有使用"传教士的视角"。他说虔诚的传教士"不能光是因为作品'忠于生活'就把它拿去出版"。[2]

虽然芬恩不能代表所有的传教士读者,但是他的观点至少可以作为一个佐证说明赛珍珠在小说中没有采用传教士的宗教立场,而是恰恰相反,她的传教士身份为艺术家身份所取代。

另外一个用来批判赛珍珠宗教立场的是下面一个情节:

> ……他开始拉着车奔跑,几乎不知道自己在干什么。他叫住那天拉车碰巧认识的另一个车夫问:
>
> "你看——我拉的是个什么人?"
>
> 那人喊着对他回答说:
>
> "一个外国人——一个美国女人——你发财啦!"
>
> 但王龙害怕身后那个奇怪的家伙,拉着车尽可能地快跑,等他到达大桥街时,已经精疲力竭,汗流浃背。这个女人下了车,用同样结结巴巴的口音对他说:"你用不着拼命跑。"然后在他手里放了两块银元,这比平常的价钱多出一倍。
>
> 这时王龙才知道这是个真正的外国人,而且在这个城市里比他更是外来人;他也知道了黑头发、黑眼睛的人毕竟只是一种人,还有另外一种黄头发、黄眼睛的人。从那以后,他在这个城市里不再觉得自己完全是外来人了。
>
> 那天晚上,他带着收到而未动的两块银元回到席棚以后,把这事告诉了阿兰,她说:

---

① [美]赛珍珠:《大地三部曲》,第38页。

② [美]彼得·康:《赛珍珠传》,第146页。

“我见过他们。我经常向他们乞讨,因为只有他们才往我碗里放银钱而不放铜钱。”

但是,王龙和他老婆都觉得外国人给银钱不是出于什么善心,而是因为他们无知,不知道给乞丐铜钱比给银钱更合情理。①

胡风认为这一情节是与“实际情形完全相反的说教”,是“完全让传教士底观点代替了艺术家底对于真实的追索了”。② 伍蠡甫的批评更为激烈:“至于作者特意写出外国人多给王龙的车资,也嫌气魄太小了。因为,在洋兵甚或若干外国布尔乔亚光临过的中国任何地方,车夫所受拳足交加的恩遇,实在也是罄竹难书了,那末,又且无描写的必要吗?”③显然,两位批评家都对于赛珍珠把一个外国女人写得过于慷慨表达了深刻的不满。但是,仔细阅读原文,我发现他们的结论有失偏颇。第一,小说中描写的这一事件在当时的现实生活中并非完全没有可能。当时来中国的外国人并非都是侵略分子,其中也有同情中国人民和中国革命的人,如斯诺、史沫特莱等。赛珍珠也属于这一类,而且上述细节我觉得很可能就是赛珍珠根据她本人的亲身经历写的。第二,即使该细节全是出于赛珍珠的创作,她也无意借此宣扬外国人的乐善好施,而是恰恰相反,倒是说明了外国人的无知。这在上文所引译文的最后一段看得十分清楚。值得注意的是,这一段文字在胡风所据的胡仲持的译本上却是另一个面目:“然而外国人的丢角子是出于慈悲心,并不是因为不知道拿铜板来给乞丐比角子更合适的缘故,这一层,王龙和他的妻却都没有觉得。”④ 两相对照,我们发现两个译文的意思完全相反。究竟谁译得对?我们必须引出这一段的英文原文:

But neither Wang Lung nor his wife felt that the foreigner dropped silver because of any goodness of heart but rather because of ignorance and not knowing that copper is more correct to give to beggars than silver. ⑤

不难看出,本文所据的王逢振等人的译文是准确的,而胡仲持的译文与原文的意思恰恰相反。因此,对于胡风根据这一译文所做的结论也大打折扣。有关译文值得一提的是,鲁迅所读的《大地》也是胡仲持的译本,

① [美]赛珍珠:《大地三部曲》,第 87 页。
② 胡风:《〈大地〉里的中国》,《胡风评论集》(上),第 193 - 194 页。
③ 伍蠡甫:《评福地》,《福地述评》,第 25 页。
④ 同②。
⑤ Pearl S. Buck. *The Good Earth*. Pocket Books, 1974:77.

所以对于鲁迅的观点或许我们也应该同样打个折扣。从上文所引的他致日本友人增田涉的信,我们可以推测增田涉的信中一定指出了胡译的种种错误并且不同意胡风根据这一译本所作出的评论,所以鲁迅回信中才有"日内即转胡风一阅"这句话。这使我们有理由相信,胡风看了鲁迅所转增田涉的信后一定会修正自己的观点。另一方面,上文的讨论都是在没有区分作者和叙述者的情况下进行的,也就是说,将作品中所有的观点都看成是作者的观点,这其实是很有问题的。从叙述学的角度来说,无论我们使用王逢振等人的正确译文还是胡仲持的错误译文,我们只能把洋人的乐善好施或是无知看成是王龙和阿兰的观点,因为叙述者是通过他们的视角来叙述的,"felt"(觉得)一词是叙述转换的关键词。如果说全知全能的叙述者可以基本代表作者的观点的话,那么通过人物视角的叙述只能表达人物的观点,而不总是作者的观点。我们很难想象王龙眼中面貌怪异的传教士在赛珍珠本人看来也是同样怪异。结合她以后的作品,我们发现,通过人物视角来叙述西方的人和事构成了赛珍珠中国小说创作的一个特色。

从以上的分析我们可以看到,赛珍珠在《大地》中并没有采用胡风和伍蠡甫所批判的所谓传教士的宗教立场。但是两位评论家何以得出这样的结论呢?问题的关键还在于他们认为赛珍珠在小说中没有写出帝国主义对中国农村的剥削。正如胡风所说:"吸干了中国农村血液的帝国主义,在这里也完全没有影子。王龙底大半生的经过里面,应当碰到了不少的事变,那些事变也应该是和帝国主义底压迫互相关联的,抹去了这些就不能使王龙这个人物取得较高的真实意义。"①胡风和伍蠡甫很自然地把帝国主义的缺席联系到赛珍珠的传教士身份,于是就形成了一个思维定势,左右了他们对于作品的评论。如果用这样的思维来分析中国20世纪30年代作家的作品,情况会怎样?例如鲁迅为之作序的叶紫的《丰收》,其中也只是写了地主对云五叔的剥削和压迫,说到底还是对封建制度的批判,"吸干了中国农村血液的帝国主义,在这里也完全没有影子。"实际上,就鲁迅本人所写的有关中国农村的作品来说,其中也只是出现了一个"假洋鬼子"而已。而非"左翼"作家在处理帝国主义问题上则更缺少自觉性。以写乡土小说著名的沈从文,他的代表作《边城》描写的湘西小城,那里的人——无论是翠翠还是老船公,那里的事——无论是老一辈之间的交往还是年青一代之间的爱情,完全是桃花源式的。在那里,不仅没有帝国主义的影子,连封建主义的影子也没

---

① 胡风:《〈大地〉里的中国》,《胡风评论集》(上),第193-194页。

有。再者，从历史上看，帝国主义对中国的侵略主要集中在城市，特别是沿海的大城市。赛珍珠在一篇写于20世纪20年代的短篇小说习作《褶边》中，就叙述了一个白人资本家妇女剥削中国裁缝的故事，而这个故事就发生在城市。①

显然，胡风、伍蠡甫是用一种政治标准，而不是一种文学和美学的标准来评价赛珍珠的《大地》的。这在当时也是历史大潮使然。正如研究者所指出的那样，现代文学第二个十年(1928—1937)的特点："其一是'五四'所开启的有相对思想自由的氛围消失了，文学主潮随着整个社会的变革而显得空前的政治化；二是无产阶级革命文学运动推进了马克思主义文艺理论的传播与初步的运用……"②无疑胡风、伍蠡甫是力图用马克思主义的文艺理论来分析赛珍珠的作品，这在当时是相当先进的，值得肯定。但是，另一方面，他们的运用又不免显得有些机械和教条。对于他们的历史局限性，我们在指出的同时，也应给予同情和理解。

当然从另一方面来讲，赛珍珠出身传教士家庭，本人和丈夫都是传教士，所以宗教立场对她来说或许是不可避免的。历史上有许多作家的世界观和创作方法是矛盾的，就落实到字面的文本来说，起作用的是创作方法而非世界观，对此恩格斯以巴尔扎克为例作过十分深刻和精辟的阐述："不错，巴尔扎克在政治上是一个正统派，他的伟大的作品是对上流社会必然崩溃的一曲无尽的挽歌；他的全部同情都在注定要灭亡的那个阶级方面。但是，尽管如此，当他使他所深刻同情的那些贵族男女行动起来的时候，他的嘲笑是空前尖刻的，他的讽刺是空前辛辣的。……这样，巴尔扎克就不得不违反自己的阶级同情和政治偏见；他看到了他心爱的贵族们灭亡的必然性，从而把他们描写成不配有更好命运的人；……这一切我认为是现实主义的最伟大胜利之一，是老巴尔扎克最重大的特点之一。"③赛珍珠的现实主义虽然没有达到巴尔扎克那样的高度，但是她在《大地》中真实地表现中国和中国人的努力是明显可见的。首先，她塑造了一系列中国传统农民的形象，特别是阿兰的形象，尤为真实感人。她的勤劳、善良、坚韧以及逆来顺受无不体现了中国传统农村妇女所具有的品格。其次，她在《大地》中通过大量的民俗描写充分展现了乡土中国的风

① Pearl S. Buck. *Twenty Seven Stories*. The Sun Dial Press, 1943: 125 – 140.

② 钱理群，等：《中国现代文学三十年》，北京大学出版社，1998年，第191页。

③ [德]恩格斯：《致玛·哈克奈斯》，《马克思恩格斯选集》，人民出版社，1966年，第446页。

貌。[1] 就连胡风也承认:"作者对于中国农村底生活是很熟悉的。"[2]正是凭借这种对中国的熟悉和现实主义的创作态度,赛珍珠写出了她一生中关于中国的最好的一部作品——《大地》。

(本文原载于《镇江师专学报(社会科学版)》,2001 年第 1 期)

① 周松林,刘龙:《壮丽的中国社会》(民俗卷),刘龙《赛珍珠研究》,第 301 - 325 页。
② 胡风:《〈大地〉里的中国》,《胡风评论集》(上),第 186 页。

朱坤领

赛珍珠的中国妇女观

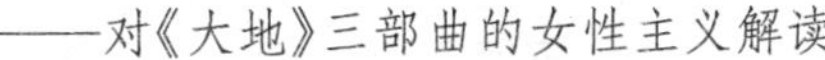

——对《大地》三部曲的女性主义解读

《大地》三部曲(《大地》《儿子们》和《分家》)是赛珍珠的代表作品之一,也是她获得诺贝尔文学奖的重要依据。三部曲的一个重要价值是突出反映了赛珍珠的中国妇女观。身为女性的赛珍珠极其关注中国妇女,在华近40年中,她长期和她们生活在一起,感受其酸甜苦辣,了解其受压迫的历史,洞察其心灵深处的秘密。在以中国为题材的小说里,赛珍珠对她们的命运和主体性作了广泛而深入的探讨。瑞典学院常务秘书哈尔斯特龙早在1938年就指出,《大地》中"一个最严肃最忧郁的问题是中国妇女的地位问题"。[①] 那么,这个问题到底是什么?赛珍珠如何反映中国妇女与时代的关系?她的中国妇女观到底是什么?这个课题,已经有学者做过一些研究。20世纪30年代的学者汾澜认为赛珍珠揭示了"旧女性的特长和弱点,过渡时代青年女子的不幸,和新时代青年女子的矫枉过正"。[②] 刘粲风认为赛珍珠抱残守旧,同情旧女性,看不起新女性。[③] 20世纪90年代,姚君伟研究了赛珍珠对女性命运、地位和自我实现的关注。[④] 这些学者从不同角度研究了赛珍珠对待中国妇女的态度,为我们进一步考察赛珍珠的中国妇女观奠定了基础。

赛珍珠的中国妇女观到底是什么呢?她非常羡慕中国妇女的传统美

① [美]赛珍珠:《附录》,赛珍珠《大地三部曲》,第950页。

② 汾澜:《勃克夫人小说里的中国女人》,郭英剑《赛珍珠评论集》,第101-104页。

③ 刘粲风:《评〈分散的家〉》,郭英剑《赛珍珠评论集》,第105-108页。

④ 姚君伟:《男权大厦里的怨恨者与反抗者——论赛珍珠笔下的中国妇女群像》,郭英剑《赛珍珠评论集》,第399-406页。

德,欣赏她们在生活重担下表现出的坚强意志、忍耐能力和谋生技巧。这是她的中国妇女观吗?我认为,这是赛珍珠评判传统妇女是否有主体性的标准。但对于已经超越传统的现代妇女明显不适用,因为赛珍珠是一个具有强烈现代女性意识的作家和女性。在1941年出版的《论男人女人》(*of Men and Women*)一书中,她集中论述了自己的现代美国妇女观:美国妇女只有走出家门,参与公共生活,才能实现真正的妇女解放和男女平等。① 相比之下,她是否会用次一等的标准来衡量现代中国妇女呢?如果我们考虑到她一贯的种族平等立场的话,就会发现,她是不会戴着有色眼镜对待她所热爱的中国妇女的。难道她是在故意回避中国传统文化(对此她持偏爱态度)落后的一面吗?并非如此。她曾在多个场合批评传统中国社会对女性的压迫,同情她们的悲惨遭遇。在《我的中国世界》(*My Several Worlds*)和《异邦客》(*The Exile*)等作品中,赛珍珠就批评过中国人逼女人缠足和溺杀女婴等陋习,矛头直指中国传统文化的阴暗面。那么,如何表述赛珍珠的现代中国妇女观呢?我认为,它和赛珍珠的现代美国妇女观基本一致:中国妇女只有走出家门,接受新思想、新事物的洗礼,投身公共生活和社会变革,才能实现真正的解放。赛珍珠明确地认同了中国现代女性的主体性。

赛珍珠的传统中国妇女观和现代中国妇女观之间有什么关系呢?首先,二者都体现了女性的主体性,但分别适用于两个不同的妇女群体,对应关系不能颠倒。其次,这两种主体性的标准有着价值高下之分:相对于传统妇女,赛珍珠更重视现代妇女,把她们看做现代中国的希望。在《大地》三部曲中,赛珍珠分别使用了这两个标准,并区分了其层次和价值。

《大地》三部曲被认为是反映中国社会变化的史诗性作品,早在1938年,哈尔斯特龙就指出,赛珍珠对中国农民生活做了"史诗般的描述"。② 多伊尔认为《大地》三部曲的写作"采用了编年史形式"。③ 朱希祥也认为《大地》三部曲体现了史诗精神。④《大地》三部曲依次再现了中国社会在20世纪前30年里发生的重大变化:从封建社会末期农民的土地情结到清朝灭亡后的军阀混战,再到现代中国初建时期青年接受新思想的情形。这是《大地》三部曲的明线。另外还有一条重要的暗线:赛珍珠以广阔的视角和深刻的洞察力,刻画了不同时期中国妇女的形象,反映了她们走向解放的进程。

---

① Pearl S. Buck. *of Men and Women*. Methuen & Co. Ltd,1942:178.

② [瑞典]佩尔·哈尔斯特龙:《授奖词》,刘龙《赛珍珠研究》,第53页。

③ [美]保罗·A·多伊尔:《赛珍珠》,张晓胜,等译,春风文艺出版社,1991年,第28页。

④ 朱希祥:《从赛珍珠的"大地三部曲"谈"史诗"精神》,《镇江师专学报(社会科学版)》,1999年第2期。

本文将对此展开考察。

一、《大地》：封建没落时代的女性命运

《大地》的故事发生在20世纪初的皖北农村，人物和背景都取材于赛珍珠所熟悉的、闭塞落后的宿州。[①] 反映在小说里，大城市早已流行男人剃发和女人放足，反帝反封建的革命也开始酝酿。但在王龙的农村世界，留辫子和缠足之风依旧，生活如一潭死水。

在这一封闭落后的时代背景下，赛珍珠在《大地》中描写了众多传统女性人物，主要有阿兰、梨花、荷花和杜鹃等。她们生活在社会底层，处于男权制的重压之下，人生选择受到极大限制。赛珍珠根据她的传统妇女观，把她们大体分为两类：阿兰和梨花具有传统美德，得到她的欣赏；荷花和杜鹃缺少传统美德，因此她持批判态度，但毕竟还有体谅在里面。

阿兰是传统道德的化身，是赛珍珠毕生塑造得最成功的女性之一。阿兰的经历非常坎坷。小时候被逃荒的父母卖做丫头，在地主家饱受欺凌。嫁给王龙后，王龙又始终向她施加威压，把她当做泄欲和延续香火的工具，而不是把她当做自己的平等者。在她生完儿子并衰老之后，王龙便抛弃了她，开始嫖妓，甚至把她的好处一笔抹去。总之，赛珍珠首先把阿兰塑造成男权制下“一个饱尝苦难、受压迫最深的中国妇女形象”。[②]

赛珍珠并未止步于此，而是进而赋予阿兰一定程度的独立人格和反叛精神。阿兰打破了“男主外女主内”的戒律，在内在外都表现出非凡的勇气。在逃荒、买地和致富等过程中，她从幕后走到前台，成为决定全家命运的精神支柱。在她坚强意志和出色能力的对比下，男人王龙相形见绌。阿兰也有反抗的勇气，对王龙的压迫进行了针锋相对的斗争，虽然还只是有限度的。总之，在最传统的男权社会里，阿兰虽未受新思想的影响，但却表现出独立自强的主体意识。她超越男人的智慧和参与外部事务的举止，预示着女性解放的可能性，体现了赛珍珠的女性主义思想。

梨花和阿兰有着相似的经历，也是被父母卖做丫头，饱受欺凌，后来给王龙当妾。虽然她在性格上缺少阿兰的自强精神，但也具有传统美德。

对于荷花和杜鹃，赛珍珠因为她们缺少传统美德而对其持批判态度。她们被男权社会剥夺了独立生活的能力，因此不得不过着寄生生活，要么给

① Pearl S. Buck. *My Several Worlds*. Pocket Books, Inc. ,1954:157.

② 姚锡佩:《〈大地〉和〈西行漫记〉——赛珍珠和斯诺》,郭英剑《赛珍珠评论集》,第312-324页。

地主做妾,要么出卖肉体,要么剥削别人;在苟且偷生的同时,还背上了淫荡邪恶的骂名。赛珍珠明确反对她们的生活方式,但也体谅她们是男权社会里的弱者:为了谋生而不得不做男人的性奴隶,其地位的卑下可见一斑。通过描写这些女性在男权制下受到的沉重压迫,赛珍珠明确地告诉读者,在传统社会中,旧式女性赖以生存的空间很小,可供她们选择的机会很少。有学者认为,《大地》中的女性"无不带着奴性,没有独立的人格"。① 这个看法值得商榷。赛珍珠告诉我们,过错并不在女性身上,而是男权制度奴化她们的结果。她要强调的是,在男权制度的沉重压迫下,女性的生存能力是相当强的。而通过阿兰的能力、睿智和反叛精神所体现出的主体意识,赛珍珠传达的信息是:中国妇女的解放,希望在前。

二、《儿子们》:军阀混战时期承前启后的女性

《儿子们》里的故事发生在清朝刚灭亡之后。当时没有一派政治力量能够统率全局,出现了军阀混战的局面。如果说时代大潮对《大地》的世界没有多少影响的话,那么在《儿子们》中,影响就比较明显了。此时的社会趋势是:旧传统依然存在,但控制力渐衰;新思想开始传播,但方兴未艾。赛珍珠认识到,时世使女性的性格特征和价值取向具有新旧结合的特点。传统妇女已经逐渐不能适应社会的发展;新式妇女开始出现,虽然力量还比较弱小,也尚未完全摆脱旧思想的窠臼,但趋新之势已初见端倪。

《大地》中阿兰的去世,宣告旧式女性将逐渐告别历史舞台。《儿子们》里的旧式女性主要包括梨花、荷花、杜鹃、王大的太太与二房、王二的太太、王虎的二房等。梨花保持着她纯洁善良、耐心节制的传统美德。荷花和杜鹃则继续她们的寄生生活。但她们在无聊之余,也认识到了男人的自私和女人的牺牲,显示出其女性意识的萌芽。王大太太与王二太太生活的一个重要组成部分是互相吵嘴和挤兑,在琐事中浪费着生命。王大二房和王虎二房则是自卑顺从、没有主见的女性。这几个女性虽是配角,但在她们身上却显示出"末代"传统妇女生活的真实状况。

这些女性都是旧时代的弱者、受害者和最后的残留者,无论她们是否拥有传统美德,也无论赛珍珠对其是褒是贬,历史都已经不属于她们。在《儿子们》的末尾,以打倒军阀为目的的北伐战争已经在南方打响,王虎的时代即将过去。适应时代潮流的新思想必将取代腐朽落后的旧思想,男女平等

---

① 姚锡佩:《论赛珍珠的〈大地〉三部曲》,郭英剑《赛珍珠评论集》,第415-430页。

和女性自立自强的观念逐渐兴盛。作为与上述传统女性的对照，赛珍珠塑造了另一类具有新旧交替特点的女性。她们虽仍保留一些传统，但也明显受到新思想的影响，勇敢地争取男女平等的权利和参与公共生活的机会，现代女性的主体性正逐渐形成。

赛珍珠喜爱中国妇女的传统美德，但更欢迎她们身上的现代主体性，这突出体现在对王虎太太的塑造上。王虎太太有传统妇女的一些优缺点，虽然温柔、淑静，但又会和二房互相嫉妒、抢功。当然，她更多地表现出思想的开明，留天足，有文化，精通医道。她不给女儿缠足，不是压制而是鼓励爱兰的天性；不打算把爱兰塑造成身无长技、只能依靠男人谋生的"花瓶"，而是想方设法让她接受良好的教育，以图自立于社会。后来她居住在爱兰的学校旁边，更直接地接触了新思想。她把自己女性解放的理想寄托在了女儿身上。

作为与王虎太太的对照，赛珍珠又塑造了另一个新式女性——警察局长的女儿。她新潮时髦，反对传统思想，追求男女平等。但她的缺陷是既不真正理解、也不实践女性解放的精神实质，没有自立的意识和能力，仍旧依靠男人供养，追求奢华和安逸的生活，并不是有远大抱负的现代女性。

由此可见，对赛珍珠的中国妇女观不能简单理解。她不仅将传统与现代女性进行对比，也注重现代女性之间的对比。赛珍珠主张的新思想，是实实在在的女性主体性，表现为参与妇女解放和社会事业，而不能误解为纵乐享受。在《儿子》里，赛珍珠告诉读者，传统妇女正逐渐淡出历史舞台，乐于接受新思想、新事物的女性则逐渐占据重要的社会地位，而那些误解和不实践妇女解放思想的人将可能走上错误的人生之路。

三、《分家》：现代女性的抱负

《分家》以20世纪20年代的中国社会为背景：军阀混战基本结束，国内局势趋于缓和，现代中国的建设提上日程。旧家族和旧时代正走向灭亡，小说的标题"分家"就意味着王家所代表的封建家庭的解体，取而代之的是新时代和新青年。国家的未来发展成为青年知识分子关心的重点。人们开始抛弃旧道德，接受新思想、新风尚。自由平等的思想日益深入人心。

时代的进步，解放了中国妇女的思想。她们在自我解放的道路上表现出叛逆和激进的主体性，获得了一些与男性平等的权利和机会，可以在一定程度上参与社会生活。赛珍珠集中描写了三位女性：王虎太太、爱兰和梅琳。

思想开明的王虎太太,从封闭落后的家乡迁居位于时代最前沿的上海,充分接受了新思想的洗礼,是传统与现代的有机结合。在她娴雅温和的传统美德背后,更有着现代女性睿智、趋新的气质。她已经具有明显的民主意识和女性意识,反对包办婚姻,认识到不能再强迫女性结婚的进步意义。她身体力行,投身于儿童福利事业,收养被遗弃的女婴,并把她们培养成能够自立于社会的人。对一个中年女性而言,这些新思想是难能可贵的。

如果说王虎太太是上一代女性中开明人物的代表,那么爱兰和梅琳则是年青一代女性的缩影。与母亲不同,爱兰在妇女解放的道路上误入歧途。和警察局长的女儿相似,她也是一个时髦任性的姑娘,追求纵情享受的生活,迷失了人生方向。她所理解的女性解放仅仅是不再做小老婆,而不是像母亲期待的那样成为女性解放事业的先锋。通过爱兰,赛珍珠传达的信息是,这样的女性仍未形成真正的女性意识。

作为同龄人,梅琳走的人生道路和爱兰完全不同。赛珍珠特意把梅琳刻画成人生态度最积极的女性。她相信并自觉实践女性自由平等的观念,认为男人能做到的女人也能做到,并出色完成了通常被认为是只有男人才能完成的外科手术。她不喜奢侈,而是把精力花在照顾孤儿的工作上。她为自己的人生做了周密的计划,不想终生陷入婚姻的牢笼,而是决意当一名自食其力的医生,完全不用依赖男人而生活。在《分家》里的所有人物中,只有梅琳能够确切地把握自己的人生。可以说,她就是现代女性的代表,兼具外在之美和思想之美。

如果拿赛珍珠的现代中国妇女观来衡量,王虎太太和梅琳都值得称道:她们接受新思想,参与公共生活和社会变革。但二人也有区别。王虎太太毕竟属于上一代人,虽然她本人在向妇女解放的道路上靠拢,但不能摆脱自己的封建婚姻;她更多地把希望寄托在女儿身上,但在教育爱兰时的失策也说明她尚不足以接受现实生活的挑战。未来的希望是在以梅琳为代表的新一代女性身上。她们没有思想负担,有的只是新生活的勇气。赛珍珠刻意把爱兰和梅琳进行对比,说明妇女解放也可能会成为一个陷阱:当迷失人生的方向时,女性在追求自由的道路上稍不留神就会误入歧途。

赛珍珠曾长期被西方女性主义批评家所忽略。① 但事实是,在《论男人女人》一书中,她曾做过这样的论断:"我相信男人与女人之间没有显著的差

① 方红:《西方女权评论家为何排斥赛珍珠》,郭英剑《赛珍珠评论集》,第229-232页。刘海平:《一位需要重新认识的美国作家——试论赛珍珠的女性主义特征》,郭英剑《赛珍珠评论集》,第258-268页。

异——它当然没有女人之间或男人之间的差异那么大";"男人与女人在能力和智力方面天生是自由和平等的"。[①] 无独有偶,在女性主义经典作家西蒙·波伏娃和贝蒂·弗里丹那里,我们都能找到类似的表述。波伏娃提出"女人不是天生的,而宁可说是逐渐形成的"。[②] 弗里丹则号召妇女"不是作为一个女人而是作为一个人"去发现自我、参与社会竞争。[③] 三人观点的精神实质是相同的,都指出了男女平等的基础和出路。值得注意的是,波伏娃的《第二性》出版于1949年,弗里丹的《女性的奥秘》出版于1963年,而赛珍珠的《论男人女人》则早在1941年就问世了。这可以证明,赛珍珠是鼓吹妇女解放的先驱者之一,虽然她曾长期被女性主义者所遗忘。

赛珍珠是一个极为关注中国的作家,《大地》三部曲描写了随着时代的变化,中国妇女在解放道路上所取得的进步和她们自身思想的变化历程,体现了她的中国妇女观。前面提到,有人认为赛珍珠赞同传统女性,贬低现代女性。实际上,赛珍珠对二者都持辩证态度。她频繁地通过对比手法,在不同的女性身上赋予了不同的主体性。相对于传统女性,她对现代女性的期待更高,把她们看做中国女性未来的希望。在传统女性内部,她赞成有传统美德的女性,也认同其背离传统道德要求的反抗精神;反对无传统美德的女性,但也同情她们的处境。在新式女性内部,她赞成真正理解和参与妇女解放事业的女性,反对把解放误解为享乐的女性。

陈思和认为:"由阿兰到梅琳,赛珍珠寄寓了她对中国妇女最美好的理想和愿望。"[④]这个看法有相当的代表性,但也有可供商榷之处。阿兰不是赛珍珠心目中的理想女性,阿兰只是传统女性的化身,这个形象表达了赛珍珠对传统妇德的最后怀念。梅琳才代表了她心目中具有现代女性意识和主体性的理想女性。《大地》三部曲寄托了赛珍珠对中国妇女最深切的了解、热爱和期待。她同情她们不幸的过去,为其业已取得的进步感到欣慰,并希望其潜能能够得到最充分的发挥。她把自己和她们的命运紧密联系起来。如果说在《大地》三部曲里,赛珍珠在多数情况下用的是写实手法,那么她对新式女性的描写还是带有一定的理想色彩的:她们所获得的解放在事实上远没有如此完美。对此,赛珍珠在一次访谈中这样说:"中国的妇女(近)年来因为法律地位渐渐地改进,较以前稍幸福些,不过一般地说,则仍旧很受

① Pearl S. Buck. *of Men and Women*. Methuen & Co. Ltd, 1942:178.
② [法]西蒙·波伏娃:《第二性》,陶铁柱译,中国书籍出版社,1998年,第309页。
③ [美]贝蒂·弗里丹:《女性的奥秘》,程锡麟,等译,北方文艺出版社,1999年,第444页。
④ 陈思和:《〈大地〉三部曲》,郭英剑《赛珍珠评论集》,第327页。

束缚。”①在《大地》三部曲里,无论是王虎太太还是梅琳,其人生目标最多只是在有限的范围内得到了实现,并未接受广阔社会生活的考验,她们的解放事业还只是一个开端。事实上,即便是在21世纪的今天,女性解放的理想也未能完全实现。这样看来,赛珍珠的中国妇女观直到今天还有现实意义,它将启发我们更深入地探讨女性主体性的内涵和妇女解放的途径。而如何从更宽广、更深入的角度考察赛珍珠的女性主义思想,值得我们进一步努力。

(本文原载于《江苏大学学报(社会科学版)》,2003年第3期)

① 愉:《勃克夫人在纽约》,郭英剑《赛珍珠评论集》,第582页。

孙宗广……

大地上的性格:循环怪圈与超越之路

——读赛珍珠《大地》三部曲

赛珍珠的《大地》三部曲包括《大地》(1931)、《儿子们》(1932)、《分家》(1935),分别描写了以王龙、王虎、王源为代表的三代中国人在大地之上的奋斗、挣扎、沉沦与超越,全景式地展现了19世纪末20世纪初中国的社会面貌和残酷现实。三部曲虽然不是同时发表,在艺术上却可视为一个整体,而且从整体观之,方能更好地理解贯穿于作品中的作家对中国社会问题、国民性格的深度思考,体会到她对中国未来蓝图的设计与展望。

一

赛珍珠1892年出生于美国,4个月后随同身为传教士的父母来到中国。中间除1909—1914年回美国求学,1932—1933年返美短期访问之外,1935年之前的其他时间都是在中国度过的。她经历了义和团运动、辛亥革命、军阀混战、北伐战争、抗日战争等重大社会变动,亲眼目睹了战乱频仍、天灾人祸给中国人民带来的深重灾难,她幼小的心田里早已埋下同情的种子。穿梭于大洋两岸的旅行使她倍加感受到两种文明的落差。20世纪30年代普通的美国家庭已能拥有收音机与汽车,而在中国广大的农村,却仍然依靠人力与畜力作业,仰赖天时存活。看到中国农民的脊背上压着连牲畜都难以负载的重量,她感到异常的愤怒。[①] 可以说,这些痛苦的经历都促使她思考中国人民的命运走向,最终以《大地》三部曲艺术性地展现出来。

① [美]赛珍珠:《我的中国世界》,第285页。

《大地》描写了一对患难夫妇的家庭组合与变异。他们身处旱灾、水灾、蝗灾、兵燹、匪患、饥饿、疾病的威胁之中,命若草芥。但异常坚忍的生命力和对土地的钟情,使全家人奇迹般地度过了生死难关,并使家业兴旺发达。作品既充满敬意地描写了他们的勤劳、朴实、正直、善良、坚韧不屈,也不依不饶地剖析了他们性格中的褊狭之处。作为小生产者出身的王龙和阿兰,都不同程度地表现出认知上的狭隘与局限,尤其以王龙表现得更为明显。正视这一点,实际上是我们理解赛珍珠作品价值的起点。

王龙保守落后,依附性强,理发师建议他剪掉城里人早已去掉的辫子,他却说:"没问我爹我可不能把辫子剪掉!"①他重男轻女的子嗣观念强烈,妻子独自接生头胎孩子,他毫无体恤妻子之意,一个劲地追问是男是女。

> "是男的吗?"他急切地喊道,忘记了他的女人。尖细的声音又传了出来,坚韧,动人。"是男的吗?"他又喊道,"至少要告诉我这一点——是不是男的?"②

迷信思想不时干扰他的幸福。得了儿子,唯恐天上的精灵降灾,赶忙到土地庙烧香祈求保佑。欣赏儿子的漂亮,刚有得意之色,又担心被空中的妖魔妒忌,只好采取可笑的保护措施:

> 他急忙解开外衣,把孩子的头塞进怀里,大声说:
>
> "我们的孩子是个没人要的女孩,脸上还长着小麻子,多可怜呀!还不如死了好呢!"③

王龙可爱又可笑、可敬又可悲的性格与心态不一而足。他虽愚昧无知,几近初民,可性格中凝结着中国传统文化的印迹,无原则的祖先崇拜、歧视女性的后天教养、渗入血液里的迷信观念与他强烈的生命冲动交织在一起,组成了这一人物性格的多元色调。他的妻子阿兰也有性格上的弱点,主要表现为对男权势力的迎合与盲从,以及奴隶般的驯服和忍受。

赛珍珠在谈到中国农民时曾说:"当我被问及他们是怎样的人时,我无法回答。他们既不是这样也不是那样,就只是人而已。我谈论他们跟谈论我的亲人一样。"④这貌似平常的陈述体现出她在塑造人物时所坚持的美学原则,也流露出她对下层民众的了解和关切。正是从这一情感基点出发,她

---

① [美]赛珍珠:《大地三部曲》,第11页。
② 同①,第34页。
③ 同①,第46页。
④ 赛珍珠:《自传随笔》,刘龙《赛珍珠研究》,第3-9页。

才得以塑造出有血有肉的农民形象。

国学大师辜鸿铭曾在他的《中国人的精神》的序言中提出了一个评价文明的标准："要估价一个文明，我们必须问的问题是，它能够生产什么样子的人，什么样的男人和女人。事实上，一种文明所生产的男人和女人——人的类型，正好显示出该文明的本质和个性，也即显示出该文明的灵魂。"①透视这一对农民夫妇的灵魂，不是能让人更清晰地看到传统文明在子孙后代身上的绵延吗？由王龙至以下两代的王姓子民，无论是沿袭旧业、生活腐化的不肖子孙，高举义旗的革命猛士，还是留学国外的新派学生，意识深处都或多或少残留着传统的影子，他们可以对此加以淡化和稀释，却无法骤然摆脱。所以，分析王龙夫妇的性格，就具有认识传统文化的重要作用。

二

《大地》共34章，再加上《儿子》的前4章，大约各有一半的篇幅分别描写了佃农王龙的奋斗史和地主王龙的堕落史。要深入探讨王龙的性格组成，就不应忽视《大地》中的一个深层结构，那就是居于两个极端的佃农和地主生活的对照。一方面是黄家地主与佃农王龙的对照，另一方面，更有讽刺意味的是王龙自身前后的对照，农村社会中两个对立的阶级在同一个人物身上统一起来，这颇耐人寻味。也许有人追问在旧中国会有多少农民通过勤奋劳动成为地主，并进而怀疑作品的真实性，但问题不在这里。笔者以为，赛珍珠的作品向所有中国人提出了一个令人深思的问题：一个极端贫困的农民有朝一日成为富甲一方的地主以后会怎样？

作品中的共时性结构和历时性结构非常明显。先看共时性结构：一边是糊有破旧窗纸的佃农草房，一边是府第威仪的黄家大院；一边是勤俭度日连茶叶也舍不得多放一片的小农岁月，一边是花钱如流水坐吃山空的奢侈生活；一边是穷不择妻的本能欲求，一边是妻妾成群、荒淫无度的家庭关系。这种对照表现为界限分明的共存。再看历时性结构：佃农王龙小心谨慎地攒钱花钱，地主王龙大把大把地挣钱花钱；佃农王龙俯首贴耳走进黄家大院，可怜兮兮地娶走烧饭丫头阿兰，地主王龙嫖娼纳妾，神气十足地把一个怀有身孕的婢女赏赐给一个穷佃工；佃户王龙茶叶喝不到一片，地主王龙购买足量的鸦片，供给他叔叔一家享用。从这两组对照中可以看出，尽管王龙联想到衰败下去的黄家就感到战栗，对土地的原始感情还偶尔制约着他的

① 辜鸿铭：《中国人的精神》，海南出版社，1996年，第3－9页。

堕落，但其行为轨迹和人生走向竟与黄家地主的一切奇迹般地重合了。正如有的评论者所说："又重蹈着人性的怪圈。"①其实不仅仅是人性的怪圈，也是社会演进和道德轮回的怪圈。在封闭自足的文化氛围中，传统农民的终极目标就是做地主，缺乏先进政党领导的农民起义其最终政治理想不过是推倒一个皇帝再树起另一个皇帝。如此盛衰循环，你方唱罢我登场，中国封建时代的国家体制、家庭伦理和道德面貌在漫长的历史进程中几乎保持了零增长甚至是负增长。皇权体制和畸形小脚的千年走一回就是最典型代表。

因此，王龙的转变有其内在的必然性，跃升为地主以后他所做的便是千方百计巩固自己的地位，而巩固地位的唯一手段便是牢固地掌握土地所有权并进一步广占良田。王龙创业伊始的勤劳和坚忍顺理成章地转化为对土地贪得无厌的渴求和占有。从经济学的角度来说，这种对土地的占有，只是土地所有权的转移，而非生产规模的扩大和生产能力的提高。所以，除了为防止家庭腐化，在是否搬进黄家大院这一问题上有所犹豫之外，他在经营管理方式乃至家庭伦理观念、道德修养方面都沿袭了前地主的老路。

王龙式的致富之路没有丝毫指向未来的迹象，他只是一个沿袭的人，一个复制的人，并不包含些许现代的因子。在满足了生理和安全的需要、获得一种畸形的社会尊重之后，他迷失了方向，他的自我实现的世界萎缩了，财富的增加并没有带来个人的全面提升。透过佃农或者地主的外在身份，赛珍珠看到了传统中国人心态的某些共同性，即使分属于对立阶级的阵营，其实也都受着共同文化的滋养。在家人为王龙举行的极其隆重的葬礼上，赛珍珠将镜头对准了旁观的农民们。他们那专注的目光，那艳羡的神态，分明将王龙视为实现了"光荣与梦想"的"当代英雄"。作者在《儿子们》中写道：

> 这一带的人全认识王龙，都知道王龙从前也是和其他人一样在地里干活的穷人，后来发财了、置了房产，给儿子们留下了一笔财产。穷人们想看葬礼，是因为这件事本身值得细细琢磨：一个和自己一样的穷人居然能死得如此排场、如此风光，这正是每一个穷人都在暗自祈求的结局。②

① 蔡里奇：《〈大地〉意义结构探索》，刘龙《赛珍珠研究》，第 291 – 300 页。

② ［美］赛珍珠：《大地三部曲》，第 336 页。

三

赛珍珠试图通过第二部、第三部的描写，探索出一条冲破这一循环怪圈的路径。她以对土地的感情为中心，以人物的社会行为和道德操守两方面作为评判的基本点，来细致地刻画传统中国中的旧面孔、新形象。

军阀王虎最初打着革命的旗号，招兵买马。然而其根本目的不过是满足个人的私欲，为自己的后代置一份显赫的家产。他挖空心思地要把儿子培养成能领兵打仗的少帅，无非是想在中国的局部地区实现古已有之的梦想。因此，土地成为他实现个人野心的工具，黎民百姓只是他君临一方的垫脚石。为了稳定军心，他可以残酷地杀害 6 名请愿的士兵；为了笼络部下，他可以允许下属抢掠攻陷的城市。他的两个哥哥一个是坐享其成的地主，一个是心狠手辣的奸商，弟兄三个沆瀣一气、互相勾结。他们的行为对社会有害无益，其个人生活也是过去陈旧模式的翻版。他们的最终结局已极具说服力地说明：中国的未来决不属于他们。

希望寄托在新一代人身上。然而，新一代人也产生了严重的分化。生活于十里洋场的爱兰、盛等人，彻底忘记了自己的根——大地，他们接受了西方的生活方式之后，也抛弃了自身传统中的有生命的质素。爱兰活着就似一个花瓶，只有好看的外表，却无任何实质；盛活着，只求潇洒的漫游，内心一片虚空。他那些悦耳动听的诗篇，不过是内容苍白的无病呻吟。他们走向了另一个极端。

赛珍珠塑造了王源和梅琳这一对新人，他们如同从传统文化的火窟中涅槃重生的凤凰。王源从小就不爱枪柄爱锄头，也喜欢写诗。他反复几次参加革命，总是以幻灭而终结。在西方世界的精神漫游中，面对西方的强盛以及司空见惯的歧视，他更加坚定了报效祖国的决心。六年磨一剑，饱学农业知识的他从外国带回许多优良种子，想种在祖国的土地上，造福于祖国的百姓。在爱情上，王源拒绝了西方姑娘玛丽的热烈追求，而与受新思想影响的、热爱医学的中国姑娘梅琳结合。这是《大地》三部曲第一次描写中国人的爱情——一种全新的心灵与肉体的双重结合。这一对新人开始了一种既非传统守旧、又非全部西化的新生活。无论从价值理念上，还是从精神状态或道德面貌上，他们都预示着对前人的超越。

赛珍珠对中国新一代人的分化，有着极为清醒和独到的认识。她在 1935 年为林语堂的《吾国吾民》（现译为《中国人》）所作的序言中就鲜明地指出与传统割裂的危害："毫无疑问，这个空隙所造成的第一个结果是一些中国青年——男女皆有,但以男为主——失去了在自己的国家,或者说失去了在自己国家所处时代生活的能力。他们的教育主要是在国外接受的,在此期间,他们忘记了自己民族的现实。"①而在她心目中的现代中国人,应该是"他的根基深深地扎在过去,他丰硕的果实却结在今天"。② 完成于 1935 年的《分家》不同样艺术地体现了她的这一思想吗?

四

赛珍珠的三部曲之一的《大地》一经发表,立即引起当时中国知识界的多样评论,形成了基本肯定、褒贬参半和基本否定的三类观点。基本肯定和褒贬参半的观点都认识到作品对传统中国农民的精神状态的较准确把握,此类观点至新中国成立后便销声匿迹了,新时期以来才渐趋恢复。基本否定的观点却在很长一段时间里得以延续,否定《大地》的真实性,指责作品丑化了中国人民,连鲁迅先生也认为赛珍珠所写的"不过是一点浮面的情形","只有我们做起来,方能留一个真相"③(尽管鲁迅先生对此认识有所修正,但已难排前议)。1982 年出版的《中国大百科全书·外国文学》即认为:"她自称热爱中国,但她爱的是中国封建社会的旧文化。她被称为'中国通',但她在《大地上的房子》三部曲(《大地》1931;《儿子们》1932;《分家》1935)中所描绘的并不是中国社会的真实面貌,也没有反映中国人民的命运。"④直至 1986 年,还有学者对她的获奖提出质疑:"可是偌大一个中国仿佛没有一个够水平的写农村生活的作家,竟需要有人来代表,这种行事方式未免过于骄横。"⑤

笔者无意于就以上问题细加评说,南京大学刘海平教授在他的论文《赛珍珠与中国》中已通过赛珍珠的自辩澄清了真与假、理与谬。⑥ 还是让我们从赛珍珠的思想出发,来把握《大地》三部曲的整体指向吧。赛珍珠为《吾国吾民》所写的序言实际上围绕着中国知识分子如何继承传统与接受西方文明而展开论述。她首先礼赞了辛亥革命的伟大壮举:"他们迫使古老的封建王朝退出了历史舞台,他们用极快的速度改变了教育制度,他们用坚持不

---

① 林语堂:《中国人》,学林出版社,1994 年,第 4 页。
② 同①,第 8 页。
③ 鲁迅:《1933 年 11 月 15 日致姚克的信》,《鲁迅全集》(第 12 卷),第 272-274 页。
④ 《中国大百科全书·外国文学》(第 2 卷),中国大百科全书出版社,1982 年,第 891 页。
⑤ 李文俊:《谈谈诺贝尔文学奖》,《人民日报》,1986 年 6 月 30 日。
⑥ 刘海平:《赛珍珠与中国》,《外国文学评论》,1988 年第 1 期。

懈的热情设计了现代化管理的蓝图并将这样一个政权建立了起来。从来没有一个帝王时代的旧政府能以这样快的速度在如此伟大的国家中完成这么多了不起的变革。"①接着她笔锋一转,指出当代青年知识分子在接受西方各种社会思潮的过程中存在的先天性不足和后天性缺失。她认为中国的发展遗漏了一些重要的时期,这些青年知识分子的智力结构也不得不受影响。于是他们要么割裂了与传统的联系,盲目地拜倒在西方文明的脚下,内心充满了自卑感;要么返回到以前的中国去,拒绝接受西方的一切,并颇为得意地欣赏西方的战争和衰败。她热切地盼望一本"渗透着中国人基本精神的书"②,而她所理解的中国人的基本精神,恐怕与我们今天对自己的认识,也无太大的偏差。我们长久地指责和曲解赛珍珠的中国情结,置她的睿智见解于不顾,这于她是不公,于我们却是可惜和遗憾的。

作为一位同时接受中西方的两种教育、采用独特的"双焦透视"视角来观照中国传统文化的西方作家,赛珍珠理应引起世界比较文学界尤其是中国文学界的高度重视。从某种意义上说,研究赛珍珠其实就是研究我们自身,研究我们的过去和未来。即使是她那些尖刻的攻讦式的文字,我们也应放在特定的时代背景下加以考虑。卡西尔曾说:"诗歌不是对僵死事实或事件的叙述。历史学与诗歌乃是我们认识自我的一个必不可少的工具。"③同样,面对以《大地》三部曲为代表的赛珍珠锻造的文学之镜,具有开阔胸襟和进取精神的中华民族,必将更为清醒地认识自我,完成更高层次的超越。

(本文原载于《镇江师专学报(社会科学版)》,2001 年第 2 期)

① 林语堂:《中国人》,第 3 页。

② 同①,第 7 页。

③ [德]恩斯特·卡西尔:《人论》,甘阳译,上海译文出版社,1985 年。

抒写“海归派”知识分子的发轫之作

——论赛珍珠的长篇小说《同胞》

郭英剑 ····

一

在赛珍珠的整个文学创作中,长篇小说《同胞》(*Kinfolk*)是第一部全面描写中国知识分子的作品。不仅如此,在美国现代文学史上,《同胞》也是第一部描写中国“海归派”知识分子回国寻根和寻找归属感的作品。

当赛珍珠因《大地》在1931年出版并声名鹊起之后,她最为中国的一些学者和批评家所赞扬、而同时又为另一些学者和批评家所诟病的地方在于,她仅只描写了中国的农民,而没有去写对中国似乎更有发言权的知识分子。比如,宜闲(胡仲持)就说,《大地》“所描写的不是我国大都市中享受现代物质文明的上流中流社会的人们,却是内地农村社会的穷苦、愚昧、‘靠天吃饭’的男女。这些我们的同胞们,虽然占着我国人口的大多数,却是被我们当道的大人先生置在脑后的。现在布克夫人偏偏拣了这些可怜的农民来描写,这在久居都市的富于布尔乔亚意识的读者看来,也许不免有些嫌厌罢。”①

实际上,赛珍珠之所以专注于中国农民而非知识分子,源于她和当时的中国知识分子对待中国的现实在思想上和认识上存在着极大的差异。当中国的不少知识分子对赛珍珠表示不满的时候,她始终坚持自己的立场,几十年如一日。然而,她在以后的作品中,还是写到了中国的知识分子。这方面

① 宜闲:《评〈大地〉》,郭英剑《赛珍珠评论集》。

的代表作就是《同胞》。

《同胞》的意义还不仅仅是写了中国的知识分子，其更主要的价值在于，她首次以饱满的热情和有力的艺术表现手法，写到了中国"海归派"知识分子的思想和生活状况。所谓海归派，是指从海外留学归来的人员。如果往前追溯，1854年从美国耶鲁大学毕业回国的容闳，就是"海归派"中国知识分子的先驱。其后，在容闳的大力倡导和推动下，容闳所提出的"由政府选派颖秀青年，送之出国留学"的计划得到了曾国藩、李鸿章的大力支持。1872年，清政府选派了30名幼童到美国留学，并且在以后的几年时间里，共选拔了120名中国幼童到美国去学习。虽然这次由清政府所选派的留学美国的计划最终以很悲惨的结局而告终，但从此中国学子就开始了大规模留学美国的历史。① 然而，由于种种原因，这些留学生的思想和生活等状况，无论是在文献记录中还是在文学作品中，无论是在中国文学的历史上，还是在美国华裔作家的笔下，都没有得到很好的表现。而在赛珍珠的《同胞》中，"海归派"知识分子们真实的处境、艰难的选择、爱国的热情、对待爱情和婚姻的态度等，在这里得到了惟妙惟肖的抒写。仅从这个意义上说，《同胞》的价值就是不容忽视的。

然而，到目前为止，对《同胞》的专门性评论却只有一篇。那就是前苏联人N·谢尔盖耶娃所写的《破产的"中国通"——赛珍珠》。该篇文章的主要论点无论是从思想上、艺术分析上还是从逻辑上，都是站不住脚的。别的暂且不论，我只举其文中的一点来看看她论点的荒唐之处。她说：

> 作为她书中主角的中国青年，是世界主义理论的活生生的反证。他们对祖国的热爱，他们想看见中国强大，祖国的人民健康欢乐的愿望，战胜了他们心中的其他一切。布克夫人不得不注意到在中国人民中间爱国心的巨大高涨和青年人想建设一个新国家的热望。她把这个是记录下来了。可是她对这个新中国该是什么样子的问题竟未涉及。她根本没有给予自己所提出的重大问题以任何满意的答案……对于所有这些问题，赛珍珠都无法提出满意的答案。为什么？因为她的反动偏见使她看不见生活的真理。因为她想使她的读者无视中国群众的要求。美帝国主义者，不可能向她们所拼命想置于自己监护下的中国，提供任何积极的方案。"②

---

① 廉朴：《120个：首批留学美国的中国幼童》，《寻根》，2002年第1期。

② N·谢尔盖耶娃：《破产的"中国通"——赛珍珠》，郭英剑《赛珍珠评论集》。

N·谢尔盖耶娃的文章经国内学者翻译后发表于1950年第2卷的《文艺报》上。而《同胞》出版发行时的1949年4月,新中国还没有成立呢。赛珍珠因为不能未卜先知,所以要承担“对这个新中国该是什么样子的问题竟未涉及”的“罪名”,岂非滑稽可笑?即便这里的“新中国”并非是指1949年10月所诞生的新中国,那也不能因此怪罪赛珍珠,因为作家并不对一个国家的未来承担责任。赛珍珠是作家而不是政治家,为什么要为她所提出的现实问题提供答案?我相信,任何一个有理性和理智的人,都会感到上述说法的荒谬。然而,就是这样一篇谬误百出的文章,居然成为国内外较为全面地评论《同胞》的唯一一篇评论文章,实在是一种讽刺。

我认为《同胞》是一部思想深刻、主题鲜明、艺术表现手法很有力度的长篇小说,值得引起国内外学术界的重视和研究。

二

《同胞》的面世,首先是在《女士家庭》(*Ladies Home Journal*)杂志上连载,时间跨度是1948年的10月到1949年的2月。两个月后正式出版发行,随即便引起了读者和批评家的关注,并且被美国每月图书协会指定为一部“主选作品”。①

正像几乎所有赛珍珠的作品一样,这部作品也没有很明确的时间概念。但我们还是可以看到,其写作的年代是在二战以后,故事发生在中国抗日战争胜利后的几年之内。

小说讲述的是一个侨居美国纽约的中国哲学教授及其一家人的故事。梁文华博士在美国大学里任教,著书立说,宣扬儒家思想和中国古典文化。他有4个已经成年的孩子,两男两女。其妻是个没有受过什么教育的农村妇女。但她凭着自己的直觉,对自己的丈夫、孩子和家乡有着一种近乎本能的准确认识。4个孩子中,先是大儿子詹姆斯和大女儿玛丽自愿回到祖国,到后来,另外两个孩子小儿子彼得和小女儿路易丝也被梁博士撵了回来,为的是让他们不受美国文化的污染。在回到中国之后,他们都不同程度地被卷入到了中国的政治和军事斗争之中。最后,在美国出生和长大的小女儿路易丝,无法适应国内的生活,最终回到了美国。小儿子彼得虽然并不真正懂得革命究竟是什么,但却为了那些受压迫的人民参加了革命事业,最后被国民党的暗探暗杀了。只有詹姆斯和玛丽深入到乡下——他们祖籍的家

① Peter Conn. *Pearl S. Buck: A Cultural Biography*. 315.

乡，并且都在这里结了婚。他们决心要把自己的一生献给改变中国人民命运的事业之中。

《同胞》的主题很鲜明，人物形象也很独特。相对于赛珍珠过去的小说创作而言，《同胞》的主角有了变化。过去，她一向把笔墨洒向中国底层的农民，但这次却把笔触指向了知识分子，而且是留学美国的知识分子。在这里，他既写到了依旧留在海外的那些华裔的知识分子，同时，更是把镜头聚焦在"海归派"爱国知识分子的身上。在赛珍珠的创作中，这还是第一次。梁文华博士和他的大儿子詹姆斯无疑代表着两种不同价值取向的留学海外的中国知识分子的形象，同样也代表着走在两条截然不同的道路上的知识分子。而小说所隐含的问题实际上也很直截了当，那就是：留学海外的知识分子应该如何报效祖国？

我认为，爱国可以有两种形式，一种是以思想为主，靠传播其爱国的理念为主旨而不付诸行动，一种是将自己的爱国思想实施到自己的日常生活之中。前者可以称之为理论家，后者则可以称之为实践主义者。如果这个说法成立，那么，梁文华和其大儿子詹姆斯就是这两个极端的代表。我无意去评判这两者孰高孰低或谁对谁错，但我想，我们总是会对实践主义者有着更多的尊重和敬意。

故事的主人公之一梁文华博士所选择的道路，是在海外宣传中国古典文化，以此来寄托自己的爱国情结。梁博士"早年在中国时，曾受过孔子思想的熏陶"。[①] 后来，他多年客居纽约，在美国的大学里讲授中国哲学。这位英俊、高大的博士是华人圈中的骄傲。他在美国靠讲述中国文化为生，把对中国的热爱，跟自己所钟情的中国古典文化紧密联系在一起。虽说如此，在他的内心深处，他对中国文化的一些表现形式还是感到困惑甚至是疑惑乃至于羞愧。比如，当他在唐人街的戏院看戏的时候，他就在想，"眼前舞台上这些大摇大摆、高声吟唱的演员和他们色彩鲜艳的古代服装，给人一种幼稚、傻气的感觉"。[②]

这样的一个人物，毫无疑问是一位理论家，而非实践主义者。比如，他讲授中国哲学的目的，就是希望年轻单纯的美国大学生们能从中吸收精神营养。因为他本人就认为"正是这种营养使得中国这个有着四千年历史的文明古国能保持原样。……这种精神营养还将使中国度过目前的困难时

① ［美］赛珍珠：《同胞》，第 5 页。

② 同①。

期”。[①] 他对自己的孩子说，“我常常问苍天：我为什么在美国？为什么要远离祖国来到这儿？苍天没有回答，可我的心却回答说：我在这儿有一个使命。我的孩子们也有一个使命。我们必须向这个幅员辽阔的新国家表明：做一个中国人意味着什么？”[②]正因为他过度的热爱和吹捧，使得他的听者——包括他的孩子们——在心目中把中国描述成为了一个理想国。当他们回到祖国、看到了一个真实的中国的时候，就有了上当受骗的感觉。比如，彼得·康教授在《赛珍珠的文化传记》中就说《同胞》中的主人公梁博士“是一个高级骗子，他讲述了一个玫瑰色的、童话式的中国，对古代的文本和模式作了依稀仿佛的演绎，用一种亘古不变的安详掩盖了所有剧变”。同时他又认为，“梁博士代表了整个西化了的知识分子阶层。”[③]在我看来，说梁博士是个“高级骗子”恐怕有点言过其实。但说他代表着中国那些“整个西化了的知识分子阶层”则是准确无误的。或者，换一种更为中国读者所接受的说法是，他是中国知识精英的代表。例如，他自己也认为，“对于任何一个民族来说，有意义的是质量，即有发言权的少数人，学者。像我这样的人当然比农民更能完美地代表中华文明的精神。我们民族历来由我们知识分子治理。”[④]这种说法与当时中国知识分子指责赛珍珠只写农民而忽视知识分子的说法一脉相承。“精英”知识分子的影子在这里昭然若揭。再比如，梁文华同样认为，是“上苍指示他来到异国他乡，使他成为向美国人解释中华文明的有用人才，尽管这种文明当今似乎黯然失色，但是一旦实现了世界和平，中华文明一定会重放光彩。”[⑤]梁文华给自己制定的使命是要“把东方和西方连结起来”，在他看来，这“并不是一个无足轻重的使命”。[⑥] 而且，他并不想客死美国，他曾对美国朋友说，“一旦形势好转，他希望回到自己的祖国去安度晚年，同时向他的同胞们解释光辉灿烂的美国文明”。[⑦] 应该说，这里流露出的不仅是梁文华的使命感，也是当时一大批中国留美学人给自己的定位和使命所在。我想，这也是赛珍珠所向往的中国和平、世界大同的理想局面。

无论我们如何评价梁文华这个人——我们可能会说他在对待自己的妻

① [美]赛珍珠：《同胞》，第 10 页。
② 同①，第 32 页。
③ [美]彼得·康：《赛珍珠传》，第 351 页。
④ 同①，第 32 页。
⑤ 同①，第 13 页。
⑥ 同①，第 13 页。
⑦ 同①，第 13 – 14 页。

子和孩子们的问题上表现出了十足的虚伪、自私、虚荣和自大——但我们得承认，他确实为中美文化交流，特别是向美国输入中国文化作出了贡献。他总是利用各种各样的机会向中国人宣扬“每一个中国人都有责任用最完美的形象向美国人显示中国”。①

但我认为，《同胞》中真正的主人公，应该是梁文华的大儿子詹姆斯·梁，而不是梁文华。

詹姆斯是中国现代史上“海归派”的代表人物，同时也是实践主义者的代表。像詹姆斯这样的一代留美学人，从一开始就打上了很深的爱国主义的烙印。他们倾向于在行动中而不是在言语中去实现自己为国作贡献的诺言和理想。也许他们的满腔热情，开头并不是有很坚定的支撑，但报效祖国的念头却是强烈而又执著的。

我们看到，无论是在思想上还是在性格上，詹姆斯都跟自己的父亲格格不入。他倾向于行动而不是话语。他认为“强有力的拳头比华丽的词句更受尊敬，事实总比想法更有价值。在家庭之外，他学到的是行动而不是感情。当他的父亲陷入流落异国常有的莫明的感伤时，他更主张行动。”②从一开始，他要回国的目的是很明确的“我想回中国去，在我们的祖国工作”，因为“中国需要我们，……中国的医院太少了！有朝一日，我要在中国办一所大医院，病人都能来看病、治疗”。③ 他在对自己倾心的姑娘的父亲李先生表白的时候说：“我是在美国长大的，可是这里不是久留之地。不管美国人待我们多好，我们还是流落在异国他乡。可是，这还不是我要回国的原因。我有一个愿望——也许有点异想天开——我想为自己的人民做点事情”。④

正是这种简单而又质朴的思想，使他走出了一条完全不同于他父亲的道路。在小说中，我们看到，在詹姆斯内心的最深层，有一种“一直被压抑得严严实实的”“悲痛”，“即为他父亲在中国经受苦难的岁月里选择流亡到国外而感到悲痛”。⑤ 在他自己的生活中，“他一直有一个梦，这个梦就是，当他的祖国处在危难之时，他愿意献身救国。他不能放弃自己的梦想，否则他生不如死”。⑥ 在他的心目中“我们的人民很好——我们中国人民好极了。

① [美]赛珍珠：《同胞》，第5-6页。
② 同①，第95页。
③ 同①，第28页。
④ 同①，第43页。
⑤ 同①，第43页。
⑥ 同①，第45页。

中国很伟大,中国并不真正衰弱,只是在苦难之中。中国正等待着我们去拯救,去挖掘她潜在的伟大力量。她在一个非常古老的世界里生活得太久了,她需要在一个新世界中获得新生”。① 这是他最终深入到民众之中的动力。

在小说中,詹姆斯从美国回到北京,再从北京回到农村。詹姆斯所选择的这样一条道路,实际上就是赛珍珠理想中的所有中国知识分子——尤其是“海归派”知识分子——所应该走的道路。

三

如果说,赛珍珠在《同胞》中仅只是写了知识分子该如何去服务于祖国的话,那这部小说还算不上是一部上乘之作。赛珍珠并没有仅限于此,而是在这个基础上,深入描写了当时许多留学海外的学子在“归国还是滞留海外”等问题上所面临的尴尬处境、在看待和应对革命时代的事物时的内心矛盾和激烈的思想斗争等。在这些问题上《同胞》的艺术表现都很有力度。赛珍珠通过一个执著于行动而非夸夸其谈、甚至是不善言谈的詹姆斯的默默思考,着力塑造和展示了一个内心丰富、性格卓尔不群的人物形象。他的彷徨、迷惘甚至是失落和绝望,都在作品中有很好的再现。

詹姆斯回国的目的,就在于要为祖国做点实事。然而,尽管他回国的决心很大,但究竟这个选择是对还是错,回去以后究竟怎么样,他心里并没有底。在回国以后,他彷徨过、失落过、失望过,甚至也感到绝望过,但为国奉献的精神支撑着他,因此,一切的艰难险阻最终都没有能阻止他继续为自己的理想而去奋斗。比如,在现实生活当中,事情并不都是一帆风顺。詹姆斯到北京之后发现一切并不像他所想象的那样时,他感到自己再次面临着两难的选择。“他觉得自己似乎到了一个转折点。他必须在两种人之间进行选择,要么他加入同事的行列,不关心同胞的痛痒;要么他就得再作一番努力,至于何种努力,还说不清楚。”②

然而,很可宝贵的是,詹姆斯是很善于反省自身的,因而也就总是从中国的实际出发去考虑问题,解决自己想要解决的问题。例如,在詹姆斯刚刚从美国到达中国的上海时,曾经一度感到“在祖国辽阔的疆土上他又凭什么把自己想得这么重要?没有他,中国已存在了四千年;他死后,中国还会亿万年地延续下去,祖国不会在乎他这个人。他开始骂自己是蠢货。想象还

---

① [美]赛珍珠:《同胞》,第48页。

② 同①,第92页。

是他父亲头脑清楚。”①但这样的念头,很快就淹没在了中国“火热”的生活之中。再比如,他一方面对中国的现实充满了悲伤“这里陈腐的东西太多……到处都是腐朽”;②另一方面,他又深刻地意识到自己还没有深入到民众之中去。“他觉得自己仍然浮在祖国的表面,没有扎下根。他还是异乡人,他很想除去这种异乡人的感觉。他想深深地扎进人民的水土中,但却不知从何做起。”③生活的磨炼使他知道了,“过中国人的日子要能忍耐。”④从此,詹姆斯这个受过西方教育的青年,开始自觉地让自己按照中国人的思维方式去说话和行事。正因为如此,他才能将自己的理想付诸实施。比如当他的弟弟和妹妹被父母送到中国之后,詹姆斯甚至很想依照中国的传统方式为自己的妹妹路易丝安排一门亲事。⑤

随着在中国居住的时间越久,詹姆斯对中国真面目的认识也在一天天加深,对中国也有了越来越符合实际的、清醒的认识。当路易丝表示不愿意生活在中国时,她说,这是“一个破碎的国家,值得一提的都是过去的东西”。詹姆斯则很坦诚地对她说“我们已经结束了一个时代,正要开始一个新时代。我留在这里是为了未来,而不是因为过去”。他还对她说,“我要在这里结婚,在这里生子,我绝不让他们离开我们的祖国。他们一定要呆在这里,……无论他们走多远,他们还要回来;无论在哪里,他们还要想着回来;无论做什么,都要为我们的人民着想”。⑥

正是由于对中国认识的进一步深入,詹姆斯和妹妹玛丽下决心要离开北京这个大都市,到离劳苦大众更近的乡下去,从而去实现自己为国效力的理想。正如詹姆斯所说“我要把根深深地扎下去,扎下去”。⑦ 玛丽也说,“我想深入到农村。我们在这里仍然还是浮在表面。……我们现在的这个样子,远离了我们的人民,几乎和我们还呆在纽约没什么区别。”⑧就这样,詹姆斯和玛丽以及他们的好朋友刘成到了乡下梁庄——他们父亲的故乡。

应该说,詹姆斯想回到自己的家乡,并不是失去理智和理性的一时冲动,而是经过了深思熟虑的。当玛丽误解了他,认为他不想回去的时候,詹

① [美]赛珍珠:《同胞》,第52页。
② 同①,第96页。
③ 同①,第128页。
④ 同①,第132页。
⑤ 同①,第144页。
⑥ 同①,第157-158页。
⑦ 同①,第158页。
⑧ 同①,第176页。

姆斯很严肃地对她说“我只是问问为何回来——什么时候回来——带些什么回来。光这么回来和愚昧大众生活在一起会使我们自己也愚昧起来。我们必须考虑考虑我们在这里怎么生活。我们并不是仅仅想把我们自己埋在——祖先身旁”。①

正因为有了这份清醒和理智，才使詹姆斯在与传统势力的代表焘大叔的斗争中、在与自己的弟弟彼得和妹妹路易丝的争论中，始终精心维护着自己的信念和理想，并为此做出了不懈的努力。

焘大叔是中国古老文化的代表。“詹姆斯看得出来，焘大叔不会喜欢有什么变化。然而詹姆斯却下定了决心要为老家带来变化。”②詹姆斯的弟弟彼得起初是不喜欢到中国来的，甚至可以说是讨厌这里。但他在这里看到了贫穷的劳苦大众，因而加入了秘密的青年组织，试图为穷人们的翻身解放而努力。但他最终遭到了暗杀而将尸骨永远留在了中国。彼得的死使詹姆斯领悟到彼得的伟大之处，也更加使他认识到了中国人民在那个时代所受的苦难。“他第一次感到自己的渺小和孤独，也第一次感觉到周围老百姓的众多和艰难。”如果不是彼得死了，詹姆斯“永远也不会知道还有从来看不到光明、看不到幸福、看不到平安的生灵。他们聚居在生活底层，代代繁衍，生生不息；生活压迫着他们，把他们按在最底层。彼得以他自己的方式比他们更快地认识了人民，又以充满激情的悲剧方式企图去帮助人民”。③ 正因为对中国现实有着越来越清楚的认识，所以，即便是当彼得因参加革命活动而被人暗杀之后，詹姆斯也并没有因此而逃离中国。“他还年轻，还活着，他不会让自己被压垮。对生命的顽强渴求和他自己的生命力使他平静了心绪，冷静了头脑。……他希望他能活着看清自己的目标，即使不能活着达到它”。④ 詹姆斯后来对中国和自身的认识更是非常深刻。他们“做的是救治的工作，而首先需要救治的是他们自己”。⑤ “我们为什么认为我们必须改变他们呢？我们所需要做的是证明某件事是正确的，那他们就会自己改变自己了。”⑥

我们在这里看到的是一个“海归派”知识分子的人生轨迹。在美国的时候，詹姆斯一心一意要回祖国服务，当他回来以后，对祖国、周围的人们以及

---

① [美]赛珍珠：《同胞》，第 195 页。
② 同①，第 192 页。
③ 同①，第 291 页。
④ 同①，第 290 页。
⑤ 同①，第 296 页。
⑥ 同①，第 304 页。

自己的认识，经历了一个漫长的过程。开头的时候，他不愿意融入其同事之中。到后来，“他开始更好地理解苏大夫和彭大夫他们那一类人了。”尽管如此，他还要进一步地去接近底层的人民“他认为应该有一条能接近他的人民的路。”为此“他一定要找到一座桥梁”。① 最后，他在自己的现实生活中，找到了这样一座桥梁。他把自己在梁庄所建的那个小诊所，改建成了一所大医院，以此来实现自己的理想，更好地为贫穷的人民服务。

詹姆斯的人生道路实际上为那些身在异国他乡和留学归国的人们提供了一个新思路：要想在中国这块土地上做点事，一方面，既不能始终抱着不切实际的理想而不顾中国的现实；另一方面，又不能为了服从现实而忘了自我，使自己迷失在改造现实的道路上，甚至被现实所同化。

詹姆斯所走过的道路，对当今“海归派”的知识分子们同样不无启发意义。

四

有一点不能忽视的是，《同胞》是最早记录美国华裔经历的文学作品之一。自从 1849 年有中国移民到美国去淘金开始了中美两国文化的交流，迄今已经有 150 多年的历史了。在美国的中国人，一直摇摆于中国文化和西方文化之间，这期间，寻求自己的文化根源，找到自己的文化归属感，一直是华裔魂牵梦绕的主题。然而，这样的主题，在 20 世纪 40 年代，还很少出现在文学作品之中。应该说，美国华裔作家早在 100 多年前就出现了。但真正意义上的、进入到美国文学历史之中的美国华裔文学还是到了 20 世纪 70 年代以后才发展起来的，而作为一个群体的华裔作家的出现，那就到 20 世纪 80 年代了。这些华裔作家所探讨的主题之一，就是让自己作品中的主人公去寻找自身的文化根源，从而寻求一种归属感，进而试图在美国多元文化的语境下确立中华文化的地位。

而赛珍珠的《同胞》早在 1948 到 1949 年间，已经对此作了极为精彩的描写。她在小说中突出地反映了中国人对中国文化和文明的那种认同感和归属感。

在小说中，无论是梁文华还是他的妻子、大儿子詹姆斯和大女儿玛丽，都时时刻刻铭记着自己是中国人而不是美国人，甚至认为，“生活在中国土

① ［美］赛珍珠：《同胞》，第 325 – 326 页。

地上的人才是真正的中国人”。① 这是在试图有意识地划清这个分界线。他们仿佛总是在提醒自己：中国人就是中国人，“美国人毕竟是外国人”。②而且，梁家人似乎总是记得，“他们在美国毕竟是外国人”③，而且还时常告诫自己“我们是中国人，一定要有中国人的样子。”比如，当小女儿路易丝在学美国人束腰的时候，梁文华就告诫她说“我们是中国人。……千万别忘了我们在这儿是外国人，我的孩子。这不是我们的文明。我们可不能忘了自己的根。”④作者对詹姆斯的一段描述，是很能说明问题的。“他觉得自己来这里并不仅仅是做点力所能及的好事。也许他来这里根本就不是为了做什么好事，他来的目的是为了疏导隐藏在人民中的某种生命。救治更是为了疏导这种力量。这种力量是什么？它就是良知和睿智，这是一种继承。这也是他的继承。在他给予他的人民以健康和文字工具的同时，他也给予自己以学习他们智慧的手段。当他熟悉他们时，他就可以取得他曾被割断的继承，这样他就能找到自己的根。”⑤

詹姆斯最后的娶亲既令人吃惊又耐人寻味。他最后愉快地接受了他母亲、他妹妹玛丽及其丈夫刘成近乎玩笑似的提议，让他们为他找一位妻子。他很平静地对他的母亲、妹妹和妹夫说，“我愿意娶一个脾气好的女人，身体强壮，健康，一个农民的女儿——我们自己的农民。”⑥他的态度出人意料，令听者瞠目结舌。但詹姆斯在跟这样一个真正的中国农民的姑娘的婚姻中，找到了归属感。这也似乎预示着他使自己彻底从美国文化的归属中脱离开来，最终融入了中华民族并成为了其中的一员。正如詹姆斯所想的那样，“对他来说，这桩婚姻不仅仅是婚姻，还是与他自己人民的重新结合。”⑦最终这桩婚姻的结局完美“像银子一样精美、像带露珠的蛛网一样优美的东西已开始在他和妻子之间编织起来。”⑧最后，他终于意识到，他的妻子玉梅“正是他所需要的与他自己的人民联系的桥梁。……通过她，他已开始在他祖先的土地上扎下根来。”⑨我以为，这不是赛珍珠的狭隘，而是如实反映了当时一些“海归派”知识分子的心态。

---

① [美]赛珍珠：《同胞》，第 54 页。
② 同①，第 7 页。
③ 同①，第 16 页。
④ 同①，第 99 - 100 页。
⑤ 同①，第 274 页。
⑥ 同①，第 346 页。
⑦ 同①，第 371 页。
⑧ 同①，第 380 页。
⑨ 同①，第 382 页。

同样意味深长的是，虽然詹姆斯和玛丽分别迎娶和嫁给了中国人，但他们并没有因此而被改变。詹姆斯没有沉溺于自己新的生活当中，玛丽也并没有"成为一个温顺的中国妻子"。她的言谈举止"仍像一个美国人"。① 玛丽和詹姆斯一样，有着同样的理想和追求。她也说，"等我有了孩子，我不会让他们去美国。我们的生活在这里，他们必须在这里长大。他们必须学会利用我们所有的东西，如果他们想要得到更多，他们必须用自己的双手创造。他们不能梦想得到别人创造的东西。"②他们就像种子一样，埋在了中国的大地上。

我想，如果"海归派"知识分子最后都完全被中国的现实所同化，成为了像所有普通的中国人一样的中国人，那么，这种变化就毫无意义。"海归派"知识分子的价值，就是要给中国人带来海外新的观念、新的思想和新的思维方式，从而让人们学会用多棱镜去看问题、看待人类和认识世界。小说中所描述的这一幅意味深长的图画，让我们看到了这些兄弟姐妹是如何在这个已经不再单纯的世界上去努力追寻自己的理想和寻求自己的归属感的。

就当前的美国华裔文学而言，华裔作家所说的或是想说的，无非是再现华裔所面临的文化归属感的困惑、处于两种乃至多种文化中的困境、民族的属性等。

而这一点，赛珍珠早在20世纪40年代末就已经做到了。

赛珍珠二战以后的小说主题大都是在中国和美国之间摇摆。但像《同胞》这样主旨鲜明、思想深刻的作品尚不多见。我认为《同胞》虽然出版于1949年，但却切入到了一个非常具有当代性的主题，那就是在中西文化乃至多元文化的语境下，华裔所面临的两难选择。赛珍珠在这里所关注的，正是后来兴起、现在方兴未艾的美国华裔文学所关注的。

从这个意义上说，《同胞》再一次证明了赛珍珠的超前性和其文学作品在当代的意义和价值。

（本文原载于《江苏大学学报（社会科学版）》，2002年第3期）

① ［美］赛珍珠：《同胞》，第350页。

② 同①，第295页。

一部真实再现中国人民抗日战争历史的扛鼎之作

——论赛珍珠的长篇小说《龙子》

郭英剑 郝素玲

一

赛珍珠的大部分作品都以中国为主题或是母题。历时地看,她的创作始于20世纪20年代后期,成名于30年代,到40年代时,她已经是蜚声世界的大作家了。而从中国历史上看,从20世纪30年代到40年代中期,正是中国与日本关系交恶、日本大肆侵略我国而我国人民奋勇抗战的时期。可以说,赛珍珠前期的大部分作品——从她的《大地》三部曲开始都直接或间接地涉及了抗日战争这一主题。然而,整部小说都以抗日战争为主题,在赛珍珠的创作中,《龙子》是分量最重也最为成功的一部。

《龙子》(*Dragon Seed*)是一部"针对日本侵略者带给中国人民的种种灾难"而创作的小说①,出版于1942年,出版后在美国引起了极大的轰动。仅美国的"每月图书俱乐部"一家,就出版了29万册②,二战期间又多次再版。在该书出版后的1944年,还被好莱坞改编后拍成了同名电影,尽管不那么成功。小说成功的原因有二,首先,由于美国在1941年底对日宣战,所以《龙子》的应时出版,满足了不同程度的读者对远东战场的文学想象。其次,20世纪40年代,赛珍珠在美国已经远不止是一位普通的知名作家了,而是一位社会名流、众人皆知的中国问题专家和社会活动家,所以,她的小说已

① Peter Conn. *Pearl S. Buck: A Cultural Biography*. 254.

② 同①。

经不仅是文学，更具有历史文献价值与时事评论价值。也正因如此，这部小说“在促成美国人民、美国政府与中国的抗日力量结成反法西斯同盟方面起到了很大作用。”①

那么，《龙子》是一部怎样的小说呢？它主要描写的是1937年至1941年间，距南京城不远的一个村庄里，林郯一家在日军占领南京和自己的村庄后的悲惨遭遇和进而奋起抗日的故事。中国农民林郯一家生活在田园般的宁静之中，但宁静很快就随着日军的入侵而消失得无影无踪。侵略者掠夺的不仅仅是他们平静的生活，而且是整个剥夺了他们生存的权利。像村里、城里的许多人一样，林郯一家也是妻离子散、家破人亡。他们终于从曾有的梦想中觉醒，然后毅然走上了反击日本侵略者的道路。小说涵盖的内容极为丰富，既描写了战争所带给人的苦难，又刻画了普通中国人被迫走向反抗的心路历程；既有抗日游击队的抵抗活动，又讽刺了国民党的不抵抗以及大敌当前的大溃逃；小说更突出展现了中国人对战争使人性扭曲的深刻反思。小说以普通人为关怀对象，突出再现了战争给普通中国人所造成的伤害，更展现了普通人在战争中所散发出的人性光辉。

这样一部重要作品，在中国学术界并未受到应有的重视，在《赛珍珠评论集》所收录的自20世纪30年代至90年代的文章中，既未有论述《龙子》的专门文章，在绝大多数文章中也未见有专门涉及对该部小说的评论性文字。《龙子》1942年在美国出版并引起轰动时，当时的中国正处于战争状态，学术界无法给予足够的评论和重视，应该说是正常的。新中国成立之后，赛珍珠又作为“美帝国主义的急先锋”而受到批判，遑论评论其人其作了。学术界开始研究赛珍珠及其创作其实已经是20世纪90年代之后的事了。但10余年来，人们对其重要的作品除了《大地》三部曲之外并未有深刻的认识，《龙子》也不例外。这从一个侧面说明，我们对赛珍珠的认识和研究，依旧停留在一个较为浅显、广义的层面上，她的许多重要论著还需要我们认真地研读和细读，只有这样，我们才能更深入地了解这位热爱中国的美国作家的伟大之处。

我们以为，《龙子》的文学价值主要体现在以下几个方面：

首先，从历史上看，《龙子》是最早向西方世界揭露二战期间侵华日军的残暴行径的英语文学作品。可以说，小说忠实地记录了日军在华期间（尤其

① 于日良：《赛珍珠：最早向西方揭露日军暴行》，《金陵瞭望》，2004年第24期。

是入侵之始)烧杀抢掠、无恶不作的种种惨绝人寰的罪恶。[①] 因而小说具有史实般的文献价值。其次,《龙子》以独特的视角与深度,触及了抗日战争历史的最深层面。小说真实再现了中国人在抗日战争初期与中期的心路历程,真切反映了中国人民奋勇反抗日本侵略的英雄壮举。再次,小说内涵丰富,既有众多的正面人物,同时也对汉奸的形成及其内心世界进行了发掘和剖析;既记录了普通中国人与游击队的抗日活动,同时也鞭挞了国民党的不抵抗行为。小说还记载了为后人所较少提到的历史事实,如日军向中国输入鸦片的罪恶。最后,小说具有深厚的人性关怀,挖掘了中国普通农民对战争的深入思考,深刻反省了战争扭曲人性所带来的严重恶果。

二

《龙子》首先让人震撼的是战争带给人的苦难。以林郯为代表的普通中国人生活在平静的甚至是与世隔绝的乡村,而战争、敌人入侵彻底改变了林郯一家人的生活,也改变了所有中国人的生活方式。小说中,林郯一家人对日军的态度经历了几个阶段:茫然无知、幻想和期待、恐惧和震惊、愤怒和觉醒。而这也应该说是代表了当时大多数中国人的态度变化。

在战争开始之前,中国农民对战争可谓茫然无知,对战争所带来的危险毫无思想准备。

小说一开始是对林郯一家生活在田园般的宁静生活中的描述。56 岁的林郯虽然不算很富裕,但也不能说是贫穷,他对自己的生活还是满意的。“他想,自己的生活过得还是蛮不错的。他很走运,自己的那块土地离大城

---

① 南京《金陵瞭望》2004 年 12 月 22 日发表《赛珍珠:最早向西方揭露日军暴行》一文。该文“编者按”说,“2004 年……11 月 9 日,《南京暴行:被遗忘的大屠杀》作者张纯如去世,令人痛悼惋惜。人们将关注的目光对准了这位据说是‘第一个’用英文向美国人介绍南京大屠杀的令人起敬的女性。近日,于曰良先生发现先于张纯如的‘第一个’应是赛珍珠,60 年多前她揭露日军南京大屠杀罪行的小说《龙子》在西方社会引起了巨大轰动……”应该说,这话不准确,因为,最早向西方披露日军暴行的应该是当时的记者,而不是也不可能是作家。正如文章正文所说:“从‘八·一三’战事起,赛珍珠就十分关注南京,八九月份日军轰炸南京,她看到美国人拍摄的大轰炸新闻片深受震惊。南京陷落后,12 月 15 日《芝加哥每日新闻》率先报道南京大屠杀详情,接着《纽约时报》《密勒氏评论报》《每日电讯报》等相继对大屠杀暴行作了报道,‘南京大屠杀’便是美国记者首先使用的提法。所有这些……都为赛珍珠创作《龙子》提供了小说素材。”由此可见,很显然,如果没有美国以及西方记者的忠实报道,就不可能有赛珍珠后来的小说创作。所以,如果该文说:“以英文写作,用文学作品的形式揭露日军暴行,最早的是赛珍珠”,作者的观点就可以肯定是正确无误的。

市不远,紧靠长江,坐落于青山峡谷之中……他没别的希求了,他一切都有了。"①所以当林郯之妻林嫂从小贩的口中得知,"今年夏天北边要打仗。……不是我们自己要打,是东洋鬼子"时,在林郯看来,这一切都太遥远了。所以,他想了一个时辰后的结论是"无关紧要。北方远着呢"。② 毕竟,"城里发生的一切对居住在这座屋子里的人来说是很遥远的。夜幕像往常一样降临了,他们也像往常一样吃晚饭,准备睡觉。每个人都觉得在这片土地上不会发生什么变化,不管那些愚蠢的城里人怎么斗来斗去。"③

不仅如此,林郯家的老大甚至还抱怨城里鼓动中国人起而抗争日本侵略的年轻人,是因为读书太多才闹事的。他说,"假如一个人呆在家里,干自己会干的活,只要自己不管闲事,那有谁会去惹他呢? 如果人人都这样,又有什么敌人能战胜这个国家?"④

很显然,这里所凸显的中国大多数人的代表——乡下人——所持有的一厢情愿、善良甚至到了愚钝的地步。正如作者所感慨的那样,"既然他脑子里想的全是丰收的良好愿望,那他对后来亲眼目睹的现实怎么会有思想准备呢?"⑤

到了第二个阶段,在初步了解到的敌人的残忍面前,中国人还觉得不敢相信自己的眼睛和判断,也因此对敌人仍抱有一丝幻想,那就是希望敌人能够让自己做一个良民,大家还期待自己能够像往常一样日出而作、日落而息。因为,林郯和村民天真地以为,只要他们欢迎敌人的到来,敌人就不会伤害村民。而这种幻想很快就在残酷的现实面前被击得粉碎。

敌人来了,全村都集合在了一起,在全村最德高望重的 90 岁长老的带领下,人民去迎接敌人。敌军要村民带他们进村。在路上,敌军因为嫌长老走得慢,随手就把"枪头的刺刀刺进了他的后背",⑥让村民见识了敌人的惨无人道。到了村里,敌人要酒,继而要女人,这就使得林郯和村民们都明白了:豺狼永远都是豺狼。于是,林郯"和村民们连忙从后门跑了出去,……每一个男人都像他一样跑回家去救自家的女人去了。"⑦这还仅仅是噩梦的开始。紧随其后,敌人就进了村,也来到了林郯的家。已经让家人逃离的林郯

① [美]赛珍珠:《龙子》,第 8 页。
② 同①,第 9 页。
③ 同①,第 31 页。
④ 同①,第 32 页。
⑤ 同①,第 55 页。
⑥ 同①,第 109 页。
⑦ 同①,第 110 页。

和老伴儿躲到了房梁上才双双躲过一劫，然而他们却亲眼目睹了敌人的暴行：他们把他的家砸了个稀巴烂，"没有一样东西是完整的"。[①] 而令人发指的是，他们奸杀了吴廉的母亲——一位"老得连路都走不动、糊里糊涂的老太婆"。[②]

亲眼目睹了敌人的残忍，百姓很快意识到，自己曾有的善良和天真是多么愚蠢。乡亲们对战争的认识进入到第三个阶段：恐惧和震惊。在这里，作者忠实地记录了日军在中国疯狂烧杀劫掠、轮奸妇女、集体屠杀一批批无辜平民的残暴行径。尤为值得一提的是，赛珍珠在小说中，突出记录了南京大屠杀的悲惨场景，显露出作品的重大的文献价值。

"敌人如此的疯狂、残酷、凶残和野蛮……敌人来到了这座富裕的大城市，这里是国家的中心，敌人来了，像凶猛的野兽，不，甚至比野兽还要凶残。野兽会吃男人和女人，而这些敌人只杀男人，强奸女人。不管女人是年老或年轻，他们全都不在乎。先糟蹋年轻的，而后是年老的。"[③]"许多人是无辜的，不知情，可他们却丢了性命。……如果一个男人看到敌人后想要转身逃跑，他就会被枪杀，成千上万的人就这样在一天里被杀害了。如果一个男人看上去像个兵或者当过兵，那他准会被杀害，成千上万这样的人就这样在一天内被杀死了。如果一个男人做事时，动作稍微慢一些，或者太小，体力不支，无法做繁重的事，或是一位老人或学者，过去从未干过这类活，那么他就被杀害，像这样死去的人，一天就有成千上万。"[④]与现存的历史文献稍加对照，我们就能发现，这就是南京大屠杀的真实写照。

罪恶的场景令百姓感到恐惧万分。夜幕降临时，林嫂"慢慢滋生了一种过去从未有过的恐惧。如果被这样的敌人强占了，他们将会有什么样的前途呢？他们该如何来对付这些不是人的统治者呢？所有人都清楚，坏的统治者使人们遭受苦难，但这些统治者远远超过邪恶，他们根本没有人性。"[⑤]这是人们面对敌人的残忍时自然而然产生的恐惧之心。这种描写是真实而可信的。

从战争开始的幻想与期待，到后来的失望、震惊与恐惧，再到躲藏乃至无处躲藏，林郯对日军的愤怒就显得顺理成章了。这时，中国人对战争与敌人的认识到了第四个阶段：他们痛恨战争，痛恨侵略者，真的从过去的麻木

---

① [美]赛珍珠：《龙子》，第113页。

② 同①，第114页。

③ 同①，第122页。

④ 同①，第123页。

⑤ 同①，第124页。

状态中觉醒了。

战争改变人。在事实面前，林郯们终于放弃了幻想，表达出了自己对敌人的狂怒。“操他娘的，这些狗杂种，生到这个世界来，用打仗把这个世界折腾得鸡犬不宁。……操他娘，这些畜生，烧毁我们的房屋，糟蹋我们的女人。操他娘，这些没长大的男人，……操所有养了这帮好打仗的狗杂种的女人。操他奶奶！操他祖宗八代！”①作为农民的林郯的破口大骂无疑是对日军暴行的一个有力控诉。而且，这种愤怒还在日益剧增。到后来，林郯说，“如今，一天天过去，我心里越来越恨这些敌人，恨那些把战争降临到像我们这样善良无辜的人头上的家伙。我呀，这仇要是不想办法发泄出去，我非憋死不可。”②后来，“他越想越是肯定：‘发动战争者，只是某一种人；只要想法除掉了这号人，天下就能太平了。’”③这就预示着：林郯不仅有了反战和反抗的意识，而且他要行动了，他要以实际行动投入到反抗日本侵略者的斗争中去。抗日的“种子已经在他的心里发了芽，正长着叶子呢”。④ 到后来，他更是深刻地认识到，“他越是想着战争的罪恶，就越是肯定；只有像他这样决意在战争的灾祸中求生的人，才能消灭战争的罪恶”。⑤

在小说描述的上述四个阶段中，都夹杂着作者对敌人入侵的猛烈抨击。在这里，不能忽视的一个人物是后来成为汉奸的吴廉所认识的一个日本人。他无名无姓，我们只知道他不是日本兵，好像是记者，“他的工作是拍照片，并把它们寄出去”。⑥ 作者写道：“他每天都出去看看有没有值得拍下来的东西。他寻求完美，但他发现了太多的丑恶。他亲眼目睹了他的同胞蹂躏年轻妇女，甚至糟蹋老妇；他看到了他们国家的士兵们竟在光天化日之下，在善良的百姓面前干着肮脏的勾当。要是这些百姓谁敢喊出声，便惨遭杀害。”⑦作者利用一个有良知的日本人的口，更凸现了日本侵略者的残酷和无情，更加增强了作品的说服力。

---

① ［美］赛珍珠：《龙子》，第159页。
② 同①，第164页。
③ 同①，第167页。
④ 同①，第168页。
⑤ 同①，第171页。
⑥ 同①，第240页。
⑦ 同①，第240页。

三

《龙子》不仅描写了普通中国人的觉醒过程,同样以更多的笔墨描绘了中国人积极反抗日本侵略者的英雄行为。

那么,林郯一家是如何抗击日军的侵略呢?第一步,他们想到的是自保。林郯夫妇在自己家灶房锅台的后面挖了个洞,而且是"从土墙下面一直挖到院子底下"。[①] 这也就是通常所说的"地道战"了。第二步,在敌人收购粮食时采取软顶硬磨的方式。当日军说要定粮价时,林郯轻声轻气地说道:"长官们,粮价怎么能这么早就事先决定呢?在我们国家,这种事是由老天爷定的。"[②]这种态度把日本鬼子气得吹胡子瞪眼睛。第三步,为了保住土地,又抗击敌人,就把牲畜给杀死,不给敌人提供肉食。这样,在夜里,"他们偷偷摸摸地又是杀猪,又是宰鸡宰鸭,把它们晒干腌了起来",[③]留待日后再慢慢享用。在这里,虽然是消极地抵抗,但依然显露了中国人的智慧。到这时,村民们已经从过去的见到日军就惊慌失措,到现在开始逐渐地沉着应对。就连林嫂,当敌人来的时候,要是和她说话,"她就看着他们的嘴动,指指自己的耳朵,摇摇头,装作听不见。于是他们也就不再惹她了。"[④]第四步,武力抗争。老大和老三从鬼子手上夺取了很多枪支,就藏在林郯家的地道里。

在小说里,作者突出描写了林郯、老二、老二媳妇玉儿、老三等人的抵抗行动。

在这场战争中,林郯被村上选为"发出杀敌暗号的头头"。林郯家是窝藏武器的最大窝点,而他本人也成了村里抗日的头领。

林郯的二儿子开头是一个胆怯甚或有些羞涩的乡下小伙子,但经过一年与城里人的交往与谈生意,他成熟了,"冷静而机敏,却又不失乡下人的谦恭。"[⑤]当敌军到来的时候,因为他媳妇怀了身孕,夫妇两个就告别了父母兄弟姐妹,去了千里之外的自由国土。当林郯发誓要斗争的时候,他把自己的二儿子给叫了回来,于是老二带着妻子和新生的儿子回来了。当他看到自己的家乡已经遭受敌军蹂躏,城市被占领,财物被抢掠,妇女被侮辱,老二就

---

① [美]赛珍珠:《龙子》,第 176 页。

② 同①,第 177 页。

③ 同①,第 180 页。

④ 同①,第 181 页。

⑤ 同①,第 25 页。

感到“血在他的血管里燃烧着。他躺在床上,越想越气愤,他发誓:从现在起,这后半辈子,一定要投身到打击敌人的战争中去”。[1] 他来往于山上游击队与乡村之间,互递情报,同时不忘杀敌。

玉儿是小说中一个机敏、敢作敢当而又感情丰富的新女性形象。她与老二在多年的生活磨炼中成长起来,二人情投意合。在林郯看来,是“他家年轻女人中最出色的一个”。[2] 当城里的年轻人到乡下去鼓动人们“我们必须烧毁我们的房屋和田地,我们决不能给敌人留下一口粮食,要让他们挨饿。你们能够做到吗?”只有玉儿把短发向后一甩,大声说:“我们能!”[3]她没有读过多少书却又急切地渴望读书,所以,她没有向老二要耳环,却是“我只要一本书”。[4] 当敌机来轰炸、人们感到死亡就这样会在突然之间降临时,玉儿想到的是“为什么世界上别人有的,我们却没有? 为什么我们没有枪炮、飞机和城堡?”[5]等到她从外乡回到家乡后,她同样勇敢地投入到战斗中去。作者特意描写了一段她的故事。她乔装打扮到了城里,把装了毒药的鸭子卖给鬼子的厨子,毒死了不少敌人。显示了她的机智勇敢。

林郯家的老三,是作者着力描写的一个人物。他从小因为长相英俊而备受父母的溺爱和兄弟姐妹的迁就照顾,所以任性、懒惰。老三在城里看到敌机轰炸后的场景,留下了深深的印痕和仇恨。从此以后,“他以一种年轻人的狂热、任性,在心里谋划着该如何向敌人报仇”。[6] 然而日军的暴行还不止于此。当他们到林郯家找不到女人时,就把长相英俊的老三“当作女人”给强暴了。这成为老三起而反抗日军暴行的一个导火索。从此,他跑到山上去了,加入游击队抗击日本侵略者的行列之中。后来,他终于成为了一名英勇的战士,机智地抗击敌军。他经常会在夜间行动,若是“碰上个敌人哨兵,便停下来结果他的性命”,然后继续前行。[7] 老三成了一个“内心充满了好战欲望”的人,“只要是与打仗有关的东西,他都喜欢”,也因此,他成了游击队的“分队长”。[8]

在小说中,我们看到的不仅是林郯一家人在抗击侵略,而且是城乡的老

---

① [美]赛珍珠:《龙子》,第 186 页。
② 同①,第 78 页。
③ 同①,第 17 页。
④ 同①,第 22 页。
⑤ 同①,第 59 页。
⑥ 同①,第 70 页。
⑦ 同①,第 208 页。
⑧ 同①,第 214 页。

老少少都在打击敌人。“那些到乡下来搜寻食物和物品的敌人,发现自己竟被一群单纯而愚钝的村民包围了。这些男男女女、老老少少的村民,显得恐惧而又腼腆。可正是他们,冷不防从身上抽出刀枪,雨点般地向敌人砍去、扫去,敌人被杀得一个不剩,连回去报告一下村名的敌人都没留下。城里的敌人能知道的仅仅是,一而再、再而三地,他们的人出了城,就再也没能回去。”①从这里,我们可以看到,敌人已经陷入到了人民战争的汪洋大海之中。

在《龙子》中,我们看到的是普通的中国农民,普普通通的中国人,他们不是天生的英雄,而是被逼无奈成了英雄,但这丝毫不影响他们后来行为的伟大。

四

战争不仅使人震撼,更促使人去思考。《龙子》不是一部为应时而写的小说,不是一部一般意义上的畅销书,不是一部只揭露战争残酷、侵略者残暴的历史文献,它是一部伟大的、超越时代的小说。这体现在小说的主人公不断地对战争进行反思,尤其是不断对战争使人性扭曲做着深刻的思索。而这一点,为当时的战争文学所忽视,也是当今的中国战争文学所缺乏的。

小说的主人公林郯虽然是个大字不识的大老粗农民,但他生活阅历丰富、善于思考、思想敏锐,对万事万物都有自己的看法。

林郯从一开始并不很清楚为什么会有外国的入侵者。但当他从流亡的学生那里听说“敌人垂涎自己的国家辽阔的土地时,他马上就明白了这场战争及其原因了”。② 战争开始后,林郯对战争的估计也是准确的。“他明白,这场战争决不是一年两载的事儿。敌人是不会轻易放弃他们所掠获的东西的。”③由此我们可以看到,林郯不是一般意义上的农民,他有自己独立的见解和判断。

战争改变了这个精明的农民。林郯曾经是个胆小的人,他连杀鸡杀鸭都不敢看。但现在他变了,不仅亲手杀死了日本兵,而且还成了村里杀敌的领头羊。但这个善良的中国农民在内心深处有着痛苦的思考。有一次,林郯杀了一个日本士兵,那是一个身上藏着妻儿照片的士兵。之后,“林郯知

---

① [美]赛珍珠:《龙子》,第 209 页。

② 同①,第 74 页。

③ 同①,第 171 - 172 页。

道自己也变多了。他……看着这一张张面孔，感觉不到丝毫的痛楚。他心里既没有痛楚也没有快乐。干过的已经干过了。他并不希望自己没有干，要是机会明天又找上他，他还会照样干的。”①不仅他变了，村民们也都变了。这是战争使人残忍的必然结果。

正如作者所说，战争带来的是村民的巨大变化。作者写道，“在敌人残酷的统治下，人们的脾性怎能不变呢？在过去自由的日子里，男人女人的脸上，张张都是那么热情、自在、开朗；笑声不断，此起彼伏；人们的声音都是甜的，大家彼此以诚相待。可如今，村子里一片死寂，整个乡村里，百姓的脸上神情阴沉、冷酷。这都是因为他们在鬼子的统治下，日子过得很艰难，而他们刻骨的仇恨又找不着发泄的地方，除非偶尔偷偷干掉几个鬼子。这潜藏的愤恨，这样总是白天黑夜地琢磨着杀敌的新招儿，又怎能不改变人们呢？”②

然而赛珍珠的深刻还在于，林郯不仅思考的是现在，还包括将来。林郯总是不断地暗自问自己，“鬼子走了以后，我们还能把过去的自我找回来吗？……他开始一个个地想起他家的人来了。他想到了林嫂……他想到了玉儿……在他一家中，变化最大的是他和三儿子。”③他难以得出自己的结论，他只有自言自语地问自己，“他能变回来吗？等天下太平了，我的儿子还能像往日一样文静吗？”④不仅如此，林郯还因为不想让儿子由于战争而变成一个杀人魔王与儿子产生了摩擦，双方甚至动了手。这让他感到非常难过，夜不能寐。林郯在想，“我们变得像世界上其他国家的人一样好战，难道说这不是我们的末日临头了吗？”⑤林郯最后的结论是，“在这样的世道，我们应该记住：太平是好的。年轻人记不得，我们要记得，再去教他们懂得：太平是人的最好的食粮。”⑥

这种思考是既超越了时代，也超越了时空。在战争时期就看到了这一点，不能不让人感佩作者的洞见。

---

① ［美］赛珍珠：《龙子》，第211页。
② 同①，第210页。
③ 同①，第212页。
④ 同①，第213页。
⑤ 同①，第215页。
⑥ 同①，第216页。

五

说起抗日战争,一个令中华民族无法回避的问题是,为什么会出现汉奸?而这一点,在几乎所有中国的抗日战争文学中都被回避了。我们看到的汉奸形象,大都是狐假虎威、飞扬跋扈,对日本鬼子点头哈腰,对自己的同胞却是颐指气使,甚至残忍得不择手段。但却对他们何以成为民族的叛徒所知甚少,更不了解他们的内心世界。而在《龙子》中,我们看到了汉奸是如何产生的。作者并没有把这个人物塑造成那种刻板的汉奸形象,而是记录了他成为汉奸的过程。

吴廉是林郯家的大女婿,早年是南京城里的商人。从小说一开头,我们了解到的吴廉就是一个因为大敌当前、学生鼓吹抵制洋货、生意受损而总是长吁短叹的人。他总在说:"如果学生不鼓动的话,人家从来不问货是从哪里来的,做生意和学生,和爱国这类事有什么干系。"①敌人慢慢在逼近,而他关心的还是自己的生意或是说利益。他很清楚,"打起仗来,他的生意就要毁了,还有许多人跟他一样都会破产。只有在和平时期,人们才能发家致富,而在战争中一切都会失去的"。② 因此,他总是常到城里最大的茶馆去探听消息。在他的铺子被砸了以后,他想通过到人群中去,看看人们是否还像以前一样招呼他,以此来试探自己"是不是还可以叫做好商人,还是应该算卖国贼"。当人们对他不理不睬时,他感到心情沉重,哀叹道:"我成了卖国贼了。"③时势变化之快,令所有人都感到猝不及防。他为此也气馁过,说"我再也不进货了。我破产了,我和我的家都完了。我死也闹不明白这是为什么,为什么我一生老老实实做生意,到头来却害了自己,反倒成了罪人。"④这时的吴廉还只是个心里只有自个儿生意的商人而已,而且还因自己无意中成了民族罪人而感到委屈。

当南京城已经被日军占领了之后,吴廉却收拾了自己的店铺后打出了"出售东洋货"的招牌开张了。他的想法似乎很简单,"'爱自己的国家,把店里的好端端的货物捣毁,这是爱自己的国家吗?有理智的人应该这样来互相对待吗?'他认为,自己与那些学生相比,他更爱国。"⑤他用自己的逻辑

① [美]赛珍珠:《龙子》,第27页。

② 同①,第49页。

③ 同①,第50页。

④ 同①,第51页。

⑤ 同①,第128页。

为自己做了解脱。正因为有了这样的生存逻辑,他才会在汉奸的道路上越走越远。接着,他就想到,作为一个安分守己之人,他"应该从占领者那里搞一张具有某种保护性的凭证,证明他是个良民"。① 这种想法是他进一步投靠日本侵略军的一个前提。在这里,我们看到的是一位自私的、只考虑既得利益者的形象。

而在吴廉投靠日军的过程中,作者同样也写了他的痛苦和思考。在他看来,只要他不抵抗,一切都会好起来。而当他亲眼目睹了日军强奸一位少女后,他也"一度沉浸于苦恼之中……悲痛地想,'这就是战争'",同时,对日军的暴行,他抱怨的却是姑娘的父亲。他很生气地想,"为什么……让年轻的姑娘呆在家里呢"。② 我们看到是一个是非颠倒之人,竟然要受害者的父亲来承担女儿遇难的责任。当吴廉回到家中,把敌人颁发给他的那面旗挂上后,他感到自己从此安全了。没想到的是,到晚上商店打烊时,他的旗子已经被人给撕成了碎片。而这时他所想到的不是自己投奔敌人后遭人唾弃的愧疚感或是罪恶感,而是自己的安全。"他眼瞪着那破旗条,害怕起来。"而且据此判断,"这是敌人干的。附近就有我的敌人"。③ 当他这么说的时候,他现在口中的"敌人"已经不是日本侵略者了,而是自己的同胞,无疑,他已经把自己放到了日军的一面,从而站到了人民的对立面。

由此我们可以看到,一个汉奸的形成,并不是天生的,而是有其自身的原因。

然而,作者并未把吴廉描写成一个一旦投靠日军就翻脸不认人、欺压百姓的恶霸。即便在生活中,这个汉奸依旧不断地在心理上为自己开脱,而在实际上为自己捞取个人利益。

每当他想从日军那里获取好处时,吴廉就会想,"他并非存心想当汉奸,他不过是个生意人,除了自己,他还得养活一家妻儿老小呀。"④正如作者所描述的那样,"只要是为了自己的利益,他吴廉总是能设法鼓起勇气来的。"⑤而当他得到了日军的保护后,他又欣喜若狂。"这真是太幸运了。能够在一座谁的命都得不到保障的城市里平平安安地过着日子,能够在一个谁都吃了上顿没下顿的时候弄到一份薪水,一家人能够住在一起,更重要的是,再也用不着担心背后的冷枪暗刀了。这样的好运气竟降临到了他吴廉

① [美]赛珍珠:《龙子》,第129页。
② 同①,第131页。
③ 同①,第132页。
④ 同①,第140页。
⑤ 同①,第141页。

的头上!"①一个汉奸得意忘形的嘴脸就给刻画出来了。

实际上,在吴廉与鬼子打交道时,我们也看到了他内心痛苦的一面。比如,当鬼子要他写公文时说到中国之所以遭受侵略是因为"国家太软弱、政府无能、兵力匮乏之故"时,吴廉也感到此话"如五雷轰顶"。作者在小说中写道:"吴廉这个人对忠诚有自己的想法。要是这座城市从侵略者手里夺了回去,他便反戈一击,投向自己的人。可是,侵略者还在这里,他就按自己的方式拼命做着他认为有益于人民的事情。他总是这样安慰自己:没准什么时候他就能干出一桩了不起的大事,以证明自己是对的。"②一个自私自利、投机取巧的人在这里暴露无遗。在为敌军效力时,吴廉说自己,"我谁都不反对……在这样的时局下,只能凭良心见机行事了"。③ 所以,他虽然了解很多游击队的内幕,他也并没有向敌人说太多。而吴廉的妻子也为他在自己的母亲面前说道,"你们不知道他有多好。……眼下他似乎是投了降……可他也恨鬼子。他说每个人得有自己的抵抗的办法。"④在林郯的老二看来,吴廉也算是个"有良心的汉奸",当然他的目的是将来"好救自己的一命"罢了。

有学者曾对日伪时期江苏22个"维持会"进行过研究,得出的结论是,维持会中的上层人物基本上是地方上的头面人物,或者说是有势力、有影响力之人,但他们进入维持会动机复杂。正因为动机复杂,才使维持会中的中国人与日本人矛盾迭起。中国人显然的弱势地位迫使一些人只能采取退避的方式消极抵抗。⑤ 这从一个侧面可以证明,吴廉所使用的"消极抵抗"策略,也许有几分的真实性。

小汉奸有小汉奸的生存逻辑,大汉奸则有大汉奸的生存逻辑。《龙子》中同样提到了一个大汉奸的原型——汪精卫。他在向中国驻美使馆的女儿梅丽诉说自己的苦恼时,也希求别人对他的理解。"你能理解我么?我不是汉奸。我是个现实主义者。要是我们能承认这个事实:东洋人占据了大半个中国,我们未来的唯一希望就是跟他们合作。况且,我所做的,是地地道道的中国式做法。历史再三告诉我们:我们似乎总是屈服于列强,但实际上,是我们在统治着,列强们都死了。"⑥

---

① [美]赛珍珠:《龙子》,第142页。
② 同①,第239页。
③ 同①,第251-252页。
④ 同①,第204页。
⑤ 潘敏:《日伪时期江苏县镇"维持会"研究》,《抗日战争研究》,2002年第3期。
⑥ 同①,第293页。

无论是小汉奸还是大汉奸的话，当然都不可全信，但至少我们看到了他们虚弱的内心世界，在这样的内心深处，还背负着一定程度的民族罪恶感。据此，我们或许可以或多或少理解，为什么会有那么多的汉奸了。但汉奸的逻辑只能是汉奸的逻辑。他们无法掩盖和否认的是他们的自私和投机心理，他们为了一己之利，就把同胞和国家的利益抛在脑后。无论他们怎样为自己的行为狡辩，都难以逃脱掉被钉在历史的耻辱柱上的悲惨命运。

六

赛珍珠是一位深刻了解中国文化的伟大作家。她对中国人的民族习性、中国人的集体无意识心理的了解，在作品中展露无遗。

首先，中国人对土地的热爱或说是一种情结，成了作者在小说中一再咏叹的主题。林郯对土地的热爱，让人很自然地想起《大地》中的主人公王龙。当世界太平之时，人们就会以自己所生活的小圈子为世界的中心，乃至就是全世界。作品一开始，林郯的儿子们就认为，“世界就是这片河谷这么大，周围有青山环绕，他们父亲的土地就在这里，将来那要成为他们的土地，这个世界的中心便是林村。”①林郯想，“就是在这片土地上，他们辛勤耕耘了许多春秋。他们信任这片土地，它给他们粮食，给他们所必需的一切。不论发生什么事情，他们所拥有的这片土地总归是属于他们的，也将一直哺育他们。”②当林郯的老二要离开家乡时，他说，“我要留在这块生我养我的地方。不管发生什么事……我都要留在这里。”凸显了他对土地的热爱，以及与土地难舍难分的感情。在战争面前，更能凸现中国农民对土地的热爱。他们对敌人的痛恨，有很大一部分原因在于敌人占领了自己的土地。正如作者所描写的，“林郯和他的同胞们默默地应付着敌人……但他们对……敌人的仇恨也日益强烈”，因为，“敌人占领了他们的土地，夺去了他们的命根子——收成”。③

其次，作者对中国人的民族习性有着非同一般的了解。第一，中国人对所谓外界的事总难免抱着事不关己、高高挂起的思想。在小说中，我们看到，农民对侵略者的认识模糊不清，加上国人特有的民族习性，因而显露出的麻木不仁甚至是是非不分，令人有哀其不幸、怒其不争之感。比如在开始

① ［美］赛珍珠：《龙子》，第 4 页。

② 同①，第 31－32 页。

③ 同①，第 192 页。

时，林郑以及普通中国人对待号召大家抗日的学生们的态度，就颇具代表性。学生们向林郯一家这样的普通农民提出了“敌人要来了，我们应该怎么办”的问题，但这些问题在农民们看来，离自己太遥远了，进而觉得学生们都是读书太多了，所以爱闹事。① 继而，当敌机已经轰炸了城市，并造成无数人死亡的时候，又是学生“在市民中间宣传”：“爱国的同胞们，……战争开始了。我们一定要准备抗战。我们一定要抵抗敌人的侵略。我们一定要坚持下去。……敌人虽然……占领了我们大片国土，但我们决不能让他们再前进。我们一定要守住我们的国土，战斗下去。”②这样的演讲，虽然令许多在场的人深受鼓舞，但林郯和大多数人又觉得这样的想法不切实际。“两手空空，怎么战斗啊！”③因此，到了这时还有人在想，“只要太太平平，谁来统治这座城市都一样。他们期待着和平，只要是和平就行，结束战争，不要飞机再飞来飞去。”④正是因为有了这样的糊涂认识，才会有后来对敌人的幻想。他们天真地以为，既然连自己的军队（国民党军队）都这么对待自己的人民，那么，敌人还能坏到哪里去呢？因此，才会出现林郯和村民商量如何迎接敌人到来这样的情节。因为，在林郯这些村民看来，敌人“肯定能看出来：我们村没有半点抵抗能力，”因此，“哪怕是敌人，对心甘情愿准备迎接他们的人，也是不会伤害的。”而且，“不是假心假意地欢迎，而是真心实意”。⑤然而，敌人的残暴并没有因为中国农民的善良而有哪怕是点滴的减弱。亲眼目睹了日军强奸并杀害了吴廉老母亲的林郯，终于看清了敌人的本质。“打仗，他见过；自己国家好色的士兵，他也见过。可是，淫荡到了这步田地，竟能沾染像她这把年纪、这种身份的女人的士兵，他断不曾见到过。敌人居然能干出这等事，那还有什么干不出来呢？说他们是蛮人、野人、动物、畜生，统统都言轻了。”⑥觉醒的过程是痛苦的，但觉醒之后，人们就知道该如何去应对现实和残酷。通过小说的发展，让读者内省和反思了中国的民族性。的确，在我们的民族性格中总有明哲保身的意识，它过分强调了人与人之间的依赖性，反倒忘记了自己的责任和义务，或者说是缺乏清晰的国家意识以及明晰的个人责任感，进而把自己的利益与国家的利益分割开来，其结果是，只要自己好、自己的利益不受损，既不会在意也不在意谁来统治自己。

---

① ［美］赛珍珠：《龙子》，第 32 页。
② 同①，第 65 页。
③ 同①，第 65 页。
④ 同①，第 83 页。
⑤ 同①，第 98 页。
⑥ 同①，第 116 页。

而这样的后果是非常严重的。这一点值得我们深思。

第二，在大是大非问题上，中国人又是爱憎分明的。这一点突出体现在林郯一家对待汉奸吴廉的态度上。当吴廉带着自己的妻儿回岳丈家时，他还带了卫兵。被林郯冷漠地挡在了门外。当他解释说："这两个人是来保卫我们的。"林郯回答道："在我家里你还用得着什么保卫？"①回答机敏而睿智。尽管吴廉总是打着为自己的妻儿老小着想的旗号，总是在说自己只是个生意人，但他却无法改变自己为敌人工作的可耻行径。尽管林郯不把他当做汉奸，说他只是"生性只顾自己，总是想着自己的利益。他这号人，哪怕一点点好处都能嗅得到，比狗嗅兔子的气味还灵，然后就不顾一切追上去。"但正如林郯的二儿子所说："眼下，谁要是首先想着自己，谁就是汉奸。"②当听到吴廉在劝自己也像他一样，就可以过上好日子时，林郯一下子就气得"手握得咯咯响，真想朝他那张柔软的白脸扇过去"。到最后，他实在是忍无可忍了，"在地上连吐了两口，'呸'地一声啐向吴廉"。③ 尽管林嫂也痛恨自己的女婿，但她并不想听到自己的其他子女在嘴上对女婿话说得太重时，玉儿说，"'娘，在如今这个时候，大义应该强过手足之情呢。'她这么一说，大家都不言语了。"④二儿子在敌军入侵之前离家出走了，当他回来后听说自己的姐夫吴廉投靠了日军，他就愤怒地说，"这种人是汉奸！我们把敌人赶进大海的时候，也一定要把吴廉这种人赶进去。他们要是不肯去，我们就杀了他们。"⑤大敌当前，是非必须分明。

七

《龙子》是一部全面反映中国抗日战争历史的优秀作品，以下三个重要的历史事实值得引起读者的注意。

第一，小说叙述了日军向中国输入鸦片的历史事实。

就个人阅读范围而言，在《龙子》中看到日军与鸦片的关系，是我们第一次了解到日军在侵华战争期间曾向中国输入鸦片，并希冀以此来征服中国。

小说中写到，当林郯的女婿吴廉无意中告诉林郯，自己的进货中还包括鸦片时，林郯感到非常震惊。"'鸦片！'林郯惊恐地叫了起来。"作者写道，

① ［美］赛珍珠：《龙子》，第 201 页。

② 同①，第 187 页。

③ 同①，第 203 页。

④ 同①，第 228 页。

⑤ 同①，第 187 页。

吴廉"已经习惯了每天都做的鸦片生意。鸦片是从北方运过来的。在所有的货物中,只有鸦片不发给东洋人。鸦片留在这儿,再分散到各个城市和村庄。敌人想尽千方百计,也要教会百姓抽那东西。很久以前,它是这里的恶魔;经受了多少痛苦和磨难,才把它消灭掉。如今,它又卷土重来。有许多百姓已经抽上瘾了。"①

而林郯对鸦片毒害的思考,更让人看出作者对中国了解之深,对战争认识之深刻。林郯在哀叹,"我们如何能躲过这东西呢?我们躲得过飞机,房子毁了也可以再盖起来。可是,假如我们的百姓都忘记了降临到自己头上的灾难,又如何是好呢?"作者继续写道,"对林郯来说,这似乎是鬼子在他们身上所造下的最狠毒的罪孽"。② 这不仅是不甘于被征服、被压迫的主人公的痛苦思考,更是出于作者对中国历史的深刻了解而发出的警示。我们查询了部分最新的历史资料,证明赛珍珠确实所言不虚。从文献资料来看,日军在侵华期间,确实试图使用鸦片毒害中国人。有如下的佐证:其一,在1943年底,当时的汪伪政府曾与日本人争夺鸦片专利,当时的南京地下党曾号召全市3000多名学生在国民大会堂门口集合后,整队出发,将朱雀路、夫子庙一带烟馆统统砸烂,并扩大到反对"烟""赌""舞"。当晚,学生们回到国民大会堂,当众焚烧了鸦片、烟具和赌具。不久,这些活动还扩大到了上海、无锡、苏州等地。③ 其二,据2005年3月25日《吉林日报》报道,为纪念中国人民抗日战争和世界人民反法西斯战争胜利60周年,长征70周年,弘扬爱国主义民族精神,全国各地出版单位经过精心筹划,将推出数百种相关方面的图书。其中就有福建人民出版社的《刺刀下的毒祸——日本侵华期间鸦片毒化活动》与河北人民出版社的《鸦片——日本侵华毒品五十年》,这些都被认为是研究抗战、揭露日本侵华罪行的最新学术成果。其三,有学者专门撰文探讨过日本关东军曾对西部内蒙古地区有组织地输送过鸦片。④

第二,描写了国民党的不抵抗以及在敌人面前的溃逃。《龙子》很具讽刺意味地提到了国民党的不抵抗运动。林郯通过逃难的人们了解到了敌人正在一步步逼近,他禁不住问:"'难道我们的部队就不抵抗他们?'他总是这么问,可是得到的答案却令人沮丧,使他感到真是不如不问。'我们的人

---

① [美]赛珍珠:《龙子》,第203页。

② 同①,第207页。

③ 《南京党史大事记——抗日战争时期》,http://njdj.longhoo.net/dj80/ca18274.htm,2001-06-22.

④ 农伟雄:《九一八事变后日本对西蒙的鸦片毒品入侵》,《抗日战争研究》,2002年第3期。

都退下来了，保存实力，说是要打更大的仗。'一个个都这么回答，可谁也不知道在什么地方打更大的仗。"①这就把不抵抗的国民党军队的情形给描绘出来了。

对国民党的不抵抗与逃跑的可耻行为，作者还有更深刻的揭露。"腊月初七那天，最后一批统治者弃城而逃了，只留下一支守城的军队在抵御敌人。可是，连统帅都跑了，什么样的军队还能够英勇作战呢？百姓听到这个消息，恨得咬牙切齿。"②到后来，敌人攻城了，"守城的军队被击溃了，他们四处逃散，一路上边逃边抢。"他们所到之处，"一片狼藉，惨不忍睹，不少人怨声载道，说，'敌人不过也就坏到这步田地。'"③这是对历史的忠实记载，也是对国民党的猛烈抨击和极大讽刺，同时又表达了人民群众对国民党当局的痛恨。

第三，记录了抗日战争是第二次世界大战的组成部分。林郯的三堂兄是个读书人，在乡亲们的眼里是个无用之人，但他因为从吴廉处偷到了一台收音机，于是成了城乡与外面世界的媒介，人们正是通过他，找到了自己抵抗日军的精神力量与支撑。通过收音机传出的消息，作者告诉我们，中国人民的抗日战争并不是孤立的，而是世界战争的一部分。这一点在那时，无论对战争中的中国，还是对处于二战中的西方世界来说，都是一个至关重要的信息。"这个话匣子里说的新闻被偷偷地一传十，十传百，很快就传开了。人人都知道了，在自由的国土上，人民还在打着敌人，阻止他们继续前进。"④当战争进入第五个年头时，人们似乎都要失去战斗下去的勇气了，但同样是收音机，给人们带去了希望。林郯和老二听到了外面世界的声音，"沦陷国人民的苦难十分悲惨。我们必须给他们以希望。我们必须让他们坚信：他们的苦没有白受；他们的抵抗并非徒劳无用。通向胜利的道路可能是漆黑而漫长，但，光明就在前面。"⑤这话犹如电闪雷鸣。"他的心如同耕而待种的土地一般饥饿难熬，这番话仿佛是种子撒进了他的心里。……林郯感觉到泪水慢慢涌满了他的眼眶……"⑥

这里传出的不仅是国内的抗日的消息，还有来自国际的消息。他们从这里了解到，"眼下大半个世界都在交战；他们在这里遭受的不过是它的一

---

① [美]赛珍珠：《龙子》，第 84 页。

② 同①，第 95 页。

③ 同①，第 97 页。

④ 同①，第 246 页。

⑤ 同①，第 330 页。

⑥ 同①，第 330－331 页。

部分而已”。面对这一切,“人民急于说着那些和他们站在一起、反抗敌人的国家的名字,他们诅咒那些支持敌人的国家,并把它们也算成自己的敌人。那些人从不曾听说过德国人、意大利人和法国人,他们也几乎不知道还有个加拿大或巴西;他们也不曾见到过美国人和英国人是啥模样,但如今,他们按照是支持还是反对自己的敌人,把这些国家统统分成了敌人或是朋友”。① 当林郯也了解到了这些之后,他完全改变了。“他生平第一次这么想到:‘这个山谷不是整个世界,只不过是世界的一部分。天底下也有像我一样的人,只是我不知道他们长得啥模样而已。’而这是他最深的慰藉。他再也不是孤身战斗了。在别的地方,也有像他由于热爱和平、渴望美好生活的人们。”②

这或许可以看做是当时的赛珍珠带给抗战中的中国人民的一个信号。而历史事实也是如此。从 1937 年日军侵华开始至 1941 年 12 月太平洋战争爆发,中国抗战就与欧洲战场、太平洋战场更加紧密地联系在一起。中国同各同盟国家在世界反法西斯战场上协同作战,直至 1945 年 8 月取得抗日战争和世界反法西斯战争的最后胜利。这些都极大地鼓舞了中国人民,在中国人民抗日斗争史上留下了辉煌的篇章。

八

作者在写这部作品时的 1942 年,正值中日战争如火如荼之时,深爱中国、爱好和平、具有人道主义思想的赛珍珠,在作品中为中国人请命,对日本的侵略猛烈挞伐,爱憎分明,力透纸背。

赛珍珠之所以能写出这样的作品,我们想有以下几个方面的原因:

首先,她有着丰富的中国生活经历,对中国有充分的了解,对中国人的民族性格有很深的认识。其次,赛珍珠的人道主义以及超越时空的价值观,使她能够冷静地分析这场战争、战争与人性的关系、战争带给人的变化,展现了作者超越时代的洞见。再次,赛珍珠具有丰富的艺术想象力和神奇的文学创作能力。应该说,这部小说主要是依靠当时媒体所提供的信息,加上作者自己丰富的中国经历以及想象力所构想出来的。如果认为《龙子》只是因时效性而获得成功,那就大大低估了《龙子》本身的文学性。作个简单的对比或许更能说明问题。在外国人所写的有关南京大屠杀的作品中有一部

---

① [美]赛珍珠:《龙子》,第 247 页。

② 同①,第 249 页。

《拉贝日记》,作者拉贝是个有良知的德国公民,在自己的日记中记录了大量日军强奸中国妇女的兽行。《拉贝日记》的价值在于它的文献记录,而《龙子》则不仅有文献价值,而且还涵盖了更多的内容,特别是爱好和平的中国人民是如何思考战争与人性的关系的。在这一点上,我想,《龙子》可以和《汤姆叔叔的小屋》相提并论。因此,正是在这个意义上,我们把《龙子》称为中国抗日战争乃至世界抗日战争文学中的一部史诗。

(本文原载于《江苏大学学报(社会科学版)》,2005 年第 3 期)

论赛珍珠建构中国形象的写作策略

顾钧

在赛珍珠之前,许多西方作家都曾在作品中描写过中国。但是他们笔下的中国,不管是作为被丑化的对象还是被赞美的对象,总是根据西方人自身的需要而并非中国的实际来描写的。而西方的小说家们,正如赵家璧所说,更是"凭了有限的经验,加上丰富的幻想力,渗入了浓厚的民族自尊心"①而大写中国的。赛珍珠的写作则与此相反,她代表了一种真正去了解异国并诉诸笔端的新的写作姿态。为了建构起新的中国形象,赛珍珠采取了与以往完全不同的写作策略,从而使作品表现出一种前所未有的写作风貌。

一、叙事模式的转变

赛珍珠的第一部小说题作《一个中国女子说》(后与增加的第二部分合并成《东风·西风》)。根据彼得·康的看法,"题目本身就是一次绝对的女性主义断言,概括着赛珍珠要为无声的中国女性说话的先锋式愿望"。② 其实,即便不计较性别,这句话也是成立的,即:赛珍珠要为无声的中国说话。这是她与前人完全不同的创作目的。

题目本身同时也告诉我们,小说是用第一人称来叙事的,并且叙事者是一个中国女子。这在同时期关于亚洲题材的小说中是个首创,所以彼得·

---

① 赵家璧:《勃克夫人与黄龙》。

② [美]彼得·康:《赛珍珠传》,第93页。

康才有上述的看法。确实,对一个西方作家来说,用一个中国人作为第一人称来叙事,此前可能只出现在书信体小说如《世界公民》(*The Citizen of the World*)、《哥尔斯密的朋友再度出洋》(*Goldsmith's Friend Abroad Again*)这样屈指可数的作品中,而用一个中国女子作为第一人称的叙事者则从未有过。在这样的叙事角度下,一些原先的模式被颠覆了。这位中国女子是这样述说她第一次见到一个成年外国人的:

我知道他是一个男人,因为他穿的衣服和我丈夫一样。但他比我丈夫高得多,而且,让我害怕的是,他脑袋上不像别人那样长着又黑又直的人的头发,而是长着茸茸的红毛!他的眼睛是蓝的,他的鼻子在脸中间像座山那样挺起来。哦,看起来吓死人的东西,比庙里的冥王还可怕。①

这里中国人的形象成为标准,而西方人却成为不正常的取笑对象。虽然赛珍珠以后的中国题材小说都是采用第三人称叙事,但是我们还是可以确认叙事者是中国人,而不是一个西方人。让我们以《大地》中对阿兰的外貌叙述为例:

她的脸方方的,显得很诚实,鼻子短而宽,有两个大大的鼻孔,她的嘴也有点大,就像她脸上的一条又深又长的伤口。她的两眼细小,暗淡无光,充满了某种没有清楚地表现出来的悲凄。这是一副惯于沉默的面孔,好像想说什么但又说不出什么。②

在这里,我们不再看到"斜挑的眉毛""上吊的双目"或"细长眼"等西方关于中国人外貌描写的套话,而是一种用中国人的目光观察和描写中国人面目的努力。

赛珍珠作品中叙事者的中国人身份从描写西方人的段落中看得尤其清楚,而且在这样的段落中,叙事者还常常将自己的视角转换成作品中中国人物的视角。比如《分家》中王源第一次去一位美国老师家做客是这样叙述的:

虽然那晚他第一次进入这所房子,他觉得自己已非常习惯于这所房子和这些人,以至忘了他们属于不同的种族。但他还是不时发现某种陌生而奇怪的东西,一种他不能理解的异国风情。后

① [美]赛珍珠:《东风·西风》,第78页。
② [美]赛珍珠:《大地三部曲》,第16页。

来,他们走进一个小一些的房间,在一张椭圆形的桌子旁坐了下来,晚餐已准备好,正放在桌子上。源拿起汤匙准备吃,但他看见别的人似乎都不慌不忙,一会儿那老人低下了头,源不懂这种事,他东张西望,看看会发生什么。那老人好像对无形的神在大声祈祷什么,虽然只说了几个词,但却充满了感情,好像他由于接受了一件礼物而感谢某个人。在此之后再没有什么别的仪式了。他们开始吃,源这时没有问任何问题,但他后来在谈话中问起了这件事,并得到了回答。①

饭前祈祷是西方人司空见惯的习俗,但这里叙事者显然不明白这一习俗,同时还借用王源的眼光来描写老人的举动,使本来在西方人眼里十分神圣的事情看上去带有几分幽默甚至是滑稽的色彩。这一类的描写在赛珍珠以前作家的作品中是极为少见的,在他们的作品中,总是用西方的眼光来看待一切,西方人的言行是标准和正常的,而中国人的一言一行通过西方人的眼光被描述成滑稽可笑甚至丑陋的。赛珍珠却反其道而行之,用中国人的眼光来衡量一切,这样中国人的外貌言行在赛珍珠的笔下就再正常不过了,而偶然涉及的西方人有时倒是奇怪甚至丑陋的。这不能不说是叙事模式转变所带来的新风貌。

二、民俗描写

赛珍珠作品的另一个特色是大量的中国民俗描写,这在赛珍珠以前美国作家的笔下是很难看到的。这些描写表明,赛珍珠不仅要向英语世界的读者介绍中国人,还要给出中国生活的背景。

赛珍珠对民俗描写的重视可以从下列事件中看出。1931 年《大地》在美国出版后,旅居加拿大的中国学者江亢虎发表文章,列举了不少细节,说明赛珍珠作品中的描写与中国的习俗和实际有出入。赛珍珠立即以她的亲眼所见予以答复②,并说明了自己在细节上的小心翼翼:"因此,我特意选择自己所最熟知的民俗进行描写,目的是为了对至少一个地域来说不失其真

① Pearl S. Buck. Mrs. Buck Replies to Her Chinese Critic. *New York Times*, 1933-01-15(2).

② 两人的文章被刊登在《纽约时报》(New York Times)1933 年 1 月 15 日书评版上。在两篇针锋相对的文章前面编者有如下按语:"下面这篇文章讨论赛珍珠的小说,它的作者是麦吉尔大学(Mc Gill University)中国学教授,该文从《中国基督教学生》(*The Chinese Christian Student*)1932 年 11-12 月号转载。布克夫人应约所写的答复江教授批评的文章,刊在江文下面。"

实性。不仅如此,我还将自己的描写读给这个地域的中国朋友听,以求印证。"①看来双方是各执一词,究竟谁是谁非,让我们举例说明。

《大地》中叙述的泡茶方式是:"拿出十来片拳曲了的干叶子,撒在开水上面。"②江亢虎认为这"连乡下人都会感到诧异的,因为中国人总是用开水冲泡茶叶的"。③ 赛珍珠就此答辩道:"在被用作《大地》背景的那个地区,茶叶是很稀罕的,很少几片茶叶浮在开水面上的情景,我看到过好几百次。"④当年的争论到此为止,问题也就留给了后人。当代学者刘龙经过实地调查后发现,"赛珍珠在《大地》中所写农民饮茶的方式习惯,不仅符合当地当时民俗,而且时隔半个多世纪,现在宿县仍有尚未完全脱贫的若干农民还保持着这种'先倒水,后放茶叶'的习俗"。⑤ 由此可知,江亢虎对其他民俗细节的指责也恐怕是站不住脚的。

丁帆在考察世界范围内的"乡土小说"时提到了赛珍珠的小说《大地》,认为:"它在外国人眼里似乎是部描写中国的'乡土小说',然而在中国人眼里却没有多少乡土味,其原因是作者只了解普遍中国农民的生存境况,而不懂得某一地区的风土人情生活习俗,以及宗教文化等。"⑥这样的评价不仅有失公允,而且不无苛刻。"乡土小说"的基本要求是"地方色彩"和"风俗画面"。赛珍珠的作品并不缺少"风俗画面"的描写,说到"地方色彩",可能确实薄弱一些。但是这两方面需要做到什么程度才能算"乡土小说"是可以讨论的。对于一个西方作家写中国要求不应该太高,赛珍珠已经难能可贵了。从赛珍珠的经历和描写来看,她作品中的中国民俗基本上可以被认为是以安徽、江苏一带为主的。

三、人物选择

在赛珍珠的作品中,主角几乎都是中国人,而西方人则是次要角色,且多以来华传教士的身份出现。这就颠倒了以往常见的美国作者笔下的以美国白人为主角、中国劳工为配角的人物主次关系。赛珍珠的小说也由此成为真正意义上的"中国小说"(China Novel)。此外,西洋主人、中国仆人的

① Pearl S. Buck. Mrs. Buck Replies to Her Chinese Critic. *New York Times*,1933-01-15(2).

② [美]赛珍珠:《大地三部曲》,第5页。

③ Kiang Kang-hu. A Chinese Scholar's View of Mrs. Buck's Novel. *New York Times*,1933-01-15(2).

④ 同①。

⑤ 刘龙:《〈大地〉中的茶俗描写》,《河南师范大学学报(哲学社会科学版)》,1994年第2期。

⑥ 丁帆:《中国乡土小说史论》,江苏文艺出版社,1992年,第10页。

常见模式也为赛珍珠所不取。

首先,在中国人当中,赛珍珠选择了占中国人口大多数的农民作为她描写的重点,让中国的主体出现在西方读者面前。在赛珍珠之前,几乎没有美国和欧洲的作家严肃地描写过中国农民。其实就是中国作家,也是到了“五四”时期才开始真正去描写农民。在18世纪至19世纪欧洲作家的笔下,我们看到的几乎都是对“开明君主”“儒官”“吟诗的少女”“中国智者”的描写①,而在19世纪美国作家笔下,我们看到的则是苦力和劳工。

其次,赛珍珠的作品中出现了对中国女性的描写,上至慈禧太后,下至普通村妇。不仅如此,这些描写还相当成功,正如诺贝尔奖授奖词中所说:“赛珍珠的女性形象给人留下了最强烈的印象。”②这在此前美国作家那里是完全不可能的,因为去美国的中国劳工几乎是清一色的男性,所以女人根本无缘在他们的作品中出现。这样,赛珍珠对中国女性的描写就拓展了美国文学的题材范围。

18世纪至19世纪西方人心目中的中国妇女是以一种女才子的形象出现的。她们裹着小脚,养在深闺,吟诗作画。对这一形象最好的文学表达莫过于戈蒂耶的《中国之恋》了:

此刻我心爱的姑娘在中国,
她与年迈的双亲为伴,
住在一座细瓷塔中,
在那鱼鹰出没的黄海畔。

她的双眼微微上挑,
小脚可握在手中把玩,
黄皮肤比铜灯还清亮,
长指甲用胭脂红涂染。
她把头探出窗栏外,
燕子就飞来与她亲热呢喃,
每晚,她如同诗人一般,
将垂柳与桃花咏叹。③

这一形象在西方人的文化记忆中扎根很深。根据法国学者德特利的研

① 罗芃,冯棠,孟华:《法国文化史》,北京大学出版社,1997年,第457-464页。
② [瑞典]佩尔·哈尔斯特龙:《授奖词》,[美]赛珍珠《大地三部曲》,第950页。
③ 同①,第459-460页。

究，虽然19世纪西方作家笔下的中国形象开始发生变化，但是中国女才子的形象却保持不变。①

通过赛珍珠的描写，20世纪的西方人看到的是另一种中国妇女：她们基本不识字，每天面朝黄土背朝天，光着大脚丫在田里干活。

再次，赛珍珠作品中的中国人物无一例外地都生活在家庭之中。《大地》的第一句话就是："今天是王龙成亲的日子。"——一个新的家庭就要诞生了。赛珍珠几乎每一部描写中国的小说都是围绕家庭展开的，而且总是至少三世同堂。在这样的大家庭里，父子、夫妻、兄弟、婆媳种种关系都涉及了，再加上这些人与社会上其他人的联系，家庭真正成了整个社会的缩影。在赛珍珠之前的美国文学中，由于没有中国女性人物，也就没有中国家庭，也就更谈不上对中国社会的描写了。

四、语言风格

《赛珍珠传》中记录了这样一件事情：在接下《东风·西风》后，编辑沃尔什圈出100多处地方建议赛珍珠改进。赛珍珠几乎全都答应，没有半句怨言。但是对于其中涉及汉语用法的一处地方，赛珍珠坚持己见，不肯改动。沃尔什不同意在描写葬礼场面时出现这样的叹语："啊，我的亲娘哪（Oh, my mother）！"赛珍珠反驳说，她这是逼真地再现了中国人哭诉死人时反复使用的叹语，这种用语是必要的修辞手法。② 此后，赛珍珠在小说中一直坚持使用这一手法，试举几例：

中文	英文
"老骨头"（咒骂丈夫）	old bone
"孩子他妈"（称呼妻子）	my son's mother
"借光"（请求让路）	borrow light
"有喜了"（指称怀孕）	have happiness
"阿弥陀佛" （表示庆幸、侥幸）	O-mi-to-fu

除了人物的对话，赛珍珠还在叙事过程中尽可能地再现中国人的语言，

① ［法］米丽耶·德特利：《19世纪西方文学中的中国形象》，孟华《比较文学形象学》，北京大学出版社，2001年，第244－246页。

② 吴海蔓：《东方是不是东方——赛珍珠在中国》，阎纯德《汉学研究》(2)，中国和平出版社，1997年，第129页。

采用的同样是直译乃至硬译手法。比如：

中文	英文
英国、美国	Ying Country, Mei Country
左右(指手下人)	the right and left
黄泉	Yellow Spring
八股文	eight-legged essay
走狗	running dog
电报	electric letter
东张西望	look from east to west

赛珍珠大量地采用这样一些不符合英文表达习惯的词汇，目的在于让不懂中文的西方读者了解中国人的思维方式和语言特色。这与一写到中国劳工，便立即转换成半通不通的洋泾浜英语的写作风格大相径庭。

五、对中国古典小说的模仿

赛珍珠熟悉中国古典白话小说，在创作中尽量模仿，使自己的中国题材作品具有中国味，这更让此前的作家望尘莫及。我们以几部小说的开头结尾为例来予以说明。在开头部分，赛珍珠很少采用西方小说中常用的大段景物描写，而是采用中国古典白话小说的"开门见山"式。如：

今天是王龙成亲的日子。(《大地》)
王龙快要死了。(《儿子》)
王虎的儿子王源就这样走进了他祖父王龙的土屋子。(《分家》)
林郯抬起了头。(《龙子》)
今天是她四十岁的生日。(《群芳亭》)

同这样质朴的开头相类，赛珍珠也酷爱中国古典白话小说的"无所收场的收场"，这种收场不同于西方小说"解决了一切"的结尾①，它戛然而止又

① 赛珍珠认为这两种不同的结尾构成了"东西小说最矛盾的一点"："在西洋，我们就喜欢去知道故事的收场，我们要知道谁与谁结婚，谁死了，每个人的结局都要知道，于是我们掩着书儿满意了，忘掉了，于是再去找第二本。因为着这小说既解决了一切，我们就无庸去再想。在中国人，就喜欢想下去。……这也许是中国人所以把他们有名的小说，趣味无穷地念了再念到几百遍的理由了，他们像是常可以在那儿找到新东西的。我得说，假若一个人养成了这种中国人的口味，再读我们的西洋小说，就很明显是味同嚼蜡了。"虽然赛珍珠的比较有夸大中西小说差异的嫌疑，但是我们不难看出她对小说结尾的重视和对中国小说的偏爱。见赛珍珠《东方，西方与小说》，小延译，《现代》1933 年第 2 卷第 5 期，第 672 页。

充满深意。赛珍珠的小说也常常具有这样的特点。例如《大地》的结尾是这样的：

> “当人们开始卖地时……那就是一个家庭的末日……”他（指王龙）断断续续地说，“我们从土地上来的……我们还必须回到土地上去……如果我们守得住土地，我们就能活下去……谁也不能把我们的土地抢走……”
>
> 老人的眼泪流下了他的面颊，干了以后，脸上留下一道道泪痕。他弯下身抓起一把泥土，攥着它，喃喃地说道：
>
> “如果你们把地卖掉，那就完了。”
>
> 他的两个儿子扶着他，一边一个，抓着他的胳膊。他手里紧紧地攥着那把温暖松散的泥土。大儿子和二儿子安慰他，一遍又一遍地说：
>
> “不要担心，爹，这一点你可以放心——地决不会卖掉的。”
>
> 但是隔着老人的头顶，他们互相看了看，然后会心地笑了。①

地到底卖了没有，王龙最后的命运如何，人们不得而知，只是预感不佳。赛珍珠其他小说的结尾也有类似的效果。由此我们或许可以夸张地说，赛珍珠的小说从开头第一句到最后一句对西方读者来说都是新颖的。

在赛珍珠所有中国题材小说中，可能要算《儿子》对中国古典章回小说，特别是对《水浒传》的模仿最为突出了。② 全书共分 29 章，每章以叙述一个儿子的故事为主，章与章之间通过三个儿子以及三个家庭之间的经济军事利益关系和婚丧嫁娶的亲属关系而互相连属，展示了三个儿子所代表的地主、商人和军阀阶级生活的全貌。在这三个阶级中，赛珍珠对军阀最不熟悉，于是她大大地借鉴了《水浒传》中的人物描写。在屋内坐着虎皮椅，出外则悬宝剑、跨良马的王虎，实际上不像个地方军阀而更像梁山泊上的头领。孩提时他读过“湖边绿林英豪”的故事，常想起“古时候（哪怕只是五百年前）好汉们携手劫富济贫的事”。③ 他拉起一支军队，开始时手下不多不少，正好 108 人，与梁山好汉的数目一模一样。不仅如此，一位研究者还指出，小说中王虎杀死“狐狸精”的场面在很大程度上复制了宋江杀阎婆惜的情节，只是更加离奇。④ 另外，《儿子》中还描写了能飞剑杀人的豹，能双筷钳

---

① ［美］赛珍珠：《大地三部曲》，第 287 页。

② 《儿子》写于赛珍珠为英译《水浒传》文字进行润色时期。参阅彼得·康：《赛珍珠传》，第 157 页。

③ ［美］赛珍珠：《大地三部曲》，第 512 页。

④ 吴海蔓：《东方不是东方——赛珍珠在中国》，阎纯德《汉学研究》（2），第 322－323 页。

住苍蝇的杀猪手等身怀绝技的人物,他们显然都是《水浒传》人物的翻版。

综上所述,赛珍珠在作品的方方面面都表现出了写作的新风貌。事实表明,她的写作策略是非常成功的。《纽约时报》一位评论员认为,赛珍珠再现了"不带任何神秘色彩和异国情调的中国……书中找不出我们通常称之为'东方式'特征"。[①] 对于一个中国人来说,读赛珍珠的英文原作的感觉,就像是看一个中国人在用英文描写一个个的中国故事,而如果读中文译本,则完全觉得作者是一个中国人。实际上,赛珍珠本人也承认,"在描写中国人的时候,纯用中文来织成,那在我的脑海中形成的故事,我不得不再把它们逐句译成英文"。[②] 最早的中文译本读者、出版家和评论家赵家璧是这样描述他的阅读感受的:"除了叙写的工具以外,全书满罩着浓厚的中国风,这不但是从故事的内容和人物的描写上可以看出,文学的格调,也有这一种特色。尤其是《大地》,大体上讲,简直不像出之于西洋人的手笔。"[③]这应当是很高的评价了。

(本文原载于《江苏大学学报(社会科学版)》,2002 年第 2 期)

---

① [美]彼得·康:《赛珍珠传》,第 143 页。
② 赛珍珠:《忠告尚未诞生的小说家》。
③ 赵家璧:《勃克夫人与黄龙》。

王守仁

赛珍珠谈她的父母

——《异邦客》《战斗的天使》合论

美国女作家赛珍珠的名字是与《大地》连在一起的。不少人以为，赛珍珠于1938年荣获诺贝尔文学奖仅仅是因为她创作了《大地》三部曲，但实际情况并非如此。诺贝尔奖委员会将此殊荣授予赛珍珠，理由是"她对中国农民生活丰富多彩和史诗般的描述，以及在传记方面的杰作"。赛珍珠的传记"杰作"是《异邦客》和《战斗的天使》，其传主分别是她的母亲凯丽和父亲安德鲁（中文姓名赛兆祥）。赛珍珠自小和她的父母住在中国，父母对女儿的生活、创作和思想起过重大影响。

"传记是人类为自己建造的纪念碑。"①传记这一体裁具有一定的历史性，又有一定的文学性。传记的对象是特定的某一个具体人物，即传主。传记必须遵循一切以事实为根据的原则，没有创造事实的自由。但是，传记并不满足于生平事实的真实，更为重要的是展现传主性格的真实。为了揭示传主的精神世界和性格动因，传记作者根据掌握的材料可以加以合理猜测和补充。传记需要客观，然而，绝对的客观性只是一个幻觉。任何历史著作都是一种文本。历史学家再现客观事实的过程同时也是阐述其主观认识的过程。因此，传记是传记作者建构的文本，受特定历史条件、时代、读者等因素制约。赛珍珠根据儿时的回忆、平时的交谈、亲朋好友的叙述、实地访察和合理想象，撰写了《异邦客》和《战斗的天使》，讲述了一对美国传教士夫妇于19世纪末20世纪初在中国生活的故事。赛珍珠对传记材料的选择、处理和解释，传达了她的思想认识，反映了她的主体精神。

---

① 杨正润：《传记文学史纲》，江苏教育出版社，1994年，第1页。

《异邦客》实际上是赛珍珠写的第一部书。1921 年 10 月,她的母亲在中国镇江因病去世。赛珍珠在她的个人传记《我的中国世界》中回忆道:“当我办完丧事回到南京我的新家后,我迫切希望能使母亲复活,于是我开始为她写点东西。我当时想这是为自己的孩子而写的,他们可能因此对我母亲有个印象和了解。”①1926—1927 年,赛珍珠在南京的住所遭到军队士兵洗劫,但《异邦客》的书稿竟奇迹般地保存了下来。据赛珍珠称,她在 1936 年发表这部传记时,基本保持了原样,无论是内容还是文字,都未做大的修改。

赛珍珠在《异邦客》的开头就告诉读者,她对往事作了一番筛选工作,从几十幅画面中选了最能代表她母亲凯丽的一幅:“她站在中国城市阴暗中心的美国式花园里”。花园里种的是美国花卉,砌的是英国紫罗兰花坛;花园墙外是中国城市肮脏的街道、瞎眼的乞丐、挤成一团的房屋。这一墙之隔,把两个世界截然分开:西方与东方、基督教与异教、白人与黄种人、文明与落后。在《异邦客》中,赛珍珠描写了在中西文化排斥、冲突、交流的特定历史条件下一个妻子和母亲的感受。赛珍珠将笔触深入到凯丽内心深处,展示了凯丽宗教信仰的迷茫和萦绕心头的乡愁。出现在读者面前的凯丽并不是一个女传教士,而是一个饱受创伤和磨难的普通外国女人。

凯丽祖籍荷兰,她的祖父曾在乌得勒支经商。为追求宗教自由,她的祖父不惜放弃兴隆的生意,携全家移居美国。凯丽继承了家族传统,具有强烈的宗教意识,在少女时代就曾为灵魂得不到拯救而苦恼,焦躁不安地寻求上帝的征兆。她许下诺言,假如上帝对她表明他的存在,她就当传教士。凯丽听到母亲临终前喘息着说:“嗨,这——全是——真的!”以为这句话就是上帝的征兆,便决心把自己奉献给上帝。凯丽后来遇上安德鲁,安德鲁为了到中国去做传教士,正在寻找一位妻子,因为他母亲有一条规定,他必须成了亲才能去那个异教徒的国家。1880 年 7 月 8 日,凯丽同安德鲁结了婚,婚后便启程前往中国。

凯丽为使自己的灵魂得救,为了上帝的事业,背井离乡,不远万里,前往陌生的国度,这是需要极大勇气的。100 多年以前,中国处于半殖民地半封建社会,经济落后,灾难深重,人民生活极端贫困。由于帝国主义列强对中国的侵略和压迫,中国普通老百姓对“不请自来”的外国人缺乏信任,没有好感,传教士甚至连生命安全都得不到保障。年轻的凯丽放弃在美国的优越生活条件来到中国,日子过得很艰难。她生下 7 个小孩,其中有 4 个因病得

① 刘龙:《赛珍珠研究》,第 28 页。

不到医治，先后去世，对她刺激非常大。这些孩子如果是生活在医疗条件较先进的美国，是可以得救的。面对异国他乡的拥挤、肮脏、贫困和敌意，她日益思念自己的祖国。但是，她后来回美国探亲，发现随着岁月的推移，家乡人人都在忙自己的事情。祖国逐渐变得陌生，祖国把她忘了，不再需要她。在美国，“她也只是一个客人。在她自己的国家已不再有她的家，已不再有她的归属之地”。她找不到自己的位置，痛感有国难回，最后打消了回美国的念头。凯丽的“无家可归”同时也是精神上的。她最初是带着把自己奉献给上帝的目的到中国来的。到达中国后，她对中国当时贫穷愚昧的落后状态感到吃惊。她难以理解仁慈的上帝竟然能容许人间有这么多的痛苦，内心开始怀疑上帝的公正。她把自己奉献给上帝，并盼望被接受，但一旦没有见到被接受的征兆，精神家园便不复存在。在情感生活上，她丈夫未能把她视为志同道合的伴侣。安德鲁一心忙于传教，并不顾家。夫妻之间存在隔阂，共同语言越来越少。在她生命的最后日子里，她对安德鲁很反感，不让他到身边来。《异邦客》英文书名为 *The Exile*，也有“流放”的意思。凯丽作为“世界上最孤独的人”，是一个多层意义上的流放者：在宗教信仰上，被上帝放逐；在生活上，被自己的祖国放逐；在家里，被丈夫放逐。所以有人把这本传记译为《流放》，也不无道理。

凯丽是位有着双重性格的女性：一方面，她是一个清教徒，“拼命追求上帝”，要“作更深的奉献”；另一方面，她“富于热情和感情”，热爱生活，喜欢唱歌作诗，跟孩子们在一起，她为自己未能与上帝交流沟通而内疚，把孩子的夭折看做是上帝对她的惩罚。“由于意识到宗教上的失败，就更加严厉地对待自己的另一面——富于热情和感情的一面，她被教导这一面是邪恶的，是引导她背离上帝的。她的两个方面进行着继续不断的战争。”凯丽“终生以最大的意志力压抑在自己心中的怀疑主义”。临死之际，她表现出对今世应该享受而没有享受到的美好生活的自然向往：她欣赏着女护士的舞姿，感叹道，如果有来世，她要“选择生活中快乐明亮的东西，如跳舞、欢笑和美”。英国女作家弗吉尼亚·伍尔芙在讨论传记写作时指出：“一方面是真实，另一方面是个性，如果我们想到真实是某种如花岗岩般坚硬的东西，个性是某种如彩虹般变幻不定的东西，再想到传记的目的就是把这两者融合成浑然一体，我们承认这是个棘手的问题。”[1]赛珍珠在《异邦客》中较为成功地展现了她母亲“复杂的性格”，塑造出一位很有个性的人物：凯丽不是女圣徒，而是一个活生生、“富于人性的人”。

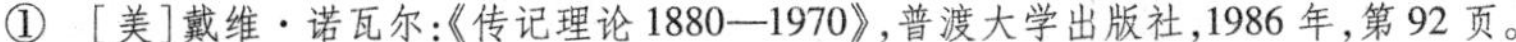

① ［美］戴维·诺瓦尔：《传记理论 1880—1970》，普渡大学出版社，1986 年，第 92 页。

《异邦客》采用第三人称叙述,视角常常进入母亲的内心,用她的眼光来看世界。由于历史的原因,凯丽"有一定的种族偏见"。她不喜欢附近寺庙阴沉的钟声,讨厌中国古老帝国的红色和黄色。在她眼里,美国是个"洁净、美和正直"的国家,中国则"缺两样东西:洁净和正直"。凯丽初抵中国,乘坐平底帆船从上海去杭州,岸上有许多人观望。"他们看起来多么可怕、小眼睛多么残忍、好奇心多么冷酷。"这是凯丽当时的感受。赛珍珠随后笔锋一转,跳出人物视角,评述凯丽对居住在运河两岸中国农民的认识:"她看出他们是家庭成员而且是靠土地养活自己的人,对她来说他们是人类,而且此后永远不再是'异教徒'。这是后来她在他们中生活的基调。"赛珍珠在《异邦客》中通过不少事例说明凯丽在同普通中国人的交往中逐渐克服偏见,称赞母亲怀有一颗"温暖的人类同情心"。凯丽具有模仿天才,很快学会了中国话。她作为一个女人,与中国的母亲、妻子平等交谈,"凯丽学会爱这些女人,很轻易地便忘记了她们之间民族和背景的差异"。凯丽最初出于宗教的热忱离开了美国。在中国生活多年后,她渐渐地意识到,虽然就出生和爱而言,她的根在美国,但是她也与中国结合在一起,在中国"有另一些同样深的根。她有她的朋友,那些中国妇女"。凯丽最后决定留在中国,并不是为了继续寻找上帝,而是因为"那些不快乐、不幸的、受生活压迫的人们的召唤"。在这片土地上,她没能找到上帝的征兆,却发现了中国的"可爱"和人民的"和善"。凯丽晚年时,中国"对于她已不再是异国"。赛珍珠在回忆母亲与中国的关系时曾说过:"她把自己的生命与中国人民融合在一起了。"

凯丽是赛珍珠的母亲,也是她的老师。由于特殊的生活环境,凯丽在家里教育女儿,为她进美国大学作准备。赛珍珠的英文写作得益于母亲的严格训练,这一点她在《自传随笔》中说得很清楚:"从我孩提时代起,她就教我写下我所看到和感到的事物,并帮助我去领悟到处存在的美。每周我都要写些作文让她批改,她的批评虽然严厉,但很体贴。"在《异邦客》中,赛珍珠提到凯丽喜爱小说,因为她内心深处总是充满人性。在母亲的熏陶下,孩子们从小就开始阅读狄更斯的小说,培养了对优秀作品的鉴赏力。赛珍珠对此充满感激之情。

《异邦客》是赛珍珠在母亲去世后不久创作的,作者没有摆脱哀思,十分伤感。其中对父亲提得很少,态度显得很冷淡,这显然是受母亲的影响。但安德鲁在《战斗的天使》中得到了充分的谅解,整个传记洋溢着女儿对父母纯真的崇敬。作为练笔之作,《异邦客》写作上基本按年代平铺直叙,缺少起伏。与《异邦客》相比,《战斗的天使》要成熟得多。这部传记成书时间较晚,也于1936年发表。诺贝尔奖委员会评委、瑞典女作家塞尔玛·拉格洛

夫曾透露，她之所以投赛珍珠的票，就是因为《战斗的天使》写得出色。

在许多方面，《战斗的天使》与《异邦客》都不同。赛珍珠在《异邦客》中着重写她母亲的感受，展示了母亲的情感世界。《战斗的天使》的副标题是《一个灵魂的写真》。在赛珍珠的笔下，一个只有灵没有肉的天使般的圣者跃然纸上。这本传记的叙述结构尽管按时间的顺序直线进行，但作者常常暂时打断叙述的连贯性，插入一些议论，抒发自己的感想。

安德鲁出生于一个农民家庭。兄弟 7 人当中，有 6 个人当了牧师。安德鲁 16 岁时，一个从中国归来的传教士到他家做客，提出要找一个人去中国。安德鲁起先对此充满恐惧，最后觉得这是上帝的召唤，便立志当一名传教士。他父亲要求儿子们在 21 岁之前必须在家帮他干活，然后才可以自己出去闯荡。安德鲁不喜欢种田，一到 21 岁，他就骑马离开家乡去华盛顿一李大学念书。大学毕业后没多久便进神学院深造，以取得做传教士的资格。他要去中国当传教士的计划遭到父亲的激烈反对，但得到了母亲的支持，不过她提出一个条件，就是他必须找个姑娘结婚，让妻子和他一同前往。安德鲁到哥哥的教堂帮忙时，与凯丽结识，使他有机会实现去中国的这个目标。

安德鲁真诚地献身于宗教事业，以满腔的热忱从事他所热爱的工作，并从中得到乐趣。“打从前往中国那一刻起，就是五十年纯粹的幸福。”安德鲁在中国一直心情舒畅，这与凯丽截然不同。凯丽所追求但未能实现的与上帝的交流沟通，他能够做到。安德鲁为人正直，心地坦诚，全身心投入传教工作，把自己的一切献给了上帝。他为事业、工作、信仰活着，长年在外奔波，忘掉了家庭和孩子。他并不真正理解自己的妻子，不会亲近孩子，所以，赛珍珠儿时不喜欢父亲。后来，他年老体衰，需要女儿照顾，赛珍珠才“逐渐理解他，珍爱他”，对他的感情越来越深。“安德鲁是一个生活在梦里的人，一个着了魔似的人。对他来说，生活和人情无足轻重。他从未生活在尘世上。”他是“一个活着的灵魂”。安德鲁于 1931 年 8 月 31 日在中国庐山去世。赛珍珠在同年 9 月为他举行的追思礼拜会上，忆述了安德鲁在华 50 年的传教生涯，表达了她对父亲的哀思、爱戴与缅怀之情。她说：“一个乐于助人的人去世了，一个急人所急、有求必应的人永远地离开了我们。”①

赛珍珠塑造的安德鲁也是一个极富个性的人物。在《战斗的天使》中，她常常对事件进行戏剧化处理。例如，他为了能走水路传教，决定造一条船。传教团董事会后来写信，责令他解释为什么把用于建造教堂的一千美元用来造一条船。信上说：“希普利先生是我们最富有的捐献者之一，以任

① ［美］赛珍珠：《怀念》，刘龙《赛珍珠研究》，第 48、49 页。

何形式得罪他都是不明智的。”

> 读到这句话,安德鲁两眼闪过一丝寒光。难道就因为他是富人而必须服从他!富人要花大力气才能进天国,而他,安德鲁,竟要在上帝面前向他低头!他马上坐了下来,蔑视和气愤未消,写了一封他的孩子们称之为上帝全能的信,用简短、明确的话责问董事会为什么向玛门屈服;他们又何以配当上帝之工作的领导?至于他,他不会听从任何富人或他们之流,而只听从上帝。船造好了,他就用它。

结果,他再也没有接到富人或董事会任何有关这件事的信件。他“愉快地、满怀胜利地”使用那条船好多年。

安德鲁生活的时代是西方殖民主义向海外扩张的时代,他是那个时代的特定产物。从本质上讲,他是一个殖民主义者,对此,赛珍珠看得很清楚。她认为安德鲁和他那一代人:

> 并非温顺的眷恋桑梓之辈,也不是过惯恬淡生活的陆居之人。即或他们没有远走他乡充当果敢的传教士,那他们也会去淘金,去两极探险,或在海盗船里威临四方。如果不是上帝在他们年纪轻轻时就控制住他们的灵魂,那他们也会以另一种权力方式去统治异域的土著的。

西方传教活动是在殖民地人民的精神世界建立起一个“神灵帝国”。安德鲁普世布道,“要世人知道他的上帝是唯一真正的上帝,万众必须向他致敬”,这表现出“精神上的帝国主义”。毛泽东曾明确指出:美国人到中国来传教是一种“精神侵略”。① 就人品而言,安德鲁是一个“品格正直、目的高尚和好心好意”的人。他“虔诚地信奉上帝和圣命圣意”,确实是抱着拯救人类灵魂的理想,远涉重洋到中国来的。安德鲁也算得上一个开明的传教士,对中国人充满同情。但是,在当时的历史条件下,他所信奉的是为西方利益服务的“上帝”。安德鲁并没有意识到传教活动是帝国主义文化侵略的一个部分,客观上是为帝国主义殖民统治和经济掠夺服务的。赛珍珠虽然出身传教士家庭,但从小深受中国文化影响。她幼年时听中国老保姆讲故事如痴如醉,后来又跟家庭教师孔先生学习儒家经典。在中国文化的长期熏陶下,她已习惯了中国人的思维方式,用中国人的眼睛看世界,从中国人

---

① 毛泽东:《“友谊”,还是侵略》,《毛泽东选集》(第4卷),人民出版社,1991年,第1506页。

的立场说话。小时候赛珍珠在寺庙里看到观音菩萨,联想起《圣经·旧约》里那个非常严厉的上帝。瞧着慈眉善目的观音,这个美国小女孩"觉得自己更愿意同菩萨在一起,因为她喜欢观音脸上浮着的宽容仁爱、通情达理的表情"。① 赛珍珠在思想感情上对中国的认同,使她对西方传教活动持批评态度。在这两部传记中,都不乏对传教士生活阴暗面的揭发。赛珍珠对传教的必要性进行质疑:"为什么他们(信徒)要从自己的人中间走出来,去听这个外国人说教呢?为什么他们要舍弃本民族的安全稳妥,去相信他呢?"赛珍珠曾经说过,想起白人在远东干的那些不公正的事情,她讨厌白人牧师在亚洲宣讲道德善行。② 如果说凯丽是身不由己地成为传教事业的牺牲品,那么,安德鲁则是心甘情愿地为着一项错误的事业奋斗。从这个意义上讲,两人都有悲剧性。赛珍珠的两部传记剖析了她父母的内心世界,写得深刻感人,被誉为"充满生命的佳作"。③

(本文原载于《镇江师专学报(社会科学版)》,1999年第4期)

① [美]保罗·A·多伊尔:《赛珍珠》,特温出版公司,1965年,第48、49页。

② 同①。

③ 姚锡佩:《赛珍珠的几个世界》,《中国文化》(创刊号),1989年,第125页。

赛珍珠的两部传记作品

——《放逐》与《奋斗的天使》

杨金才

赛珍珠确实一生迷恋中国文化,对中国的进程给予极大的关注。这位称中国为"第二祖国"的西方女子正是因为直接描写了中国的人和事而闻名世界的。可以说,赛珍珠是最早用英文进行文学创作来反映20世纪初中国社会风貌的外国作家。这往往给研究她的人造成一种错觉:似乎赛珍珠就是因她的《大地》三部曲而获得诺贝尔文学奖的。① 不少论者引经据典加以佐证,有的还直接引用"授奖词"中的某句话来加强这一论点。然而,他们恰恰忽视了这样一个事实:赛珍珠之所以能荣登世界文学最高奖的宝座主要由于"她对中国农民生活丰富多彩和史诗般的描述,以及在传记方面的杰作"。② 诺贝尔评审委员会委员、瑞典著名小说家赛尔玛·拉杰夫洛曾不无坦率地透露她投赛珍珠一票是因为她写父亲的传记。③ 可见,我国的研究者过分注重对其《大地》的研究。迄今很少有人专门讨论她的传记作品《放逐》(*The Exile*,1936年)和《奋斗的天使》(*The Fighting Angel*,1936年)。鉴于此,笔者拟对赛珍珠的这两部传记作品做些简单评论,以期抛砖引玉,就正于专家、同好。

《放逐》(又译为《异邦客》)其实是赛珍珠最早要写的一部作品。1921年她母亲去世后不久,赛珍珠就写了一篇纪念母亲的传记性悼文。写毕,她

---

① Donald Adams. *Speaking Books*. New York Times. Sept. 22, 1963:2. See also Arthur Hobson Quinn, et al. *The Literature of the American People*. Appleton-century Coofts. 1951:840.

② New York Times. Dec. 24, 1938:13.

③ Cornelia Spenser. *The Exile's Daughter, A Biography of P. S. Buck*. Coward-Mccann. 1944:191.

没有立即发表,而是将它藏起来存放在壁框架上。后来家里许多值钱的东西都毁于战火,唯独这篇悼文仍完好无损。见此情形赛珍珠喜出望外,于是对它作了全面的修改和补充,最后定名为《放逐》。本书完全可以早些面世,但赛珍珠并没有这么做。对此,评论界众说纷纭、莫衷一是。但有一点是可以肯定的,赛珍珠那时名声微弱,她觉得自己在文学界的地位还没有真正确立。因此,她认为有必要推迟该书的发表。直到 1936 年,《放逐》才得以问世。

《放逐》一书出版后即刻受到广泛的欢迎。该作品取材于作者的亲身经历,描绘了一幅关于母亲的完整图画。对母亲的生动描写常常深深地印在读者的脑海中。后来赛珍珠在谈及这部作品时明确声明:该书除了人名变了,其他一切都是真实的记录。在这些更了名的人物中,卡罗琳就是凯丽,其丈夫艾布萨伦就是安德鲁,年轻的珀尔就是康福特。

卡罗琳·斯塔尔汀是荷兰人的后裔。她家由于遭到宗教迫害而举迁美国。他们先在宾夕法尼亚找到了栖身之处。一家人购买土地、辛勤劳作,很快家业开始兴旺。但好景不长,在一次土地交易中,她的父亲受骗破产了。出于无奈,他们只好远走他乡,全家迁往西弗吉尼亚的一个小镇。那里充满着对基督的狂热,宗教的苦行僧生活方式甚是普遍。

作为作品的主人公,卡罗琳无疑是作者倾墨最多的人物。在建构这个女性形象时,赛珍珠以饱蘸同情的笔触直写了她的性格:天真活泼、聪颖敏捷。她富有想象力,热情、伶俐。她酷爱读书,对音乐有一种天才般美好的理解,但她的思想深受清教徒意识浸染。她从小就确立对宗教的信仰。许多到小镇教堂来的传教士和男人们给她带来了激动人心的故事和滚烫的语言。卡罗琳每每都聚精会神地听着,充满了为上帝的事业而奋勇冒险的念头。由于受到九年神学院的教育,她树立了自己追求的目标——当一名传教士。

艾布萨伦是一位传教士的弟弟,为人机敏、执著,充满爱心和理想。这使年轻的卡罗琳对他产生了一种好感,更吸引她的是他也计划去中国传教。不久,这对年轻人不顾双方父母的反对匆匆完婚去了中国。

卡罗琳在中国的生活不算满意。她与丈夫在性格上完全不同。她希望他是她生活中的伴侣,能和她一起参与传教活动和家庭事务。可是,她完全想错了。丈夫原来要找的是一个能为他料理家务的人,并非是个与他分担工作的知己。她丈夫接受了圣·保罗关于"女人必须服从男人"的教义。这在她看来,丈夫是自私的。她忍受不了他的那些不切实际的做法。时间一长,夫妻间的矛盾显得十分突出。

卡罗琳虽然觉得自己的婚姻并不幸福,但她从不怀疑自幼确立的信仰。早在少年时代,她就接受了上帝的启示,因此,她对上帝有一种无比的虔敬。倘若上帝真能展示其存在,卡罗琳将为他献出自己的一切,做他忠实的信徒,传颂他的旨意。母亲病重期间,卡罗琳精心护理。对她来说,这是一种考验。护理一个生命垂危的人需要耐心和爱心。这一点卡罗琳做到了。母亲临终前向她说了这样一句话:"怎么,是的,一切都是真的!"①卡罗琳以为这是上帝的启示。于是,她决定为上帝的旨意服务一生。她生下的 7 个孩子有 4 个都死在中国,但她认为如果治疗及时,或生活在一个像美国那样有健康意识的国家内,他们的死是完全可以避免的。

然而她亲眼目睹了发生在中国大地上的一桩桩事故,面对随灾荒和战乱而来的种种饥饿、疾病和不平等现象,卡罗琳感到震惊。她不时地向上帝发问:万能的主啊,您怎么可以允许这样的事接二连三地发生?可以想象,卡罗琳"已不知道该相信什么。像她这样一个具有善良性格的人,信仰一些有实质性的善的东西是至关重要的"。② 当然她也朦胧地发现上帝原来并不是万能的,有时也是不公正的。她一生侍奉上帝,却同样遭到上帝的抛弃。临终时,她对女儿这样说:"我认为一个人应该选择一种轻松、愉快的生活,像跳舞、欢笑和美一样。如果我来世还能做人的话,我就毫不犹豫地选择这样的生活,不会想到这是在犯罪。"③她不让丈夫接近她。她受不了他的那种严厉的专制。一旦意识到自己与丈夫之间有了矛盾,卡罗琳就想回美国去。每每遇到不顺心的事,她便眷念起自己的家人,以此来排遣心中的忧郁与不满。她深深怀念自己的故乡西弗吉尼亚,并经常给孩子们讲那里的故事。卡罗琳想家心切,渴望去美国,但是几年后到了美国,发现家乡发生了很多变故,她又伤感了,哀叹美国与自己生疏了,或许祖国已忘掉了她。一想到自己是个流浪者,卡罗琳就感到一种难言的孤独和难受。只不过她常常把这种心酸和痛楚深深地埋于心底而已。然而随着岁月的流逝,她也不时地有所表露。有一回女儿珀尔想离家去另一个地方住一段时间,卡罗琳指责她这是一种不孝。珀尔于是提醒母亲年轻时不也违背父亲的旨意,执意嫁给一个牧师,远渡重洋来到中国传教?卡罗琳的反应是伤感的,言辞里夹杂几分懊悔,"我当时不听父亲的劝告是一种错误"。可见卡罗琳虽然并没有怀疑上帝的存在,但她对他的真实性确实有些困惑,对丈夫也有些失

---

① Pearl S. Buck. *The Exile*. Fay,1936:76.

② 同①,第 168 页。

③ 同①,第 309 页。

望。然而她仍竭尽全力支持丈夫的传教事业。刚来中国不久,卡罗琳染上了肺病,医生建议她回美国治疗,但为了丈夫的事业,她并没有这么做,只是去中国北方的一个气候环境相对好一些的地方治疗。当丈夫决定要把《新约》全书译成汉语时,她也大力支持,并尽量节缩家庭开支,用以出版丈夫的译文。[①] 当艾布萨伦年事已高、临近退休时,新上任的牧师不友好地指责他的一些做法,卡罗琳深感不满,她坚决地站在丈夫一边,充分显示她对丈夫是忠贞不贰的。

在赛珍珠的笔下,卡罗琳的中国经历常常像史诗一般,充满英雄主义色彩。在义和团运动时期,她和孩子们不得不逃难。有一回,丈夫出门在外,突然来了一群人围在门口扬言要杀死他们。因为他们是这个地区唯一的洋人。理由是,这群中国人听说洋人给当地带来了旱灾。面对这突如其来的险境,她临危不惧。打开门,把孩子们叫在一块,还热情地请这群中国人喝茶。她的一举一动深深打动了这群人。他们感到她是那么善良,于是纷纷离去。

卡罗琳的丈夫希望她多关心一些家务事,但她还是尽量参与传教活动,哪怕做一些具体的事情。她把注意力放在中国人的健康方面。对于她来说,中国人更需要的是能够为他们治病。因此,一有机会,她就开一家诊所帮他们治疗一些常见病和皮肤感染病等。她给许多病人看过病。她随时准备为一些有求于她的中国妇女排忧解难。她在课堂上给中国学生讲卫生和健康知识,但事后她总有些担心,因为她害怕这样会影响对学生的心灵塑造。作为一名传教士,她应该向他们讲《圣经》,讲上帝的仁慈、宽恕与救赎,而不是要他们注意生理卫生。

由此看来,赛珍珠笔下的母亲形象并不单薄。具有多重性格特征的卡罗琳一生经历了无数人情世故,其中有爱、有恨、有怨,也有悔。她热爱、关心丈夫的事业,但忍受不了他的孤僻与傲慢。她信仰上帝却说不出为了何故。她乐意布施、帮助有难的中国穷人,但又看不惯甚至讥笑中国人的愚昧与无知。所有这一切都体现在她的身上。

在赛珍珠的眼里,卡罗琳的一生是失败的。因为她一心追求美和精神的完善,但终生未遂。不过赛珍珠又认为,母亲不可能如愿以偿,因为她的思想中充满着矛盾,她所追求的是一种现实与神秘的混合体,再说,她本身就是一个怀疑论者。

当然,《放逐》作为一部描写传教士妻子的传记作品,难免有些缺陷。如

① Hayes Jacobs. *Pearl S. Buck*. Wirter's Year Book, No. 34, 1963:41.

语言不够精练、重复现象较多、叙述拖沓等。另外,作者从一个传教士的立场看待中国所发生的一切,这种认识上的隔膜不免会使她笔下的许多地方失之偏颇。这是需要我们在阅读时予以考虑的。但无论从作品的内涵还是人物刻画上看,赛珍珠的这部传记作品均可称为力作。它笔触婉约,富有浪漫情趣,比较真实地再现了19世纪末20世纪初美国传教士在中国的特殊经历。

如果说《放逐》是一部能够反映美国传教士在中国的经历的力作,《战斗的天使》则更值得一读。由于在前部作品里,赛珍珠出于对母亲遭遇的同情和理解,娓娓叙来,不无感慨,但在《战斗的天使》这部作品里,她写的是父亲,因此她不再用那种温婉的语调,而是用客观的叙述方式描写了父亲的一生。在她的笔下,父亲既粗暴又不谙人事。他缺少同情心,无论对妻子还是孩子都很严厉。他生活呆板,整天不见笑容,是个典型的清教徒。在赛珍珠看来,这与他从小所受的宗教教育有关,他出生于一个基督教信徒的家庭。他从小听他的父亲念《圣经》,后来又听一位中国归来的传教士讲述他在中国的历险故事。这些给他留下了极深的印象,从此他萌生了去中国传教的念头。到21岁时,他再也按捺不住这样的愿望,便如实向父亲道来,不料遭到父亲的强烈反对。倒是好心的母亲比较理解儿子的心情,对他说,如果他能找到一位愿意跟他同行的妻子就可以。但这对艾布萨伦来说,无异于拒绝。他天生羞怯,不爱与女孩子说话。可幸的是,他在一个偶然的机会里遇见了卡罗琳。由于他们有着共同的愿望,所以一见钟情,不久就结了婚。卡罗琳的出现使他如愿以偿。两个年轻人就这样远渡重洋来到中国传教。

说实在的,他并不了解,也从不努力去了解他的妻子。正如赛珍珠所说,父亲娶母亲仅仅是为了找一个伴侣,好在异国他乡照料他。但临近出发时,他从口袋里掏出的只有一张火车票,他压根儿忘记了他妻子的存在。一旦踏上去中国的征程,艾布萨伦感到异常激动与满足,因为他觉得自己可以从事自己一心想做的事了。一到中国,他和卡罗琳一道,每天学8小时的中文,一周要学6天。卡罗琳常常感到厌倦,有时有些焦躁不安,可是她丈夫却能够持之以恒、孜孜不倦。当被问起照此下去会不会厌倦时,他回答说:"怎么可能呢?我是做我自己最想做的事——况且学习中文又适合我的工作。"①艾布萨伦专注于他的传教工作,但对家人却始终置之不顾。他对自己的工作有一股狂热劲。为了在各地传教,他长期旅行。他传教的惯例是去一个小镇或村庄找一家茶馆,然后等人来听他念经。他首先告诉前来听

---

① Pearl S. Buck. *Fighting Angel*. 65.

他布道的人他是从美国来的，接着询问他们的一些生活情况，然后开始布道。仪式结束后他就给他们发一些传教小册子。隔一段时间他再来，像往常一样，许多人聚在一块听他讲《圣经》。时间一久，他就租一间朝街的房间，放着许多长凳，搭上一个礼拜堂。有了一些信徒后，他就去别处传教，并从众多的信徒中挑选出一个优秀的来主持新的礼拜堂，这样他就不必经常亲自出面。几年后，他一般每年对这些新设立的礼拜堂要走访两次，并把主要精力放在如何改进这些教堂的传教活动上。

他的这些信徒来历不一。老妇人是为了寻求一种内心深处的平静，一般的人想借信教找一份工作，还有的人只是想学习英语今后到大城市工作。其中很少有人真正相信天上有个仁慈的、能够关心他们命运的上帝，而对传教士充满好奇的也不乏其人。

艾布萨伦到处传教，但并不安全。在赛珍珠看来，父亲的传教活动其实就是一幕幕历险记。他凭着自己对上帝的一颗赤胆忠心，要完成一个使者的使命，把上帝的爱和关怀向人间播撒。为此，他不顾个人安危，时时出入于各色人群之中。他经常挨打、受骂，有时还险些把命搭上。有一回，他一觉醒来，看见一个人手里拿着屠刀要杀他，于是他大声祈祷。当杀手听到如果杀死了这个传教士，自己要被上帝惩罚而终生受苦时，害怕得跑掉了。类似的险境不胜枚举，不过艾布萨伦都一一化险为夷。

从这里可以看出，赛珍珠作为一个美国传教士的女儿，耳濡目染，从小就接受了基督教思想的熏陶。在她看来，父亲之所以一次次脱险是因为他是上帝的使者，受到了上帝的保佑。因此每每写到父亲遇险时，她总把他写成上帝的使者、仁爱的化身，他可以用道德来感化敌人使之从善。这种简单地用善恶来规划人的本性的做法又昭示了作者本人的基督教思想。

在赛珍珠的眼里，艾布萨伦从事的传教活动是一项神圣的事业，但他算不上一个好父亲或好丈夫。他从不关心自己的家庭，不仅与妻子性格不合，而且与自己孩子的关系也不融洽。他很少与孩子们玩耍，对于他的孩子来说，他是个陌生人。难怪他的女儿在回顾自己的出生时要说："我的出世对于安德鲁来说，是件微不足道的事。"①赛珍珠从小沐浴的是母爱。她只知道父亲是个狂热的传教士，而对家庭和孩子却缺少一种关心和爱护，因此她从心里敬重父亲的事业但并不爱他。记得上中学时，她曾给父亲看过她的成绩报告单，告诉他，她的几何成绩得了 99 分。她本想得到父亲的表扬，但

① Pearl S. Buck. *Fighting Angel*. 99.

他的回答是:“不错,是好成绩,但还有人会更好。”①艾布萨伦过于严厉的做法的确疏远了自己的孩子。他一心扑在传教事业上因而失去了许多天伦之乐。他的献身精神最后还是得到了家人的理解。到了他年老体弱时,赛珍珠在照料他时也发现,他确实是个可敬的人。她除了为父亲写悼文以外,还在《我的中国世界》里深情地描写了她的父亲。不过严格地讲,《战斗的天使》中给人印象至深的还是那些取材于作者孩提时代感受的片断。这些都是赛珍珠早年经历的真实写照,读来尤为感人。

从艾布萨伦的一生来看,他的家庭生活不算美满,妻子对他不满,孩子也个个对他反感。尽管如此,在许多中国人的眼中,他却是一位慈父,一位好牧师。正如书中写道:“对于自己的孩子,他从来没有给过什么,因为他把一切都交给了上帝。”②艾布萨伦的一生是孤独的。孩提时代,他腼腆,与众不同。成年后,他也一直没有知己——就连和自己的妻子都未能在情感上得以很好地交流。他以自己特有的方式生活着,孤僻、傲慢甚至有些刚愎自用。他听不进别人的劝告,却能听从上帝的差使。他始终认为自己所做的一切是神圣的。因此,有人把他比作“一位现代的圣·保罗”。③

在赛珍珠笔下,这些热衷传教的信徒都对自己的一切充满信心。她用生动的笔触再现了他们:“我从未见过像艾布萨伦和他这一代那样的人。他们不是温和、深居简出的人,如果他们不做传教士,那么他们就会去淘金,去极地考察,或做海盗。要是上帝不把他们年轻的心灵收住,他们或许会用别的方式来统治异国的人民。他们是些自负、急躁、勇敢、毫不宽容但又富有同情心的人。他们中间没有懦夫,他们能够完全地在中国以自己的方式传教。没人向他们提问,他们也没有因受到某种怀疑而变得胆怯……他们始终充满必胜的信心。”④

可见,赛珍珠对传教士的看法还是比较客观的,尽管字里行间也不乏崇敬之意,但她也多少作了一些有价值的判断。她指出了他们是些野心勃勃的人。对此,H·S·凯恩比认为值得肯定。他说:“赛珍珠的关于父母的传记无疑是迄今研究19世纪传教士经历的最佳之作。总有一天,她的传记会被当作那个历史时期西方文明社会史的重要史料来研究的。”⑤

---

① Pearl S. Buck. *Fighting Angel*. 36.

② 同①,第209页。

③ New York Herald Tribune. Jan. 18, 1942:5.

④ 同①,第75页。

⑤ H. S. Canby. “The Good Earth” Pearl Buck and the Nobel Prize. *Saturday Review of Literature*. Nov. 19,1938:8.

《战斗的天使》的写作风格朴实无华，主要表现在两个方面：其一，作者将孩提时代对父亲的记忆与长大后对父亲的了解交织在一起，这种自传性很强的经历无疑加强了叙事的可信度；其二，语言有表现力，人物刻画鲜明，形象生动，读来令人难以忘怀。

总之，《放逐》和《战斗的天使》堪称传记文学中的上乘之作。它们对诺贝尔文学奖评委的影响也是不言而喻的。然而当下，学术界并没有对此引起足够的重视。这不能不说是一种异常现象。应该承认，赛珍珠的这两部作品不仅可以视为传记写作的典范，而且它真实地再现了一个特定历史时期的历史文化现象。深入研究它们将有利于我们进一步了解赛珍珠其人其事，同时，对于我们更好地了解那个时期的社会风貌及宗教、文化特征也将不无裨益。

（本文原载于《镇江师专学报（社会科学版）》，1996 年第 4 期）

赛珍珠著译中的“杂合”现象探析

张志强 李世英

“杂合”一词来自现代生物学，指不同种、属的动植物间的杂交行为及其结果。由于当今世界各学科之间的不断“杂合”，该术语也被移植到人文社科领域，用在文学批评的后殖民理论中。在文学批评这个特定语境里，“杂合”主要指不同语言和文化间的相互交流、交融这一过程以及在该过程中所产生的某种具有多种语言文化特点但又独具特色的混合体。20世纪80年代在全球兴起的后殖民文化文学理论认为，“杂合”是殖民运动的产物，因为殖民不可避免地会带来两种文化的接触、碰撞与融合。这种文化间的杂合表现在语言上，就是多语杂合文本或单语杂合文本的形成。这种具有杂合性质的文本，有利于人类社会文化多样性的发展，可以用来消解西方文化霸权主义。霍米·巴巴对杂合在抵制西方文化霸权和促进世界文化平等交流等方面的作用与意义多有论述①，道格拉斯·罗宾森也对杂合在文化和翻译研究方面的意义予以充分肯定。②

一、赛珍珠著译中的“杂合”现象

（一）赛珍珠文学创作中的“杂合”现象

赛珍珠的代表作是《大地》三部曲，作品对20世纪初的中国社会特别是中国农村的现状做了较为深入的描写。三部曲的第一部 *The Good Earth* 以

① Bhabha H. K. *The Location of Culture*. Routledge, 1994.

② Robinson D. *Translation and Empire Postcolonial Theories Explained*. St Jerome, 1997.

王龙的一生为主线向西方读者介绍了中国农民当时的生活情景。① 由于作者写的是中国的人和事,使用的却是英国的语言文字,名物不对应或不全对应之处就在所难免,正如张禹九所言:“最明显也最难办的是中国钱币,中国衣物,中国用具等。赛珍珠找不到(别的洋作家恐怕也一样)与之相等的英文字眼或名称,只好勉强用‘五六不离七’的办法,她说到中国钱币时用了pence, penny, copper, silver dollar, copper coin 等词。”②但是,在赛珍珠的记叙中,在一些可以找到更对等或对应的英文的地方,她却选择了向英语输入“新词”。综观全篇,在处理中国名物时,赛珍珠将归化与异化并用,呈现出了较为鲜明的“杂合”特性,使整个文本浸染了两种乃至两种以上的语言文化气息。如:

(1) This earth they have been eating in water for some days—goddess of mercy earth. ③

受印度佛教文化的影响,“观(世)音”“罗汉”“菩萨”等已融入中国普通民众的生活,仅用汉语来表述中国民众的生活就已经是“杂合”了,再用英语来描述,其杂合性就更为明显。中国饥民在万般无奈中饥不择食,用所谓的“观音土”来充饥,这对于西方读者来讲是全然陌生的。为了让她的目标语读者易于理解,作者没有用汉语拼音“Guan yin”,也没有用印度佛教中来自梵文的“A valok it esvara”,而是用了简化的、类似解释但又解释得很不到位的、英语读者也不一定太懂的“godess of mercy earth”。这就是一种典型的“杂合”,它对目标语读者来说有些怪异,但正是这种怪异让读者认识到或意识到了他正在阅读的是一种对异域文化的描述,使他注意到了世界上其他文化的存在。又如:

(2) I hid in a gong, half full of water under a wooden lid. ④

熟悉中国农村生活的读者都知道,“gong”(缸)通常是家里储备饮用水的容器,但这一做法西方很少见甚至没有,作者完全可以用一个西方读者熟悉的、有同样或类似功能的一个词“vat”来写,但为了保留中国文化特色,彰显异域风情,作者还是选择了音译,或者说是给英语输入了一个新词,这也是一种“杂合”表现。再如:

(3) ... where Wang Lung sat the chatter and noise of many men drinking

① Pearl S. Buck. *The Good Earth*. Washington Square Press, 1963.

② 张禹九:《赛珍珠与中译者的关系》,《河南师范大学学报(哲学社会科学版)》,1994 年第 6 期。

③ 同①,第 80 页。

④ 同①,第 145 页。

tea and the sharp bony click of dice and sparrow dom inoes muffled all else.①

中国读者一眼便知赛珍珠的"sparrow dominoes"是"麻将",尽管"麻将"在赛珍珠创作之前已经进入英语(mahjongg),但赛珍珠却弃之不用,改用了更为形象的说法,且将中文的"麻"(麻雀图案)和英文的"多米诺"牌有机地结合起来,既让西方读者明白"sparrow dom inoes"是一种牌,又让他们知道它不同于自己熟悉的牌。这种"杂合"能够给西方读者比较深刻的印象。

(二)赛珍珠译著中的"杂合"现象

赛氏翻译的《水浒传》(*All Men Are Brothers*)里,"杂合"现象更是俯拾皆是。② 赛珍珠并非像一些论者指出的那样一味地"异化",更不是将中国事物一味地向英语"归化",而是两者并举,并行不悖,有的地方归化,有的地方异化,更多的则是归化异化混在一起,即"杂合",或以异化为主,归化为辅;或以归化为主,异化为辅。就赛珍珠的译文而言,前者居多。常有人将归化异化截然分开,首个提出翻译的归化异化两种方法的施里尔马赫(Schleiermaher),更是认为译者只能在这两种方法中选择其一:要么将读者引向作者,要么将作者引向读者,即要么归化,要么异化③。但正如鲁迅先生所说的,世界上不会有完全归化的译文,"倘有,就是貌合神离,从严辨别起来,它算不得翻译"。④ 反过来说,世界上也不会有完全异化的译文。所以说,"杂合"其实是翻译的一种常态,翻译方法问题的关键是归化异化哪个为主的问题以及如何有机调和二者的问题。请看赛珍珠的一些做法:

(4)妇人又问:"叔叔青春多少?"武松说:"武二二十五岁了。"

The woman asked again, "Brother-in-law, how many green springtimes have you passed?"

Wu Sung said, "I Wu The Second, am twenty-five years of age."⑤

译者明显采用了以异化为主的策略,基本沿用了原文的表达方式,尤其是"青春"的翻译,更是字字对应的直译。但难能可贵的是,译者并未译得让读者不知所云,而是不变中有变,依靠句法之轨和上下文,既传达了原文语

---

① Pearl S. Buck. *The Good Earth*. 116.

② Pearl S. Buck. *All Men Are Brothers*. The John Day Company, 1933.

③ Lefevere, A. *Translation/History/Culture A Source-book*. Shanghai Foreign Language Education Press, 2004:149.

④ 陈福康:《中国译学理论史稿》,上海外语教育出版社,1992年,第301页。

⑤ 同②,第394页。

义，又在较大程度上传递了原文表达法。又如：

(5) 两个小头目听了这话，欢天喜地，说道："好了！众人在此少待一时。"

The two small chieftains, hearing these words, were glad to Heaven and joyous to earth, and they replied, "Good-it is done! Pray wait here just for a while."①

译文整个句式(语序)基本上沿用了原文的表达式，而且将汉语中较为常见的四字成语及其构成特征，都原样传递了过去，原文中一个普通的表达"欣喜"之情、中国人看来并无强调之意的词语"欢天喜地"，在译文中变成了表达形式上有些怪异的"语义重复"。汉语中的四字成语，结构上对称，语气上沉稳，可看做道教"阴阳"学说和中国人的美学理念在语言上的一种体现。例如，"谈天说地"并不一定指谈论的内容既涉及"天"也关乎"地"，它只是国人"万事不离阴阳"之信念的一种具体体现而已，这种表达式下面蕴含着的是中国文化的精髓。笔者认为，熟悉中国文化的赛珍珠对此是有所洞察的，所以，她每遇此类句式，大都宁肯牺牲语义及修辞的精确，而一定要保留原文的形式特征。但是，赛氏的翻译也并非全然的异化，而是异化中有增补，异化中有归化。在翻译例(5)的后半部分时，赛珍珠就加上了主语"they"，增补了"it is done"，同时还引入了英语古语表达法"Pray"后跟动词原形。类似的"杂合"例子比比皆是。又如：

(6) 病了八九天，求神问卜，什么药不吃过？

... We begged the gods and asked of the diviner and there was no medicine he did not eat ...②

例(6)中，赛氏对"求神问卜"的处理方式也与"欢天喜地"一样，沿用了汉语句式，但接下来的译文并没有紧跟原文句式，而是改原文中的修辞问句为译文中的陈述句，以不同的方式表达了同样的语义和修辞效果。

赛珍珠译文的"杂合"特征，还较为明显地体现在文化蕴载词或曰"文化专有项"词语的翻译上。由于语言与文化密不可分，任何语言中都有大量"文化专有项"词语，这类词语的存在，无疑增加了翻译的难度。考察这类词语的翻译，既可以看出译者源语文化知识的多少，也可以看出他们的文化取向，更可以看出译本的杂合特征。

赛珍珠虽然熟悉中国文化，但由于不是土生土长的中国人，对于原文中

---

① Pearl S. Buck. *All Men Are Brothers*. 274.

② 同①，第447-448.

的一些“文化专有项”词语的翻译,赛珍珠及其合作者也有理解错误或漏译或归化不当的。这也在所难免,因为文化,特别是大国文化,常有地域差异、时代差异,要想全面了解一国文化,对于任何一个人,不管是土生土长的还是外来的,都不是件容易的事。请看具体译例:

(7) 且说武松到门前揭起帘子,探身进去,见了灵床子,又见写着“亡夫武大郎之位”七个字,呆了……

... and there he saw the spirit tablet on which was written the seven characters “Seat of the spirit of Wu The Elder”, and he fell into a daze ...①

“灵床子”指放置灵牌和祭品的桌子(“灵桌”),或是为逝者虚设的放置灵牌的坐卧具。例(7)中的“灵床子”赛珍珠漏译了,在下文中“灵床子”多次出现,赛珍珠或是将它译为“niche”(壁龛),或是用“spirit tablet”(灵牌)代替。在翻译“见一个人从灵床子底下钻了出来”时,赛珍珠只能译作“he saw a being come out from beneath the niche”,把西方人不熟悉的中国的“灵桌”译成了西方人熟悉的“壁龛”,且“beneath the niche”很让人费解。例(7)可以看做译者在无意间创造出的杂合效果。从全文来看,对于“文化专有项”词语的翻译,赛珍珠有意采取了以源语文化为取向的策略,但其中也不乏以译语文化为取向的例子。

称谓通常带有鲜明的文化特色,一种文化中的称谓在另一种语言文化中很难找到对应词。对于小说中的称谓,赛珍珠多数都采用了异化策略,保留了原文特色,如贤弟(Good Brother),贤妹(Good Sister),恩人(Most Gracious 或 Gracious One, Merciful One)等,但也有归而化之的,如将“干娘”译为“foster-mother”。其实,“foster-mother”是“养母”之意,母女之间是收养关系,而中国的“干亲”,指的是原先并无亲属关系而结成的亲属关系,其间通常也没有收养关系。对一些中国特有事物的翻译,赛珍珠采用归化策略的还见于度量衡的翻译,如货币单位“两”译为“ounce”,重量单位“斤”译为“pound”或“catty”等。

对于小说中人名的翻译,尤其是人物的绰号,赛珍珠大都保留了原文表达法,但不同于一般人名翻译的是,赛珍珠译人名时用音译,译绰号时则用意译,如:“蒋门神”译作“Chiang The Gate God”或“Chiang The God of The Gate”,“菜园子张青”译作“Chang Ch'ing The Vegetable Gardener”,“母夜叉”译作“Mother of Devils”,“花和尚鲁智深”译作“The Tattooed Priest Lu Chi

① Pearl S. Buck. *All Men Are Brothers*. 447.

Shen"。这里的"陌生化"翻译既彰显了原文称呼方面与译入语文化之间的形式差异,又多少提供了一些人物性情或形象方面的信息,这种音译与意译的糅合,对目标语读者而言,想必是非常奇妙的。

二、"杂合"现象的产生与本研究的启示

Schaffner 等翻译研究学者提出了"杂合文本"的概念,认为杂合文本由翻译产生,具有对目标文化来说有些"奇异"的特征,但它并不是翻译腔,不是译者缺乏翻译能力,而是译者有意所为。① 赛珍珠中英文皆精通,并不缺乏翻译能力,她在《水浒传》译序中已清楚地说明了她翻译这部小说的目的和方法,"我尽量采用直译,因为在我看来,这部小说的风格与其内容是一种完美的结合,我唯一要做的就是尽我所能让译文与原文相像,努力让不懂中文的读者产生一种如读中文原文的幻觉"。② 从本文对赛译"杂合"现象的分析来看,许多国人批评赛译的所谓"死译",实乃译者"有意所为",或者说大部分为译者"有意所为",少部分则是"无意所为"。本研究还表明,"杂合"不仅仅是翻译的产物,不仅仅是译者的"有意所为",它同时也是任一作者在用一种语言描写另一种文化时的伴生物,"杂合"不仅出现在赛珍珠的译作中,也出现在她的著作中。以赛珍珠著译为个案,我们可以清楚地看到,只要有两种或两种以上的语言文化的接触,就会产生有意或无意的"杂合"现象,虽然后殖民"杂合"理论更看重前者,将之视为对抗西方文化霸权、争取文化间平等对话的武器。"杂合"产生于交流,又反过来促进交流。满足于猎奇的读者在阅读"杂合"文本时,可以或多或少感知到异文化的存在或冲击;不满足于猎奇、想要寻根求源的读者,可以进一步去了解学习异语言、异文化。"杂合"文本能较好地满足那些求新求异的读者的阅读期待,这也是某些作者的作品被翻译后会在异国他乡走红,出现所谓"墙里开花墙外香"或"墙外先香"现象的原因。

研究赛珍珠著译中的"杂合"现象,对于我们今天的对外开放也有较强的现实意义。中国要走向世界,就需要世界很好地了解中国,而要实现这一目的,就有必要研究如何更好地向世界介绍中国、介绍中国文化。以"杂合"理论来观照赛珍珠在著译两方面的巨大成就,我们可以得到的启示至少有以下 4 点:(1) "杂合"理论对于赛氏著译的批评乃至文学创作与评论以及

① 韩子满:《文学翻译与杂合》,《中国翻译》,2002 年第 2 期。

② Pearl S. Buck. *All Men Are Brothers*.

翻译实践与批评,都具有较强的解释力;(2)我们可以尝试以“杂合”理论为指导,来研究如何有效地用英语向世界介绍中国,以便让世界更好地倾听中国的声音,更好地了解中国;(3)我们可以尝试以“杂合”理论为指导,从事翻译与翻译批评,尤其是汉译英实践,以便更好地译介中国文化、传播中国文化,更好地认识和参与世界文化交流;(4)对作家和翻译家成功作品和译例的描写性个案研究,有助于加深我们对“杂合”理论与“杂合”现象的理解,这些对文学与翻译而言,都具有较大的理论意义与实践意义。

(本文原载于《江苏大学学报(社会科学版)》,2009 年第 4 期)

徐剑平　梁金花

文学翻译中审美的“陌生化”取向

——以赛珍珠英译《水浒传》为例

一、引　言

“陌生化”(defamiliarization)是后现代主义文学理论中的一个常用的术语,用来描述俄国20世纪初的形式主义诗歌和20世纪40年代德国戏剧中的一些文学现象,是一种被俄国形式主义者和后现代主义者所推崇的表现现实的艺术手法。俄国形式主义学派代表人物什克洛夫斯基在他的论文《作为艺术的技巧》中正式提出“陌生化”概念,是对雅各布森“文学性”的进一步深化和具体化。作为一种艺术表现手法,“陌生化”意指文艺创作中所刻意采用的新奇的艺术技巧,这种技巧“使对象陌生,使形式变得困难,增加感觉的难度和时间长度”①,从而尽可能地延长了读者的审美感知历程。运用“陌生化”手法所产生的语句可能不合语法,不易为人理解,但却能引起人们的格外注意和新鲜感受,从而使作品获得较强的审美效果。除文论范畴外,“陌生化”概念也被广泛应用于文学翻译等领域。

诺贝尔文学奖得主爱尔兰诗人希尼(Seamus Heaney)在其著作中的一节“翻译的影响”中提出:“翻译过程中,译者适当抛弃语言的一般表达方式,将目的语的表达世界变得‘陌生’,以更新译者和读者已丧失了的对语言新鲜感的接受能力,使译者确实能够将原作中的差异性传达出来,以促进不

① 朱立元:《当代西方文艺理论》,华东师范大学出版社,2005年,第45页。

同民族间的相互理解和交流。”①希尼将差异性的表现视为“陌生化”的追求。美国当代翻译理论家,文化研究学派的旗手根茨勒(Gentzler)认为:“译文应该保留源语文本的‘陌生化’表现手法,如果源语文本中的表现手法在第二语言中已经存在,译者就要构想出新的表现手法。”②根茨勒的这一论述说明译文需要通过保留或再创造的手法再现源语文本中的表现手法。我国翻译研究学者孙艺风也表示了相同的看法,“在译入语读者的期待视野里,翻译还应该为译入语注入新鲜的文体风格。在此意义上,轻度的违反规范不仅可以容忍,反倒可能受到鼓励。一般而言,这样的违规行为并非译者有意而为,而是由于在源语文本已经出现了违背规范的情形,在文学作品里较常见,所谓‘陌生化’便是有意识的违规之举……应该在译文中保留这些特征”。③ 因此,陌生化手法在体现文学作品的价值方面是至关重要的。对译者而言,能否正确看待和处理原作中的陌生化手法也决定了译作的成败与否。

我们认为,在文学翻译作品中保持原文的“陌生化”手法有着较为重大的意义。

1. 保持原文的“陌生化”,满足读者阅读的审美期待。读者总是带着求新、求异的心理去阅读翻译作品的,如果翻译文学读上去与本土文学无异,没有任何新鲜感、异域感,翻译作品也就失去了其特有的魅力。那些在语言、文学以及文化层面上保持了原文风格的“陌生化”特质通过翻译传达到读者面前,往往能够以出乎意料的新异性超出读者已有的经验,迫使读者正视它,推动读者从新的角度“感觉”它,充分地把握它的生动性和丰富性,而不是简单地接受它。许多翻译文学的爱好者阅读异国文学除了为欣赏异国作品中特有的韵味和语言风格之外,他们更喜欢传达了原文中“陌生化”特质的译文。

2. 保持原文的“陌生化”,更好地促进多种文化间的交流。一种文化只有在与异质文化进行交流的时候才能得到最大限度的充实与丰富。只有准确而恰当地“移植”源语文化在语言、文化和诗学方面的“陌生性”,使之为目的语所吸收与接纳,才能更好地促进异质文化之间的交流与互补,从而使目的语读者能够通过异质文化与本国文化的差异性这面镜子更好地了解自

① Seamus, H. *The Government of the Tongue*. Fabe rand Faber, 1988:79.

② Gentzler, E. *Contem porary Translation Theories*. Rev. 2nd, ed. Clevedon, Buffalo, Toronto, Multilingual Matters Ltd, 2001: 80.

③ 孙艺风:《翻译规范与主体意识》,《中国翻译》,2003 年第 5 期。

身、充实自身、丰富自身。试想如果没有“陌生化”手法,英语辞典里就不会有来自于汉语习语的英译“lose face”“long time no see you”了。它们现在不仅成了英语的固定习语,并且已被直译为世界许多国家的语言,丰富了世界语言宝库。由此可见,文学翻译中的“陌生化”处理手法,既有利于宣传各国的文化,又可以满足不同民族对不同文化的期待。

二、赛珍珠英译《水浒传》的目的和动机

根据《南大逸事》记载:“赛珍珠英译《水浒传》的第一个英文全译本,在美国很是畅销,从中国杀将过去的这批‘梁山好汉’,一下子就‘蹿’上了美国权威的‘每月图书俱乐部’的排行榜。”①1933 年第 2 卷第 3 期的《中华月报》评论说:赛氏译本“忠实地译成英文”“真是不易多得的杰作”,因译作中的“人物颇与英国的罗宾汉等绿林豪杰相似,所以这样有趣味的,合西洋人口味的,而有永远性的众人皆兄弟,更引起欧美读者的欢迎”。赛氏翻译的作品在西方如此备受推崇,主要得益于其采取了“陌生化”手法,为西方了解东方文化和文学作品打开了一扇窗户。

翻译学专家张美芳教授认为译者的翻译观会直接影响其翻译作品的流行程度,由此可见一斑。以赛珍珠翻译《水浒传》为例。从小受着中美两种文化的双重熏陶,使得赛珍珠在看待问题时比单文化环境中的人更为客观和全面,对中美文化差异也更为敏感。在《水浒传》的译序中,她道出了翻译《水浒传》的初衷:这本中国最著名的小说《水浒传》的译本,并不试图从学术上做什么探讨,也不在解释和考证方面过多下工夫。翻译这部小说,只是因为它生动讲述了美妙的民间传说……我觉得中文的语言风格与该书的题材极为相称,因此我唯一要做的,就是尽己所能使译本逼似原著,因为我希望不懂中文的读者至少能产生一种幻觉,即他们感到自己是在读原本。谈到翻译策略时,她说:我尽可能做到直译……保留原作的内容及写作风格,甚至对那些即使在原文读者看来也较为平淡的部分也未做任何改动……原文中的那些打油诗也照译成英文的打油诗。在译序中,赛珍珠解释了她将书名“水浒传”译为 *All Men Are Brothers* 的原因:“当然,英文的书译名并非原著本来的名字,因为原名根本无法翻译,‘水’等于英文的‘水’(water),‘浒’意为‘水边’(margins or borders),‘传’则相当于英文的“小说”(novel),将这几个字排列在一起几乎毫无意义,也不能准确反映原书的意旨。

① 龚放,王运来,等:《南大逸事》,辽海出版社,2000 年,第 230 - 231 页。

于是,我自作主张,选取了孔子的一句名言作为书名(即'四海之内,皆兄弟也')。"[①]赛珍珠之所以选择这样的创作视角,在很大程度上是由于她的创作动因,"我不喜欢那些把中国写得奇异而荒诞的著作。而我最大的愿望就是要使这个民族在我的书中如同他们自己原来一样地真实地出现"。[②]"对我来说,中国人似乎一生下来就具有一种世代相传的智慧,一种天生的哲学观,他们大智若愚……即使跟一个目不识丁的农民谈话,你也会听到既精辟又幽默的哲理……";[③]"这个古老的国家,几个世纪以来一直缄默不语,无精打采,从不在乎其他国家对它的看法,但正是在这儿,我发现了世上罕见的美"。[④]赛珍珠对中国文化潜能的把握使她超越了西方世界对中国世界的认识局限,使她努力寻求更加客观的角度来描述当时的中国现实。作为一名外国作家,一名有强烈的人文主义精神的作家,赛珍珠不迎合西方读者的审美情趣,而以异质的中国文化作为写作参照,这对历来自以为是、藐视东方的西方世界提供了一个极好的从别人家的窗口来审视自家后院的机会,从而使西方读者对东方世界有了新的感受。

三、赛珍珠《水浒传》翻译语言的"陌生化"处理

译者要时刻面对种种选择,取舍的标准要看想达到怎样的交际目的,因此评价译文成功与否的标准就是看它是否达到了译者的翻译目的。[⑤]赛珍珠翻译《水浒传》的初衷是把中国名著原原本本地介绍到西方,她希望保留中国古代语言特有的表达方式和行文习惯,要做到这一点,最有效、最便捷的翻译方法就是直译。下面我们就赛氏翻译的《水浒传》中关于绰号、习语和杂体诗的翻译来了解其翻译的"陌生化"表现手法。

(一)绰号的翻译

绰号不仅是一个区别不同个体的符号,而且也是一面镜子,反映着绰号所有者所处的文化背景。另外,绰号还蕴含了极其丰富的文化信息。《水浒传》中除了"一百零八将"之外还有众多人物有着典型的绰号,这些绰号既充分显示了小说人物的鲜明特点,又包含了丰富的中国文化特质。在翻译这些绰号时,赛珍珠这位熟悉中西文化的美国学者,在很大程度上保留并展

---

① [英]菲利斯·本特利:《赛珍珠的艺术》,《英语杂志》,1935年第12期。

② [美]赛珍珠:《勃克夫人自传略》,《现代》,1933年第5期。

③ [美]赛珍珠:《我的中国世界》,第272页。

④ 同③,第187页。

⑤ Hatim, B., Mason, I. *Discourse and the Translator*. Longman Group Ltd, 1990:15.

示了绰号的原有特点和文化内涵。

1. “摸着天”杜迁。很显然,“摸着天”这个绰号意味着杜迁个子高,身体强壮。但是赛氏的翻译并没有根据这种意思翻译成“a high and strong build”,而是译为“Eagle Who Flutters Against the Sky”。中文绰号是动词词组,而赛氏却用名词词组来表示杜迁身材的伟岸,并借助于Eagle这一动物来体现该角色的身材,加强了艺术效果。这样的翻译词义鲜明、色彩绚丽,更好地再现了该角色的身材特点。

2. “及时雨”宋江。“及时雨”表示角色能在恰当的地点及时出现,能解人之所困。赛氏把它翻译成为“The Opportune Rain”, 这里的“Opportune”意味着某种行为在合适的、有利的时机发生。这样的译文令人感到新奇、惊讶、陌生,给人焕然一新的艺术感受。

(二) 习语的翻译

刘英凯曾提出,翻译作品要保留“外国的文化传统,风土人情,习俗时尚,宗教,地理,使用语言的习惯”,他批评“归化的译文却要改造外国上述的客观事实,抹杀其民族特点,使它们就范,同化于归宿语言,因此也就必然是对原文的歪曲”。① 习语的“陌生化”翻译法则故意冲破了目的语常规,尽量不改动原文,保留原文的异国情调,通过注解说明向读者介绍习语中涉及的外国文化,读者从阅读中体验到了异国风情。这种翻译方法有利于中外文化的交流,有助于增进读者对外国社会文化的了解。例如:

(1) 文来文对,武来武对。

If he comes with peaceful ways, I will be peaceful.

If he comes with force, I shall use force.

(2) 福无双至,祸不单行。

Joy comes never more than once but sorrows never come alone.

(3) 冤各有头,债各有主。

If a crime is committed there is one who commits it, and if there is a debt there is a debtor.

(三) 杂体诗的翻译

杂体诗是异于常见诗歌的另类诗歌,以新奇、诙谐、陌生为特色,给人不一样的艺术视角,其“陌生化”特性是通过作者采用异乎寻常的用词方式,借助特别的结构从整体上打乱普通语言的常规性,对日常语言符号进行“强

① 张美芳:《中国英汉翻译教材研究》,上海外语教育出版社,2001年,第33页。

化,浓缩,扭曲,套叠,拖长,颠倒"①而体现出来的。如果在翻译这样的文字时,我们也采取这样异于寻常的文字形式,创造性地破坏日常语言的语法结构和修辞规则,使对象陌生,"增加感知的难度和感知所造成的困难形式"②,就能够使读者专注于"陌生化"的形式本身,去感受语词表达的生动性和丰富性以及语词相互搭配的巧妙性,从而获得一种新颖和惊异的审美快感。藏头诗是杂体诗的一种,例如:

(4) 芦花丛里一扁舟,俊杰俄从此地游。义士若能知此理,反躬逃难可无忧。

A noble man stands in a boat on the lake,
Turns he here or there his fear to slake?
Turns he here, turns he there, none comes to help or save,
Robbers, darkness, storm and winds—all he can but brave!

这首中文藏头诗的关键之处就是把每句第一个字组合在一起成为"卢俊义反"的句子, 即"卢俊义造反"之意。要想翻译出此句的真正含义,吸引住读者的眼球,让读者放慢速度细细去品味、去领悟,译者便需要避开司空见惯、呆板僵化的话语形式,要对语言进行艺术加工使之变得新颖别致、与众不同,力求选词的新奇精妙。赛氏翻译的每一句的第一个词也构成了"A noble man turns robbers", 这种"陌生化"的翻译手法能够使译文读者获得同样的感受, 与原作有异曲同工之妙。

"陌生化"是一个动态发展的概念。"李杜诗篇万口传,至今已觉不新鲜",任何新鲜、陌生的东西随着时间的流逝也会变得不再新鲜。我们可以说,无论是文学创作还是文学翻译,都需要大量运用"陌生化"技巧。"陌生化"的观点给翻译理论注入了新鲜血液,带来了新的研究视角;给译文读者带来的是与阅读原作相类似的艺术体验。当然,"陌生化"技巧在实践中的运用必须适度,如果过分强调新奇陌生,则会"苟异者以失体成怪",可能使语言变得晦涩难懂,不为读者所接受,这样,创作与翻译也就失去了本来的意义。

(本文原载于《江苏大学学报(社会科学版)》,2009 年第 4 期)

① [美]特里·伊格尔顿:《文学原理引论》,文化艺术出版社,1987 年,第 85 页。
② [前苏联]什克洛夫斯基:《艺术作为手法》,《俄国形式主义文论集》,中国社会科学出版社,1989 年,第63-66 页。

《镇江师专学报（社会科学版）》（1991—2001 年）、《江苏大学学报（社会科学版）》（2002—2013 年）刊发赛珍珠研究论文总目

封建土地制末代家族的兴衰 / 徐秉忱　刘　龙 / 1991 年第 1 期
——评赛珍珠《大地》的思想艺术得失

探析《大地》中赛珍珠的思想倾向 / 姚君伟 / 1991 年第 2 期

《大地》评议 / 倪春生　尤志心 / 1991 年第 3 期

赛珍珠生平及著述大事年表 / 刘　龙 / 1992 年第 3 期

关于赛珍珠的名字 / 姚君伟 / 1994 年第 1 期

论赛珍珠笔下的王龙的负疚感 / 姚君伟　张丹丽 / 1995 年第 1 期
——《大地》人物论之二

赛珍珠《我的中国世界》的多重价值 / 姚君伟 / 1995 年第 4 期

赛珍珠的两部传记作品 / 杨金才 / 1996 年第 4 期
——《放逐》与《奋斗的天使》

王龙的父亲:一个不可忽视的形象 / 姚君伟 / 1996 年第 4 期

近年中国赛珍珠研究述评 / 阿　垚 / 1996 年第 4 期

赛珍珠比较中美文明的独特视角 / 郭永江　姚锡佩 / 1998 年第 2 期

“士”的人格理想和儒家文化心态 / 董晨鹏　刘　龙 / 1998 年第 2 期
——试析赛珍珠的中国传统文化观

赛珍珠两部传记的叙述特征之比较 / 鲁新轩 / 1998 年第 2 期

从《东风·西风》看赛珍珠的中西文化合璧观 / 姚君伟　张丹丽 / 1998 年第 2 期

试析鲁迅对赛珍珠的评价 / 徐　清 / 1999 年第 1 期

1931 年东方人用英文撰写的关于赛珍珠《大地》的三篇书评 / 叶公超　陈衡哲　康永熙著　郭英剑译 / 1999 年第 1 期

从赛珍珠的《大地》三部曲谈"史诗"精神 / 朱希祥 / 1999 年第 2 期
赛珍珠研究断想 / 鲁跃峰 / 1999 年第 2 期
世纪之交说说赛珍珠 / 姚君伟 / 1999 年第 2 期
赛珍珠谈她的父母 / 王守仁 / 1999 年第 4 期
——《异邦客》《战斗的天使》合论
新中国赛珍珠研究 50 年 / 郭英剑 / 1999 年第 4 期
传记要慎重对待名人之恋 / 姚君伟 / 1999 年第 4 期
——以"赛珍珠徐志摩之恋"为例
是我们欠了她的/ 邵　建 / 1999 年第 4 期
——读郭英剑编《赛珍珠评论集》
赛珍珠与中英小说比较研究/ 姚君伟 / 2000 年第 1 期
——评《东方、西方及其小说》
东方、西方及其小说 / 赛珍珠著　张丹丽译　姚君韦校 / 2000 年第 1 期
赛珍珠小说与 30 年代中国乡土小说比较研究 / 徐　清 / 2000 年第 2 期
寻求女性个体生命的意义 / 郭英剑　于艳平 / 2000 年第 2 期
——论赛珍珠的《群芳亭》
赛珍珠《东风、西风》中儿子形象的寓意 / 周卫京 / 2000 年第 2 期
"异乡人"身份和"边缘人"人格的赛珍珠 / 仲　鑫 / 2000 年第 3 期
我欠狄更斯一笔债 / 赛珍珠著　张志强译 / 2000 年第 3 期
再论赛珍珠与中国文化 / 周锡山 / 2000 年第 4 期
——以赛珍珠英译《水浒传》为例
论《旧与新》中的中西文化冲突 / 姚君伟 / 2000 年第 4 期
论赛珍珠的宗教观 / 徐　清 / 2001 年第 1 期
《大地》中赛珍珠的宗教立场 / 顾　钧 / 2001 年第 1 期
赛珍珠中国小说研究给我们的启示 / 姚君伟 / 2001 年第 2 期
——《中国早期小说源流》读后
中国早期小说源流 / 赛珍珠著　张丹丽译 / 2001 年第 2 期
大地上的性格：循环怪圈与超越之路 / 孙宗广 / 2001 年第 2 期
——读赛珍珠《大地》三部曲
电影《庭院里的女人》述评 / 周锡山 / 2001 年第 3 期
《群芳亭》：从小说到电影 / 姚君伟 / 2001 年第 3 期
赛珍珠与中国文化关系的研究资料小识 / 刘海平 / 2001 年第 4 期
试论赛珍珠的中国农村题材小说 / 沈艳枝 / 2001 年第 4 期
赛珍珠创作中的美国因素 / 顾　钧 / 2001 年第 4 期

论赛珍珠非小说作品中的文化精神 / 姚君伟 / 2002 年第 1 期
向西方阐释中国 / 赛珍珠著　张丹丽译 / 2002 年第 1 期
无形中的有形 / 朱　刚 / 2002 年第 2 期
——赛珍珠论中国小说的形式
论赛珍珠建构中国形象的写作策略 / 顾　钧 / 2002 年第 2 期
抒写"海归派"知识分子的发轫之作 / 郭英剑 / 2002 年第 3 期
——论赛珍珠的长篇小说《同胞》
赛珍珠女权主义创作意识形成探微 / 周卫京 / 2002 年第 3 期
中西文化诗学的建构 / 王成军 / 2002 年第 3 期
——评姚君伟的《文化相对主义:赛珍珠的中西文化观》
全球化语境中的赛珍珠研究 / 朱希祥 / 2002 年第 4 期
我们今天为什么研究赛珍珠 / 姚君伟 / 2002 年第 4 期
2002 中国镇江赛珍珠学术研讨会综述 / 顾正彤 / 2002 年第 4 期
关于赛珍珠研究的几个有待深入的问题 / 汪应果 / 2003 年第 1 期
论赛珍珠创作和论说中的辩证思想 / 周锡山 / 2003 年第 1 期
赛珍珠对狄更斯小说创作的借鉴 / 张春蕾　祝　诚 / 2003 年第 1 期
——兼论赛珍珠研究中的西方文化因素问题
赛珍珠与中国文化 / 顾　钧 / 2003 年第 2 期
探求理想的启蒙方式 / 乔世华 / 2003 年第 2 期
赛珍珠的中国妇女观 / 朱坤领 / 2003 年第 3 期
——对《大地》三部曲的女性主义解读
传统与现代的平衡 / 张　宇 / 2003 年第 3 期
——从赛珍珠的演讲看《同胞》里中国知识分子的人生定位
我们今天研究赛珍珠什么? / 姚君伟 / 2003 年第 4 期
赛珍珠《大地三部曲》中的三个男主角解读 / 朱希祥 / 2003 年第 4 期
赛珍珠:一位文化边缘人 / 郝素玲 / 2004 年第 1 期
新世纪　新成果 / 张丹丽 / 2004 年第 1 期
——评《赛珍珠纪念文集》
幻象与真相 / 徐　清 / 2004 年第 6 期
——论赛珍珠小说《同胞》中的中国形象
文化交叉小径边的一脉馨香 / 张春蕾　徐晓明 / 2004 年第 6 期
——赛珍珠短篇小说创作特色论
焦虑、寻觅与重建:赛珍珠的文化身份 / 王建香　王洁群 / 2005 年第 2 期

从后殖民视角看《龙子》/ 陈　亮 / 2005 年第 2 期
　　——兼评赛珍珠的战争观
一部真实再现中国人民抗日战争历史的扛鼎之作
　　/ 郭英剑　郝素玲 / 2005 年第 3 期
　　——论赛珍珠的长篇小说《龙子》
赛珍珠小说对乡土中国的发现 / 徐　清 / 2005 年第 4 期
生命的关照:赛珍珠与中国生育文化 / 毛知砺 / 2005 年第 5 期
赛珍珠短篇小说的结构模式及其创作心理 / 张春蕾 / 2005 年第 5 期
珍珠遗产　历久弥新 / 张正欣 / 2005 年第 5 期
　　——2005 中国镇江赛珍珠学术研讨会综述
寻找赛珍珠的文学价值 / 郭英剑 / 2006 年第 1 期
关于赛珍珠非小说的研究 / 姚君伟 / 2006 年第 1 期
赛珍珠研究的当下反思 / 张志强 / 2006 年第 1 期
赛珍珠研究杂想 / 徐　清 / 2006 年第 1 期
赛珍珠与后殖民主义 / 朱坤领 / 2006 年第 3 期
天下之治 / 赵　岚 / 2006 年第 3 期
　　——从赛珍珠自传《我的中国世界》看中西方社会治理观
《大地》三部曲中女性的婚恋模式 / 周亚萍 / 2006 年第 4 期
最熟悉的陌生人 / 邹　莹 / 2006 年第 4 期
　　——从跨文化角度看赛珍珠的《结发妻》
庭院里的男人和女人 / 史焱赟 / 2006 年第 4 期
　　——兼论赛珍珠《群芳亭》中的两性自由与平等思想
我们今天怎样研究赛珍珠 / 姚君伟 / 2007 年第 1 期
　　——从中国赛珍珠研究现状谈起
茅盾与赛珍珠笔下的中国人形象 / 王玉括 / 2007 年第 1 期
　　——从《水藻行》与《大地》谈起
论小说创作 / 赛珍珠著　姚君伟译 / 2007 年第 3 期
赛珍珠与美国的海外传教
　　/ 葛兰·华克著　郭英剑　冯元元译 / 2007 年第 3 期
赛珍珠作品的中国民俗审美特质 / 朱希祥　李晓华 / 2007 年第 5 期
桥与信 / 孙宗广 / 2007 年第 5 期
　　——试析赛珍珠作品中的两个沟通性意象
让赛珍珠走进课堂 / 姚君伟 / 2007 年第 5 期
　　——硕士研究生课程“赛珍珠研究”介绍

遭遇解放 / 徐　清 / 2008 年第 4 期

——论《东风·西风》(上篇)的女性叙事

赛珍珠中西文化和合思想探究 / 叶旭军 / 2008 年第 4 期

赛珍珠在中国的接受 / 姚君伟 / 2008 年第 6 期

新的研讨　新的成果 / 张丹丽 / 2008 年第 6 期

——中国镇江赛珍珠国际学术研讨会综述

《大地》折射的中国“三农”问题 / 郭永江　姚锡佩 / 2009 年第 2 期

第三世界女性主义视角下的赛珍珠 / 吴庆宏 / 2009 年第 2 期

文化际会中女性世界的裂变 / 张春蕾 / 2009 年第 4 期

——对赛珍珠作品中女性形象的一种解读

赛珍珠著译中的“杂合”现象探析 / 张志强　李世英 / 2009 年第 4 期

文学翻译中审美的“陌生化”取向 / 徐剑平　梁金花 / 2009 年第 4 期

——以赛珍珠英译《水浒传》为例

通往《大地》的精神之旅 / 王　怡　张　宇 / 2010 年第 5 期

——赛珍珠新传《埋骨》简介

苦难家运的深沉描摹,顽强民族的生存史诗 / 朱希祥　李小玲 / 2010 年第 5 期

——赛珍珠《母亲》与余华《活着》的平行比较

赛珍珠悲悯情怀 / 叶旭军 / 2010 年第 5 期

——女性生命形态的诗性守望

中国农村生活的史诗 / 梁志芳 / 2011 年第 2 期

——赛珍珠小说《大地》的文学人类学解读

从绿林枭雄到草莽司令 / 裴　伟 / 2011 年第 2 期

——王虎形象探源

徐宝山并非王虎的“现实原型” / 陈　辽 / 2011 年第 4 期

《中国今昔》:一曲文化边缘者的“天鹅之歌” / 唐艳芳 / 2011 年第 4 期

“感性罩壳”下的诗意 / 张正欣 / 2011 年第 4 期

——论《大地》中土地意象的多重构成

历史考察·中西比较·他者智慧 / 姚君伟 / 2011 年第 6 期

——论赛珍珠的中国小说研究的对话性

从《大地》、《母亲》看赛珍珠中国题材小说中的“现实感”

/ 周俐玲 / 2011 年第 6 期

赛珍珠的异族婚恋观及其在《同胞》中的实践 / 周思源 / 2011 年第 6 期

希拉里·斯布尔林、郭英剑关于《埋骨:赛珍珠在中国》的对话

/ 冯元元 / 2012 年第 2 期

人道主义旗帜下的民族主义走向 / 孙宗广 / 2012 年第 2 期

——论赛珍珠《龙子》的战争视角

“父国”大地:“黑眼睛”和“蓝眼睛”的交会 / 魏　兰 / 2012 年第 2 期

——赛珍珠中国作品“土地情结”的艺术展示

当代美国女权主义运动的先驱 / 徐　清 / 2012 年第 4 期

——赛珍珠

赛珍珠翻译风格成因的多元分析 / 董　琇 / 2012 年第 4 期

古老土地上的欲望、光荣与梦想 / 孙宗广 / 2012 年第 6 期

——从政治文化视角解读赛珍珠的《大地》三部曲

2012 年镇江赛珍珠国际学术研讨会综述 / 潘亚莉 / 2012 年第 6 期

关于赛珍珠个人和笔下的问题婚姻的札记或西方主义入门

/ 斯蒂芬 · 拉赫曼 / 2013 年第 2 期

赛珍珠《同胞》的社会性别解读 / 夏明滇 / 2013 年第 2 期

后 记

这本《赛珍珠研究论文选萃》主要从《镇江师专学报(社会科学版)》《江苏大学学报(社会科学版)》的“赛珍珠专题研究”专栏刊发的文章中编选而成。编选这本论文集,是我多年的一个心愿。如今这个心愿终于实现了,此时此刻,我的心中充满了感恩。

首先,我要感谢我的老领导周仲器先生。我自 1989 年从南京大学中文系硕士研究生毕业,就来到周先生任主编的《镇江师专学报(社会科学版)》编辑部工作。在他的悉心指导下,我从一名不谙编辑业务的新手成长为学报主编。1996 年,在对学报的现有资源和办刊特色进行分析思考后,我就萌生了挖掘赛珍珠文化资源、创建学报特色的想法,得到了周先生的首肯。周先生立即帮我张罗着召集学校的赛珍珠研究小组成员开会,确定选题,落实作者。年底,在学报第 4 期上,我们如期推出了“赛珍珠专题研究”专栏第 1 辑 3 篇文章。2001 年,镇江师范专科学校并入江苏大学,我们这个专栏自然移至《江苏大学学报(社会科学版)》。当初如果没有周先生的鼓励和支持,我这个“初生牛犊”怕是不会有那么大的勇气和信心来创办这个专栏的。

其次,我要感谢专栏的主持人姚君伟教授。十多年来,姚教授广为联系作者,到处宣传我们的专栏。在他的不懈努力下,专栏逐渐凝集了一大批作者,从前辈专家、中青年学者到学术新秀,从海内到海外,阵容越来越强大。这为我们专栏的持续发展奠定了坚实的基础。与此同时,姚教授亲自为专栏赐稿,是我们专栏最核心的作者。至今他一共给专栏写了 17 篇稿件,多篇文章被二次文献转载。专栏从初创至今共发表论文 110 篇,已成为国内赛珍珠研究的重要园地。这跟姚教授这位主持人的号召力和辛勤付出是密不可分的。

再次，我要感谢所有为专栏赐稿的作者朋友，没有他们的厚爱和帮助，绝不可能有专栏的今天。诸多作者除了给我们专栏赐稿外，还给了我许多鼓励和温暖。清晰地记得2002年，在镇江南山召开的赛珍珠国际学术研讨会上，上海艺术研究所的周锡山先生第一次见面就对我说："你们的专栏办得不错，这个会议我就是想来见见你！"南开大学的徐清老师来信说："因为赛珍珠，我喜欢镇江这个城市；因为芮老师，这个城市变得更加亲切。"2009年底，我的工作岗位发生变动，我还未来得及跟学报的作者朋友告别，就投入到江苏大学出版社的工作中。中央民族大学的郭英剑教授因不知我的去向，专门发了一封电子邮件给我，焦急、关切之情溢于言表。作者朋友们的这些情谊，永远是我努力工作的精神动力。

在这里，我还要特别感谢张丹丽女士，她是我们专栏和专栏主持人姚君伟教授之间的最快捷的"通道"，她一直在默默地为我们提供无私的帮助，我和她也成了无话不谈的朋友。

这本集子见证了"赛珍珠专题研究"专栏从初创到逐渐发展成熟的历程，凝结了诸多朋友的心血。它告诉我，无论是学报编辑还是图书编辑，拥有一批理解你、支持你的作者朋友是最大的快乐！

感谢赛珍珠！在她的感召下，我们拥有了这一切。

芮月英

2013年初春